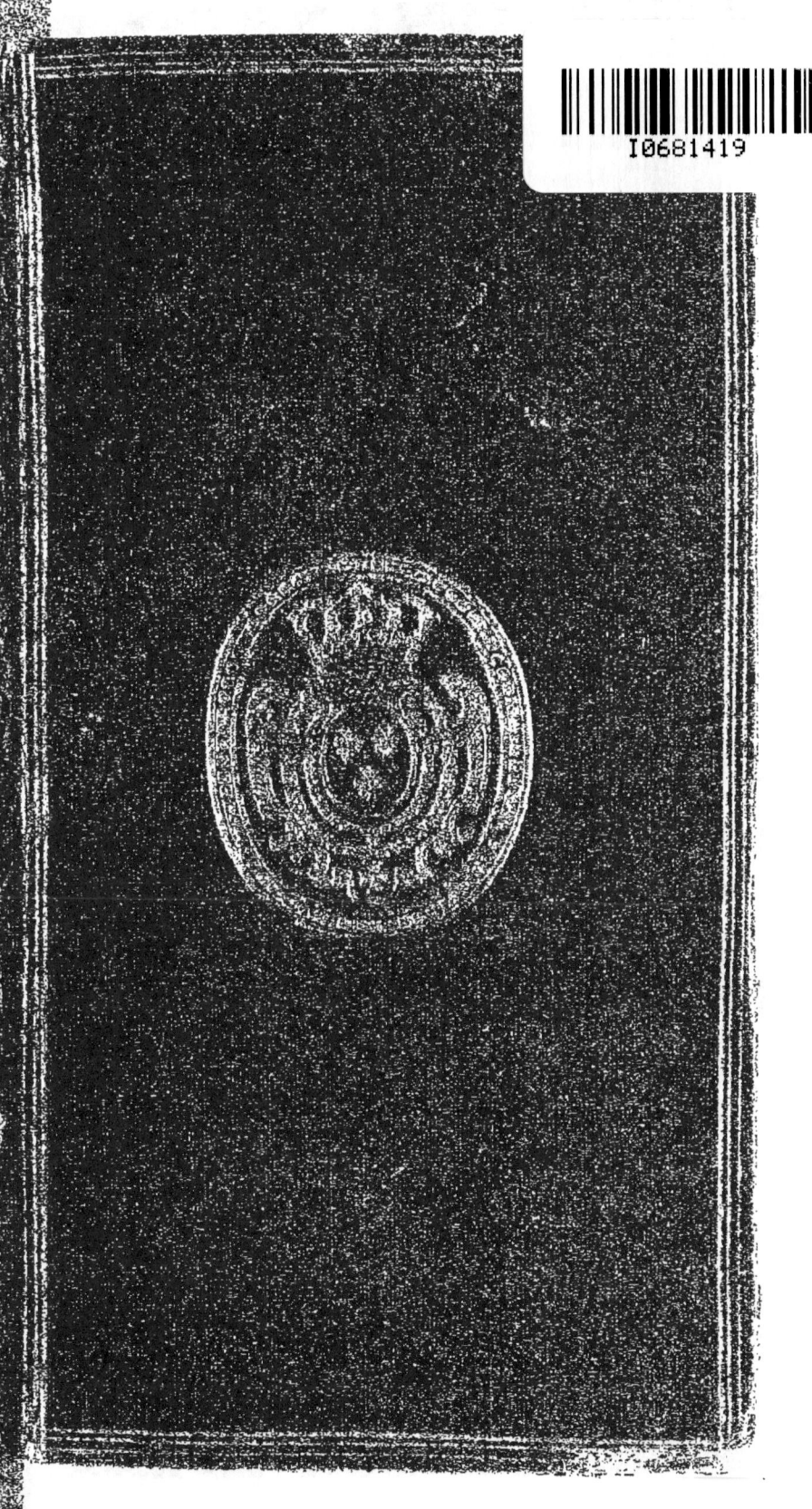

Ces deux volumes ont
été retrouvés en Normandie
en 1941 par Mr Petitot
qui en a fait don à la
Bibliothèque.

La Science des
Médailles par le
Pères Jobert.

2 volumes donnés
par le Lieut. Colonel
Joly à Bastia.

J. 1747
3.

LA
SCIENCE
DES
MEDAILLES.

f. Erlinger feat.

L'Ouvrage est bien du
P. Tobert.
Les Remarques sont
du baron Bernard de la Bastie.

LA SCIENCE

DES

MEDAILLES.

NOUVELLE EDITION,

AVEC DES REMARQUES Hiſtoriques & Critiques.

TOME PREMIER.

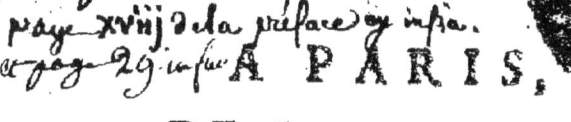

A PARIS,

Chez **DE BURE** l'aîné, Quay des
Auguſtins, du côté du Pont
S. Michel, à S. Paul.

M. DCC. XXXIX.

Avec Approbation & Privilege du Roi.

PRÉFACE
DE L'ÉDITEUR.

E goût pour les Médailles Antiques a commencé à la renaissance des bonnes études. Petrarque, le Restaurateur des Lettres, ne se contenta pas de ramasser autant d'Ouvrages des Auteurs anciens, qu'il lui fut

ã ij

possible d'en trouver; il recher-
cha avec le même empreffement
les Médailles Antiques, & il crut
ne pouvoir offrir à l'Empereur
Charles IV. un préfent plus agréable & plus digne d'un grand Prince, que de lui donner quelques
Médailles Impériales en or, & en
argent.

Dans le fiécle fuivant, Alphon-
fe Roi d'Arragon & de Naples,
Prince plus célébre encore par
fon amour pour les Lettres que
par fes Victoires, fit chercher avec
foin des Médailles dans toute l'I-
talie, & il plaça la fuite qu'il en
avoit formée, & qui étoit affez
confidérable pour ce tems-là,
dans une caffette d'yvoire qu'il
faifoit porter par-tout avec lui.
L'Auteur de fa vie nous apprend
qu'on lui a fouvent entendu dire,
que la vûë de ces Monumens,
étoit pour lui un puiffant éguil-
lon, qui l'excitoit à imiter les ver-

tus, de ceux dont ils repréfen-
toient l'image. A l'exemple de ce
Prince, Antoine Cardinal de S.
Marc, neveu du Pape Eugene
IV. s'attacha à former à Rome un
Cabinet de Médailles Impériales, & le Pape Pie II. affure, que
le nombre de celles que ce Cardinal avoit ramaffées, étoit prefque incroyable.

Le Grand Cofme de Médicis
commençoit dans le même tems
à Florence, cet immenfe Recuëil de Manufcrits, de Statuës,
de Bas-reliefs, de Marbres, de
Pierres gravées, & de Médailles
Antiques, qui fut enfuite continué
avec la même ardeur par Pierre
de Médicis fon fils, & par Laurent fon petit-fils. Les encoura-
gemens & les fecours que les Sçavans reçurent de la Maifon de
Médicis, contribuerent infiniment aux progrès rapides que les
Lettres firent en Italie : depuis

la fin du XV. siécle le goût de
l'Antique, & l'étude des Médailles s'y sont perpétuéz, & les Cabinets s'y sont multipliéz & per-
fectionnéz.

L'Allemagne avoit commencé
à connoître les Médailles, avant
le XVI. siécle : Mathias Corvin
Roi de Hongrie, ayant appellé
à sa Cour plusieurs Sçavans Italiens, forma à Bude une Bibliothéque très-considérable par le
nombre des Manuscrits précieux,
dont il prit soin de l'enrichir. C'est
par un des Manuscrits de cette
Bibliothéque, qu'il paroît que ce
Prince n'avoit pas négligé de faire ramasser des Médailles. L'Empereur Maximilien premier, en
établissant la Bibliotheque Impériale à Vienne, y joignit un Cabinet de Médailles ; & dès-lors
les Allemands s'attachérent à re-
cueillir & à étudier ces précieux
restes de l'Antiquité. Nous trou-

vons les prémiers essais de leur goût pour ces Monumens, dans le Livre de Jean Huttichius sur la vie des Empereurs & des Céfars, enrichie de leurs portraits tiréz des Médailles Antiques. Ce Livre fut publié en 1525, réimprimé en 1534., & augmenté trois ans après de 42. Médailles Confulaires gravées en bois.

Les différentes expéditions des François en Italie, depuis la fin du XV. fiécle jufqu'afféz avant dans le XVI, donnerent lieu à plufieurs d'entre eux, de s'attacher à l'étude des Monumens Antiques. Cependant on ne fçauroit dire s'il y en eut quelqu'un, qui commençât à ramaffer des Médailles avant le fameux Guillaume Budé. Ce fçavant homme nous aprend, que fon amour pour l'étude de l'Antiquité, l'avoit déja porté à faire une Collection de Médailles d'or & d'argent,

avant même qu'il eût formé le
deſſein d'écrire ſur les Monnoyes
des Anciens. Le Cabinet de Budé
étoit donc commencé au moins
dès le tems de Louis XII ; car
ſon Traité *De Aſſe* fut achevé
avant la mort de ce Prince, quoiqu'il n'ait paru qu'au commencement du régne de François I.

Le célébre Jean Grollier, qui
fut Tréſorier des Armées de
France en Italie pendant une partie du XVI. ſiécle, avoit aſſem-
blé une magnifique Bibliothéque,
& il avoit de même une Collection aſſéz ample de Médailles en
tous Métaux. M. de Thou ra-
conte qu'après la mort de Grollier, ſes Médailles de bronze furent portées de Paris en Provence, & qu'elles étoient prêtes à
paſſer en Italie, quand le Roi en
ayant été informé, donna ordre
qu'on les fît revenir, & les acheta un prix conſidérable pour les

joindre à fon Cabinet d'Antiquitéz. Outre ces Médailles de bronze, les feules dont M. de Thou
ait parlé, Grollier en avoit d'autres en or & en argent : la caffette où il les plaçoit eft tombée
entre les mains de M. l'Abbé de
Rothelin ; on y lit fur chacun
des Cartons dont elle eft remplie, cette Infcription que Grollier avoit coutume de faire graver fur tous fes Livres, & qui eft
une preuve fenfible de fon caractére obligeant & communicatif,
Joannis Grollierii & Amicorum.

Guillaume du Choul Grand
Bailli des Montagnes de Dauphi-
né, contemporain de Grollier,
s'étoit encore plus livré à la connoiffance des Médailles ; nous en
avons la preuve dans fon Difcours fur la Religion des anciens
Romains, imprimé à Lyon en
1556, où il en a fait graver
un affez grand nombre. Les pro-

grès que la Science des Médailles a faits en France depuis ce tems-là, font trop connus, même des Etrangers, pour qu'il foit néceffaire que je m'étende davantage fur ce fujet.

Quelques paffages des Lettres d'Erafme nous font juger, qu'on commençoit à connoître les Médailles Antiques dans les Pays-Bas, dès le commencement du XVI. fiécle. Mais l'étude de ces Monumens ne femble y avoir jetté de profondes racines, que vers le tems où Goltzius vint s'y établir.

A l'égard de l'Efpagne, nous ne voyons pas que perfonne s'y fût appliqué à connoître & à ramaffer des Médailles, avant Antoine Auguftin mort Archevêque de Tarragone en 1586. Ce fçavant homme, l'un des plus habiles Antiquaires de fon tems, effaya de répandre parmi fes Compatriotes, le goût qu'il avoit lui-même pour les Médailles, & pour les autres Monumens Antiques ; les Rois d'Espagne en ont un Recuëil très-nombreux. Mais quoique des Historiens particuliers des Villes d'Espagne ayent souvent cité des Médailles dans leurs Livres ; il est vrai de dire que tandis qu'il est aisé de trouver cent Ouvrages sur les Médailles, composéz par des Antiquaires des autres Nations de l'Eruope, l'Espagne nous en fournit à peine trois ou quatre qu'on puisse citer.

Pour se former une juste idée des progrès que le goût des Médailles avoit faits en Europe vers le milieu du XVI. siécle, il suffit de lire l'Epître que Goltzius adresse à tous les Antiquaires qu'il avoit connus, & dans les Cabinets desquels il avoit dessiné les Médailles de tous Métaux & de tout genre, qu'il fe propofoit de donner au Public fucceffivement. Goltzius pour exécuter le plan qu'il s'étoit formé, employa quatre ans & demi à vifiter tous les Cabinets des Pays-Bas, de l'Allemagne, de l'Italie, & de la France. Après fon retour à Bruges, il voulut donner dans le prémier Ouvrage qu'il publia (c'étoit fon *C. Julius Cæfar*) des marques de fa reconnoiffance, envers ceux qui lui avoient communiqué les Médailles de leurs Cabinets. Il leur adreffa donc une Lettre à tous en général, & il mit à la fuite une Lifte de leurs noms, & des Villes où ils faifoient leur réfidence. On eft furpris de voir que dans ce tems-là, il y avoit près de 200. Cabinets dans les Pays-Bas, 175. en Allemagne, plus de 380. en Italie, & environ 200. en France. Il paroît même par cette Lifte, qu'il n'y avoit alors ni Prince, ni grand Seigneur qui ne fe piquât d'avoir des Médailles, quoiqu'il y en eût encore plufieurs, qui ne fçavoient pas même lire.

Mais quoique le goût pour les Médailles, fût répandu dans toute l'Europe depuis la fin du XV. fiécle, ce ne fut que bien avant dans le XVI, que les Sçavans commencérent à compofer des Ouvrages, qu'on peut appeller proprement *Numifmatiques.* Le Livre d'Enée Vico, dont les Difcours fur les Médailles des Anciens furent impriméz en Italien en 1555, peut être regardécomme le prémier qui ait fervi d'Introduction à cette fcience. L'Auteur y traite de la plûpart des chofes qu'on peut obferver fur les Médailles en général : des Métaux fur lefquels on les a frappées ; des Têtes des Princes qu'elles repréfentent ; des Types gravéz fur les revers ; des Légendes ou Inscriptions, qui fe lifent fur les deux côtéz de la Médaille ; des Médaillons & des Contorniates ; des Médailles fauffes ou falfifiées; enfin des faits hiftoriques dont on peut , ou établir la vérité, ou fixer la datte par le moyen des Médailles ; de la forme des Edifices publics qu'on y remarque ; des noms des perfonages qu'on lit fur ces Monumens ; & des différentes Magiftratures dont il y eft fait mention.

Les autres Livres de Médailles que divers Antiquaires publierent dans le même fiécle, furent plûtôt des explications particuliéres des Médailles de leur propre Cabinet, ou de celles qu'ils avoient deffinées dans quelque Cabinet étranger , que des Inftructions propres à donner une idée générale de la Science des Médailles , & des principes fur lesquels elle est fondée. Je n'excepte de ce nombre que les Dialogues d'Antoine Augustin, dans lesquels on peut apprendre à lire plus exactement les Légendes, & à mieux expliquer les Types. Mais il faut avouër que dans le siécle où vivoient Enée Vico & Antoine Augustin, on n'avoit pas encore, ni asséz approfondi la Science des Médailles, ni rassemblé des Cabinets asséz nombreux, pour être en état par la comparaison de ces Monumens, soit entre eux, soit avec les passages des Auteurs Grecs & Latins qui pouvoient servir à les expliquer, de former des systêmes exacts sur les Médailles en général, & moins encore sur quantité de points particuliers dont il est nécessaire qu'un Antiquaire soit instruit.

Le Discours de Savot sur les Médailles imprimé en 1627.

eſt un Livre excellent : mais cet habile homme s'eſt contenté d'examiner les Médailles préciſément comme Monnoyes ; c'eſt-à-dire, qu'il les a enviſagées ſous le point de vûë le moins noble & le moins utile par rapport à nous ; au lieu que les gens de Lettres les conſidérent comme des Monumens hiſtoriques, & relevent infiniment par là le mérite de ces Monumens.

On peut donc dire que malgré la quantité d'Ouvrages que l'on écrivit ſur les Médailles pendant plus d'un ſiécle, on n'avoit point encore de Livre propre à en donner les notions générales, & à faciliter l'étude de cette Science, lorſque Charles Patin fameux Antiquaire, publia ſon *Hiſtoire des Médailles ou Introduction à la connoiſſance de cette Science.* La prémiére Edition de ce Livre parut en 1665. il fut traduit en Italien, & imprimé à Venife en 1673. l'Auteur le traduifit lui-même en Latin après y avoir fait quelques augmentations, & on l'imprima à Amfterdam en 1683. Patin en donna une feconde Edition en François en 1695. Ces Traductions & ces Editions différentes, prouvent afféz combien un Livre de cette efpéce, étoit regardé comme néceffaire. Cependant on trouva l'Ouvrage de Patin un peu trop abregé ; l'Auteur, pour s'être arrêté trop fcrupuleufement à des généralitéz, a omis plufieurs obfervations utiles, & même néceffaires à ceux qui commencent à s'attacher aux Médailles. On peut encore lui reprocher qu'il n'a point donné de précepte fur la maniére de former des fuites de Médailles, quoique cet Article dût naturellement entrer dans le plan d'un Livre tel que le fien.

Je ne dirai rien ici d'une petite Differtation fur les Médailles, du fçavant Jofeph Marie Suarez Evêque de Vaifon : ce n'eft qu'une fimple efquiffe, faite vraifemblablement dans fa prémiére jeuneffe, quoiqu'elle n'ait été imprimée qu'en 1683. Je ne parlerai point non plus de la *Bibliotheca Numifmatum Antiquiorum* de B. G. Struvius, c'eft l'Ouvrage d'un Novice, qui avoit commencé de parcourir des Livres & des Catalogues de Médailles.

Je paffe au Livre du Pere Louis Jobert, Jefuite, & je ne crains point d'avancer, que cet Ouvrage intitulé : *La Science des Médailles*, eft le meilleur qu'on ait fait jufqu'à préfent, pour rendre l'étude de ces Monumens Antiques plus facile, plus utile, & plus agréable. Il fut imprimé pour la prémiére fois à Paris en 1692. & réimprimé à Amfterdam l'an-

née fuivante. Chrétien Juncker
en entreprit une Traduction Latine à la follicitation de Benoît
Carpzovius, & elle parut à Leip-
fic en 1695. Le Comte Mezzabarba l'avoit traduit en Italien ;
mais fa Traduction n'a jamais été
renduë publique : pour la Ver-
fion Angloife dont le Pere Jobert fait mention dans la Préface
de fa feconde Edition, on n'a jamais pû parvenir à la trouver.

Si les applaudiffemens que reçoit un Ouvrage, les différentes
Traductions qu'on en fait, & le
prompt débit des Editions, font
une marque infaillible de fon mérite ; perfonne ne fçauroit difconvenir que le Livre du Pere Jobert ne doive être mis au nombre des plus excellens ; mais de
plus, l'Auteur y a raffemblé toutes les connoiffances que lui
avoient acquifes, une longue habitude de voir & d'examiner des

Médailles, la lecture des Ouvrages compoféz fur ce fujet, & la converfation des plus fameux Antiquaires, avec lefquels il a été en liaifon toute fa vie. Il a fait un choix judicieux de ces connoiffances, & il les a difpofées dans un ordre afféz méthodique, pour fervir à l'inftruction de ceux qui commencent à étudier les Médailles.

Le fuccès de la prémiére Edition engagea l'Auteur à en donner en 1715. une feconde, augmentée d'un grand nombre d'obfervations nouvelles. Mais quoique le P. Jobert eût apporté tous fes foins pour la rendre plus complette & meilleure que la prémiére ; on s'eft apperçu cependant, qu'il y manquoit encore plufieurs chofes, pour lui donner le dégré de perfection, où l'Auteur auroit pû la porter.

1°. Le Pere Jobert plus occupé de ce qu'il avoit à dire, que de la façon dont il le diroit, a un peu trop négligé son style; ses expressions en plus d'un endroit, sont ou louches, ou peu Françoises; souvent même elles sont si embarrassées & si obscures, qu'on parvient difficilement à démêler sa pensée.

2°. Il avoit oublié de traiter plusieurs points asséz importans pour l'objet qu'il s'étoit proposé; quantité d'observations nécessaires pour le même but, lui avoient échappé; & en quelques endroits il avoit donné des régles ou absolument fausses, ou sujettes à plus d'une exception. De plus on a découvert depuis le tems où il écrivoit, quantité de Médailles singuliéres, qui nous ont fourni de nouvelles lumiéres, & qui nous obligent à réformer les anciennes idées.

3°. La confiance qu'avoit le

P. Jobert dans les lumiéres d'un des plus fçavans de fes Confréres, l'avoit porté à adopter dans fa feconde Edition, les explications finguliéres que celui-ci donnoit à un grand nombre de Médailles, & à les propofer comme autant de découvertes utiles, qui montroient les progrès de la Science Numifmatique dans notre fiécle. Mais de ces explications, les unes font uniquement fondées fur des paradoxes hiftoriques, que les Sçavans ont rejettéz unanimement. Il eft aifé de prouver la fauffeté de plufieurs autres; & celles mêmes qui paroiffent le moins fujettes à des difficultéz, ne font le plus fouvent appuyées que fur des preuves, qui peuvent bien les faire paffer pour des conjectures ingénieufes, mais qui n'ont pas affez de force pour leur acquérir le titre de Découvertes. Je dois même obferver, que dans le petit nombre de celles qui paroiſſent mériter ce nom, la plûpart ne viennent pas du même Auteur , & que la gloire doit en être partagée entre les différens Antiquaires qui les ont imaginées les prémiers.

Ces défauts ſont trop peu conſidérables pour diminuer le prix d'un Ouvrage, d'ailleurs très-utile : mais on a crû rendre ſervice au Public en tâchant de les corriger dans une nouvelle Edition, & voici ce que l'on a fait pour y parvenir plus ſûrement.

On a ſuivi le Texte de la ſeconde Edition , parce qu'elle eſt, comme on l'a déja dit , beaucoup plus ample que la prémiére ; mais on en a réformé le ſtyle en pluſieurs endroits , pour en rendre la lecture moins déſagréable, & ôter autant qu'on le pourroit l'embarras & l'obſcurité , qui arrêtoit très-ſouvent le Lecteur. Si l'on n'a pas fait les mêmes changemens dans tous les endroits qui peuvent paroître en avoir besoin, c'est parce qu'on ne les a pas jugéz absolument nécessaires dans un Livre, dont le principal mérite ne doit pas consister dans le style; & qu'on s'est fait scrupule de changer le Texte de l'Auteur, toutes les fois que sa pensée a été renduë sans ambiguité.

Dans les Remarques qu'on a ajoutées à la fin de chaque Instruction, & après chaque Article des nouvelles découvertes, on a tâché de suppléer ce que l'Auteur pouvoit avoir omis d'intéressant, sur le sujet dont il parle en ces endroits-là, de corriger les fautes qui lui étoient échappées, & on s'est servi de cette occasion pour faire connoître quantité de Médailles curieuses, qui n'avoient pas été publiées jusqu'à présent.

Peut-être

Peut-être trouvera-t'on qu'on a donné trop d'étenduë à quelques-unes de ces Remarques ; mais on prie les perfonnes qui voudroient faire cette objection de confidérer, que ce Livre peut convenir, non-feulement à ceux qu'un fimple motif de curiofité engage à former des fuites de Médailles, & qui fe contentent des notions les plus communes fur la Science Numifmatique ; mais encore à des gens de Lettres dont les uns fe font appliquéz à l'étude même des Médailles, & les autres fans en avoir fait l'objet de leurs études, font cependant bien-aifes de connoître l'utilité qu'ils peuvent en retirer, par rapport à la Mythologie, à la Chronologie, à l'Hiftoire, & à la Geographie. Les fimples Curieux peuvent, je l'avoue, fe paffer de ces fortes de difcuffions ; mais elles font du reffort des gens de Let-

ē

tres : elles les mettent en état de
juger la contestation dont il s'a-
git ; & ils ne sçauroient trouver
mauvais, qu'on ait tâché, ou de
leur donner des idées justes, ou
de les empêcher d'en prendre de
fausses.

Une seconde considération,
qui a engagé à discuter plusieurs
questions, un peu plus au long
qu'on ne se l'étoit d'abord proposé, c'est que souvent on a été
forcé de combattre le sentiment
de quelque Antiquaire fameux ;
& si l'on s'étoit contenté de con-
tredire des hommes d'un certain
nom & d'un certain mérite, sans
en apporter des raisons, l'autorité qu'ils se sont justement acqui-
se dans les Lettres, auroit pû suf-
fire pour déterminer ceux qui
n'ont point ou le tems, ou la volonté de discuter par eux-mêmes,
à blâmer la hardiesse d'un Ecrivain téméraire, & à persister dans

les mêmes opinions. Au contraire, en expofant les raifons fur lefquelles on fonde fa Critique, on peut fe flatter de faire difparoître le préjugé, que forment le nom & l'autorité d'un Sçavant, même dans les points où il s'eft le plus écarté de la vérité.

C'eft principalement par cette derniére raifon, qu'on a fait un plus grand nombre de Remarques fur les Nouvelles Découvertes, & qu'on leur a donné plus d'étenduë, qu'à celles qui fe rapportent au corps du Livre. Dans cette Addition, dont le P. Jobert trouva à propos d'enririchir fa feconde Edition, il femble n'avoir eu d'autre but que de faire adopter par les nouveaux Curieux, les conjectures du Pere Hardouin, & de leur perfuader que toutes les découvertes qu'on avoit faites depuis quarante ans dans la Science des Médailles,

étoient duës uniquement à la ſa-
gacité de ſon ſçavant Confrére.
Mais il me paroît que le nom de
Découverte, ne doit être donné
qu'à certaines véritéz utiles pour
le progrès de nos connoiſſances,
qui ayant été ignorées pendant
long-tems, viennent enfin à ſe développer aux yeux de quelque Sçavant. Je crois encore qu'on pourroit donner ce nom à l'explication
de quelque point obſcur, dont la
vérité, ſans être démontrée à la rigueur, ſe trouve appuyée ſur une
grande probabilité hiſtorique, &
à laquelle on ne peut rien oppo-
ſer de conſidérable. Il y auroit
trop d'indulgence à appeller Découverte, une conjecture ingé-
nieuſe à la vérité, mais dont la
vraiſemblance fait toute la preuve, & qui n'exclut pas une nouvelle idée qui peut avoir le même dégré de vraiſemblance, quoique toutes les deux ne puiſſent
être vrayes en même-tems.

En examinant fur ces principes les Remarques qui terminent
l'Ouvrage du Pere Jobert, on
verra fans peine qu'un très-petit
nombre de ces prétenduës nouvelles Découvertes, mérite un
nom fi honorable. Cependant
pour prévenir les erreurs où quelques Lecteurs-auroient pû tomber à cet égard, on a pris les
précautions fuivantes.

1°. On a marqué exactement
quelles font parmi ces explications, celles qui peuvent être regardées comme sûres, & on a eu foin
d'indiquer le prémier Auteur de
chacune d'elles en particulier.

2°. On a pareillement eu foin
de noter les explications, qui
quoiqu'ingénieufes, ne peuvent
pas cependant être regardées comme certaines, & qu'on ne doit
prendre que pour des conjectures.

3°. On a combattu celles qui
étant uniquement fondées fur des

fyftêmes bizarres & contraires à
tout ce que l'Antiquité profane
& Ecclefiaftique ont de plus af-
furé, ne peuvent fervir qu'à répandre des ténébres fur l'Hiftoire, & fur la plûpart des autres
connoiffances humaines.

Quant à l'Addition qu'on a
faite de quelques Articles aux
Nouvelles Découvertes, on a
fuivi en cela le titre que le Pere
Jobert avoit choifi ; mais fi les
nouvelles Médailles qu'on rapporte peuvent en effet être nommées ainfi, on a été bien éloigné
de croire, que les explications
qu'on donne à ces Médailles duf-
fent être regardées comme de
vrayes Découvertes, jufqu'à ce
que l'approbation des Connoif-
feurs ait, pour ainfi dire, fixé leur
état. Au refte la plûpart des Remarques qu'on trouvera dans cette Edition, font moins le fruit
des recherches d'une feule perfonne, que les réflexions de plu-

fieurs Sçavans diftinguéz, qui ont bien voulu joindre leurs obfervations à celles de l'Editeur. On verra en une infinité d'endroits
combien on a été aidé par le Ca-
binet de M. l'Abbé de Rothelin ;
fi l'on avoit marqué de même tous les fecours qu'on a tiré de
fes lumiéres, fon nom fe feroit trouvé à toutes les pages. On a
auffi obligation à MM. de Sur-
beck, de Boze, & de Cleves, de plufieurs remarques importantes.

Quelques perfonnes croyoient qu'on auroit dû fuppléer un point
que le Pere Jobert n'a pas jugé à propos de traiter ; c'eft le poids
& la valeur des Monnoyes An-
tiques, & leur rapport avec les Monnoyes Modernes. Mais l'e-
xamen de ce feul point, qui a déja produit tant de volumes, auroit demandé un Traité en for-
me, & un Traité prefque auffi long que celui du Pere Jobert.

D'ailleurs cette queſtion eſt peu intéreſſante pour la plûpart de ceux qui commencent à former des Cabinets de Médailles, & le point de vûë ſous lequel on s'eſt principalement propoſé dans cet Ouvrage, de faire enviſager les Médailles, c'eſt en qualité de Monumens hiſtoriques.

D'autres perſonnes auroient bien voulu trouver à la ſuite de la Science des Médailles, une Bibliotheque des Auteurs qui ont écrit ſur cette matiére. Mais la *Bibliotheca Nummaria* que le P. Banduri a mis à la tête de ſon grand Ouvrage des Médailles des Empereurs depuis Trajan Dece juſqu'à Conſtantin Paleologue, ne laiſſe preſque rien à déſirer ſur ce ſujet. Cette Bibliotheque fut réimprimée en particulier à Hambourg en 1719. par les ſoins & avec les Notes de M. Fabricius, & depuis ce tems-là à peine a-t'il paru quatre ou cinq Ouvrages un peu confidérables fur les Médailles. A quoi bon redonner l'abrégé d'un Livre, qui n'eft ni bien long, ni bien rare ? Et pourquoi multiplier le nombre des Catalogues , dans un tems où pour le malheur des Lettres , il femble que la plûpart de ceux qui paroiffent s'y appliquer, foient plus curieux de fçavoir beaucoup de titres de Livres , que de s'inftruire de ce qu'ils contiennent d'utile ? Cependant comme il eft naturel de faire connoître aux amateurs des Médailles , les meilleurs Livres qui en ont traité ; à mefure que le Pere Jobert a fait mention de quelqu'un de ces Livres dans fes Inftruétions , ou qu'on a eu occafion de les citer dans les Remarques, on en a rapporté exaétement les Titres, & marqué les meilleures Editions.

Quelque attention qu'on ait euë à rendre cette Edition cor-

recte, on n'a pû cependant éviter
qu'il ne s'y glisât quelques fautes
d'impression, dont on s'est apper-
çû trop tard, pour avoir pû les
corriger dans le texte. De plus
dans le cours même de l'impreffion, il s'est préfenté des réfléxions nouvelles, qui jointes à la
connoiffance qu'on a euë de quelques Médailles finguliéres, ont
donné lieu de retoucher des Remarques déja imprimées; enforte
qu'on a été obligé de placer ces
petits changemens, fous le titre
d'Additions & de Corrections, à
la fin de chaque volume.

Le feul but que s'eft propofé celui qui s'eft chargé de cette Edition, a été de ranimer l'étude des
Médailles, qui avoit fait tant de
progrès en France dans le fiécle
paffé : s'il pouvoit réuffir dans
fon deffein, ce feroit le fruit le
plus flatteur qu'il pût retirer de
fon travail.

PREFACE

De l'Edition de 1715.

JE ne prétends point faire ici l'Eloge de la Science des Médailles, ni exagerer les grands avantages que l'on en peut tirer. Ce ne seroit qu'une répétition des louanges, que tant d'Auteurs, même du prémier ordre, lui ont données dans leurs Ouvrages. Je dirai seulement qu'elle ne mérite pas moins l'estime & l'application des gens d'es-

é vj

prit, que l'Histoire ; laquelle n'a point
de monument plus solide que la Médaille, pour justifier la vérité de ses
événemens. Elle lui fournit encore
quantité de traits singuliers, dont la
mémoire ne se trouve point conservée
dans les Livres. Cette étude même a
un tout autre agrément. Mille choses
y attirent la curiosité, & rien ne re-
bute l'esprit. Elle ne s'arrête point à un
objet particulier, qui demande une application fatiguante : elle ne se trouve
point limitée à de certaines bornes qui
nous contraignent : elle n'est point si
longue, que la vie de l'homme soit trop
courte pour s'y rendre très-habile. On
y apprend sans beaucoup de peine :
on n'y trouve point ces épines, qui
rendent sur tout les commencemens
fâcheux. Tout est agréable dans la
Science des Médailles : son étenduë est
très-vaste : les objets de toutes les
Sciences & de tous les Arts sont de
son ressort. Elle est courte cependant,
parce qu'elle ne prend que le fin des
choses, que ce qu'il y a de plus remarquable dans l'Histoire, & de plus
rare dans les Auteurs. On y fait tous
les jours mille nouvelles découvertes,
qui éguayent & qui satisfont l'esprit.

Elle réduit, pour ainfi parler, en petit volume, les Sciences & les Livres. Elle eft courte encore, parce qu'elle inftruit en un moment. Il ne faut que des yeux pour apprendre ; enfin, c'eft moins une étude qu'un divertiffement. Tout ce qui entre dans la compofition de la Médaille y contribuë : les figures réjouiffent la vûë par leur beauté : les Infcriptions éveillent l'efprit, le furprennent & le touchent. Ce font des tableaux qui parlent aux yeux, & qui font fouvent en un feul mot, des difcours capables d'inftruire toutes fortes de perfonnes, même les Princes, de ce qu'il y a de plus héroïque dans l'Hiftoire, & de plus curieux dans la Nature.

Mais cette fcience fi agréable, ne laiffe pas d'avoir fes peines & fes difficultéz : elle a même le malheur, que des perfonnes habiles, ne fe fervent des lumiéres qu'elle leur a infpirées, que pour abufer de la confiance qu'on a en eux. Ces gens fans honneur, employent toutes fortes d'artifices pour furprendre les nouveaux Curieux, & d'un pur commerce de plaifir & de bonne foi, ils en font un négoce d'intérêt & de tromperie.

Je n'ai pû fouffrir qu'on fît cette injure à la plus noble des curiofitéz. Comme dans les Livres de Médailles on trouve peu d'Inftructions pour les bien connoître ; j'ai mis dans cet Ouvrage les connoiffances que l'expérience, & l'application m'ont acquifes. J'en fais part au Public, en faveur particulierement de ceux qui ne font que de commencer. Ils y trouveront le moyen de fe garantir de l'impofture, & d'acquérir fans peine du difcernement, & de la capacité. J'ofe même dire que les plus avancéz, ne laifferont pas d'y rencontrer beaucoup de chofes dignes de leur attention. J'ai partagé l'ouvrage en douze Chapitres que j'appelle Inftructions.

Je n'aurois pas fongé à une feconde Edition, fi les nouvelles connoiffances qui me font venuës par les lumieres des Sçavans, ne m'avoient obligé à changer les prémiéres idées que j'avois prifes, fur quantité de points confidérables. J'avois fuivi les penfées communément reçuës, dans le tems que je m'inftruifois moi-même dans l'Académie qui fe tenoit chéz M. le Duc d'Aumont, écoutant avec foumiffion ceux qu'on y regardoit comme les maîtres de l'Art.

M. Spanheim.
M. Vaillant.
M. Morell.

Aujourd'hui qu'on ne s'en rapporte plus à perſonne ſur ſa parole, & qu'on veut que chacun donne des preuves de ce qu'il avance ; la bonne-foi deman- de que m'étant détrompé,& éclairci ſur bien des chefs , je détrompe auſſi ceux qui pourroient m'avoir crû ſur mes prémiéres lumiéres. Les ſçavantes con- teſtations de quelques Auteurs, qui depuis vingt ans ont écrit aſſéz vive- ment les uns contre les autres , m'ont beaucoup ſervi. Je n'ai point pris de parti ; mais j'ai tâché ſeulement de dé- couvrir la vérité , pour embraſſer ce qui m'a paru ou le plus vrai , ou du moins le plus vraiſemblable : & ſans m'attacher à réfuter perſonne, j'ai ſui- vi celui dont le ſentiment m'a ſemblé appuyé de meilleures raiſons. Quand je n'ai rien trouvé d'aſſez clair pour me déterminer, j'ai laiſſé la choſe in- déciſe, de peur que ceux qui n'en ſça- vent pas plus que moi, ne ſe donnaſ- ſent la liberté de condamner l'un ou l'autre ſentiment , ſur le préjugé de ce qu'ils auroient vû dans mon Livre.

On me fit ſçavoir dès l'an 1694. que M. Carpſow également ſçavant & hon- nête homme , avoit fait traduire mon Livre en Latin par les Sçavans de Leipfik, & qu'on y vouloit mettre mon nom, *cum Elogio.* Je priai ces Meſſieurs de ne point entreprendre cette traduc‑ tion, & ſur-tout de ne me point nom‑ mer, tant parce que je ne croyois pas que la langue Latine de ce pays fût propre à rendre aſſez fidellement mes penſées; que parce que mon nom n'eſt point de ces grands noms capables de donner du relief à un Livre, comme de ſon côté le Livre n'eſt guéres ca‑ pable de rendre célébre le nom de ſon Auteur.

Depuis cela, j'ai été huit ans ſans ſçavoir ſi ces Meſſieurs avoient déféré à mes déſirs. Mais enfin leur Ouvrage m'eſt tombé entre les mains, imprimé à Leipſik dès l'année 1695. & je m'y ſuis trouvé étrangement défiguré, com‑ me je le leur avois prédit. Je ne m'y ſuis reconnu que par mon nom, que je les avois expreſſément prié de ne point mettre. Je viens d'apprendre par un de nos doctes Antiquaires retour‑ *M. Genebrier.* né d'Angleterre, qu'il y avoit trouvé mon Livre traduit auſſi en Anglois.

J'aurois été bien plus heureux, ſi la mort n'avoit point empêché le ſça‑ vant Comte Mezzabarba, de donner au Public la traduction de mon Livre,

qu'il avoit pris la peine de faire, &
qui m'a été remife par M. l'Abbé Mezzabarba, digne fils d'un fi illuftre Pere :
le feul nom de l'Auteur auroit été pour
mon Ouvrage une approbation éclatante, qui m'auroit attiré l'eftime de
tous les Sçavans. Cependant dans cette traduction même, on n'auroit pû
rencontrer les corrections que j'ai faites dans l'Edition que je donne, beaucoup plus ample, & plus exacte que
la prémiére, & où l'on trouvera mes
véritables penfées, & les fentimens où
je fuis fur les matiéres que j'y traite.
On les y trouvera, dis-je, avec plus
de fatisfaction, que dans la prémiére
Edition ; non-feulement parce que les
chofes y font traitées avec plus d'exactitude de ma part, mais encore parce
que la perfonne qui en a entrepris
l'impreffion, n'a rien épargné pour la
beauté & pour la correction de l'Ouvrage. Il y a même ajoûté ce que tout
le monde fouhaitoit, je veux dire les
principales Médailles dont il eft parlé
dans le Livre. Il les a fait graver par le
plus habile ouvrier en ce genre, afin
qu'on les pût mettre à la fuite de chaque Inftruction, & les appliquer chacune en leur place, d'une maniere com-

mode, ce qui ne contribuë pas peu à
rendre plus intelligibles les chofes
qu'on y lit, & qu'on apprend bien plus
agréablement par les yeux.

On a fouhaité que je me déclaraffe
& que j'entraffe en preuve fur deux ou
trois points qu'on a crû fort utiles à
l'inftruction des Curieux, & dignes de
leur attention ; fçavoir,

1°. Si les Médailles que nous avons
du haut & du bas-Empire, ont été la
Monnoye courante ; ou fi, du moins
depuis le fiécle de Conftantin, elles
ont été fimplement des piéces battuës
comme les Médaillons, ou comme nos
Jettons ; pour être des Monumens publics de la gloire des Princes, ou pour
leur payer certains tributs qu'ils avoient
impoféz fur le peuple, ou que les peuples leur offroient libéralement d'eux-
mêmes comme des *dons-gratuits*.

2°. S'il eft vrai que tout ce qui nous
refte de Médailles depuis l'Empire de
Conftantin, ait été battu dans les Gaules, & non ailleurs ; de forte que lorfqu'on y trouve expreffément le nom
de certaines Villes hors des Gaules,
cela prouve qu'elles ont été frappées
par le foin des Marchands Gaulois, qui
trafiquoient dans ces Villes-là.

3°. S'il eft évident, comme le prétendent quelques-uns, que les caractéres numéraux qui fe trouvent fur les
Médailles du bas-Empire, ou dans le
champ du revers, ou dans l'Exergue
fignifient les tributs différens que les
Marchands payoient au Prince, du dixiéme, du vingtiéme, du trentiéme,
ou du quarantiéme denier; & que les
autres lettres de différent caractére,
fignifient combien de fois ce tribut
avoit été payé. A. une fois. B. deux
fois. C. trois fois, &c.

J'ai crû que ces nouvelles idées; qui
changent fi notablement les anciennes
notions des Antiquaires, méritoient
effectivement d'être examinées avec
grand foin, & que je ne devois pas refufer de rendre fur cela raifon du parti
que j'ai embraffé.

On trouvera de plus à la fin du Livre, un Recüeil très-curieux de quantité de nouvelles découvertes qu'on a
faites de notre tems dans la Science
des Médailles. Je n'ai pas prétendu en
donner un Recüeil complet. Il auroit
fallu pour cela un Livre entier. J'en
ai feulement mis affez, pour faire naî-
tre l'envie à quelqu'un de nos Sçavans
d'entreprendre un fi bel Ouvrage, &

fi néceffaire à ceux qui veulent avoir
une connoiffance parfaite des Médailles.

J'ai tâché de garder dans cet Ouvrage le meilleur ordre que j'ai pû imaginer, en rappellant chaque Remarque à certains points principaux qui les
doivent réunir, & cela procurera du
moins la facilité de les trouver les unes
auprès des autres. J'en ai même mis à
la fin une table particuliere.

TABLE

DES INSTRUCTIONS

CONTENUES DANS LE TOME I.

TABLE

Fin de la Table des Instructions
du Tome I.

LA SCIENCE

DES

MÉDAILLES.

PREMIERE INSTRUCTION.

*De l'âge des Médailles & du tems
qui en augmente la rareté
& le prix.*

'Il en étoit des Sciences com-
me de la Noblesse, qui tire
sa principale gloire de l'an-
cienneté; la science des Médailles seroit sans contredit la plus estimée & la plus considérable, puisque
l'on pourroit peut-être montrer assez
clairement par la Sainte Ecriture, que

Tome I. **A**

l'emploi des Métaux pour l'utilité des hommes, eft prefque auffi ancien que le monde. Il y auroit cependant bien de la crédulité à penfer que la Monnoye battuë & marquée, foit de l'invention de Tubal-Caïn, comme le prétend Willalpand, perfuadé que fans cela l'on ne juftifie pas affez ce qui eft dit de lui dans la Genefe, *qui fuit malleator & faber in cuncta opera æris & ferri.*

Il eft bien naturel de croire que ce premier Forgeron fut plus curieux de forger des focs de charuës, & des outils pour remuer la terre & pour les ufages domeftiques, que de frapper des pieces de monnoye, dont il étoit aifé de fe paffer en ce tems-là.

Il eft très-probable que le commerce & la focieté fe font entretenus parmi les hommes durant plufieurs fiécles, par la fimple commutation des chofes dont chacun avoit befoin : & que la difficulté de battre les métaux, a dû empêcher long-tems que l'on ne les employât en Monnoye, puifque nous trouvons encore aujourd'hui des Nations entieres, qui n'ont aucun ufage des métaux monnoyez : & que parmi les peuples qui s'en font fervis, ils fe font débitez fort long-tems au poids avant que l'on s'avisât de leur donner la figure de Monnoye, dont le prix a été fixé par la seule volonté des hommes, & par la commodité que l'on a trouvée aux pieces de petit volume.

Quelques-uns ont voulu dire que Moyse étoit le premier, qui avoit inventé l'art de frapper la Monnoye, & qui en avoit introduit l'usage. D'autres ont prétendu prouver par les propres paroles de ce saint Législateur, que dès le tems d'Abraham, l'on s'en servoit dans la terre de Canaan, puisqu'en racontant ce qu'il fit pour acheter un sépulcre à sa femme, qui mourut en ce pays-là, il parle d'argent courant, & employe le mot de *Sicles*, dont on s'est toujours servi depuis, pour exprimer certaines pieces de monnoye qui avoient cours parmi les Hébreux. Tout cela est assurément plus curieux, que nécessaire à l'instruction d'un homme qui commence à aimer les Médailles, & qui ne cherche encore qu'à les connoître.

Il suffit donc pour l'informer de l'âge des Médailles dont nous parlons, de lui apprendre que l'on doit partager les Médailles en deux especes, en An-

Usage de la Monnoye.

Genese ch, 23.

Age des Médailles.

A ij

tiques & en Modernes ; car c'eſt de cette premiere notion que dépend l'eſtime & le prix des Médailles. Les Antiques ſont toutes celles qui ont été frappées, juſques vers le milieu du troiſiéme, ou juſqu'au neuviéme ſiécle de Jeſus-Chriſt. Je ſuis obligé de m'exprimer ainſi, à cauſe du different goût des
Curieux, dont les uns font finir les
Médailles Antiques avec le haut Empire, dès le tems de Gallien ; & même
quelquefois avant Gallien : les autres
ſeulement au tems de Conſtantin ; les
autres avec Auguſte, dit Auguſtule, les
autres avec Charlemagne, ſelon les
idées differentes qu'ils ſe forment, &
qui ſont purement arbitraires.

Les Modernes ſont toutescelles qui
ont été faites depuis environ trois cens
ans. Car pour les Médailles que nous
avons depuis Charlemagne juſqu'au
quinziéme ſiécle, les Curieux ne daignent pas les ramaſſer, excepté celles
qui finiſſent la ſuite de l'Empire des
Grecs, & de qui l'on pourroit dire,
après un de nos Curieux, qu'elles forment un vilain entredeux de l'antique
& du moderne, où les yeux & l'eſprit
ne trouvent plus rien de ſatisfaiſant ni
d'agréable ; de ſorte que pour ſuivre

son goût, il ne faudroit conduire l'Antique, que jusqu'à Théodose à la fin du quatriéme siécle.

Parmi les Antiques, j'entends celles dont on compose les Cabinets ordinaires; il y en a de Grecques & de Latines. Les Grecques sont les premieres *Médailles Grecques.* & les plus anciennes; puisque long-tems avant la fondation de Rome, les Rois & les Villes Grecques frappoient de très-belles Monnoyes de tous les trois métaux, & avec tant d'art, que dans l'Etat le plus florissant de la République & de l'Empire, l'on a eu bien de la peine à les égaler. On en peut juger par les Médaillons Grecs qui nous restent. Comme il y en a de frappez pour des Rois, & d'autres pour des Villes de la Gréce, ceux des Villes à mon avis sont les plus anciens, quoiqu'ils ne soient pas toujours ni les plus beaux, ni les plus précieux. Il faut même avouer que dans ce qui concerne les figures, les Médailles Grecques, généralement parlant, ont un dessein, une attitude, une force, & une délicatesse à exprimer jusqu'aux muscles & aux veines, qui soutenuës par un très-grand relief, leur donnent une juste préférence, en beauté sur les Romaines.

Je réserve ailleurs à parler des Médailles Etrangeres, qui font un nouvel ordre dans les Antiques & dans les Modernes, comme font les Hébraïques, les Puniques, les Arabefques, & les autres que les differens Etats ont frappées chacun en leur Langue ; il y en a peu d'antiques, & les modernes font affez connuës.

Médailles Antiques Latines.

Les Confulaires.

Les Confulaires font conftamment les plus anciennes des Médailles Latines, puifque du tems des Rois de Rome, l'on ne fçavoit encore ce que c'étoit que de battre Monnoye, fur-tout en or & en argent : fi bien que la fuite des familles tient le premier rang d'antiquité entre les Médailles Romaines.

Les Impe-riales.

Parmi les Imperiales, on diftingue le haut & le bas Empire : & quoiqu'à l'égard de ce qu'on appelle Moderne, toutes les Médailles des Empereurs jufqu'aux Paleologues, paffent pour Antiques, encore qu'elles defcendent jufqu'au quinziéme fiécle ; les Curieux n'eftiment que celles du haut Empire, qui finit felon eux au tems des trente Tyrans, & qui commence à Jules-Céfar, ou à Augufte ; enforte qu'elles renferment tout l'efpace de tems, environ depuis l'an 700. de Rome, 54. ans

devant Jesus-Chrift jufqu'à l'an 1010.
de Rome, ou environ, & de Jefus-
Chrift environ 260.

Le bas Empire comprend près de
1200. ans, fi l'on veut aller jufqu'à la
ruine de l'Empire de Conftantinople,
qui arriva en l'an 1453. que les Turcs
s'en rendirent les maîtres; de forte que
l'on ne reconnut plus que l'Empire
d'Occident dans tout le monde Chrétien. Ainfi l'on y peut trouver deux differens âges: Le premier depuis l'Empire d'Aurelien ou de Claude le Gothique jufqu'à Heraclius, qui eft d'environ 350. ans. Le deuxiéme, depuis Heraclius jufqu'aux Paleologues, qui eft
de plus de 800. ans.

Tout ce qui fuit dans les trois derniers
fiécles, de quelque nation qu'il foit, eft
appellé Moderne chez les Curieux, &
compofe les Cabinets de ceux qui ne
donnent point dans l'Antique. Car depuis qu'à l'éxemple du Roi quelques
Particuliers ont commencé à ramaffer
des Médailles modernes, le goût s'en
eft d'autant plus répandu, que ces fortes de Médailles nous intéreffent davantage, & qu'elles nous préfentent,
pour ainfi dire, l'image de notre tems.

C'eft dans cette efpéce de curiofité,

que l'on peut faire le plus grand nombre de différentes fuites ; de Papes, d'Empereurs, de Rois, de Princes, de Villes, de perfonnes particuliéres ; puifque les Monnoyes & les Jettons y ayant place, il n'y a prefque aucun évenement fingulier que l'on n'y puiffe rencontrer ; fur-tout depuis que dans ces derniers tems on a pris goût aux Monumens publics, & que l'on a crû qu'il étoit de la reconnoiffance des Peuples autant que de l'honneur des Princes, de faire paffer à la poftérité la mémoire des grandes actions, & des évenemens confidérables.

Ufage du Moderne. Pour donner de bonnes inftructions fur le Moderne, il faudroit avoir la capacité de feu Monfieur l'Abbé Bizot, qui a été durant fa vie le feul qui en ait eu la parfaite intelligence ; il auroit pu aifément donner fur cela des leçons aux Maîtres mêmes, tout ce qu'il y a de plus précieux en ce genre lui ayant paffé par les mains, & perfonne n'ayant fçu l'expliquer avec plus de netteté, de facilité & d'agrément que lui.

Mais je ne laifferai pas d'apprendre aux nouveaux Curieux l'ufage des Médailles modernes, qui ne font ni moins agréables, ni moins utiles que les Antiques, & qui font bien plus aifées à expliquer, dès que l'on a quelque connoiffance de l'Hiftoire. Comme elles ont été faites avec grand foin, & non pour fervir de Monnoye, les Types en font bien plus amufans. On y voit des Combats fur mer & fur terre, des Siéges, des Entrées, des Sacres de Rois, des Pompes funébres, & plufieurs autres Cérémonies; les Alliances, les Mariages, les Familles; en un mot tout ce qui regarde, ou la Politique, ou la Religion. Les Epoques y font prefque toujours marquées, & l'on n'y voit point comme fur les antiques un faux mérite honoré. Enfin l'on n'eft point fujet à être trompé dans cette recherche comme dans celle des antiques, rien n'étant plus aifé, que de diftinguer les Médailles modernes moulées, d'avec celles qui font frappées; fur-tout l'efpérance du gain n'ayant encore engagé perfonne à les contrefaire.

On peut donc faire des fuites de Papes fort complettes, d'argent & de bronze ; non pas à la vérité depuis faint Pierre jufqu'à nous; mais feulement depuis environ 300. ans; c'eft-à-dire, depuis 1417. car à commencer à

Les Papes.

A v

Martin V. jufqu'au Pape qui tient aujourd'hui le Saint Siége : on a des Médailles de tous , foit moulées , foit
frappées , jufqu'au nombre de cinq à
fix cens , comme il eft aifé de le juftifier par le Livre du Pere du Moulinet ,
qui a fait graver toutes celles qui lui
font tombées entre les mains , avec
une explication fommaire de chacune.
On le fera plus exactement encore par
celui d'un Jefuite Italien , nommé le
P. Bonanni , qui nous a donné l'an
1699. un Recueil beaucoup plus ample & plus complet de toutes les Médailles des Papes , avec de très-fçavan-
tes explications , en deux affez gros volumes *in-folio*.

C'eft avec raifon que le P. du Moulinet foutient , que devant le tems de
Martin V. il ne fe trouve aucune Médaille , qui ait été réellement frappée
pendant le Pontificat du Pape qu'elle
repréfente , & que celles qu'on voit
ont été feulement reftituées ; car il eft
certain, que les coins des Médailles même de Martin V ᵃ. & des autres jufqu'à
Jules II. ont été gravées fous le Pontificat d'Alexandre VII. par les foins de
Monfieur l'Abbé Bizot , foutenu de la
faveur du Cardinal François Barberin ,

a *Méd.* 7.

qui en auroit fait restituer un bien plus
grand nombre, si la mort du Pape n'a-
voit rompu le dessein que l'on avoit
formé de faire graver la suite des Papes, dont on esperoit trouver les têtes
par les-Images & par les Tombeaux,
par les Cires & par les autres Monu-
ments du Vatican. Cette suite ne peut
donc aujourd'hui remonter au-dessus
de Martin V; car on voudroit en vain
la prolonger par les plombs des Bulles, puisqu'on n'y trouve que le nom
des Papes, & non pas leurs images,
la coutume étant de n'y mettre que celles de S. Pierre & de S. Paul.

Sixte IV. est même le premier des
Papes qui ait mis son Buste sur la Monnoye frappée dans ses Etats; on en
voit à son coin avec ces mots : *Utili-
tati publica*, en mémoire de ce qu'il
commença à faire paver les rües de
Rome. Avec le secours des Monnoyes
& des plombs des Bulles, on pourroit
peu-être faire remonter la suite des
Papes jusqu'au huitiéme siécle.

A l'égard de l'Eugene IV. d'or, frappé durant le Concile de Florence, ce
n'est aussi qu'une Monnoye qui est dans
le Cabinet du Roi. Nonobstant ce que
je viens de dire, il faut avouer que le

deffein de reftituer les Médailles des
Papes depuis S. Pierre, avoit déja été
conçû, & même executé avant le Pon‑
tificat d'Alexandre VII. quoique feule‑
ment par des Médailles moulées : car
j'ai enfin recouvré de Rome les Médail‑
les de tous les Papes, principalement
avec deux ou trois fortes de Revers ;
fçavoir, les unes avec deux grandes
a *Méd.* 1. clefs en pal : *Claves regni Cælorum.* [a] les
autres avec le Bufte de S. Pierre ; deux
b *Méd.* 2. petites clefs en fautoir [b] & pour légen‑
de *Sanctus Petrus & Paulus*, les autres
c *Méd.* 3. avec une Veronique [c] ou avec d'autres
d *Méd.* 4.5.6. Revers particuliers [d].

Médailles
fcandaleufes
des Papes.

Il eft à propos d'avertir ici, qu'il ne
faut pas confondre avec les véritables
Médailles des Papes, certaines Médail‑
les que les ennemis du faint Siége ont
fabriquées, pour les infulter, ou pour les
rendre odieux. Telle eft celle de Jules
III. avec cette infcription qui lui fert
de Revers, *Gens & Regnum quod non*
e *Méd.* 10. *fervierit tibi peribit* [e]. Telle eft la Mé‑
daille de Paul III. ΦΕΡΝΗΖΗΝΟC ΕΥ‑
ΦΡΑΙΝΕΙ que l'on ne doit jamais placer
parmi les Médailles veritables. Telles
font enfin certaines ridicules Médailles,
moulées, comme je crois, ou en Alle‑
magne ou en Hollande & à Geneve,

dont les unes repréfentent la tête d'un
Pape jointe à celle d'un diable ; au revers la tête d'un Cardinal jointe à celle
d'un fou. La legende eft auffi imperti-
nente que le type ; d'un côté, *Joan-
nes Calvinus Harefiarcha peffimus* ; de
l'autre, *& ftulti aliquando fapite* ª. Car   ª *Med.* 11.
je vous prie de me dire quel goût il y a
à cela, quel fel, quelle érudition ?

J'en ai encore d'une autre efpece auffi bizarre, où la tête d'un Pape eft jointe
à celle d'un Empereur ; au revers la
tête d'un Cardinal jointe à celle d'un
Evêque : *Theodofius Imperator & Cæ-
leftinus Pontifex*. Le revers eft fi effacé
que l'on ne peut y lire que ces mots :   b *Med.* 11.
Epifcopus anno CCCCXXIII. Qui peut
deviner ce que l'on prétend par ces
combinaifons burlefques ? Je n'aurois
pas daigné en parler, fi ce n'étoit que
ces ridicules pieces font fort communes, & tombent aifément entre les
mains des jeunes Curieux, qui fe tour-
mentent inutilement pour les entendre ; car on a beau faire ; il n'eft pas
poffible de rendre intelligibles les vi-
fions de certaines têtes mal-faites, qui
n'eurent jamais de raifon.

On peut augmenter la fuite des Papes de toute la Cour Ecclefiaftique ;

des Cardinaux, des Evêques & de certains autres Ecclesiastiques distinguez, dont on trouve des Médailles.

Les Empe-
reurs.   Après la suite des Papes, on peut faire une suite fort complette d'Empereurs d'Occident, depuis Charlemagne, pourvû que l'on y veuille faire entrer les Monnoyes. Oct. Strada en a donné le modele, ayant conduit son ouvrage depuis Jules César jusqu'à l'Empereur Mathias, qui regnoit lorsqu'il acheva son Livre. Mais il ne faut pas se fier en tout à cet auteur, parce que les Médailles qu'il rapporte sont presque toutes fausses ; c'est-à-dire, ou inventées pour remplir la suite, ou copiées sur celles que Maximilien II. fit faire, pour donner plus d'idée de la grandeur de la Maison d'Autriche.

Ainsi, à proprement parler, l'on ne peut commencer qu'à Frederic III. l'an 1463. qui fit faire une Médaille de son entrée à Rome; depuis ce Prince, à peine peut-on rassembler une trentaine de Médailles, à moins qu'on ne joigne aux Médailles des Empereurs, celles des Rois d'Espagne, dont la suite ne commence qu'à Philippe I. Roi d'Espagne, & Archiduc d'Autriche, pere de Charles V.

La fuite des Rois de France eft la plus nombreufe & la plus confidérable parmi les modernes, comme le Royaume de France eft le plus noble & le plus ancien. Il eft vrai que dans les deux premieres races il faut fe contenter des Monnoyes, dont Monfieur Boueroüé a fait un beau Livre, où il en a fait graver une grande quantité ; mais depuis la troifiéme, on commence à trouver, non-feulement des Monnoyes, mais auffi quelques Médailles. Sans trop infifter fur celle de Charlemagne avec cette légende, *Renovatio Regni Franciæ*, qui très-probablement eft d'un Charles poftérieur, pour qui elle avoit été frappée fur un plomb qui a fervi de Sceau. Monfieur Bizot foutient qu'aucune avec l'effigie du Prince, n'a été frappée avant Charles VII. & que la premiere où l'on ait vû un Bufte, eft celle que la Ville de Lyon fit frapper en l'honneur de Charles VIII. & d'Anne de Bretagne. Mais la vraie gloire de la Nation, c'eft qu'elle peut juftifier par des Monnoyes la fuite non interrompuë de fes Monarques depuis Clovis ; c'eft-à-dire, pendant 1200. ans, ce qu'aucune Monarchie du monde ne peut faire. Monfieur

de Harlay, Premier Préfident, les avoit
curieufement ramaffées, & s'eft fait un
plaifir d'en enrichir le Cabinet du Roi ;
accoutumé de facrifier tout ce qu'il
étoit, & tout ce qu'il avoit au fervice
& à la gloire de fon Augufte Monarque. C'eft tout ce que l'on peut efperer
dans ce genre de curiofité. Car effayer
de ramaffer toutes les Médailles que
l'on trouve gravées dans la France Métallique, ce feroit perdre fa peine,
étant la plûpart faites à plaifir jufqu'à
Charlemagne, & parmi les poftérieures,
y en ayant encore plufieurs autres, qui
ne font que de l'invention de Jacques
de Bie, & de Duval fon affocié.

On voit dans le Cabinet du Roi une
fuite complette de tous nos Rois, gravée en relief fur des petites Agathes.
Elles font toutes de même grandeur,
de la même main, & d'un ouvrage ex-
quis, d'où il eft aifé de conclure que
c'eft feulement fous le Regne de Louis
XIII. qu'elles ont été faites.

Il y a aujourd'hui un deffein où l'on
peut réuffir plus glorieufement ; c'eft
La Vie de
Louis le
Grand. de ramaffer les Médailles de LOUIS LE
GRAND pour en compofer une Hiftoi-
re complette. Son Regne eft fi fingulier,
& l'on y trouve un enchaînement fi

continuel de miracles, que l'on en a
fait un nombre confidérable de Médailles, dont la poftérité aura peine à
croire les types, que l'on ne pourra lui
expliquer fans exciter fon admiration.
Le Pere Meneftrier, connu par l'étenduë de fa doctrine, par fa bonté géné-
reufe, & par mille ouvrages curieux
qu'il a continué jufqu'à la mort de
donner au public, a fait la vie du Roi
par ces monumens éternels de fa gloire, depuis fa naiffance miraculeufe jufqu'au haut point de gloire, où fes dernieres conquêtes l'ont élevé. Il y a joint
une explication fuccinte de chaque
Médaille.

La nouvelle Académie des infcriptions & des Médailles, érigée par la libéralité de notre Augufte Monarque,
& par les foins de Monfieur l'Abbé
Bignon, *bono Rei Litteraria nati*, s'eft
propofé ce grand deffein. Elle vient de
faire une Hiftoire complette de Louis
le Grand, d'où remontant jufqu'au commencement de la Monarchie, elle prétend nous donner toute l'Hiftoire des
Rois de France par des Médailles, ou
véritables, quand elle en trouvera, ou
reftituées, quand elle n'en pourra avoir
d'autres. Ce grand & magnifique ou-

vrage, qui a paru avec tous les embel-
liſſemens, dont la gravûre & l'impreſſion ſont capables, va paroître une ſeconde fois avec de nouvelles beautez,
Cependant afin que les particuliers puiſſent en jouir à moins de frais, on en a
fait une édition en petit, pour laquelle on a fait les coins de toutes les Médailles, qui n'avoient été que gravées
en taille-douce, ſur leſquels on a frappé les Médailles, dont on a fait une
ſuite complette de toutes les actions
de la vie du Roi. Sans ce ſecours on
n'auroit pû en avoir qu'une petite partie. La jalouſie des Etrangers a fait faire
une édition de ce Livre en Hollande,
tout exprès pour y ajoûter quatre ou
cinq Tables des Médailles faites dans les
Pays ennemis de la gloire de Louis le
Grand. Maniere indigne de ſe venger,
qui n'eſt qu'un aveu de ſa propre foi-
bleſſe, *Ultio doloris confeſſio eſt.*

Monſieur l'Abbé Bizot, dont nous
avons déja parlé, a fait de ces mêmes
Médailles un ramas très-curieux, &
très-magnifique, qui compoſoit une partie du Cabinet de Monſieur de Seigne-
lay, car le tout étoit de plus de trois
mille. L'ordre qu'il y avoit mis en rele-
voit encore le prix, & y faiſoit trouver

LINVS · I · PONT · MAX ·

BONIFATIVS · V · P · MAX ·

LIBERIVS · I · PONT · MAX ·

CLAVES · ☩ · CELORVM · REGNI ·

PAVLVS · ☩ · SANCTVS · PETRVS · ET · IN ·

LEO · I · P · M ·

BONIFATIVS · III · PONT · MAX ·

ANASTASIVS · II · P · M ·

ACCIPE · CLAVEM · IV · P · M · NAVELIVS · TV · SISCIPE ·

FELIX
ROMA

CLAVE · ☩ S · REGNI · CELORVM · ECLAE ·

1   2   3

4   5   6

F. Ertinger sc:

MARTINVS · V · COLVMNA · PONT · MAX

PAVL · II · VENETVS · PONT · MAX

SIXTVS · V · PONT · M · A ANO · L · 1588

7

PRIMO MCDXVII ANNO ROMA

8

SOLVM · IN · FERAS PIVS · BELLATVR PASTOR

9

SACRA · PROPHANIS · PRAEFERENS

IVLIVS · III · PONT · MAX · AN · III

CELESTINVS · PONT · MAX · THEODOSIVS · IMPERATOR

PESSIMVS · IOAN · CALVINVS · HERESIARCH

10

GENS · ET
REGNVM
QVOD · NON
SERVIERIT
TIBI
PERIBIT

11

GERM · EPISQVX · ANNO · MCCCCXXXII · PAL · D · DVS

12

SAPITE · PSALX · CIII · ET · STVLTI · ALIQVANDO

F. Erlinger. fc.

une satisfaction merveilleuse. Car pour
en donner une idée ; après la suite de
nos Rois, on y voyoit tous les Princes de la Maison Royale, les Cardinaux, les Evêques, les Officiers de la
Couronne, les Chanceliers, & tous les
autres Magistrats & gens de Justice ;
enfin toutes les personnes illustres dans
les Lettres & dans les Arts. L'on y ren-
controit à peu près dans le même ordre
les Royaumes, & les Etats étrangers,
dont nous avons un excellent morceau dans l'Histoire Métallique de Hollande, qu'on ne peut nommer sans
faire l'éloge de l'Auteur, rien n'étant
mieux concerté, ni plus heureusement
executé.

Il est aisé de juger par-là combien
feront considérables les suites où l'on
fera entrer toutes les personnes illustres, soit par leur naissance, soit par
leur capacité, soit par leurs Charges
& par leurs Emplois, y en ayant fort
peu, de qui l'on n'ait depuis deux cens
ans, conservé la mémoire par quelques
Médailles, ou du moins par des Jettons, qui font une partie de la curiosité de ceux qui aiment les Modernes.
Monsieur de Ganiere en a un ramas de
plus de trois mille * depuis Philippe

Les Médail-
les des Hom-
mes Illustres.

*Les Jettons
de Ganiére.

VI. dit de Valois, qui commença à regner en 1328. Je le crois en ce genre
le plus riche de tous les Curieux : mais
il ne l'est pas moins par son mérite &
par ses belles qualités, qui le font aimer & estimer de tous ceux qui ont l'a-
vantage de le connoître.

REMARQUES

Sur la premiere Instruction.

p. 11.
l. 4. **L**A Science des Médailles seroit sans
contredit la plus considérable & la
plus estimée.] De tous les Monumens historiques , il n'y a que les Inscriptions qui puis-
sent les disputer aux Médailles , & peut-être
même l'emporter sur celles , par rapport à leur
antiquité , sur-tout si en se conformant à la
notion commune , on ne donne le nom de
Médailles , qu'aux pieces de monnoye , frappées & marquées ; car il n'est point d'usage de
mettre dans ce nombre les pieces de métal
d'un certain poids , mais sans aucun type gravé , dont on usoit dans le Commerce avant
l'invention de l'art de battre monnoye. Il paroît même qu'il ne seroit pas raisonnable de
les y comprendre. Or les plus anciennes pieces
de monnoye frappées, dont il soit fait mention
dans l'Histoire , ne remontent pas au-delà du
IX. siécle avant l'Ere Chrétienne ; & si l'on
veut rechercher les Inscriptions les plus anciennes , sans avoir recours aux colonnes de
Seth , dont parle Josephe [1] ni à celles qu'é-
léverent en Afrique les peuples de la Palestine
qui s'y refugierent , lorsque Josué fit la con-
quéte de la terre promise , & dont Procope

1. Joseph. Antiq. Jud. l. 1. c. 3.

(1) a fait mention, sans parler même de ces
Inscriptions Egyptiennes en Lettres Hierogly-
phiques, que le second Mercure avoit recueillies, & sur lesquelles Manethon avoit composé son Histoire (2) ni de celles que Sésostris
avoit fait graver sur les colonnes, qu'il fit élever dans tous les pays qu'il avoit conquis, &
dont quelques-unes subsistoient encore au tems
de Strabon (3); sans rappeller, dis-je, ces Monumens de la premiere Antiquité, & à s'en
tenir aux seules Inscriptions Grecques, qui
sont parvenües jusqu'à nous par le moyen
des anciens Auteurs : on en connoît plusieurs
fort antérieures au tems, où l'on a commencé de battre Monnoye dans la Gréce. Telles
sont les Inscriptions des Trépieds qu'Hero-
dote (4) avoit vûs dans le Temple d'Apollon
Ismenien, & qui étoient plus anciennes que
la guerre de Troye : Telle est encore l'Inscription d'Hercule retournant de l'expédition où
il avoit enlevé les bœufs de Geryon ; elle nous
a été conservée par Aristote (5) ; on peut en
trouver plusieurs autres dans Pausanias & ailleurs, qui le cedent peu en antiquité à celles-
ci : mais quand même on voudroit se rédui-
de aux Inscriptions dont l'Original existe,
celle des Sigéens que M. Chisull publia, il y
a environ 20. ans, & qu'il a fait réimprimer
depuis à la tête de ses Antiquitez Asiatiques
(6) doit aller de pair avec ce que les Médail-

(1) *Procop. Bell. Vand.* Lib. II. c. 10.
(2) *Syncell. Chronogr.* p. 40.
(3) *Strab. Geogr.* l. XVI. p. 769, & lib. XVII.
p. 700.
(4) *Herodot.* l. v. c. 59. 60. 61.
(5) *Aristot. de Mirab. audit.* p. m. 130.
(6) *Antiquit. Asiat. Christ. Aer. anteced.* Lond.
1718. fol.

les nous offrent de plus ancien. L'Inſcription d'un Athlete, vainqueur aux Jeux Neméens, qui vient de paroître avec une Diſſertation Latine (1) que j'y ai ajoutée pour l'expliquer, eſt à peu près du même tems que les Médailles de Gélon ; les Marbres Athéniens apportez en France par M. de Nointel, & conſervez aujourd'hui dans le dépôt du Louvre, ſont contemporains des Médailles d'Hieron. Lorſqu'on donnera au Public les Inſcriptions que M. l'Abbé Fourmont a recueillies dans ſon Voyage du Levant ; on y verra un grand nombre de Monumens, qui empêcheront peutêtre, qu'on ne ſe détermine ſi aiſément à donner la préférence aux Médailles ſur les Inſcriptions, du côté de l'antiquité. Après tout il me paroît aſſez inutile de diſputer ſur cette préférence, comme ont fait autrefois Spanheim & Gudius, quoique nous devions à cette diſpute l'excellent ouvrage de Spanheim. Ceux qui veulent s'appliquer à l'étude de l'Antiquité, ne ſçauroient le lire avec trop d'application ; mais je crois devoir les avertir qu'il eſt abſolument néceſſaire de joindre l'étude des Inſcriptions à l'étude des Médailles : ſans cela ils ſe flatteroient vainement de faire de grands progrès dans la connoiſſance de l'Hiſtoire, de la Chronologie, & même de la Géographie ancienne.

P. 2. l. 29. *Et que parmi les Peuples qui s'en ſont ſervis, ils ſe ſont débitez fort long-tems au poids avant que l'on s'aviſât de leur donner la figure de Monnoye.* Au ſujet des Médailles non frappées ; c'eſt-à-dire, des pieces de métal d'un certain poids qui ſervoient à faire des échan-

(1) *Theſ. Nov. Inſcrip.*

ge;, contre des marchandiſes ou des denrées,
avant qu'on eût trouvé l'art d'y imprimer des
figures & des caractéres, par le moyen des
coins & du marteau ; à ce ſujet, dis-je, on peut
lire une ſçavante Diſſertation, dont voici le
titre : *Othonis Sperlingii conſil. Reg. & V. J. D.*
Diſſertatio de nummis non cuſis, tam veterum
quam recentiorum. Amſtel. 1790. 4°.

P 4. l. 3. *Les Antiques ſont toutes celles qui ont*
été frappées juſques vers le milieu du troiſiéme
ou juſqu'au neuviéme ſiécle de Jeſus-Chriſt, &c.
Notre Auteur ſemble ne parler ici, que des ſeules Médailles Impériales, quoiqu'il eût été à
ſa place, de dire quelque choſe des Médailles
des Rois & des Villes Grecques : à ſon exemple pour me borner aux ſeules ſuites Impériales, il me paroît qu'on peut les former de
quatre maniéres differentes. 1°. On peut ſe
contenter de faire entrer dans une ſuite, les
Médailles qu'on appelle communément du
haut Empire ; c'eſt-à-dire, depuis Jules Céſar
juſqu'à Poſtume, ſuivant le plan qu'a ſuivi
M. Vaillant dans ſes *Numiſmata præſtantiora :*
2°. On peut continuer cette ſuite juſqu'à Conſtantin ; 3°. Ceux qui voudront la pouſſer juſqu'à la chûte de l'Empire d'Occident, y feront entrer toutes les Médailles juſqu'à Auguſtule. 4°. Si on eſt bien-aiſe d'eſſayer de ramaſſer des Médailles de tous les Empereurs
ſans exception, quoiqu'on ne puiſſe pas ſe
flatter de jamais y réuſſir ; on peut ſe propoſer
pour but, de la conduire juſqu'à Conſtantin Paleologue, ſous lequel Conſtantinople fut pri-
ſe par les Turcs. Chacune de ces ſuites paroîtra faite ſuivant un ordre Syſtématique, &
quoiqu'on mette ordinairement au rang des

modernes, les Monnoyes des Princes qui ont
vêcu après Charlemagne, & même celles de
nos premiers Rois ; on peut cependant regarder en quelque forte comme antiques, celles
des Empereurs de Conftantinople qui ont régné depuis cette époque, parce qu'elles ache-
vent de rendre complette une fuite Impériale,
commencée par le véritable antique. D'ailleurs comme ces Princes ont regné dans un
Pays affez éloigné du nôtre, la diftance de lieu
fait à peu près le même effet que la diftance
de tems, & fupplée en quelque façon ce qu'on
a coutume d'exiger, pour donner à quelque
Monument le titre d'Antique.

P. 5. *Car pour celles que nous avons depuis
Charlemagne jufqu'au quinziéme fiécle, les curieux ne daignent pas les ramaffer.*] Ceux qui ne
font curieux que de la beauté du deffein & de
la fabrique, ne fe donneront pas fans doute
la peine de ramaffer les Médailles, où les Monnoyes, frappées depuis Charlemagne jufqu'à la
renaiffance des beaux Arts ; mais les curieux
amateurs des lettres qui voudront ne rien négliger, de ce qui peut fervir à l'éclairciffement
de l'Hiftoire du moyen âge, les ramafferont
avec plaifir, & y trouveront de quoi s'inftruire, fur divers points qu'on ignoreroit entiere-
ment, fans le fecours de ces Monumens.

P. 5. & 6. *Les Grecques font les prémieres &
les plus anciennes, puifque long-tems avant la
fondation de Rome, les Rois & les Villes Grecques, frappoient de très-belles Monnoyes dans
tous les trois métaux, & avec tant d'art, que
dans l'état le plus floriffant de la République &
de l'Empire, l'on a eu bien de la peine à les égaler.*] Il eft certain que les Grecs avoient com-

Tome I.   B

mencé de frapper des Médailles, ou de battre
Monnoye, plus d'un siécle avant la fondation
de Rome ; mais il ne s'enfuit pas de-là que
les Médailles Grecques frappées avant que
Rome fût bâtie, euffent déja aquis le degré de
perfection, auquel les Romains eurent dans
la fuite tant de peine à parvenir. Il faudroit
pour en pouvoir juger, qu'il nous reftât quelques-unes de ces premieres piéces de Monnoye des Grecs ; mais je doute qu'aucun Cabinet puiffe fe vanter d'en poffeder une feule.

C'eft ordinairement à Phidon qu'on attribuë l'invention des poids, des mefures, & des
Monnoyes frappées dans la Grece. Les Marbres d'Arondel (1) fixent l'époque de ce Prince à l'an 895. avant l'Ere Chrétienne, 142
ans avant la fondation de Rome. C'eft à Phidon que Beger a rapporté une Médaille d'argent, qu'il a fait graver dans fon Tréfor de
Brandebourg (2). on y voit d'un côté un vafe
à deux anfes, au-deffus duquel eft une grappe
de raifin ; on lit dans le champ à droite ΦI &
à gauche ΔO. Le revers repréfente un bouclier
Béotien. M. Schott, Antiquaire du Roi de
Pruffe, & neveu de Beger, avoit prétendu
(3) comme fon oncle, que cette Médaille
étoit frappée du tems même de Phidon ; la
Differtation qu'il compofa fur ce fujet, a été
imprimée dans les Mémoires de la Societé
Royale de Berlin. D'autre part Othon Sperlingius (4) a foutenu que le nom de Phidon,
qui paroiffoit gravé fur la Médaille du Roi de

(1) *Marmor. Oxonienf.* I. *ep* 46.
(2) *Beg. Thef. Brand.* T. I. *p.* 279.
(3) *Mifcell. Berolinenf.* T. I. *p.* 33. 59.
(4) *Sperling. de Num. non. caf.* c. 1.

Prusse, ne suffisoit pas pour prouver qu'elle eut
été frappée du tems de cet ancien Roi d'Ar-
gos : il dit de plus, que tout ce qu'on peut en
conclurre, c'est que cette piece de Monnoye,
étoit du même poids, & au même titre, que
celles dont Phidon avoit été l'Inventeur. De
toutes les raisons que M. Schott oppose à
Sperlingius, une seule pourroit paroître de
quelque considération : c'est, que suivant l'Antiquaire de Berlin, il n'y a que les Princes régnans dont les noms se trouvent seuls sur les
Médailles ; c'est-à-dire, sans être suivis du
nom des Peuples, ou des Villes qui ont fait
frapper ces Monumens ; mais cette regle est
sujette à tant d'exceptions, que le sentiment
de Beger n'en devient guéres plus vraisembla-
ble. En effet dans le seul Trésor Britannique
de M. Haym, je trouve trois Médailles avec
les noms de Licus (1), d'Antisthéne (2), &
d'Eupoléme (3), sans nom de peuple, ni de
Ville, quoique ces trois personnages n'ayent
jamais regné, & que les Médailles ne soient
pas frappées de leur tems : ainsi de ce que le
nom de Phidon se trouve seul sur la Médaille
gravée par Beger, on ne sçauroit en conclurre
qu'elle a été frappée du vivant de ce Prince.
La Dissertation de M. Schott ne parut pas con-
vainquante au célébre Cuper, qui lui écrivit à
ce sujet une Lettre, qu'on peut voir dans la
continuation des Mémoires de la Societé
Royale de Berlin (4), avec la réponse de M.
Schott. Pour moi j'avouerai que les caracté-

(1) *Haym. Tesor. Britann. T. I. p. 116.*
(2) *Ibid. p. 118.*
(3) *Ibid. T. II. p. 64.*
(4) *Cont. 1a. Miscell. Berolin. p. 1. Seqq.*

res de la Médaille dont il s'agit, me paroissent trop arrondis & trop bien formez, pour être un premier essai de l'art de battre Monnoye ; d'ailleurs ils approchent bien plus de l'Ecriture usitée, après le tems de la guerre du Peloponése, que de l'Ecriture qui étoit en usage avant le tems de Solon, & même avant l'établissement des Olympiades ; car on auroit peine à prouver que du tems de Phidon, on eût commencé à écrire de gauche à droite, & que les Lettres eussent la même forme qu'elles ont eue dans les tems postérieurs.

Je crois donc que la plus ancienne Monnoye Gréque qui nous reste, est une petite Médaille d'or de Cyréne, publiée par le Pere Hardouin dans les Mémoires de Trévoux ; (1) Elle représente d'un côté un homme debout, la tête ceinte d'un diadême, & rayonée, avec une corne de belier au-dessus de l'oreille. Cet homme tient de la main droite une image de la victoire, & de la gauche une *haste*, ou un sceptre de même longueur que la *haste* ; à ses pieds est un mouton : on lit dans le champ à gauche ΔΑΜΩΝΑΚΤΟΣ au revers un char attelé de quatre chevaux de front, avec un homme qui le guide, au-dessus ΚΥΡΑΝΑΙΟΝ. Cette Médaille a été frappée pour Démonax le Mantinéen, Régent du Royaume de Cyréne, pendant la minorité de Battus IV. Il vivoit du tems de Cyrus, vers la fin du second siécle de Rome, comme on peut en juger par ce qu'Hérodote nous en a appris, (2)

Avant que le Pere Hardouin eût fait graver cette Médaille, qui étoit alors dans le cabinet

(1) *Mém. de Trev. Août* 1727. *p.* 1444.
(2) *Hérodot.* L. IV. c. 161,

de M. le Duc du Maine , on n'en connoissoit
pas de plus ancienne que celle d'Amyntas Roi
de Macédoine, Bisayeul d'Alexandre le Grand.
Elle peut avoir été frappée vers l'an 370. de
Rome. Ce sont là les deux plus anciennes Médailles de Rois , qui se soient conservées jusqu'à nos jours. Quant à celles des Villes Gre-
ques , il seroit impossible de les faire remonter
avec certitude à une époque aussi reculée. Il
ne doit guéres y en avoir de plus anciennes
que celles d'Athenes & de Thébes , dont un
très-grand nombre sont gravées dans les ouvrages de Goltzius (1) & d'Haym (2) : mais
de ce qu'on y lit communément AΘE & ΘE
par un E , & non par un H , il ne s'ensuit pas
de-là qu'elles soient antérieures à la fondation de Rome : on ne peut pas même assurer
qu'elles soient plus anciennes que Simonide , Inventeur des voyelles longues ; car il
paroît que l'usage de graver sur la monnoye
le nom de ces deux Villes , conformément
à l'ancienne Orthographe , a continué long-
tems après le changement , que Simonide in-
troduisit dans l'Alphabet Ionien ou Attique.
Le Pere Hardouin a même soutenu (3),qu'il
n'y avoit point de Médailles d'Athenes , plus
anciennes que le regne de Philippe pere d'A-
lexandre. Il lui auroit été difficile de prouver
cette assertion ; mais il ne le seroit pas moins
de faire voir que le Pere Hardouin se trom-
poit.

Pour rendre plus exact , ce que le Pere Jobert a écrit dans le passage qui a donné lieu à

(1) *Goltz. Græc. Tab. xiv. & xv.*
(2) *Haym. Tes. Brit. T. I. p. 151. 217.*
(3) *Hardouin. not. in Plin. L. vii. c. 56.*

cette remarque, il faudra se contenter de dire, que les Grecs avoient commencé de battre Monnoye, avant le tems de la fondation de Rome, & qu'ils avoient porté leurs Monnoyes d'or & d'argent, à un tel degré de perfection, avant qu'à Rome on eût commencé d'en frapper en ces deux métaux, que dans les tems les plus florissans de la République & de l'Empire, on a eu bien de la peine à les égaler. Les premieres piéces de Monnoye d'argent, n'ont été frappées à Rome, qu'en l'an 485. de sa fondation; on n'a commencé d'en frapper en or que 62. ans après, c'est Pline qui nous l'apprend (1). Or il est très-certain qu'avant ce tems-là les Grecs avoient des Monnoyes d'une beauté singuliére, comme on peut s'en convaincre par les Médailles de Gelon, d'Agathocles, de Philippe, d'Alexandre, de Lysimachus, de Cassandre, &c.

P. 6, l. 10. *Les Consulaires sont constamment les plus anciennes des Médailles Latines*] Ceci n'est pas exact; le Roi Servius-Tullius fut le premier, sous lequel on frappa à Rome de la Monnoye de bronze, *Servius Rex primus signavit æs*, dit Pline (2). Ce Prince y fit graver la figure d'un bœuf, ou d'un bélier, suivant le même Auteur (3); Varron dans les fragmens qui nous restent, & Cassiodore (4), attribuent de même à Servius-Tullius l'établissement de la Monnoye de bronze. Il n'y en eut point d'autre à Rome avant l'an 485. de sa fondation, comme je l'ai dit dans la remarque

(1) *Plin. Nat. Hist. L. XXXIII. c. 3.*
(2) *Id. ibid.*
(3) *Id. L. XVIII. c. 3.*
(4) *Cassiod. Var. L. VII. 32.*

précédente. Toutes les pièces qui furent frappées dans cet intervale de tems, étoient, ou des *Affes*; ou des parties de l'*As*, telles que les *Semiffes, Quadrantes, Sextantes*, &c. ordinairement pour marquer la valeur de chaque pièce de Monnoye, on y gravoit autant de points qu'elle valoit d'onces. Les Cabinets des Curieux sont encore aujourd'hui remplis de ces anciennes Monnoyes; le Pere du Moulinet a donné les desseins de quelques-unes, dans son Cabinet de sainte Géneviéve; son exemple a été suivi par Beger dans le Trésor de Brandebourg, par M. Baudelot dans ses réflexions sur les deux plus anciennes Monnoyes d'or Romaines, & par le Pere de Vitry dans un article des Mémoires de Trévoux. Ces *Affes* sont véritablement les plus anciennes Médailles Latines. Les Médailles des familles Romaines, qu'on appelle communément Médailles Consulaires, n'ont été frappées (au moins la plûpart), ni par les ordres de ceux dont elles portent le nom, ni même de leur vivant. C'étoit les Directeurs de la Monnoye, autrement, les Triumvirs Monétaires, qui s'avisérent d'y faire mettre les noms de leurs Ancêtres, ou des Hommes illustres de leur Maison: le Pere Jobert l'a remarqué dans sa quatriéme Instruction. Je dis plus, il y a grande apparence que cet usage ne s'est introduit, que vers le milieu du septiéme siécle de Rome. Si l'on avoit commencé de frapper des Médailles Consulaires, dès le tems où la Monnoye d'argent commença d'avoir cours, nous nous appercevrions d'une très grande différence, entre celles de ces Médailles qui furent frappées les prémieres, & celles qui ne remontent pas au-

delà de Jules - César & d'Auguste ; nous dif-
tinguerions les progrès , que l'art de battre
Monnoye a fait infenfiblement , depuis fon
commencement jufqu'à fa perfection ; mais
fi l'on compare entre elles les Médailles des familles Romaines , on verra au contraire qu'elles paroiffent prefque toutes de la même fabrique , & qu'il n'y a entre les plus imparfai-
tes & celles qui font le mieux frappées qu'une
très-légére différence ; enforte qu'on fera forcé de convenir , que même les plus anciennes font d'un tems , où l'art commençoit déja d'approcher de fa perfection. Cette reffemblance qui m'a toujours frappé , me porte à
croire que l'ufage de graver fur la Monnoye ,
les noms des grands Hommes & des Magiftrats , ne s'eft introduit que vers le tems de
Marius & de Sylla.

Ibid. l. 25. *Les Curieux n'eftiment que celles du
Haut-Empire , qui finit felon eux , au tems des
trente-Tyrans.*] Rien n'eft moins vrai que cette
affertion , fur-tout quand on termine le Haut-
Empire aux 30. Tyrans : ce feroit autre chofe
fi on ne le terminoit qu'à Conftantin ; encore
feroit-on obligé d'avouer, que depuis ce Prince
jufqu'à Théodofe , on trouve de fort belles
Médailles en tous métaux , quoique peut-être
on n'en trouve pas en toute grandeur dans
chaque métal. C'eft donc feulement des Médailles de Théodofe & des Empereurs qui fuivent , qu'on peut dire avec quelque vraifem-
blance , que les Curieux ne les eftiment guéres.

Mais ce mot de *Curieux* eft fort équivoque ,
& mériteroit qu'on en fixât la fignification. En
effet , fi par ce terme on entend tout homme

qui fait une collection de Médailles, l'homme de Lettres se trouve confondu avec l'homme, purement homme de goût, qui ne recherche & n'estime dans les Médailles que les beautez de la gravûre antique. Rien ne distingue plus le vrai sçavant de celui qui ne cherche qu'à le paroître, & que ses richesses mettent en état de satisfaire sa vanité, puisque l'un & l'autre ramassent des Médailles, quoique dans des vûes bien différentes. Aussi leurs Cabinets ne se ressembleront point, & l'homme studieux qui ne travaille que pour s'instruire, récueillera avec soin des choses, qui seront négligées par celui, qui cherche plûtôt à flatter son amour propre, ou son goût, qu'à former son esprit & à perfectionner ses connoissances.

P. 9. l. 14. *Et l'on n'y voit point comme sur les Antiques, un faux mérite honoré.*] Je ne sçai ce qui a pû faire penser au Pere Jobert, que sur les Antiques on trouvoit plus que sur les Modernes un faux mérite honoré. Il semble au contraire que cet inconvénient, qui est inévitable dans toute societé humaine, est beaucoup plus à craindre dans les Médailles modernes, qu'il ne l'étoit dans les Monnoyes antiques; car si d'une part les Princes étoient Maîtres de la fabrication de leurs Monnoyes, ne le sont-ils pas également aujourd'hui de la fabrication de leurs Médailles ? Avec cette différence néanmoins, que les Monnoyes qui portoient le Sceau de l'autorité du Sénat, quelque soumis & corrompu qu'on le suppose, avoient encore en ce point un avantage sur les Médailles modernes, qui dépendent uniquement de la volonté du Prince; mais d'un

B v

autre côté, les Monnoyes ne se frappoient
que pour le Prince, où tout au plus pour
les personnes de la famille régnante ; aujour-
d'hui il n'est point de particulier qui ne puisse
aisément faire frapper des Médailles en son
honneur ; comment donc peut-on dire qu'on
n'y voit point le faux mérite honoré ? La vanité n'a-t'elle pas déja porté bien des gens
sans mérite, à essayer de se procurer une espece
d'immortalité, en se faisant représenter sur des
Médailles ?

P. 10. l. 5. *Comme il est aisé de le justifier par le
Livre du Pere du Moulinet*] en voici le titre :
*Claudii du Moulinet, Historia summorum Pon-
tificum à Martino V. ad Innocentium XI, per
eorum Numismata : ab anno 1417. ad annum
1678. Paris. 1679. fol.*

Ibid. l. 10. *On le fera plus exactement encore,
par celui d'un Jesuite Italien nommé le P. Bonanni, qui nous a donné l'an 1699. un Recueil
beaucoup plus ample & plus complet de toutes
les Médailles des Papes.*] Le titre de ce Livre
est : *Numismata Pontificum Romanorum à tem-
pore Martini V. usque ad annum 1699. explicata & Illustrata à Philippo Bonanni. S. J. Romæ
1699. fol. 2. vol.* Le même Auteur en a publié un autre, à peu près sur le même sujet :
*Numismata summorum Pontificum Templi Va-
ticani Fabricam indicantia, explicata à Phil.
Bonanni S. J. Romæ 1696. fol.*

P. 14. l. 20. *L'on ne peut commencer qu'à Fré-
deric III. l'an 1463. qui fit faire une Médaille de
son entrée à Rome.*] La datte que donne ici le P.
Jobert est assurément fausse. L'Empereur Frederic III. n'a fait que deux voyages à Rome :
Le premier en 1452. pour s'y faire couronner.

& le second en 1468. pour y accomplir un vœu.

P. 15. l. 5. *Il est vrai que dans les deux premieres races, il faut se contenter des Monnoyes, dont M. Bouteroüe a fait un beau Livre, où il en a fait graver une grande quantité.* Ce Livre, qui commence à devenir rare, est intitulé : *Recherches curieuses des Monnoyes de France, depuis le commencement de la Monarchie : par Claude Bouteroüe* Paris. 1666. fol. Il faut y joindre le Livre suivant : *Traité historique des Monnoyes de France, depuis le commencement de la Monarchie jusqu'en* 1689. *par François le Blanc.* Paris 1690. in 4°.

Ibid. l. 13. *Sans trop insister sur celle de Charlemagne avec cette légende :* Renovatio Regni Franciæ. M. Patin a fait graver cette Médaille (1) elle, représente d'un côté une tête couronnée de Laurier, & pour légende K A R O L U S IMP. AGS: au revers, RENOVA- T I O R E G N I F R A N C, dans une Couronne de laurier.

P. 17. l. 6. *Le P. Menestrier. . . . . a fait la vie du Roi par ces Monumens éternels de sa gloire.* Ce premier essai de la vie de Louis XIV. par les Médailles intitulé : *Histoire de Louis le Grand par les Médailles, Emblêmes, devises, jettons, &c. recueillis & expliquez par le Père Claude François Menestrier, Jesuite,* fut imprimé à Paris en 1691. on en fit une seconde Edition en 1693.

Ibid. l. 17. *La nouvelle Académie des Inscriptions & des Médailles.* L'Académie Royale des Inscriptions, fut établie par le Roi Louis le Grand en 1663. le Roi lui donna un Ré-

(1) *Patin. Introd. à la Scienc. des Méd. p.* 120.

glement fixe en 1701. fous le nom d'Académie Royale des Infcriptions & Médailles ; ce titre a été changé depuis, en celui d'Académie Royale des Infcriptions & Belles-Lettres, par Arrêt du Confeil d'Etat du 4. Janvier 1716. (1)

Ibid. l. 30. *Ce grand & magnifique Ouvrage qui a paru avec tous les embelliffemens, dont la gravure & l'impreffion font capables,* &c. | La premiere Edition faite par les foins de l'Académie, parut fous ce titre : *Médailles fur les principaux évenemens, du regne de Louis le Grand, avec des explications Hiftoriques,* Paris, de l'Imprimerie Royale, 1702. fol. On l'imprima la même année, in 4°. La feconde Edition fut donnée au Public en 1723. augmentée de toutes les Médailles, frappées depuis l'avénement de Philippe V. à la Couronne d'Efpagne, jufqu'à la mort de Louis XIV. C'eft pour cela qu'on a ajouté un mot, au titre de cette feconde Edition, qui eft conçu en ces termes : *Médailles fur les principaux événemens du regne entier de Louis le Grand,* &c.

P. 191. l. 12. *Nous avons une xcellent morceau dans l'Hiftoire Métallique de Hollande.*] Hiftoire Métallique de Hollande, par M. Bizot. Paris, 1687. fol.

Ibid. l. 30. *M. de Ganiére en a un ramas de plus de trois mille.*] M. de Ganiere mort en 1715. avoit fait deffiner tous les Jettons de nos Rois, qu'il avoit pû trouver. Ces' defleins font aujourd'hui a la Bibliotheque du Roi.

(1) *V. Hift. de l'Acad. des Infcrip. & Bell. Lett. D. I. p. 1. fuiv.*

II. INSTRUCTION.

Des differens Métaux qui composent les Médailles.

LE prix des Médailles ne doit pas être confidéré précifément par la matiére ; c'eft un des prémiers princi-pes de la Science des Médailles : fou-vent une même Médaille frappée fur l'or fera commune, qui fera très-rare en bronze ; & d'autres fort eftimées en or, le feront très-peu en argent & en bronze. Par exemple, un Othon Latin de grand Bronze n'a point de prix, au lieu qu'un Othon d'or ne vaut que trois ou quatre piftoles au-deffus de fon poids, qui eft environ de deux gros ; & le même Othon d'argent ne vaut que quarante ou cinquante fols au-de-là de ce qu'il péfe, fi ce n'eft qu'il eût quelque revers extraordinaire qui en augmentât le prix. Si l'on pouvoit même être affez heureux pour recou-vrer des prémieres Monnoyes dont les hommes fe font fervis, comme celles

de cuir battu, que le Roi Numa diſtri-
bua au Peuple Romain, & que l'Hiſtoire nomme *Aſſes Scorteos* *, l'on n'é-
pargneroit rien pour en mettre à la tête d'un Cabinet.

* *Alex ab*
Alex. l. 4. c.
15.

J'ai de ces ſortes de ſols frappez ſur
le cuir, que la néceſſité a obligé de renouveller dans le dernier ſiécle, durant
les guerres des Hollandois contre les
Eſpagnols.

Il eſt utile de connoître les Métaux
antiques, afin de n'y être pas trompé,
& de ſçavoir ce qui forme les différentes ſuites, où les Métaux ne doivent
jamais être mêlez, ſi ce n'eſt lorſque
pour rendre la ſuite d'argent plus ample & plus complette, on y place certaines têtes d'or, qui ne ſe trouvent
plus en argent; car cela s'appelle enrichir une ſuite.

Médailles
d'or.

Il y a des Médailles d'or, ſoit or
fin, toujours plus pur, & d'un plus bel
œil que le nôtre; ſoit or mêlé, plus
pâle, d'un aloi plus bas, & ayant en-
environ ſur quatre parts un cinquiéme
d'alliage; ſoit enfin or notablement
plus altéré, tel que nous le voyons
dans certaines Gothiques. Il faut ob-
ſerver, que quoique Sévere Alexandre
eût donné la permiſſion de ſe ſervir

d'alliage dans les Monnoyes, cela n'a point empêché que les Médailles de ce Prince & de ceux qui lui ont succédé, même dans le bas Empire, ne soient ordinairement d'un or aussi pur & aussi fin que du tems d'Auguste; le titre ne se trouvant proprement altéré que dans les Gothiques.

L'or des anciennes Médailles Grecques est extrêmement pur; l'on en peut juger par celles de Philippe de Macédoine, & d'Alexandre le Grand, qui vont à vingt-trois karats & seize grains, à ce que dit Monsieur Patin, l'un des plus fameux Antiquaires de notre siécle. On lui aura une éternelle obligation d'avoir inspiré tout de nouveau aux Sçavans l'estime & l'amour des Médailles, & de leur en avoir facilité la connoissance, par mille secrets qu'il a découverts, pour en développer les mystéres.

L'or des Médailles Impériales est aussi très-fin & de même alloi que celui des Grecques; c'est-à-dire, au plus haut titre qu'il puisse aller, en demeurant maniable. Car les Affineurs le préferent encore aujourd'hui, à celui des Sequins & des Ducats; & du temps de Bodin, les Orfévres de Paris ayant

fondu un Vespasien d'or, ils n'y trouverent qu'un 788e. d'empirance, qui
est l'alliage.

Il faut se souvenir que les Romains,
ne commencérent à se servir de Monnoyes d'or, que l'an 547. de Rome,
afin que l'on ne soit pas trompé à celles qui se trouveront avant ce tems-là.
Par exemple, si l'on trouvoit quelqu'un des Rois de Rome, ou des prémiers Consuls frappéz sur l'or, il n'en
faut pas davantage pour conclurre que
c'est une fausse Médaille : J'entends
qu'elle n'est point frappée du tems de
ces Rois ou de ces Consuls. Car les
descendans de ces Familles, plusieurs
siécles après, ont fait frapper quelquefois les têtes de leurs ancêtres : témoin
celle de Quirinus, de Numa, d'Ancus

Med. 1. Martius, de Junius Brutus; & ces sortes de Médailles ne laissent pas d'être
antiques par rapport à nous, quoiqu'elles ne soient pas du tems de ceux
qu'elles représentent.

Médailles
d'argent. L'usage des Médailles d'argent commença l'an 485. de Rome. L'on en
trouve beaucoup plus que d'or, mais
l'argent n'en est pas si fin ; car les Curieux ont remarqué par les Fontes, que
les Romains ont toujours battu les Mé-

dailles d'or fur le fin, au lieu que celles d'argent ont été frappées à un titre
plus bas que nos Monnoyes; puifque les
meilleures Monnoyes Romaines, même
du tems des Confuls, ne vont au plus
haut prix qu'à vingt-cinq francs le marc,
qui en vaut plus de trente quand il eft
fin. On ne laiffe pas d'appeller argent
fin, l'argent des Médailles qui fe trouvent jufqu'à Septime Sévere, en comparaifon de celles qui fe trouvent jufqu'à Conftantin, qui n'eft qu'argent
bas & allié. On l'appelle communément Potin, & il s'en rencontre dès le
commencement du haut-Empire, dans
des Médailles frappées en Egypte; témoin certaines Médailles de Néron,
& femblables.

Savot * écrit qu'Alexandre Sévere   *Savot, ch.
fit battre de la Monnoye d'argent, où   12.
il n'y avoit qu'un tiers de fin, quoique le poids fût toujours le même. On
ne laiffe pas de l'appeller *Reftitutor Mo-*   a Med. 4.
netæ [a], ce qui fait voir combien de fon
tems la Monnoye avoit été altérée.

Il s'en trouve de pur billon, qui   Médailles
n'ont prefque point d'argent, comme   de billon.
fous le regne de Gallien & de fes fucceffeurs; non que pendant tout ce tems-
là il ne s'en voye plus de bon argent:

car il eſt aiſé de prouver le contraire
juſqu'au tems de Théodoſe, & au-delà; mais parce que depuis Gallien, il y
en a beaucoup plus de billon que de
bon argent.

Médailles ſaucées. Il s'en voit qui ne font que ſaucées;
c'eſt-a-dire, battuës ſur le ſeul cuivre,
& puis argentées, telles qu'il s'en trouve depuis les Poſthumes juſqu'à Dioclétien.

Médailles fourrées. Enfin il y en a de fourrées, qui n'ont
qu'une petite feuille d'argent ſur le cui-
vre, ou ſur le fer, mais battuës enſemble fort adroitement, & qui ne ſe
connoiſſent qu'à la coupure. C'eſt une
eſpece de fauſſe monnoye, qui commença dès le tems des Conſuls, & qui
ſe renouvella durant le Triumvirat
d'Auguſte; & c'eſt en même-tems une
preuve infaillible de l'antiquité de la
Médaille, & même de ſa rareté; puiſque, comme dit Monſieur Morel, de
qui nous aurons occaſion plus d'une
fois de parler avec éloge, dès que l'on
s'apperçevoit de cette fauſſe Monnoye,
on faiſoit rompre les coins, & l'on dé-
crioit l'eſpéce.

Tout le cuivre, dans la diſtinction
des ſuites dont les Cabinets ſont compoſéz, a l'honneur de porter le nom

de bronze : on ne laiffe pas néanmoins
de le diftinguer dans les métaux, quand
l'on veut en parler exactement, comme a fait Savot *.

* 2 p. ch. 17.

On voit plufieurs Médailles de cuivre rouge dès le tems d'Augufte, particuliérement parmi ce que l'on appelle moyen Bronze.

Médailles de
Cuivre rouge
& de jaune.

On en voit auffi de cuivre jaune dès
le même tems, parmi le grand bronze
comme parmi le moyen.

Il s'en trouve de vrai bronze, dont
l'œil eft incomparablement plus beau.

On en voit quelques-unes qui paffent pour cuivre de Corinthe, qui eft
un alliage d'or & d'argent, avec le cuivre qui l'emporte. On l'appelle ainfi,
parce qu'à la prife de Corinthe, le feu
y ayant été mis, & la Ville abandon-
née au pillage ; les différens métaux
fondus, coulant dans les endroits plus
bas, formérent un alliage fortuit, qui
a gardé le nom de cette Ville faccagée,
& qui donne aux Médailles la même beauté & le même prix, que les vafes de Corinthe ont toujours eu parmi
les vafes communs de bronze. J'ai une
Livie fous l'image de la piété, une *Antonia*, & un *Adrien* qui me paroiffent
en être ; mais nos Maîtres prétendent

Médailles
de Cuivre
Corinthien.

qu'on ne s'en eſt jamais ſervi pour les
Médailles, & je n'ai pas aſſez d'autorité
pour former une nouvelle tradition,
quoiqu'il ne paroiſſe pas de raiſon ;
pourquoi ce que l'on fondoit pour des
vaſes, n'auroit pas pû auſſi ſervir à
quelques Médailles, puiſque l'on gravoit les images des Princes, même ſur
les pierres précieuſes.

*2.p.ch.17. Savot * qui a traité plus curieuſe-
ment que tous les autres Antiquaires,
le département des métaux dans les
Monnoyes, fait un chapitre exprès du
cuivre de Corinthe, dont il met trois
eſpéces ; l'une où l'or eſt le métal do-
minant ; l'autre où l'argent prédomine ; le troiſiéme où l'or, l'argent & le
cuivre ſont en égales portions. Il prétend prouver par les paroles de Pline,
que l'on imitoit, en alliant ces trois métaux, le vrai cuivre de Corinthe, parce
qu'il parle d'une fonte qu'il nomme,
rationem fundendi æris pretioſi. Cependant il avoue, ce que l'expérience nous
a appris, qu'après pluſieurs eſſais que
l'on a faits ſur les Médailles que l'on a
crû être de ce cuivre, jamais en les fon-
dant l'on n'a pû ni par le feu, ni par
l'eau de départ, en tirer un ſeul grain
d'or.

Enfin il y a des Médailles de différens Médailles de deux cuivres. cuivres qui ne font point alliéz, mais dont feulement l'un enchaffe l'autre, & qui font frappéz d'un même coin; tels font quelques Médaillons antiques de Commode, d'Adrien, &c. & certains qui fans cela, ne feroient que de grand ou de Moyen bronze. L'on peut y remarquer, que les caractéres de la légende mordent quelquefois fur les deux Métaux; d'autres fois ils ne font que fur l'intérieur, auquel le prémier cercle de Métal, ne fert que d'encaftillement.

On trouve encore des Médailles de Médailles de plomb. plomb, auxquelles il faut prendre garde de n'être pas trompé, parce que la plûpart font modernes & de nulle valeur, au lieu que les plombs antiques font très-curieux. J'en ai vû quelques-uns à Avignon chez Monfieur Roftagni, qui les eftimoit beaucoup; & l'autre jour on me fit voir un Tigranes, qui indubitablement eft frappé fur un plomb antique, plus blanc de beaucoup que le nôtre, & plus dur.

Je fçai que plufieurs de nos Antiquaires, ont peine à tomber d'accord qu'il nous refte des Médailles de plomb antique; mais s'ils veulent dire abfo-

lument que jamais les Romains ne fe
foient fervis de Monnoyes de plomb,
ils auront bien de la peine à répondre
aux Auteurs qui en ont parlé, comme
Plaute, Martial, &c. Que s'ils prétendent que les piéces monnoyées appellées par ces Auteurs, *Nummi plumbei*,
font des Médailles de cuivre allié avec
du plomb; Savot leur répondra que cet
alliage n'a commencé, que vers le tems
de Septime Sévére; & que dans les ef-
fais qu'il a faits des Médailles antérieures à ce Prince, jamais il ne s'eft trouvé aucun grain de plomb. Or les Auteurs que nous venons de citer, & qui
parlent des Monnoyes de plomb, ont
vêcu long-tems avant Septime Sévére.

Je ne parle point de certains cuivres
doréz qu'on trouve dans les Cabinets;
ce font des Médailles gâtées par des
Curieux ignorans, qui ne fçavent pas
le prix des chofes: femblables à ceux
qui eftiment la perfonne par l'habit,
& l'honnête homme par la fortune.

Médailles de fer. Je ne parle point non plus du fer,
parmi les Métaux dont on trouve des
Médailles. Ce n'eft pas que j'ignore
qu'on lit dans Céfar, que certains Peuples de la Grande-Bretagne fe fervoient de Monnoye de fer. Je fçai aufli

que la même chose est arrivée dans quelques Villes de la Grece. De plus, Savot rapporte qu'il s'est trouvé des Monnoyes Romaines, que l'Aimant attiroit ; mais il est aisé de voir que ce n'étoient que des Médailles fourrées, telles qu'il nous en reste encore plusieurs, & du tems de la République, & du tems des Empereurs ; c'est-à-dire, du fer ou du cuivre couvert d'une feüille d'argent, à qui l'adresse des Faux-Monnoyeurs de ce siécle, donnoit cours comme à la bonne Monnoye. Nous venons d'en parler, & nous en parlerons encore plus amplement dans un autre endroit, où nous ferons voir le reméde qu'on tâcha d'y apporter. Ces différens Métaux ne forment dans les Cabinets, que trois sortes de différentes suites. Celle d'or, qui est la moins nombreuse, n'excédant guéres mille ou douze cens dans les Imperiales. Celle d'argent, beaucoup plus nombreuse, puisqu'elle peut passer trois mille des seules Impériales. Celle de bronze, qui va beaucoup plus loin, puisqu'en y comprenant les trois différentes grandeurs, elle peut aller au-delà de six à sept mille. Je ne compte que les Impériales ; car si l'on vouloit y comprendre celles des Rois & des Villes, on iroit beaucoup plus loin. On fçait que Wolfangus Lazius Médecin Allemand, qui paroît avoir formé le deffein le plus vafte, pour nous donner toutes les Médailles qu'il avoit jamais vûës, en faifoit monter le nombre fi haut, qu'il a paru incroyable; de forte que l'on a voulu des 700000. dont il parle, retrancher le dernier chifre, encore a-t'on crû lui faire grace; les premieres planches qu'il a fait graver ne promettant pas qu'il pût aller jufqu'à 7000.

Pour moi je ne doute point qu'en féparant les Métaux & les grandeurs, & en y comprenant tout ce que nous avons d'antique & de moderne, jufqu'aux Monnoyes & aux Jettons, l'on ne puiffe aller au-delà de tout ce que l'on fe figure communément, fur le pied de ce qui fe rencontre dans les plus riches Cabinets.

Tout ce que nous venons de dire de la matiére des Médailles, ne doit s'entendre que des Médailles ordinaires, qui ont eu cours parmi les Grecs & les Romains, qui ont réduit leur Monnoye aux trois principaux Métaux, l'or, l'argent & le cuivre. D'où vient

que

que les Monetaires ne se servoient que
de ceux-là, pour marquer le pouvoir
que leur donnoit leur Charge, & l'ex-
primoient ainsi, III-VIR. A.A.A.F.F.
c'est-à-dire *Triumvir, auro, argento, ære,*
flando, feriundo[a]; ou simplement par trois
lettres A P F. *argento publico feriundo* [b].
Que si dans de certaines occasions extraordinaires, la nécessité a obligé
d'employer, faute de Métal, les choses les plus viles; comme de la terre
cuite, des écorces, du carton, de petits cailloux, & choses semblables, où
l'on imprimoit certaines marques; on
doit plûtôt regarder cela comme des
gages de la somme dûë, que comme
des Monnoyes courantes. Les Curieux
trouveront dans Savot * de quoi se contenter sur cette matiere, & ils appren-
dront, *quid distent æra lupinis.*

Ils pourront aussi apprendre par un
petit Livre des Monnoyes d'Asie, qu'aujourd'hui il y a encore des cantons dans
ces vastes Pays, où des Coquilles &
des Amandes servent de Monnoyes;
comme à Surate & à Cambayia; ces
Amandes viennent du côté d'Ormuz,
& sont d'une amertume si grande, qu'on
ne craint point que les enfans les mangent. Tavernier nous en a donné les

a *Med.* 3.

b *Med.* 4.

* *p.* 2. *ch.* 5.

empreintes dans la Relation de ſes Voyages.

Il me ſemble que c'eſt aſſez ici le lieu de répondre a la queſtion qu'on fait ſur les Médailles ; ſçavoir, ſi originairement elles ont été des Monnoyes qui avoient cours dans le commerce, ou ſi elles étoient ſeulement des pieces ſemblables à nos Jettons, ou à nos Médailles modernes, qui ne ſervent qu'à conſerver la mémoire des Princes, & des Hommes illuſtres, ou de certains évenemens ſinguliers ; ou la marque des Tributs qu'on impoſoit aux Peuples, ou que les Peuples offroient libéralement aux Princes, comme des *Dons gratuits*. Voici ce qui me paroît le plus raiſonnable, pour appuyer le ſentiment de ceux qui aſſurent que tout ce que nous avons de Médailles Antiques, excepté les ſeuls Médaillons, ont été en tout tems ſans diſtinction d'aucun ſiécle, les Eſpeces courantes ou dans tout l'Empire, ou dans les Pays où elles ont été battuës.

I. L'uſage des Métaux monnoyéz a de tout tems été dans l'Empire, comme il eſt encore aujourd'hui parmi nous : cet uſage eſt abſolument néceſſaire dans le Commerce, depuis qu'on

ne trafique plus par le seul échange des
Marchandises; il faut donc croire qu'il
n'a point été interrompu dans le siè-
cle de Constantin, non plus que dans
les précédens. On ne peut douter que
durant tant de siècles, on n'ait frappé
une bien plus grande quantité de pièces de Monnoye, que de Médailles
ou de Jettons, qui n'avoient aucun
cours dans le Commerce. Par quel miracle donc seroit-il arrivé, que ces Jettons seuls se fussent conservez, qu'on
en trouvât une infinité par-tout; &
qu'au contraire il ne nous fût resté aucune Monnoye ? Quand on me dit qu'il
nous est resté beaucoup moins de Médaillons que de Médailles ; je réponds
aussi-tôt que les Médaillons n'étoient
d'aucun usage dans le Commerce, &
qu'il s'en frappoit beaucoup moins que
de Monnoyes : mais quand on me demande pourquoi on trouve une infinité de Médailles, & qu'il ne nous reste
plus aucune Monnoye Antique; je se-
rois forcé, si je convenois du fait, d'a-
vouer que c'est un prodige.

II. Il est constant que la plûpart des
Médailles, soit d'argent, soit de bronze, que nous avons du tems de la République, (car pour parler Médaille ,

vous ſçavez qu'on donne le nom de
bronze au cuivre) il eſt conſtant, dis-
je, que c'étoient les Monnoyes courantes. La plûpart en portent la marque indubitable, qui eſt la valeur de
chacune ; ſur celles d'argent, le X^a. le
Q. le II-S, font voir qu'elles valoient
tant d'As ; & ſur celles de bronze le
nombre de o. oo. ooo. oooo. dit
qu'elles valoient une once, deux onces, trois onces, quatre onces, &c.
Pourquoi donc du tems des Empereurs
n'auroit-on pas continué la même choſe, quoique ces marques ne s'y trouvent pas ? L'uſage commun faiſoit aſſez ſçavoir comme à préſent, la valeur
de chaque piéce. Il ſeroit inutile de ré-
peter ici ce que Monſieur Patin a ſi
doctement prouvé dans ſon Hiſtoire
des Médailles, après Savot & les autres Antiquaires ; ſçavoir, que toutes
les Médailles que nous avons, ſont les
vraies Monnoyes dont on ſe ſervoit
en ces tems-là. Il ſuffit de rappeller
ceux qui ſeroient d'un ſentiment contraire, à ce miracle qui ſera toujours
inconcevable ; puiſqu'il n'y auroit que
les Médailles qui auroient eu le bonheur de ſe conſerver juſqu'à nos tems,
pendant que toutes les Monnoyes ab-

a Méd. 2.

folument se seroient perduës : sans que
dans ces trésors qu'on tire encore tous
les jours des entrailles de la terre, on
en pût rencontrer une seule.

On ne peut pas dire raisonnable-
ment, que le Prince se feroit tenu des-
honoré, si son image avoit été gravée
sur la Monnoye, & mise par là entre
les mains de tout le Peuple : c'est une
vision d'Erizzo, qui a inventé ce nouveau crime de Leze-Majesté, sur lequel il a été évidemment confondu, par
les Auteurs que je viens de citer.

Il ne suffit pas non plus de dire, qu'à
present on ne conserve que les Médailles, & qu'on fond les Monnoyes des
Princes après leur mort. Car cela n'empêche pas que nous n'ayons quantité
de Monnoyes de nos anciens Rois, &
que dans les Trésors qui se déterrent
de tems en tems, ce ne soient effectivement des Monnoyes qui se trouvent ainsi ramassées, & qu'on fait fondre ensuite si l'on veut, pour en faire
usage dans le Commerce.

Qui jamais s'est avisé de contremar-
quer des Jettons, ou des pieces qui
n'eussent aucun cours ? Nous voyons
cependant, quantité de ces contremarques sur les Médailles de toute gran-

C iij

deur; il faut donc croire que ces Médailles servoient alors de Monnoye.
Car on a toujours pensé que les contremarques ne se mettoient, que lorsqu'on augmentoit, ou qu'on diminuoit
le prix des espéces. On pourroit me dire que la conséquence n'est pas juste;
puisqu'on trouve quelques Médaillons
contremarquéz. Mais il est aisé de répondre que cela vient de ce que l'on a
mis parmi les Médaillons, certains
bronzes d'un volume un peu au-dessus
de l'ordinaire; qui dans le vrai n'étoient
que les plus grandes pieces de Monnoye, parmi les autres grands bronzes,
La chose est constante dans les Médailles d'Auguste qu'on met à la tête des
Médaillons, & qui ne sont assurément
que des grands bronzes.

Quand les Médailles déclarent elles-
mêmes qu'elles sont des Monnoyes, il
me semble qu'on doit les en croire sur
leur propre témoignage. Or nous avons
dans le siécle de Constantin, plusieurs
Médailles qui portent pour légende,
Sacra Moneta Augg. & Cæss. NN.
Pourquoi ne vouloir pas lire dans les
lettres initiales de l'exergue, ce qui se
lit dans la légende tout au long, en
expliquant S. M. par *Sacra Moneta.*

F. Erlinger Sc

plûtôt que par *Societas Mercatorum*.
Nous avons aussi des Médailles qui
portent *Moneta Urbis*. Cela veut-il
dire des Jettons? Ce qui s'appelle Monnoye du Prince, ou Monnoye de la
Ville, n'est point sans doute un present
fait par des Marchands Gaulois.

Jusqu'à tems donc qu'on ait fait voir
la fausseté de ces notions communes,
par de meilleures raisons, je ne crois
pas qu'on doive embrasser un autre sentiment; ce seroit jetter gratuitement
dans l'erreur, ceux à qui l'on inspireroit
ces idées extraordinaires, & peu fondées.

REMARQUES

Sur la seconde Instruction.

p. 37.
l. 12.
PAr exemple, un Othon Latin de
grand Bronze, n'a point de prix.]
On ne connoît jusqu'à présent aucun Othon
Latin de grand Bronze, & ceux qui se sont
vantéz d'en posséder, ou d'en avoir vû, ont
été trompéz par des Médailles fausses, ou refaites. On n'en connoît pas non plus, avec
la marque de l'autorité du Sénat S. C; si vous
en exceptéz ceux de moyen bronze, où ces
deux Lettres se trouvent au revers, dans une

C iiij

couronne de Laurier ; mais tous les Antiquaïres conviennent , que ces Médailles ont été frappées à Antioche (1) , & par conféquent on ne fçauroit les appeller proprement bronze Latin , puifque ce nom ne fe donne qu'aux piéces de ce métal , qui ont été frappées à Rome , ou dans l'Italie , par l'autorité du Sénat. Il y a plufieurs autres Médailles d'Othon en moyen bronze , frappées dans l'Orient & en Egypte ; & Henry-Thomas Chifflet , Chapelain de la Reine de Suéde , a été obligé d'avouer qu'il s'étoit trompé , lorfqu'il avoit foutenu dans une Differtation (2) , imprimée vers le milieu du fiécle paffé , qu'il n y avoit abfolument aucune Médaille de cet Empereur en bronze. Treize ans après que la Differtation de Chifflet eut paru , un Medecin de Boulogne nommé Jean Caponi , en fit imprimer une autre (3) à la tête de laquelle , il fit graver un Othon en bronze , qui venoit d'entrer dans fon Cabinet ; cette Médaille a paffé depuis dans le Cabinet du Roi ; mais elle n'eft que de la feconde grandeur. Jean Dominique Tiepolo , noble Vénitien , fit auffi graver en 1678. un Othon de même métal , qu'il venoit d'acquérir ; & on ajouta cette efpéce d'éloge à la planche , qu'il. fit graver , & diftribuer. *Othonis præexcellentiffimus Nummus : hic accuratiffimè impreffus , magnitudinis , ac confervationis in Europâ ufque adhuc incognitæ ,*

(1) *V. Vaillant. Num. Col. T. I. p. 129. & Harduin. opp. fel. p.* 730.

(2) *H. Th. Chifflet. Diff. de Othonib. Ær. Ant.* 1656. *in* 4.

(3) *Joan. Capon. de Num. fuo Othon. ær. Diff. Bon.* 1664. *in* 4.

Joannis Dominici Theupoli Patricii Veneti ci-
melium nobiliffimè exornat. Cependant cette
Médaille que M. Vaillant (1) a auffi fait graver, n'eft que de la feconde grandeur, ap-
prochant de la premiere. C'eft une de celles
qui furent frappées à Antioche.

P. 37. l. 21. *Si l'on pouvoit même être affez*
heureux pour recouvrer des prémieres Mon-
noyes, dont les hommes fe font fervis, comme celles
de cuir battu, que le Roi Numa diftribua au peu-
ple Romain, & que l'Hiftoire nomme, Affes Scor-
teos.] Afchine (2) & Ariftide nous apprennent,
que les Carthaginois fe font fervis, de Monnoye de Cuir ; les Romains commencérent
par fe fervir de Monnoyes de terre cuite, &
de cuir. Cette derniere a été appellée *Affes*
Scortei ; elle étoit en ufage à Rome avant le
régne de Numa, fuivant le témoignage de
Suetone, cité par Suidas (3) ; L'Auteur Anonyme du petit Traité *de rebus Bellicis,* imprimé à la fuite de la Notice des deux Empires,
ajoute qu'on imprimoit une petite marque
d'or fur ces piéces de cuir, qui tenoient lieu
de Monnoye, dans le Commerce ; *formatos è*
coriis orbes, auro modico fignaverunt. Enfuite Numa introduifit l'ufage des piéces de
Bronze, qu'on prenoit au poids, en échange des Marchandifes & des Denrées ; cela dura
jufqu'au tems de Servius Tullius, qui le prémier les fit frapper, & y fit graver une certaine marque. On peut voir ce qu'ont dit fur ce
fujet Saumaife (4) & Sperlingius (5).

(1) *Vaill. Num. praftant. T. I. p. 25.*
(2) *Æfchin. Socr. Dial. II. c. 24.*
(3) *Suid. v.* Ἀσσαρία.
(4) *Salmas. de Ufur. p. 443. Seqq.*
(5) *Oth. Sper. de Num. non cuf. p. 201. feqq. & 2216.*

C v

P. 38. l. 6. *J'ai de ces fortes de fols frappés fur le cuir, que la néceffité a obligé de renouveller, &c.*] Patin a(1) auffi fait graver une Monnoye de Carton, frappée à Leyde en 1574. pendant que les Efpagnols tenoient cette Ville affié-gée. On trouvera dans le premier Tome de l'Hiftoire de l'Académie des Belles-Lettres, l'extrait d'une Differtation, fur ces Monnoyes obfidionales.

Ibid. l. 14. *Les Métaux ne doivent jamais être mêléz, fi ce n'eft lorfque pour rendre la fuite d'argent plus ample & plus complette, &c.*] J'ajoute que dans la fuite des Rois & des Vil-les, il eft affez d'ufage de mêler enfemble les trois Métaux, & même les différentes gran-deurs. C'eft auffi ce qui fe pratique ordinaire-ment, dans la fuite des Médailles Confulai-res; mais cela vient de ce qu'il y a des têtes de Rois, & des Familles Romaines, qui ne fe trouvent que dans l'un des trois Métaux, & fur des piéces de différent volume; outre l'ex-trême difficulté qu'il y auroit à raffembler, un affez grand nombre de ces têtes de même mé-tal, & de même volume, pour en compofer une fuite.

P. 41. l. 13. *Qui n'eft qu'argent bas & allié; on l'appelle communément Potin, & il s'en ren-contre dès le commencement du Haut-Empire,* Savot définit ainfi le Potin (2) : » Le Potin
» dont j'ai parlé ci-deffus, eft une autre ef-
» péce de cuivre jaune, qui ne fe peut dorer
» à caufe du plomb qui y entre, comme je l'ai
» remarqué ci-devant : il eft compofé de cui-
» vre, de Laton, & de plomb, & poffible un

---

(1) *Patin. Hift. des Méd. p. 54.*
(2) *Savot. Difc. fur les Méd. Part. II. c. 17. p. 124.*

»peu d'Etain. On lui donne le nom de po-
»tin, à cause qu'on fait ordinairement les
»pots de cuivre de cette matière.» Mais outre
les Métaux dont Savot a fait mention, il en-
troit aussi dans la composition du potin, dont
on se servoit pour frapper des Médailles, environ un cinquiéme d'argent, comme on l'a
reconnu, en en faisant fondre quelques-unes.
Au reste on commence à trouver des Médailles de potin, dès le tems d'Auguste ou de Tibére. J'ai vû une Médaille Gréque de Tibére,
au revers d'Auguste, en potin, dans le Cabinet de M. l'Abbé de Rothelin, qui a fait
une suite presque complette en ce métal. Cette suite peut passer pour unique en son genre.

Ibid. l. 26. *Il s'en trouve de pur billon, qui*
n'ont presque point d'argent, comme sous le régne
de Gallien, & de ses Successeurs: non que pen-
dant tout ce tems-là, il ne s'en voye plus de
bon argent; car il est aisé de prouver le con-
traire, jusqu'au tems de Théodose, & au-delà;
mais parce que depuis Gallien, il y en a beau-
coup plus de billon que de bon argent.] Ce
que notre Auteur dit dans cette page sur l'altération des Monnoyes d'argent, est peu exact,
& demande quelques éclaircissemens, que
j'abrégerai autant qu'il me sera possible.

Didius Julianus est le premier, qui ait
corrompu le titre des Médailles d'argent; il le
fit, à ce qu'on prétend, pour remplir plus
aisément ses coffres, qu'il avoit épuisez par
ses largesses, en achetant l'Empire des Soldats
Prétoriens, qui venoient de massacrer Pertinax. Depuis Didius Julianus, le titre alla
toujours en baissant, & certainement les Médailles de ce Prince ont moins d'alliage que

celles de Septime Sévére : & celles de ce dernier font encore moins mauvaifes, que celles de Sévére Aléxandre. Sous Gordien c'eft encore pis, & peut-être eft-ce par cette raifon, que l'on trouve fous cet Empereur, les Médailles d'un module plus grand, & plus épais. Car quoique ce module foit connu dès le tems de Septime Sévére, de fa femme *Julia pia*, & de fon fils Caracalla ; il eft cependant vrai qu'il y a peu de ce grand module fous ces Princes ; comme il y a fort peu de petit module fous Gordien.

Gallien alla encore en baiffant, & je crois qu'il n'eft pas douteux, que cette Monnoye d'argent, quoiqu'elle eût au moins quatre cinquiémes d'alliage, ne fut la feule Monnoye d'argent, connuë pour lors dans l'Empire. Je n'ignore pas cependant que quelques Curieux prétendent avoir des Médailles d'argent pur de ces tems-là, & même de Probus, de Carus, &c. mais ces Médailles-là font toutes fauffes, & cela paroît affez prouvé par les Médailles fourrées, que nous trouvons fous Gallien, & même fous Poftume. Comment auroit-on rifqué fa vie, pour fourrer des Médailles de ce mauvais billon, fi pour lors il y eut eu des Médailles d'argent pur. Un Antiquaire qui eft mort il y a un an ou deux, a long-tems vanté une *Magnia Urbica* d'argent pur, de fon Cabinet. Cette Médaille a été vûe & examinée depuis fa mort ; il eft évident qu'elle eft moulée. Depuis Claude le Gothique, jufqu'à Dioclétien, qui rétablit la Monnoye d'argent pur, il n'y a plus d'argent du tout, dans les Médailles, ou s'il s'en trouve quelques-unes, elles font fi rares, que

l'exception confirme la régle. On a frappé
pour lors fur le cuivre feul, mais après l'avoir
couvert d'une feuille d'étain. C'eſt ce qui
donne cet œil blanc aux Médailles que nous
appellons faucées, tels que pluſieurs Claudes,
les Aureliens, & la fuite, jufqu'à Numérien
incluſivement. On trouve même encore de
ces Médailles faucées fous Dioclétien, Maximien, Conſtance Clore, & Galére Maximien;
quoique l'uſage de trapper fur l'argent pur fut
déja rétabli. Je ne ſçai ſi quelque Cabinet
peut fournir des Licinius, des Maxences, &
des Maximins de cette eſpéce; on y trouveroit plûtôt de vrai billon. En tout cas il ſemble qu'il ne fait plus queſtion de Médailles
faucées fous Conſtantin. Au reſte, ſi les Auteurs qui nous ont donné des Collections de
Médailles euſſent fait cette attention, ils auroient évité de groſſir leurs Livres d'un long
Catalogue de Médailles d'argent, entre Po-
ſthume & Dioclétien, puiſque toutes celles
de ce tems-là, ne font véritablement que de
petit bronze couvert d'une feuille d'étain, &
que par conſéquent il étoit inutile de répéter
des Médailles abſolument les mêmes, dans
deux différentes Claſſes.

Il n'eſt pas aifé de deviner, pourquoi l'on
ceſſa tout-à-coup de frapper des Médailles
d'argent, tandis qu'on continuoit d'en frapper en or. Car il eſt à remarquer que dans le
tems du plus grand affoibliſſement, & même
de l'anéantiſſement preſque entier des eſpéces
d'argent, celles d'or ont toujours été battuës
fur le fin. Cela ne feroit-il point venu de ce
que la recette d'une grande partie de reve-
nus de l'Empire s'eſt toujours faite en or ? La

plûpart des termes employéz pour exprimer
les Tributs & les autres impositions, étoient
des épithétes d'*Aurum*, comme *aurum vice-*
fimarium, *aurum coronarium*, *aurum luftra-*
le, &c. L'Empereur étoit intéreffé à ne pas
fouffrir qu'on altérât le titre de ce métal, afin
que fes Finances ne fouffriffent pas de cette
altération. Au contraire le Tréfor Impérial
faifant fes payemens en argent ou en cuivre,
plus le titre de l'un & le poids de l'autre de ces
métaux étoient affoiblis, plus le fifc y trouvoit fon compte; parce que cet affoibliffement
des efpéces n'en faifoit pas changer la valeur
dans le Commerce; & qu'avec une plus petite quantité d'or, on pouvoit avoir du cuivre
en maffe, pour en faire de la Monnoye, à laquelle on donnoit la valeur des piéces d'argent, en y ajoûtant une feuille d'étain affi-
né. Cet expédient qui étoit à la fin ruineux
pour l'Etat, a pû être un effet de la néceffité
où fe font trouvéz les Empeurs, de recourir
aux moyens les plus odieux, pour avoir de
quoi fournir à la folde de leurs Troupes, pendant le défordre où l'Empire s'eft trouvé depuis Gallien, jufqu'à Dioclétien & Maximien.
Car durant tout cet intervalle de tems, l'Empire fut toujours attaqué au-dehors par les
Nations barbares, qui l'environnoient & dé-
chiré au-dedans par les Tyrans, qui s'éleve-
rent, ou enfemble, ou fucceffivement dans
fes différentes Provinces.

P. 43. l. 14. *On en voit quelques-unes qui*
paffent pour cuivre de Corinthe, qui eft un
alliage d'or, & d'argent avec le cuivre qui
l'emporte.] Jamais les anciens qui ont parlé
du cuivre de Corinthe, n'ont dit qu'on s'en

fût fervi pour en faire de la Monnoye ; on ne l'employoit qu'à des ftatuës, à des vafes, & à d'autres ouvrages de fonte. Les Modernes qui ont fait fondre des Médailles Antiques de toute efpéce, affurent unanimement, que l'opinion répanduë fur certaines Médailles, qu'elles font de cuivre de Corinthe, n'a pas le moindre fondement. Quand le P. Jobert ajoute qu'il a dans fon Cabinet une Livie, une Antonia, & un Hadrien, *qui lui paroiffent en être* ; il n'a pas fait réfléxion que Pline (1) dans l'endroit où il parle des Métaux compoféz, tels que le cuivre de Corinthe, affure qu'ils n'étoient plus en ufage depuis longtems : *adeóque exolevit fundendi æris pretiofi ratio, ut jam diu ne fortuna quidem in ære jus artis habeat.* Pline n'auroit eu garde de parler de la forte, fi le cuivre de Corinthe avoit été employé à des Médailles de Livie, & à des Médailles d'Antonia, qui ont été frappées pour le plûtôt fous Caligula ; ce tems n'étoit pas affez éloigné de celui, où cet Ecrivain compofoit fon Hiftoire Naturelle, pour qu'il eût pû fe fervir du mot *jamdiu* ; & puifque le cuivre de Corinthe n'étoit plus mis en œuvre de fon tems, il n'eft pas vraifemblable qu'on s'en foit fervi fous Hadrien. D'ailleurs, introduire ce cuivre dans les Monnoyes, ç'eût été y mettre la confufion, puifqu'alors il auroit dû y avoir une différence de valeur, dans des piéces de même grandeur, & de même poids, ce qui auroit expofé le Public à toute forte de fraudes & de tromperies.

P. 45. l. 27. *Je fçai que plufieurs de nos Antiquaires ont peine à tomber d'accord, qu'il*

(1) *Plin. Nat. H. L.* XXXIV. *c.* 2.

nous reste des Médailles de plomb antique.]
Personne n'en doute aujourd'hui ; Plaute parle des Monnoyes de plomb en plus d'un endroit (1) ; *ei ne nummum crederem ?* dit un
de ses Acteurs, *cui si capitis res siet, nummum
numquam credam plumbeum* ; & dans une autre de ses piéces (2) *tace sis faber qui cudere
soles plumbeos nummos.* A la vérité Casaubon
a prétendu, que Plaute donnoit le nom de
Nummi plumbei, à ces petites piéces de bronze
des Grecs, appellées χαλκοι, & κολλύβοι, & ce
sçavant homme donne la même explication
aux passages de Martial (3), où il est parlé des
Médailles de plomb : il auroit bien changé
d'avis, s'il avoit vû celles qui sont conservées
en grand nombre dans les Cabinets de Rome,
où j'apprends que divers Curieux en ont déja ramassé des suites de trois à quarre cens.
Je me contenterai d'en citer ici deux incon-
testablement Antiques, que j'ai vû moi-même dans le Cabinet de M. l'Abbé de Rothelin,
la prémiére, dont le revers est entiérement
fruste, est un Marc Auréle. La seconde qui est
bien conservée, représente d'un côté la tête de
Lucius Verus, couronnée de Laurier. IMP.
CAES. L. VERVS. AVG. Au revers une
femme debout, vêtue de la *Stola*, présente à
manger dans une patére qu'elle tient de la
main droite, à un serpent qui s'éleve d'un
petit autel, autour duquel il est entortillé ;
pour légende SALVTI. AVGVSTOR. TR.
P. III. COS. II. Patin en avoit vû un grand

(1) *Plaut. Trinumm. A.* IV. *Sc.* 4. *v.* 120.
(2) *Id. Mostell. A.* IV. *Sc.* 2. *v.* 11.
(3) *Martial.* L. I. *Epig.* 79. & L. X. (4.

nombre de Gréques, & il en cite (1) deux
Latines de son Cabinet. Ainsi il est certain
que les anciens Grecs & Latins, se sont servis
de Monnoye de plomb : mais il paroît par les
passages de Plaute, que j'ai citéz, que les piéces de ce métal étoient de la plus petite valeur.

P. 47. l. 18. *Ces différens Métaux ne forment
dans les Cabinets, que trois differentes suites.*]
à ne distinguer les suites que par les seuls
Métaux ; il paroît par ce que j'ai dit, qu'on
pourroit former jusqu'à cinq suites différentes ; en or, en argent, en potin, en bronze,
& en plomb. Les Anciens ont aussi quelquefois employé l'étain à faire de la Monnoye :
Jules Pollux (2) nous apprend que Denys le
Tyran força les Syracusains à battre de la
Monnoye d'étain, au lieu de celle d'argent ;
& qu'il fixa la valeur des ces sortes de piéces à quatre Drachmes. Une loi du Digeste
(3) défend d'acheter, & de vendre des piéces
de Monnoye d'étain ; d'où il est évident que
les Anciens avoient frappé des Médailles en
ce métal. Mais Savot (4) croit qu'on n'a jamais pû se servir pour cela de véritable étain,
qui étoit un composé d'argent & de plomb
fondus ensemble ; ni même de la prémiére
espéce d'étain faux, composé d'un tiers de
cuivre blanc, & de deux tiers de plomb blanc,
parce que l'un & l'autre étoit trop aigre &
trop cassant. On n'a donc pû frapper que sur
les deux autres espéces d'étain faux, dont l'u-

(1) *Patin. Hist. des Méd. p.* 50.
(2) *Poll. Onom.* L. IX. c. VI. 79.
(3) L. 9. *Dig. ad. l. Corn. de falf.*
(4) *Savot. Part.* II. c. 2. & 3.

ne fe faifoit avec du plomb noir, & du plomb blanc, mêléz enfemble en égale quantité; & l'autre avec deux tiers de plomb noir, & un tiers de plomb blanc. On peut voir ce que dit Pline (1) fur les différentes efpéces de plomb ; je ne fçai fi quelque Médaille Antique d'étain, s'eft confervée jufqu'à préfent : je n'en ai jamais vû, & je n'ai pas oüi-dire qu'il s'en trouvât dans aucun Cabinet.

Ibid. l. 20. *Celle d'or qui eft la moins nombreufe, n'excédant guéres mille, ou douze cent dans les Impériales.*] On ne doute pas aujourd'hui que la fuite d'or des feules Impériales, ne puifle aller à 3000. ou environ.

Ibid. l. 23. *Celle d'argent beaucoup plus nombreufe, puifqu'elle peut paffer trois mille des feules Impériales.*] Elle pourroit être pouffée à fix mille.

Ib. l. 25. *Celle de bronze qui va beaucoup plus loin ; puifqu'en y comprenant les trois différentes grandeurs, elle peut aller au-delà de fix à fept mille.*] Le petit bronze feul pourroit aller jufqu'à 20000. Qu'on en juge par les Médailles de Probus, qui n'a régné qu'un peu plus de fix ans ; M. l'Abbé de Rothelin en a plus de 1800. dans fon Cabinet. Ainfi dans les trois grandeurs de bronze, il y a apparence, qu'on pourroit aller au-delà de 30000. Médailles.

P. 48. l. 3. *On fçait que Wolfangus Lazius, Médecin Allemand. . . . . . En faifoit monter le nombre fi haut, qu'il a paru incroyable, &c.*] Lazius s'étoit propofé de faire graver toutes les Médailles Antiques qu'il lui feroit poffible de ramaffer ; il donna un effai de fon Pro-

(1) *Plin.* L. XXXIV. c. 17.

jet dans le Livre qu'il publia ſous ce titre : *Commentariorum veterum Numiſmatum.; Maximi ſcilicet operis , & quatuor ſectionibus ....* *Antiquitatis Hiſtoriam comprehendentis , ſpecimen exile ; .. C. Julii Cæſaris , Auguſti , & Tiberii Monetam , ſi quæ ex argento in forulis S. R. R. M. extat , explicans.* Viennæ Auſtr. 1558. *fol.* Il eſt vrai que ce Médecin promettoit de faire graver 70000. Médailles ; mais dans ces eſſais , il ne donna qu'une ſeule planche des 70. qu'il avoit deſtinées à l'ouvrage entier. Comme cette planche ne contient en tout que 60. Médailles , Morel (1) conclut de là , & de ce qu'il n'y en avoit pas plus de 40. dans d'autres planches qu'il avoit vû , deſſinées de la main de Lazius , que celui-ci auroit tout au plus pouſſé ſa collection à 4000. Mais le P. Banduri (2) croit, que Morel a trop diminué le nombre des Médailles , que Lazius ſe propoſoit de graver. Il ſoutient de plus que les 70. planches dont Lazius a parlé , ne doivent pas s'entendre de toutes celles qu'il prétendoit faire entrer dans ſon ouvrage , mais ſeulement de celles qui devoient être gravées dans la ſeconde Section de la troiſiéme partie , qui paroiſſoit deſtinée par l'Auteur aux Médailles Impériales. Morel , que la mort ſurprit , lorſqu'il travailloit à exécuter le grand & utile deſſein , de graver toutes les Médailles connuës , avoit dit dans la prémiére Edition de ſon Projet imprimée à Paris en 1683. que leur nombre iroit à 20000. Dans la ſeconde Edition , faite à Léipſic en 1695. Il promettoit de l'augmenter d'un quart ;

(1) *Morel. ſpec. R. Numma. T. I. p. 9. & 10.*
(2) *Bandur. BB. Nummar. p. 10.*

c'eſt-à-dire , qu'il comptoit d'aller au-delà de
25000. quoiqu'il terminât la ſuite des Impériales à Héraclius. Par ce que j'ai dit dans la
remarque précédente , ſur le nombre des Médailles Impériales en or , en argent , & dans
les trois grandeurs du bronze , il eſt aiſé de
juger , qu'en y ajoûtant les Médaillons en tous
Métaux , les Quinaires , les Potins , les Plombs
antiques , les Conſulaires , les Médailles des
Rois , & des Villes Gréques ; le nombre des
Médailles connuës paſſeroit 50000.

P. 49. l. 21. *Ils pourront auſſi apprendre
par un petit Livre des Monnoyes d'Aſie , qu'aujourd'hui il y a encore des Cantons dans ces
vaſtes Pays , où des coquilles & des amandes
ſervent de Monnoyes.*] Cet uſage eſt très-an-
cien ; on voit dans la relation (1) d'un voyage fait aux Indes & à la Chine par un Maho-
métan , dans le IX. ſiécle , & publiée par M.
l'Abbé Renaudot , qu'en ce tems-là les coquil-
lages ſervoient de petite Monnoye dans les
Indes.

P. 50. l. 3. *Il me ſemble que c'eſt aſſez ici
le lieu de répondre à la queſtion qu'on fait
ſur les Médailles ; ſçavoir , ſi originairement
elles étoient des Monnoyes qui avoient cours
dans le Commerce , ou ſi elles étoient ſeulement
des piéces ſemblables à nos Jettons , ou à nos
Médailles Modernes.*] Sebaſtien Erizzo , Antiquaire du ſeiziéme ſiécle , eſt le premier qui
ait ſoutenu (2) que les Médailles Antiques
qui nous reſtent , en or , en argent , & en
bronze , n'étoient pas les Monnoyes dont les

[1] *Renaud. Relat. des Ind. Par.* 1718. *p.* 22.
[2] Erizz. *Diſcorſ. ſop. le Medagl. degl. Ant. p.* 5.
& ſeqq.

Anciens se servoient, & que c'étoient seulement des piéces de Métal frappées en l'honneur des Princes & des grands Hommes, pour conserver la mémoire de leurs vertus, & de leurs actions. Louis Savot a employé toute la prémiére partie de son discours sur les Médailles (1) à refuter le sentiment d'Erizzo, & à prouver que les Médailles Antiques avoient été de vraies Monnoyes. Il a été suivi par Charles Patin (2), & par tous les Antiquaires, qui sont venus après, si on en excepte le P. Hardouin (3), qui a tâché de faire revivre le systême d'Erizzo. Le P. Chamillard (4) a recueilli dans deux Lettres imprimées d'abord dans les Journaux de Trévoux, & ensuite à la tête du Recueil de ses Dissertations, les principales raisons dont les deux partis s'appuyent, pour faire valoir leur opinion. Il paroît aujourd'hui que le sentiment de Savot l'a emporté, & on n'a encore rien opposé de raisonnable, à ce que le P. Jobert dit en cet endroit, après les Savants que je viens de citer, & qui ont traité plus au long le même sujet. Cependant je ne voudrois pas décider que toutes les Médailles absolument, autres que les Médaillons & les Contorniates, fussent originairement des Monnoyes. Je crois cela vrai en général ; mais il peut se faire qu'en certaines occasions on ait frappé des Médailles, au poids & au titre de la Monnoye courante, sans avoir dessein de les faire passer dans le Commerce, & uniquement dans la

(1) Savot. Dis. sur les Médaill. Part. I. c. 1. 2. 3. &c.
(2) Patin. Hist. des Méd. c. 5. p. 35. & suiv.
(3) Hard. Opp. Select. p. 506. 507.
(4) Dissert. du R. P. Chamill. p. 1, 25.

vûë de conferver la mémoire de quelque événement remarquable, ou par d'autres raifons particulieres. Mais s'il fe trouve de ces Médâilles, elles font en fi petit nombre, que l'opinion d'Erizzo & du Pere Hardouin n'en eft pas moins infoutenable.

P. 54. l. 20. *Quand les Médailles déclarent elles-mêmes, qu'elles font des Monnoyes, il me femble qu'on doit les en croire : or nous avons dans le fiécle de Conftantin, plufieurs Médailles qui portent pour légende,* Sacra Moneta Augg. & Cæff. NN.] Nous avons outre cela MONETA AVGVSTI, & MONETA AVGG. dans Hadrien, dans Antonin, dans Septime Sévére, & fous prefque tous fes Succeffeurs, dans Trajan Déce, Trébonien Galle, Volufien, Valérien, Gallien, Salonin, Pofthume, Tetricus, Claude le Gothique, Tacite, Florien, Carus, Carin, Numérien, &c. Nous avons MONETA AVG. fur les Médailles de quelques Princeffes, comme de *Julia Pia*, &c. fous d'autres Empereurs, où on ne trouve pas MONETA, on trouve AEQUITAS AVG. avec le même Type, d'une femme affife, ou debout, qui tient une balance. Mais on ne peut pas trop conclurre de-là, que les Médailles *déclarent elles-mêmes qu'elles font des Monnoyes.* Car on trouve de même MON. AVG. fur un Médaillon de Commode, rapporté par M. Vaillant (1) & la légende MONETA AVGG. fe rencontre avec le même Type, fur les Médaillons des Empereurs, qui ont fait frapper les Médâilles, dont je viens de parler ; comme on peut le voir dans le Livre des Médaillons de

(1) *Vaillant. Num. Præft. T.* I *p.* 213.

l'Abbé de Camps (1), & dans ceux du Cardinal Carpegna (2); quoique l'on convienne allez unanimement , que les Médaillons n'étoient pas des Monnoyes.

[1] Num. Max. Mod. Abb. de Camps , p. 113. 115. 117. 119. 121.
(2) V. Offervaz. Iftorich. Sopr. j. Medaglion Antich. Tab. XXI. 1. 2. 3. 4. Tab. XXVI. 1. 2. 3. 4. 5. &c.

III. INSTRUCTION.

Des grandeurs différentes qui forment de différentes suites dans les mêmes Métaux, or, argent, & bronze.

IL ne paroit point que les Anciens ayent frappé des Médailles qui approchent de l'épaisseur, ou de la grandeur de certaines de nos Médailles Modernes, particuliérement de ce siécle ; le volume & le relief même de leurs Médailles étant ordinairement beaucoup moindre, principalement en or, & en argent : au lieu que celui de leurs Monnoyes est beaucoup plus fort que le volume des nôtres, jusqu'à la derniére décadence de l'Empire. Ainsi la grandeur de toutes les Médailles n'est ordinairement que depuis trois poûces de diamétre, jusqu'à un quart de poûce, soit or, soit argent, soit cuivre ; qui sont les principaux Métaux sur lesquels travailloient les Monetaires,

dont

dont les Directeurs étoient nomméz
pour cela *III-VIRI. ære, argento, auro, flando, feriundo*, comme nous l'a-
vons dit. J. César créa une quatriéme
Charge, qui les fit nommer *IIII-VI-
RI* ᵃ. Mais cela n'eut lieu que jufqu'à   ᵃ *Méd.* 1.
la fin du Triumvirat d'Augufte.

J'ai appellé Médaillons, les Médail-   Les Mé-
les qui n'étoient point Monnoyes cou-   daillons.
rantes, & que l'on frappoit comme
des Monumens publics, pour répandre parmi le peuple dans les Cérémonies des Jeux, & des Triomphes; ou
pour donner aux Ambaffadeurs, & aux
Princes Etrangers. Ces piéces étoient
nommées par les Romains *Miffilia*, &
les Italiens les appellent aujourd'hui
Medaglioni, nom que nous leur avons
emprunté, pour marquer les Médailles d'une grandeur extraordinaire. On
pourroit fort bien en féparer les différentes grandeurs, comme l'on fait
dans le bronze, s'ils étoient en affez
grand nombre, pour en faire des fuites completes : mais quand même l'on
mêleroit, & les grandeurs, & les Métaux, l'on ne pourroit jamais y parvenir ; c'eft pourquoi on les place à la
tête des Cabinets, & l'on n'a point
oüi-dire, qu'aucun recueil paffe en cette

Tome I.   D

efpéce quatre ou cinq cens, non pas même celui du Roi, ni d'aucun Prince de l'Europe. Cependant Monfieur Morel, dans le projet qu'il a donné de fon grand Ouvrage, dont nous parlerons ailleurs, avoit promis d'en graver plus de mille, qu'il avoit tiréz des Cabinets différens qu'il avoit vûs. Cet homme fingulier a été de nos jours l'honneur des Antiquaires, auffi aimable par fa probité, par fa candeur, & par fon défintéreffement ; qu'il étoit admirable par fon génie, fon induftrie, & fon application à copier & à décrire fidellement les Médailles. Heureux s'il avoit voulu écouter ce que je lui ai dit cent fois avec une fincére affection, *Utinam cum talis effes, nofter effes.*

Les Contorniates.

Il y a une efpéce de ces Médaillons que l'on appelle *Contorniates*, du mot Italien, qui marque la maniére dont ils font frappéz ; fçavoir, avec une certaine enfonçûre tout autour, qui laiffe un rond des deux côtés, & avec des figures qui n'ont prefque point de relief, en comparaifon des vrais Médaillons. C'eft un ouvrage né, comme je croi, dans la Gréce, dont on fe fervoit principalement pour honorer la mémoire des grands Hommes, &

de ceux qui avoient remporté le prix
aux Jeux publics. ª Telles font les Contorniates qui portent le nom d'Homére, de Solon, d'Euclide, de Pythagore, de Socrate, d'Apollonius Tya-
neus, & de plufieurs Athlétes, dont
les Victoires font marquées par des
palmes, & des Chariots, à deux ou
quatre chevaux.

ª. Med. 2.

L'on ne fçait point trop en quel
tems l'on a commencé d'en frapper :
quoique de Sçavans Antiquaires prétendent que ce n'eft que depuis le tems
de Théodofe; la fabrique de ces Médailles, & les noms des prémiers Empereurs qui y font marquez, femblent
prouver évidemment, que l'on en battoit même dans le haut-Empire; car on
en voit avec la tête de Néron, de Trajan, d'Alexandre Sévére, & de quelques autres, dont on n'avoit aucun
intérêt de renouveller la mémoire dans
le bas-Empire; & fous des Princes
Chrétiens. Ce raifonnement eft encore
plus convainquant pour les Contorniates, qui portent le nom de certains
Athlétes; dont il importoit fort peu à
la poftérité de conferver les noms, par
une reftitution fi folemnelle.

J'entretois donc plus volontiers dans

D ij

la penſée de ceux, qui veulent que toutes ces Médailles ayent été reſti-tuées par Gallien, en même-tems qu'il fit reſtituer toutes les Conſécrations de ſes Prédéceſſeurs. C'eſt un même deſſein ; la fabrique répond aſſez à l'ouvrage de ce tems-là : & toutes les difficultez que je viens de propoſer, ceſſent par cette heureuſe époque. Il ne reſte plus rien à dire ſur ce ſujet, ſinon qu'il ſe trouve des Contornia-tes de moindre grandeur que les Mé-daillons, & qui ne paſſent pas le grand bronze.

Médaillons d'argent.

On trouve plus aiſément des Mé-daillons d'argent, dont on peut faire des ſuites aſſez belles, non pas à la vérité d'Empereurs, mais de Rois, ou de Villes ᵃ; comme des Rois de Sy-rie, que Monſieur Vaillant a publiéz ; des Rois d'Egypte, qu'il a donnéz, avec toute l'Hiſtoire des Ptolemées ; des Rois de Macédoine ᵇ, & de plu-ſieurs autres, dont nous verrons bien-tôt paroître les Médailles imprimées en Hollande, par ceux qui ſe ſont chargéz de donner ſes derniers ouvra-ges ſur les Médailles ; ſçavoir, une ſe-conde édition des Médailles Grecques, plus ample que la prémiére ; une des

a Méd. 3.

b Méd. 4.

Médailles Confulaires, plus nombreu-
fes, & plus exactement expliquées
qu'elles ne le font, ni dans Urfin, ni
dans Patin : avec le recüeil des Rois
dont nous parlons, qui fera dés plus
eftimables. Il ne faut pas néanmoins
que des particuliers fe flattent de pouvoir jamais en avoir de completes ;
les plus grands Princes à peine le peuvent efpérer.

Il ne manquera plus rien aux fuites
qu'on peut faire des Rois par les Médailles Antiques, quand on aura donné au Public les Arfacides du même
M. Vaillant. Il y avoit travaillé avec
fon exactitude ordinaire ; & il avoit fait
pour cela un amas des Médailles de ces
Princes, où les Sçavans trouveront
mille chofes curieufes, qui jufqu'à préfent avoient été ignorées.

Les Médaillons d'or font fi rares, Médaillons d'or.
qu'il n'eft pas poffible d'en amaffer fuf-
fifamment pour faire nombre. On fe
contente de les mettre à la tête, ou de
l'or, ou de l'argent, pour faire l'honneur du Cabinet. J'en ai vû autrefois
au Cabinet du Roi, lorfqu'il étoit à
Paris, * deux de Commode parfaite- *Chez Mon-
ment beaux, placéz parmi d'autres Mé- *fieur Carcavi,*
daillons hors de la fuite de leur Métal. *qui gardoit a-*
lors les Mé-
dailles.

D iij

Ils font aujourd'hui dans le Cabinet de
Verfailles, avec une vingtaine d'autres
de pareille beauté, parmi lefquels on
voit une Livie, un Aléxandre Sévére,
& un Pofthume d'une netteté furprenante, qui embeliffent une fuite de
près de deux cens Médaillons d'argent. Car par les foins de Monfieur Oudinet, dont le mérite étoit connu au-
dedans & au-dehors du Royaume; on
trouve chez le Roi, dans un ordre qui
marque beaucoup d'habileté & d'application, le plus beau recueil de ces
anciens Monumens, qui foit dans toute l'Europe. L'accueil obligeant qu'on
y a toujours fait à tous les Sçavans, eft
un charme qui les y attire de toutes
parts. Je fuis témoin que perfonne
n'en revient, qui ne foit également
frappé, & des beautéz du Cabinet,
& des rares qualitéz des perfonnes,
à qui le Roi en a confié la direction.

Médailles de bronze, & de diffé-rentes gran-deurs.

Il n'en eft pas des Médailles de bronze comme des Médailles d'or. Il y en
a une fi grande quantité, qu'on les fé-
pare en trois grandeurs, qui forment
ces trois différentes fuites, dont les
Cabinets font remplis : le grand bronze, le moyen bronze, & le petit bronze. On juge du rang de chacune par

fon volume, qui comprend en même-
tems l'épaiſſeur & l'étenduë de la Médaille, la groſſeur & le relief de la tête ; de ſorte que telle Médaille qui aura l'épaiſſeur du grand bronze, pour
n'avoir que la tête du moyen, ne ſera
que de la ſeconde grandeur. Telle autre qui n'aura preſque point d'épaiſſeur, pour avoir la tête aſſez groſſe,
ſera rangée parmi celles de la prémiére grandeur. L'inclination du Curieux
y fait beaucoup ; car ceux qui préférent
le grand bronze, y font entrer beaucoup de Médailles, qui dans le vrai
ne ſont que de moyen bronze : & ceux
qui aiment le moyen bronze, y placent des Médailles, qui devoient être
miſes dans le grand, particuliérement
pour avoir des têtes rares que l'on a
peine à trouver dans toute ſorte de
grandeur. Ainſi l'Othon de moyen
bronze, l'Antonia, le Druſus, le Germanicus ſe mettent dans le grand bronze, & d'autres têtes de petit bronze ſe
placent dans le moyen : ſans que perſonne ſe ſoit opiniâtré à faire un pro-
cès ſur cela aux Curieux, pour les con-
traindre à déranger leur Cabinet.

Chacune de ces grandeurs a ſon mé- Suite du
rite. La prémiére, qui fait le grand grand bronze.

D iiij

bronze, excelle par la délicatesse & la force du relief, & par les Monumens historiques, dont les revers son chargéz, & qui y paroissent dans toute leur beauté. La seconde, qui fait le moyen bronze, se fait considérer par la multitude, & par la rareté des revers, sur-tout à cause d'une infinité de Villes Gréques & Latines, que l'on ne trouve presque point en grand bronze. La troisiéme, qui fait le petit bronze, est estimable par la nécessité dont elle est dans le bas-Empire, où le grand & le moyen bronze abandonnent les Curieux, & où l'un & l'autre, quand il se rencontre, passe pour Médaillon.

Suite du grand bronze.

Car il faut sçavoir, pour ne pas se donner une peine inutile, que la suite complete du grand bronze ne passe point les Postumes; parce qu'il est infiniment rare de trouver dans le bas-Empire des Médailles de ce volume; celles qui se rencontrent depuis Anastase, n'ayant communément ni l'épaisseur, ni le relief, ni la grosseur de tête suffisante. Cependant sans passer les Postumes, on peut, comme nous l'avons dit, pousser la suite au-delà de 2000.

La fuite de moyen bronze eft la plus Suite du moyen bronze. aifée à former, & la plus complete, parce que non-feulement elle va juf-qu'aux Poftumes, mais elle paffe juf-qu'à la décadence de l'Empire Romain en Occident, & même en Orient, juf-qu'aux Paleologues. A la vérité, de-puis Héraclius, il eft difficile de les trouver toutes : on eft forcé d'inter-rompre la fuite : mais je croi que cela vient du peu de foin que l'on a eu de les conferver, à caufe qu'elles font fi groffiéres, & fi informes, qu'il fem-ble que la gravûre ne fait plus alors que gratter miférablement le métal a, & rien ne fait mieux voir la défola- a Méd. 5. tion de l'Empire, que la perte univer-felle de tous les beaux Arts, qui pa-roît fi fenfiblement dans celui de la gravûre.

La fuite de petit bronze eft affez ai- Suite du petit bronze. fée à former dans le bas-Empire, puif-que l'on a de ces fortes de Médailles depuis les Poftumes jufqu'à Théodofe : mais depuis Jules jufqu'aux Poftumes, il eft très-difficile de la remplir, & de-puis Théodofe jufqu'aux Paleologues, avec qui l'Empire des Grecs a fini, il eft abfolument impoffible, fans le fe-cours de l'or & de l'argent, & même

de quelques moyens bronzes ; car ce
n'eſt que comme cela que feu Monſieur du Cange , le plus Sçavant homme de notre ſiécle dans l'Hiſtoire , nous
a donné cette admirable ſuite depuis
Conſtantin , dans le Livre qu'il a fait
des Familles , qu'il nomme Byzantines , parce qu'elles ne ſont venuës à
l'Empire que depuis la fondation de
Conſtantinople , dite auparavant Byzance , dont Conſtantin fit une nouvelle Rome. Auſſi a-t'elle fait gloire
d'oublier ſon ancien nom , pour prendre celui de ſon Auguſte Reſtaurateur.

Il ne faut donc point eſpérer d'a-
voir aucune ſuite complete , ni de chaque Métal particulier , ni de chaque
grandeur différente ; mais on ne doit
pas pour cela les gâter par le mêlange
des différens Métaux. Cependant on
permet , pour la ſatisfaction de ceux
qui veulent avoir une ſuite des plus
completes , de mêler le petit bronze
avec le moyen , afin de ſe voir par-là
preſque ſans interruption notable, conduits depuis la République Romaine ,
qui perdit la liberté ſous Jules Ceſar ,
juſqu'aux derniers Empereurs Grecs ,
qui furent détrônéz par les Turcs l'an
1453. De ſorte que la ſuite des Médail-

les nous trace l'Hiftoire de plus de quinze fiécles.

Il y a de quoi s'étonner du peu de Médailles
du plus bas-
Empire. foin que les Empereurs ont pris des
Médailles, après les trois premiers fiécles de l'Empire ; rien depuis ce tems-
là n'y repréfentant aucun veftige de la
Majefté Romaine. Car on ne trouve depuis Conftantin jufqu'à Théodofe que
de petites Médailles fans relief, &
fans épaiffeur ; & depuis la divifion de
l'Empire, après la mort de Théodofe,
ce n'eft plus que mifére & pauvreté.
Plus de belles têtes, plus de revers,
tout eft barbare ; les caractéres, la langue, le type, la légende ; de forte que
l'on ne fe donne pas même la peine
de les ramaffer, & qu'elles font devenuës par-là prefque auffi rares, qu'elles font laides a. *Méd.* 5.

La curiofité des belles Médailles,
comme celle de la belle Peinture, n'a
recommencé qu'au quinziéme fiécle ;
c'eft-à-dire, depuis l'an 1400. après
avoir été enfevelie l'efpace de près de
1000. ans, avec les triftes reftes de la
Majefté Romaine. Ce fut donc feule-
ment par les foins de certains Peintres, *Opus Pifani
Pictoris.* comme du Pifan *, & du Bolduc * ; *Opus Boldu-
ci.* qu'on vit reparoître des Médailles d'un

D vj

deſſein & d'un relief conſidérable. Celle de Ferdinand, Roi d'Arragon en
1449. Celle de Jean, Empereur de
Conſtantinople dix ans auparavant:
Après quoi l'on commença d'en frapper même en or. Telle eſt celle du Con-
Méd. 6. cile de Florence ᵃ, qui ſe voit au Cabinet du Roi, & celle d'un Conſiſtoi-
re public de Paul II. où commencent
les Curieux du Moderne, aucune Médaille Moderne n'ayant été frappée
dans les ſiécles précédens.

Il y a chez le Roi un nombre infini
de ces Médailles Modernes, par la recherche exacte que Sa Majeſté en a fait
faire, ſur-tout depuis que ſon Cabinet a été tranſporté de Paris à Verſail-
les, & qu'il a été mis entre les mains
les plus ſçavantes & les plus fidelles,
qu'on connoît aſſez, ſans les nommer.
Les Médailles Antiques & les Pierres
gravées y ſont auſſi venuës de tous les
endroits du monde ; & l'on peut dire
que c'eſt un Recueil digne de la magnificence de Louis le Grand.

REMARQUES

Sur la troisiéme Instruction.

P. 72. IL ne paroît pas que les Anciens ayent
l. 6. frappé des Médailles, qui approchent
de l'épaisseur, ou de la grandeur de certaines
de nos Médailles Modernes.] Si certains Médaillons de Jules Céſar & d'Auguſte, ſont véritablement Antiques, il y a peu de Médailles Modernes, qui ayent plus de grandeur,
& d'épaiſſeur. Il eſt vrai qu'on les ſoupçonne
d'être de Coinmoderne. Mais juſqu'à préſent
on n'a point donné de bonnes raiſons, pour
les bannir des Cabinets des Curieux. Ces Médaillons au reſte, ne ſont que de bronze, &
jamais ni d'or, ni d'argent.

P. 50. l. 4. Les Italiens les appellent aujour-
d'hui Médaglioni, nom que nous leur avons
emprunté, pour marquer les Médailles d'une
grandeur extraordinaire.] Tout le monde
ſçait que les augmentatifs chéz les Italiens ſe
terminent en one, ainſi de Médaglia, Médaille, ils ont fait Medaglione, grande Médaille; comme de Sala, Salle, ils ont fait Sa-
lone, grande Salle. Les François ont donc
pris des Italiens le mot de Médaillon, pour
exprimer une grande Médaille, comme ils en
ont emprunté le mot de Salon, pour ſignifier
une grande Salle.

P. 73. L. 29. Et l'on n'a point oüi-dire qu'au-

cun recueil passe en cette espéce quatre ou cinq
cens, non pas même celui du Roi, ni d'aucun
Prince de l'Europe.] Le Cardinal Gaspar Carpegna est un des prémiers, qui se soit attaché à former une suite de Médaillons. Cependant dans la prémiére édition de son recueil, on en fit graver seulement 23. & on
donna la description de 45. Dans la suite cette
Collection s'étant fort augmentée, dans la seconde édition à laquelle on ajoûta les observations de M. Bonarotti, on en fit graver
jusqu'à 129. M. Vaillant (1) en a décrit environ 450 depuis Jules César, jusqu'a Constance, qu'il avoit vûs dans différens Cabinets de
France & de l'Italie. On publia à Venise il y
a quelques années, sans datte, & sans nom
de Ville ni d'Imprimeur, un autre recueil de
Médaillons sous le titre de *Numismata ærea*
Selectiora Maximi Moduli, è Musæo Pisano
olim Corrario. Il s'y trouve environ 229. Médaillons gravéz en 92. planches. Les Char-
treux de Rome avoient une très-belle Collection de Médaillons, qu'ils avoient aussi fait
graver; mais cette Collection ayant été ven-
duë à l'Empereur, les planches sont passées
avec les Originaux, dans le Cabinet de
S. M. Impériale; & on a supprimé toutes les
épreuves, qui avoient été tirées, mais qui
n'avoient pas encore été distribuées; ensorte
que ces gravûres sont aujourd'hui d'une ex-
trême rareté, je n'en ai vû qu'un seul exem-
plaire à la Grande Chartreuse. Dans le siécle
passé, on fit graver plus de 400. Médaillons,
qui se trouvoient alors dans le Cabinet du
Roi : le nombre en a été extrêmement aug-

────────────

Vaill. Num. Præst. T. I. p. 189. 256.

menté depuis ce tems-là, & il vient de l'être
tout récemment, par l'acquisition que le
Roi a faite, de tous ceux de feu M. le Maréchal d'Estrées. Cette suite comprend tous
les Médaillons qui avoient appartenu à l'Abbé de Camps ; outre ceux qui avoient paru
avec des explications de M. Vaillant, & qui
n'alloient qu'à 140. cet Abbé avoit augmenté
son recueil jusqu'à 400 ; dont j'ai vû des épreuves tirées. M. l'Abbé de Rothelin, en a aussi
une suite assez considérable. Ainsi on pourroit aujourd'hui, sans sortir de Paris, exécuter le Projet de M. Morel ; c'est-à-dire, faire
graver plus de mille Médaillons, & le Cabinet du Roi suffiroit seul pour fournir ce nombre, & peut-être davantage.

P. 75. l. 30. *J'entrerois donc plus volontiers
dans la pensée de ceux, qui veulent que toutes ces Médailles ayent été restituées par Gallien, en même-tems qu'il fit restituer toutes
les Consécrations de ses Prédécesseurs.*] Cette idée me paroît insoutenable ; car les Médailles restituées par Gallien, étoient de vraies
Monnoyes, ce qu'on ne sçauroit dire des Contorniates. Je me rendrois bien plûtôt au sentiment de M. Mahudel, (1) qui a soutenu
avec assez de probabilité, qu'on a commencé de frapper des Contorniates vers le milieu du troisiéme siécle de l'Ere Chrétienne,
que l'usage en a continué jusques vers la fin
du quatriéme siécle, & que c'est à Rome,
& non dans la Gréce, qu'il faut chercher l'o-
rigine de ces sortes de Piéces. Un Sçavant,
qui ne se fait point connoître, a prétendu

_____

(1) *Histoire de l'Académie des Belles-Lettres. T. V.
p. 284.*

(1) , en dernier lieu , que les Médailles Contorniates étoient une invention des personnes employées aux Jeux publics, sur la Scéne, ou dans le Cirque. Il croit que ces Acteurs, après avoir marqué sur un des côtés de la Médaille leur nom, celui de leurs Chevaux, & leurs victoires, avoient mieux aimé faire mettre sur l'autre côté, le nom & la tête de quelque personnage illustre des siécles précédens, que de le laisser sans type, quoique cela soit arrivé quelquefois. Cette opinion n'a rien de contraire à celle de M. Mahudel. Mais il faut avoüer que l'Anonyme se trompe, s'il ne croit pas qu'il y ait d'autres Contorniates, que celles sur lesquelles on trouve le nom des Athletes, Cochers, & Comédiens, celui des Chevaux qui avoient remporté le prix dans les courses de Cirque : enfin les victoires des différens Acteurs employéz aux Jeux publics. Nous connoissons plusieurs de ces Médailles, ou au revers d'Aléxandre, de Néron, de Trajan, &c. on ne rencontre rien de semblable, & M. Havercamp en a fait graver quelques-unes, dans sa Dissertation sur une Médaille Contorniate d'Alexandre le Grand, & sur les Contorniates en général (2) : mais ce sçavant homme, qui convient en plus d'un endroit de son Ouvrage, que ces Médailles ont toutes été fabriquées depuis le tems de Constantin, jusqu'à Valentinien III. & qu'elles ont été faites à l'occasion des Jeux publics, ne laisse pas de prodiguer l'érudition pour en expliquer les revers, de la même fa-

(1) *Miscell. Observ. Crit. vol.* VII. *T. I. p.* 133.
(2) *Haverc. Diss. de Alex. M. Num. & de Num. Contor. p.* 1. 56. 70. &c.

çon que fi c'étoient des piéces frappées du
tems même, des Princes dont elles portent
l'image. La Médaille qui a donné lieu a sa
Differtation, & qu'il lui plaît de rapporter à
Aléxandre le Grand, repréfente à ce qu'il
prétend, d'un côté, l'Orient & l'Occident,
fous la figure de deux têtes, qui ouvrent la
bouche d'une manière hideufe, & au revers
les quatre grands Empires par quatre Sphinx.
Comment M. Havercamp ne s'eft-il pas ap-
çû que ce qu'il prend pour deux têtes acco-
lées, ne font que deux Mafques, fort reffem-
blans à quelques-uns de ceux, qui font repréfentéz dans les Ouvrages de Bergerus, & de
Ficoroni fur les Mafques des Anciens Il eft
aifé de diftinguer un Mafque d'une tête, puifque les têtes ne font jamais repréfentées fans
col, & que les Mafques n'en ont jamais. Ainfi
cette Médaille ne peut avoir rapport qu'aux
Jeux Scéniques.

P. 76. l. 15. *On trouve plus aifément des
Médaillons d'argent, dont on peut faire des
fuites affez belles, non pas à la vérité d'Empereurs, &c.*] On pourroit entreprendre
avec fuccès une fuite de Médaillons d'argent
des Empereurs, fi on y mêloit les Médaillons
de potin frappéz en Egypte, qui peuvent y
entrer naturellement par la qualité du métal.

P. 80. l. 27. *Cependant, fans paffer les Poftumes, on peut, comme nous l'avons dit, pouf-
fer la fuite au-delà de 2000.*] Il faut dire au-
delà de 3000.

P. 82. l. 14. *Celui de fon Augufte Réparateur.*] Je crois devoir remarquer ici qu'aux
fuites en or, en argent; en grand, en moyen,
& en petit bronze, on pourroit ajouter une

suite de *Quinaires*. C'eſt ainſi que les Antiquaires ont coutume d'appeller abuſivement,
les Médailles du plus petit module, en quelque
métal que ce ſoit. Car le nom de *Quinaires*
n'appartient, à proprement parler, qu'à une
petite Monnoye d'argent qui valoit la moitié
du denier, & le double du ſeſterce, & les Anciens n'ont jamais donné le nom de *Quinaires* aux petites piéces d'or, ou de bronze. M.
le Duc du Maine, & M. l'Abbé Strozzi, ſont
peut-être les prémiers qui ayent penſé à former une ſuite particuliere de Quinaires. Celle
de M. le Duc du Maine a paſſé chéz M. l'Abbé
de Rothelin, qui l'a conſidérablement augmentée; ſon amour pour les Lettres, me fait
eſpérer qu'il voudra bien un jour en publier
le Catalogue, ce ſera lè premier qu'on ait vû
en ce genre. On pourra mettre à la tête une
Diſſertation ſur les changemens arrivéz dans
le poids, dans la valeur, & dans le nom des
plus petites piéces de Monnoye, que les Anciens ayent frappé en tous les Métaux; car,
pour le dire en paſſant, les noms de Quinaire, & de Seſterce, ne furent abſolument
plus en uſage dans le tems du bas-Empire.

P. 83. l. 27. *Ce fut donc ſeulement par les
ſoins de certains Peintres, comme du Piſan,
&c.*] Il ſe nommoit *Vittore Piſano*, ou *Pi-
ſanello*, & étoit natif de Vérone. Le Vaſari
(1) nous a donné ſa vie, avec un Catalogue de ſes Ouvrages, tant en Tableaux qu'en
Médailles. Gretſer (2) s'eſt fort trompé,
quand il a crû que le Piſan avoit été ainſi
appellé du nom de ſon Pays, & il a été re-

(1) *Vaſar. vit. de Pitt.* T. 1. *Part.* II. *p.* 400.
(2) *Gretſer. de Cruc.* T. III. L. I. c. 26.

pris avec raison de cette faute par Laurent Pignoria (1).

P. 84. l. 1. *Celle de Ferdinand, Roi d'Arragon en* 1449.] Ferdinand n'a été Roi d'Arragon qu'en 1479. Jean son pére & son Prédécesseur ne monta sur le Trône qu'en 1458. C'étoit Alphonse qui régnoit en Arragon en 1449. j'ai une Médaille en plomb de ce Prince, frappée en 1448. par le Pisan ; elle a beaucoup de relief, & son diamétre est de près de cinq pouces.

Ibid. l. 3. *Celle de Jean Empereur de Constantinople, dix ans auparavant.*] C'est Jean Paléologue, Fils de Manuel, & Frere aîné de Constantin, dernier Empereur de Constantinople. Il commença à régner en 1419. & il mourut en 1448. Les Médailles de Jean Paléologue, sont aussi-bien que celles d'Alphonse d'Arragon, de la façon du Pisan, comme on peut le voir dans le Vasari (2).

(1) *Pignor Symbol. Epist. p.* 69. 70.
(2) *Vasar. vit. de Pit. T.* I. *p.* 403.

IV. INSTRUCTION.

Des Têtes différentes qui se rencontrent sur les Médailles, & dont on peut faire des suites.

IL y a dans toutes les Médailles parfaites deux côtéz à considérer, qui contribüent à leur beauté, & à leur rareté; le côté que l'on appelle la Tête, & celui que l'on appelle le Revers. Le côté de la tête détermine les suites, & fixe l'ordre & l'arrangement de chacune, soit qu'effectivement l'on y voye la tête d'un personnage comme d'un Dieu, d'un Roi, d'un Héros, d'un Sçavant, d'un Athléte; soit qu'il s'y rencontre autre chose qui tienne lieu de la tête, & que l'on ne laisse pas cependant de nommer ainsi, comme une figure, un nom, ou quelque Monument public, dont l'inscription est mise de l'autre côté.

Médaillons sans revers. J'ai dit que ces deux côtéz devoient se trouver dans les Médailles parfaites, parce que l'on en voit quelques-unes qui n'ont aucun revers : mais à moins qu'elles ne soient incuses, comme il s'en rencontre quelques-unes ; c'est une marque infaillible qu'elles sont Modernes. Tel est un Céfarion, fils de Jules Céfar & de Cléopatre, que j'ai vû en M. B. Tel un certain Médaillon de Jules Céfar, que j'ai vû auffi à la tête d'un Cabinet, qui marquoit affez que le Maître étoit plus riche que fçavant, & tout propre à être la duppe de quelque Antiquaire intéreffé. Parmi les Médailles Modernes, cela eft moins extraordinaire ; on a plufieurs Papes, & plufieurs Rois fans revers. Il fe trouve auffi des Médailles qui n'ont point de tête ; c'est-à-dire, de perfonnages, & qui ne laiffent pas d'être bonnes & Antiques. Telles font celles des Monétaires d'Augufte, où il n'y a que fon nom, *Auguftus Tribun. Pot* . Celles de Vitel- ^a*Méd.1.T.V.* lius, où il n'y a d'un côté que : *Fides Exercituum* ^b avec deux mains jointes, ^b*Méd.2.T.* & de l'autre : *Concordia Prætorianorum* *VII.* avec une Figure debout, & femblables.

Il eft bon même d'affermir la régle générale, que je viens de pofer, par quelques exceptions ; dans ce deffein, j'avertis que j'ai vû dans le Cabinet du Roi deux Médailles, qui font indubitablement antiques, & qui n'ont point de revers. L'une eft d'Antonin Tr. Pot. XXIIII. L'autre eft Grecque, & ne porte que le nom de L. Verus. On peut cependant par le volume, les mettre au nombre des Médaillons.

De ces différentes têtes dont nous parlons, fe forment cinq ordres différens de Médailles, dont on peut compofer des fuites fort curieufes. Dans le premier l'on met la fuite des Rois. Dans le fecond celle des Villes, foit Grecques: foit Latines: foit avant, foit après la fondation de l'Empire Romain. Dans le troifiéme fe rangent les Familles Romaines, dont les Médailles fe nomment aufli Confulaires. Dans le quatriéme les Impériales, & toutes celles qui y ont rapport. Dans le cinquiéme les Déitez, foit qu'elles fe trouvent fur les Médailles en fimple Bufte, foit qu'elles y foient tout de leur haut, & revêtues de leurs qualitéz, & de leurs fymboles. On y voit les Héros & les Hommes Illuftres dont on a confervé les Médailles, comme Homére, Pythagore, & certains Capitaines Grecs & Latins, &c.

I. Ordre.   Dans le premier ordre, qui eft ce-

lui des Rois, les suites peuvent être
fort belles, & même très-nombreu-
ses, si l'on veut mêler les Métaux ;
car il nous reste beaucoup de Médailles Grecques de ce genre. Monsieur
Vaillant, l'un des hommes les plus
éclairez de son siécle dans la connoissance des Médailles Antiques, nous
a donné les Rois de Syrie, dont il a
formé une Histoire pleine de sçavantes
remarques. Il en a ramassé la suite
complete depuis Séleucus I. dit Nicator, jusqu'à Antiochus XIII. du nom,
appellé Epiphanes, Philopator, Callinicus, & connu par la qualité d'Asia-
tique, ou Comagene ; c'est-à-dire, qu'il
a renfermé dans son Histoire le Régne
de vingt-sept Rois, qui fait l'espace de
plus de 250. ans, puisque Séleucus
commença de régner environ l'an 312.
avant Jesus-Christ, & que le dernier
Antiochus finit environ l'an 75. On
trouve dans cet ouvrage une suite de
près de 120. Médailles, gravées, &
expliquées avec beaucoup de netteté.
Il y en a présentement grand nombre dans le Cabinet du Roi. J'ai déja
dit que le même Auteur nous avoit
donné les Rois d'Egypte, dont il a
fait un Recueil très-curieux. On es-

péroit encore de lui un nombre confidérable de têtes de Rois particuliers,
dont il avoit trouvé les Médailles;
mais la mort ne lui a pas permis d'e-
xécuter son dessein.

Rois Grecs. Les Rois de Macédoine ont fait
battre des Médailles, qui ne cédent
en rien aux plus excellens ouvrages
des Romains. On en voit beaucoup
dans le Cabinet du Roi. Les Rois de
Pont, de Bithynie, de Cappadoce, de
Thrace, les Parthes, les Numidiens,
les Arméniens, les Juifs, &c. Tous
joints ensemble, formeroient assurément une suite des plus rares, & des
plus utiles pour l'Histoire.

Rois Goths. Il se voit des Rois Goths, dont les
a 2. Med. 2. Médailles ont passé jusqu'à nous [a], soit
en bronze, soit en argent. Quelques-
unes ne laissent pas d'avoir du relief,
& de la délicatesse. Telles sont celles
d'Athalaric, de Théodahat, de Witi-
géz, de Totila, ou Baduila, de Theias,
d'Attila, &c. On en trouve même d'or,
mais d'un or très-pâle & très-bas, où
Monsieur Patin dit qu'il n'y a que la
quatriéme partie de fin. Il s'en rencontre aussi qu'on nomme Gothiques, &
dont les têtes ont à peine la forme hu-
b 2. Med. 2. maine, [b] & ne portent aucune inscription:

tion : ou si elles en ont, c'est dans des caractéres jusqu'à présent inconnus aux Antiquaires, aussi-bien que ceux des Médailles, que l'on appelle Puniques [a] ; je n'en parle point ici, non plus que de ces Espagnoles, que l'on peut véritablement appeller *Medallas desconnocidas* [b], dont personne ne s'est avisé de vouloir faire aucune suite ; quoique Lastanosa ait crû rendre un grand service aux Curieux, en prenant la peine d'en faire un Volume, qui fut imprimé à Huesca en 1645. où il a fait graver environ deux cens de ces Médailles qu'il avoit dans son Cabinet, la plûpart d'argent. Il soutient qu'elles sont Monnoyes d'Espagne, & que les caractéres en sont Espagnols, & non pas Puniques ; & que c'est de ces piéces-là que Tite-Live a parlé, quand il a marqué parmi les dépouilles, que les Romains avoient rapporté d'Espagne. *Argentum signatum Oscense.*

On trouve aussi quelques-uns de nos anciens Rois de France, à qui les Empereurs d'Orient permettoient de battre des Monnoyes à leur coin, & à leur nom, où par reconnoissance ils mettoient la tête de l'Empereur, dans

a Méd. 3.

b Méd. 4.

Rois de France.

Tome I.   E

l'alliance ou dans l'adoption de qui ils
étoient entréz. Ces Médailles font particuliérement du tems de Juftin & de
Juftinien dans le fixiéme fiécle. Monfieur du Cange en a fait graver quelques-unes de Théodebert, de Childé-
ric, de Clotaire, & nous a donné à
ce. fujet une fçavante Differtation *
dans fon Joinville.

*Differt. 23.

II. Ordre.
Les Villes. Dans le deuxiéme ordre qui eft celui
des Villes, ón trouve de quoi faire
des fuites confidérables; car des feules Villes Grecques l'on peut en ramaffer plus de 200; j'entends à n'en
prendre qu'une de chaque Ville : car
les différens revers conduiroient beaucoup plus loin.

Goltzius paroît y avoir travaillé
avec beaucoup d'application ; parce
qu'il regardoit ces Monumens, non-
feulement comme un embelliffement,
mais même comme des preuves de fon
Hiftoire. Il en a compofé un gros Ouvrage, où il y a beaucoup à apprendre;
& où l'on trouve de quoi entendre les
types différens de ces Médailles, qu'il
femble n'avoir pas voulu fe donner la
peine d'expliquer plus diftinctement.
Nous les avons depuis l'an 1618. gravées autrefois par Goltzius même, ré-

parées & imprimées de nouveau par
Jacques de Bie à Anvers, en plus de
cent Tables, & mises à la tête de deux
Tomes de l'Histoire Grecque de ce même Goltzius. Le premier comprend la
grande Gréce, & la Sicile. Le second
comprend la Gréce même, les Isles de
la Gréce, & une partie de l'Asie. Le
plus grand chagrin des Antiquaires,
c'est que l'on a perdu la meilleure partie des Médailles que Goltzius avoit
ramassées, & que de trente Provinces,
en quoi il avoit divisé toute la suite;
il n'en est resté que les cinq moindres.
La Colchide, la Cappadoce, la Galatie, le Pont, & la Bithynie.

On peut voir dans le Cabinet de
Monsieur de Boze un Volume entier
des Médailles de Goltzius, toutes des-
sinées fort exactement; il seroit à souhaiter qu'on les fist graver, parce qu'il
y en a quantité de fort rares. Le nombre va jusqu'à près de sept mille toutes Impériales, depuis Jules jusqu'à
Justinien, outre celles que nous avons
déja du même Auteur, gravées dans l'Histoire qu'il nous a donnée des trois prémiers Césars Jules, Auguste & Tibére.

Je crois être obligé de dire ici un
mot de la réputation que Goltzius a

E ij

parmi les Antiquaires, chez qui il paſſe
pour un homme peu exact, & peu fi-
déle; qui rapporte quantité de Médailles qui n'ont jamais exiſté : de
ſorte que ſa deſtinée eſt comme celle
de Pline entre les Naturaliſtes, que tout
le monde admire, & que perſonne ne
veut croire : Mais pour juſtifier en même-tems l'un & l'autre, il me ſuffit de
dire. 1°. Que ce ſçavant Graveur n'a
eu aucun intérêt à impoſer à ſon ſiécle, ni aux ſiécles ſuivans. 2°. Que l'on
découvre tous les jours de ces Médailles, que l'on prétend avoir été faites
à plaiſir par Goltzius, comme l'on découvre tous les jours de ces merveilles
de la nature, que l'on regardoit comme d'agréables imaginations, que Pline avoit rapportées, tout au plus ſur
la foi des gens à qui il avoit trop déféré.

Les Colonies.   Les Médailles des Colonies pourroient faire chez quelque Curieux qui
aimeroit la Géographie ancienne, une
ſuite différente de celle-ci, fort nom-
breuſe, fort agréable, & fort aiſée,
avec le ſecours que nous avons maintenant pour la former, & pour la bien
entendre. Je parle de ces Villes où les
Romains envoyoient des Citoyens;

foit pour décharger la Ville de Rome
d'un trop grand nombre d'habitans,
foit pour récompenfer les vieux Soldats, en leur donnant des terres, &
des établiffemens. On donnoit auffi le
nom de Colonies, à des Villes que les
Romains bâtiffoient de nouveau; &
on acccordoit le même titre à d'autres
Villes, où l'on n'envoyoit pas de nouveaux habitans, mais dont les Citoyens
obtenoient le droit de Citoyens Romains, ou le droit du Pays Latin, que
l'on appelloit *jus Civitatis*, ou *jus La-*
tii. Ces Villes confervoient le nom de
Colonia, ou *Municipium*, foit qu'elles
fuffent dans la Gréce, foit qu'elles fuffent ailleurs; car les Grecs regardoient
ce mot Κολωνια comme un mot confacré, qu'ils avoient adopté par refpect.

Le nombre de ces Médailles de Colonies deviendroit encore bien plus
grand, fi l'on y joignoit toutes les Villes qui ont battu des Médailles en leur
nom, fans confidérer fi elles font Impériales ou non; fi elles font Grecques
ou Latines: mais pour perfectionner
un Cabinet en ce genre, il faudroit y
placer comme tête, ce qui eft revers
dans les Impériales, enforte que la fi-

E iij

gure de l'Empereur n'y feroit confi-
dérée que par accident.

Le Pere Hardouin a pris goût à cette
fuite en travaillant fur Pline, dont il a
fait une nouvelle Edition. C'eft un chef-
d'œuvre, & l'effet d'un génie né pour
les Sciences, avec une pénétration auffi
aifée, que vive & profonde : avec un
don de conjectures des plus heureux ;
avec une lecture qui paffe l'imagination, & avec une fidélité de mémoire
furprenante, qui repréfente à point
nommé tout ce qu'on lui a confié.
Ce fçavant Pere, dis-je, a fait un Volume à part des Peuples & des Villes,
dont la mémoire s'eft confervée fur
les Médailles. Il en a ramaffé plufieurs
milliers, & les a touchées fi habile-
ment, que je ne puis lui refufer un témoignage, que la feule vérité m'obli-
ge de lui rendre : c'eft qu'il n'y a pas
une feule page, où l'on ne trouve de
l'érudition, & quelque chofe de curieux à apprendre, qu'il ne feroit pas
aifé de rencontrer ailleurs, & qui donne lieu à mille découvertes, qui font
un merveilleux plaifir aux Sçavans.
Rien ne manqueroit à fon ouvrage,
s'il avoit pû trouver le tems de voir
lui-même toutes les Médailles dont il

parle, & s'il avoit voulu se donner la peine d'en expliquer tous les symboles & les revers, comme il en a expliqué plusieurs. Il y a supléé dans la deuxiéme Edition, qui est incomparablement plus exacte.

Monsieur Vaillant dans les deux Volumes qu'il a publiéz des Colonies, n'a rien omis de ce qu'on pouvoit exiger d'un habile Antiquaire ; il en a donné les types & les explications, avec un succès qui a répondu à son travail. Rien n'est plus utile que son ouvrage pour bien connoître les Médailles dont nous parlons, puisqu'on y trouve tout ce qui se peut dire sur les types différens des Colonies qu'il a rapportées, & dont il a fait graver les Médailles avec un fort grand soin : ce qui donne une toute autre grace que les simples descriptions. Il auroit fait très-assurément un Ouvrage immortel, s'il nous avoit donné avec la même exactitude, les Villes Grecques, dont il a fait seulement un Recueil très-rare & très-ample, ainsi que nous l'avons dit. Le Comte Mezza-Barba le lui avoit demandé pour son deuxiéme Tome de l'Occo augmenté, qui apparemment ne se verra jamais, au moins dans sa

E iiij

perfection, si l'Auteur ne trouve quelque secours pareil, dans un homme qui ait, comme Monsieur Vaillant, la connoissance de tous les plus beaux Cabinets de France, d'Italie, & des autres Pays, où l'on conserve ces riches Monumens de l'Antiquité.

Il ne faut pas oublier de dire que les têtes des Médailles des Villes, ne sont ordinairement que le Génie de la Ville même, ou de quelque autre Déité qui y étoit honorée, comme il est aisé de voir dans le Recueil de Goltzius.

III. Ordre. **Des Familles.** Les Médailles Consulaires sont, dans le troisiéme ordre, une suite nombreuse, qui pourroit aller jusqu'à douze ou quinze cens. Elle a peu de choses curieuses, soit pour les légendes, soit pour les types ; si ce n'est dans les Médailles qui ont été frappées depuis la décadence de la République, & qui devroient commencer naturellement la suite des Impériales. Avant ce tems-là, ces sortes de Médailles représentent simplement la tête de Rome casquée, ou celle de quelque Déité, & le revers est ordinairement une Victoire traînée dans un Char, à deux, ou à quatre Chevaux.

Il eſt vrai que vers le ſeptiéme ſiécle de Rome, les Triumvirs Monetaires ſe donnerent la liberté de mettre
ſur les Médailles les têtes des Hommes
Illuſtres, qu'il comptoient parmi leurs
Ancêtres, & de les y repréſenter, ſoit
ſous leur figure propre, ſoit ſous celle
de la Divinité tutélaire de leur Famille. Cet uſage eut lieu juſqu'à la décadence de la République, que l'on commença à graver ſur les Médailles les
têtes de Jules Céſar, des Conjuréz qui
le tuerent, des Triumvirs qui envahirent la ſouveraine puiſſance, & de
tous ceux qui eurent depuis part au
gouvernement. Car juſqu'à ces malheureux tems, il n'étoit permis à perſonne de graver ſa tête ſur la Monnoye : ce privilége étant regardé comme une ſuite de la Royauté, dont le
nom même fut juſqu'alors infiniment
odieux aux Romains.

Quand donc vous trouverez ſur les
Médailles Conſulaires la tête de Romulus, & des prémiers Rois des Romains, celles de Scipion, de Métellus, de
Lucullus, de Régulus, de Caldus, ou
d'autres ſemblables, il ne fautpas croire qu'elles ayent été frappées du vivant
de ceux qu'elles repréſentent, puiſque

E v

du tems des Rois, par exemple, ſa
Monnoye d'argent n'étoit pas en uſage : mais dans la ſuite quelques-uns de
leurs deſcendans étant chargéz du ſoin
des Monnoyes, en ont fait battre en
l'honneur de leurs Ancêtres, comme
un Monument, & une preuve de leur
propre Nobleſſe.

Reſte ſur le Chapitre des Conſulaires, à avertir que quoiqu'elles ſoient
preſque toutes d'argent, & de la troiſiéme grandeur ; parce que ce ſont, ou
des deniers Romains, ou des Quinaires, ou des Seſterces ; on en trouve
néanmoins de tout Métal, & même
des trois grandeurs dans le Bronze :
mais avec cette différence qu'à peine
en trouve-t'on 50. ou 60. d'or, & 250.
de bronze : au lieu que l'on en connoît
près de 1500. d'argent, dont Fulvius
Urſinus a fait graver le premier Recueil, qui a été augmenté conſidérablement par Monſieur Patin : depuis lequel on en a encore recouvré pluſieurs,
qui mériteroient bien que l'on en fîſt
une Edition nouvelle ; c'eſt ce qu'on
devra aux ſoins de Monſieur Vaillant
& de Monſieur Morel ; car l'un & l'autre y ont travaillé à l'envi, & ſans
l'interruption du Commerce avec l'Al-

lemagne , & la Hollande , je croi que nous aurions les deux Ouvrages tout impriméz ; les Curieux y trouveront amplement de quoi se satisfaire.

Je ne pouvois encore parler qu'en devinant , lorsque j'écrivois ce que je viens de dire. Aujourd'hui ma prédiction se trouve accomplie par l'impression du dernier Ouvrage de Monsieur Vaillant faite en Hollande , avec un soin merveilleux , par les Huguetans , en deux Tomes , enrichis de plus de deux cens cinquante planches gravées , & expliquées sçavamment par l'Auteur. Comme il y a fait entrer les Duumvirs des Colonies , & plusieurs autres Médailles , dont , ni Ursin , ni Patin n'avoient point eu connoissance , le nombre des Familles que Patin n'avoit conduit que jusqu'à 110. se trouve monté ici à 220. & le nombre des Médailles à plus de 1800.

Tout ceci présupposé , la suite des Familles se peut faire en deux maniéres. 1°. Comme Ursin l'a faite , par ordre alphabétique des noms différens des Familles , qui se lisent sur les Médailles , mettant ensemble toutes celles qui paroissent appartenir à la même maison. Cette maniére a moins d'agré-

Prémiére maniére de faire la suite des Consulaires.

E vj

ment, mais elle eſt réelle & véritable.

Seconde ma-
niére. 2°. Comme Goltzius l'a faite, par les
Faſtes Conſulaires, metttant chaque
année les Médailles des Conſuls. Cette
deuxiéme maniére eſt belle & ſçavante;
mais par malheur elle n'a que de l'apparence, & dans la vérité l'exécution
en eſt impoſſible. 1°. Parce que nous
n'avons aucune Médaille des prémiers
Conſuls, depuis l'an 244. juſqu'à l'an
485. ce qui a obligé Goltzius de mettre
à leur place ſeulement les noms de ces
Magiſtrats, ſelon qu'ils ſe trouvent
dans les Faſtes. 2°. Depuis l'an 485.juſ-
qu'à l'Empire d'Auguſte, les Médailles
que Goltzius rapporte, n'ont point été
frappées, ni par les Conſuls, ni pour
les Conſuls dont elles portent le nom;
mais ſeulement par les Monetaires,
qui étant de la même Famille, ont
voulu conſerver leur nom, ou celui
de leurs Ancêtres. C'eſt ce qu'il eſt néceſſaire de faire bien remarquer, pour
corriger l'erreur des jeunes Curieux,
qui s'imaginent que les Médailles que
l'on appelle Conſulaires, portent ce
nom, parce qu'elles ont été frappées
pour les Conſuls, qui entroient toutes
les années en Charge; quoique dans la
vérité, l'on ne leur ait donné ce nom,

que parce qu'elles ont été battuës du
tems que la République étoit gouver-
née par les Confuls.

Parlons des Médailles Impériales, IV. Ordre.
qui font notre quatriéme ordre, & Les Impéria-
où l'on trouve toutes les Têtes nécef- les.
faires, pour faire la fuite complete des
Empereurs jufqu'à nos jours. On eftime particuliérement les Antiques, &
parmi les Antiques celles qui compo-
fent le haut-Empire, que l'on renfer-
me entre Jules Céfar & les trente Tyrans. Il ne laiffe pas d'y en avoir d'affez
bien frappées, & affez curieufes, jufqu'à la Famille du Grand Conftantin,
où finit toute la belle curiofité, comme
nous le remarquerons plus particuliérement ailleurs. Occo, Médecin Allemand à Aufbourg, nous en a donné la
prémiére defcription dès l'année 1579.
fon livre fut imprimé à Anvers, & le
nombre des Médailles qu'il ramaffoit
s'étant toujours groffi, il en fit une deuxiéme Edition à Aufbourg en 1601.
qui eft la bonne. Le Comte Mezza-
Barba en a fait une nouvelle Edition,
qu'il a augmentée de plufieurs milliers.
Nous ferions trop heureux s'il avoit
toujours travaillé fur les Médailles mêmes, & fi quelquefois il ne s'étoit

point trouvé obligé de s'en rapporter aux Catalogues, & aux Defcriptions qu'on lui envoyoit, & qui fouvent ne font pas fidelles.

Il n'a imprimé que le Volume des Médailles Latines : la mort l'a empêché de donner au public le Volume des Grecques. J'apprends avec joie, que Monfieur fon fils s'eft chargé de ce foin : & qu'il y joindra des notes de fa façon. On a tout fujet d'efpérer que les Sçavans feront contens de fon travail : car il a déja donné des marques de fa capacité, & de fon génie. En attendant, on peut voir quantité de Médailles de Villes Grecques qui ont été gravées à la fin de la feconde Edition qu'on a faite en Hollande, de l'Ouvrage de Monfieur Vaillant.

Monfieur Patin, non-feulement s'eft donné la peine d'en ramaffer beaucoup, mais de plus il nous a fait graver tout fon moyen bronze jufqu'à l'Empire d'Héraclius, & a travaillé à l'expliquer plus amplement, & plus heureufement que tous ceux qui avoient entrepris ce même travail avant lui. Il avoit commencé ce bel Ouvrage à la priére de Monfieur le Comte de Brienne, Secrétaire d'Etat, dont il acheta enfuite le

Cabinet. Monſieur Colbert le racheta
pour le Roi , qui n'avoit encore pour
lors que le Cabinet de feu Monſieur le
Duc d'Orléans. .Nous avons déja dit ,
qu'en joignant à cette ſuite le reſte du
bas-Empire , & les Empereurs Grecs ,
on peut la conduire juſqu'aux Empereurs d'Occident , & juſqu'à nos jours ,
par le moyen des Médailles Modernes ,
dont nous parlerons ailleurs.

Nous avons fait un cinquiéme or- V. Ordre.
dre des Déitéz , parce que l'on com- Les Déitéz.
mence à les rechercher avec ſoin , à
cauſe du plaiſir qu'on a d'y remarquer
les noms différens , les Symboles , les
Temples & les Autels , & les Pays où
elles étoient honorées. On en peut faire une belle ſuite de bronze , par le
moyen des Villes Grecques , où l'on en
trouve une très-grande quantité : mais
la plus agréable eſt celle d'argent , que
fourniſſent les Médailles des Familles.
Il y en a quantité dans le Cabinet du
Roi , & l'on peut porter cette ſuite
beaucoup plus loin dans l'un & dans
l'autre Métal , ſi l'on veut emprunter
les Revers des Impériales , où les Déitéz ſont repréſentées plus agréablement encore , que ſur les Médailles des
Familles , tant parce qu'elles y ont tous

leurs titres différens, que parce qu'elles y font ordinairement repréfentées
de toute leur grandeur ; de forte que
l'on y diftingue l'Habillement, les Armes, les Symboles, & les Villes où elles ont été plus particuliérement honorées. C'eft ainfi que je l'avois autrefois
commencée, & que j'en avois déja ramaffé plus de 400. mais je n'avois pas
affez de fonds pour foutenir en même-
tems la fuite des Impériales, qui s'en
trouvoit trop affoiblie.

VI. Ordre.

Les Hommes Illuftres. J'ai imaginé une fixiéme fuite, qui
feroit compofée de toutes les perfon-
nes Illuftres, dont nous avons les Médailles, comme des Fondateurs des
Villes & des Républiques. Byzas, Tomus, Nemaufus, Taras, &c. Smyrna,
Amaftris, &c. des Reines ; Cléopatre,
Zénobie, &c. des plus fameux Légifla-
teurs, Lycurgue, Zaleucus, Pitta-
cus, Pythagore, Archiméde, Euclide,
Hippocrate, Chryfippe, Homére, &
femblables perfonnages recommanda-
bles par leur fcience, ou par leur fa-
geffe : car très-affurément l'on verroit
avec fatisfaction la fuite de ces Héros,
qui ne laifferoit pas d'aller affez loin.

Médailles à plufieurs Têtes. Finiffons, en difant, que quand il fe
trouve plufieurs Têtes fur le même côté

de la Médaille, elle en devient plus
rare & plus curieuse, soit qu'elles
soient affrontées, c'est-à-dire, qu'elles   Advers.
se regardent comme celles de M. Au-
rele & de Vérus, de Macrin & de Dia-
dumenien [a], & autres semblables, soit   a Méd. 6.
qu'elles soient acolées comme Néron   Jugatæ.
& Agrippine, Marc-Antoine & Cléo-
patre, &c. La Médaille devient encore plus précieuse, quand on y voit trois
têtes, au lieu de deux, comme celles
de Valérien avec ses deux fils, Gallien
& Valérien le jeune [b]. Celle d'Otacille   b Méd. 7.
avec son mari & son fils, &c.

REMARQUES

Sur la quatriéme Instruction.

p. 95. **M**onsieur Vaillant . . . . Nous a
l. 5. donné les Rois de Syrie, dont il
a formé une Histoire pleine de sçavantes remarques.] En voici le titre : *Seleucidarum Impe-*
rium, sive Historia Regum Syriæ ad fidem
Numismatum accommodata : per Joan. Foy-
Vaillant Med. D. & Regis Antiquarium. Pa-
ris. 1681. in 4.

Ibid. l. 27. *J'ai déja dit que le même Au-*
teur nous avoit donné les Rois d'Egypte.] Historia Ptolemæorum Ægypti Regum ad Fidem

Numismatum accommodata. Per Joan. Foy-Vaillant, &c. Amstel. 1701. fol.

Ibid. l. 30. *On espéroit encore de lui un nombre considérable de têtes de Rois particuliers, dont il avoit trouvé les Médailles, mais la mort ne lui a pas permis d'exécuter son dessein.* | Près de 20. ans après la mort de Monsieur Vaillant, on a publié en deux volumes les Médailles & l'Histoire des Rois Parthes, des Rois du Pont, du Bosphore, & de Bithynie. Cet Ouvrage étoit achevé lorsque Monsieur Vaillant mourut. Le premier Volume est intitulé : *Arsacidarum Imperium, sive Regum Parthorum Historia ad fidem Numismatum accommodata, per Joan. Foy-Vaillant, &c.* & le second *Achæmenidarum Imperium sive Regum Ponti, Bosphori, & Bithyniæ, Historia ad fidem Numismatum accommodata, &c.* Paris, 1725. *in* 4. Il seroit à souhaiter, que quelqu'un nous donnât de même, l'Histoire des Rois de Macédoine, de Thrace, de Cappadoce, de Paphlagonie, d'Arménie, de Numidie, & des Juifs par les Médailles ; nous avons celles des Roys de l'Osrhoë, & de la Bactriane, par M. Bayer.

P. 96. l. 21. *Telles sont celles d'Athalaric, de Théodahat, de Witigés, de Totila ou Baduela, de Theias, d'Attila, &c.*] Le Roi des Ostrogoths en Italie, que l'Histoire appelle Totila, ne sçauroit être le même que celui qui est assez constamment nommé Baduela, ou Baduila (1) sur les Médailles ; puisque Totila ne monta sur le Trône qu'en l'an 541. de l'Ere Chrétienne, & que le nom de Baduela DN BADVELA REX, se trouve au revers

(1) *Bandur. Num. Impp.* T. II. *p.* 612.

des Médailles d'argent de l'Empereur Anaftafe, mort dès l'année 518. Ainfi quoique
Jornandès (1) donne le nom de Baduilla à
Totila, on ne peut confondre ce Prince avec
le Baduela, dont le nom eft au revers d'A-
naftafe ; & il me paroît plus vraifemblable de
croire que le Baduela eft un de ces Rois Barbares qui s'étoient emparéz de l'Illyrie, & de
la Pannonie, du tems de cet Empereur.

Theias fut le Succeffeur de Totila, & périt
dans une bataille en 553. un an après fon Election. Je ne crois pas qu'on ait vû jufqu'à préfent de Médaille de ce Prince ; car la Médaille d'argent où on lit dans une couronne,
DN THELA REX, que j'ai vûe dans le Cabinet de M. l'Abbé de Rothelin, repréfente de
l'autre côté la tête de l'Empereur Anaftafe,
qui étoit mort 34. ans avant que Theias mon-
tât fur le trône.

Le Roi Théla, de la Médaille de M. l'Abbé
de Rothelin, pourroit bien être le même que
Jornandés (2) nomme Tranftila, pére de ce
Tranfaric qui fut chaffé de Sirmium par les
Troupes que Théodoric des Oftrogoths en-
voya d'Italie contre lui ; car il paroît par le ré-
cit de Jornandés, que *Tranftila* avoit dû être
Contemporain d'Anaftafe.

Je doute également, qu'il nous refte des
Médailles d'Attila. Celles où (3) l'on voit
d'un côté une tête de jeune homme avec des
aîles, & le mot ATEVLA ; au revers un
Cheval qui tient la tête levée, & fous lequel eft
un Pentagone, & un croiffant dans l'exergue ;

(1) *Jornand. de Regn. Succeff. p. 66.*
(2) *Id. de Reb. Get. p. 142.*
(3) *Bandur. Num. Impp. T. II. p. 577.*

pour légende : VLATOS : Cette Médaille, dis-je, ne me paroît pas pouvoir convenir au Roi des Huns, & je la crois, une Monnoye Gauloise. Celles qui sont citées par M. Ducange & par Mezabarba, avec les mots ATILA, & ATHIL, ne se trouvent dans aucun Cabinet ; il y a apparence que ces Sçavans hommes les ont rapportées d'après quelque Catalogue péu exact ; car s'ils les avoient vûes eux-mêmes, ils n'auroient pas manqué de nommer le Cabinet où elles se trouvoient, & d'indiquer la grandeur de leur module.

P. 97. l. 10. *Quoique Laftanofa ait crû rendre un grand service aux Curieux, en prenant la peine d'en faire un volume, qui fut imprimé à Huefca en 1645.*] Ce livre, qui est devenu rare est intitulé : *Mufeo de las Médallas Defconofcidas Efpañolas : Publicalo Don Vincencio Juan de Laftanofa Señor de Figaruelas, &c. Illuftrado con tres Difcorfos, &c. Impreffo in Huefca por Juan Noguez año MDCXLV. petit in 4.* Il faut y joindre la Differtation de M. Mahudel fur les Monnoyes Antiques d'Efpagne, imprimée à Paris 1725. *in 4.* & placée à la fin de l'Hiftoire d'Efpagne de Mariana, traduite en François par le P. Charenton.

Ibid. l. 25. *On trouve quelques-uns de nos anciens Rois de France, à qui les Empereurs d'Orient permettoient de battre des Monnoyes à leur coin & à leur nom, où par reconnoiffance, ils mettoient la tête de l'Empereur dans l'alliance, ou dans l'adoption de qui ils étoient entréz.*] Tout cet Article est très-peu exact, & demande d'être rectifié. En prémier lieu on n'a jamais dit que nos Rois, ni les Rois d'aucune Nation, soit Hôtes, soit Voisins, soit alliéz de l'Empire, eussent besoin de la permission des Empereurs pour faire battre Monnoye à leur coin ; on ne l'a prétendu qu'à l'égard des Monnoyes d'or seulement. 2°. Quand nos Rois commencérent à faire frapper de la Monnoye d'or, il est faux qu'ils y ayent fait mettre la tête de l'Empereur ; car les prémiéres Monnoyes d'or de nos Rois, sont de Childebert, & de Clotaire, fils de Clovis, & de Théodebert son petit-fils, comme l'a très-bien prouvé le sçavant Auteur de l'Histoire critique de l'établissement de la Monarchie Françoise (1). Or on ne voit la tête des Empereurs de Constantinople sur aucune des Monnoyes de ces Princes, ni sur celles de leurs Successeurs. 3°. Tout ce qu'on a avancé sur la prétendue permission accordée par les Empereurs à nos Rois, de faire mettre leur nom, & leur image sur la Monnoye d'or, est uniquement fondé sur un passage de Procope (2) que je vais rapporter, traduit le plus littéralement qu'il m'a été possible. ,, Les Rois des François font battre ,, Monnoye avec l'or qui se tire des Mines ,, qu'il y a dans leurs Etats, & ils ne la font ,, pas frapper au coin de l'Empereur, comme ,, c'étoit l'usage ; mais avec leur propre ima- ,, ge. Car le Roi de Perse fait battre des espé- ,, ces d'argent tant qu'il veut ; mais ni ce Prin- ,, ce, ni aucun autre Roi barbare, quand ,, même ils auroient des Mines d'or dans leurs ,, Etats, n'est en droit de faire frapper à son

(1) *Hist. crit. de l'Etab. de la Mon.* T. III. L. V. ch. 10.
(2) *Procop. Goth. L. III. c. 33.*

» coin de la Monnoye d'or ; & s'ils en fai-
» soient frapper, elle ne seroit pas reçûë dans
» le Commerce, même par les Barbares. » Il
est aisé de juger par ce passage, que nos Rois
ne tenoient pas de Justinien le droit de faire
frapper de la Monnoye d'or à leur coin : la domination des Fils de Clovis étoit trop bien affermie dans les Gaules, & l'Empereur étoit
trop peu en état de les y troubler, pour qu'on
puisse croire qu'ils ayent eu besoin de permission, pour faire chéz eux toûte sorte d'Actes
de Souveraineté. Ce qui fut donc accordé
à nos Rois par Justinien, c'est que la Monnoye d'or frappée à leur coin seroit reçûë par
tout l'Empire dans le Commerce, de même
que celle où sa propre image étoit empreinte,
Il auroit été ridicule à Procope, de prétendre
que les Empereurs eussent, ou le droit, ou le
pouvoir d'empêcher les Rois de Perse, de faire
fabriquer de la Monnoye d'or dans leurs Etats,
non-seulement les Romains n'étoient pas en
état d'imposer des loix à ces Princes ; mais de
plus il y avoit long-tems que les Perses faisoient trembler l'Empire d'Orient, & que
leurs armes avoient acquis une si grande su-
périorité, que les Empereurs étoient presque
toujours obligéz d'acheter d'eux la paix, ou
à prix d'argent, ou en leur cédant des Provinces entiéres. Dans cette situation, il est visible, que si les Rois de Perse n'ont point établi de fabrication d'espéces d'or à leur coin,
c'est uniquement pârce que leurs Sujets ne
pouvant guéres commiercer, qu'avec ceux de
l'Empire, la Monnoye d'or leur seroit devenuë inutile, puisque dans l'Empire il étoit
défendu de recevoir d'autre Monnoye d'or,

que celle qui repréſentoit la tête de l'Empereur. C'eſt par cette même raiſon que les autres Rois Barbares ſuivoient l'exemple des Rois
de Perſe, en ne faiſant point fabriquer de
Monnoye d'or. Ces Rois que Procope appelle
Barbares, ou habitoient comme Hôtes ſur les
terres de l'Empire, ou régnoient dans des
Etats qui en étoient voiſins. Dans l'un & dans
l'autre de ces deux cas, il eſt certain qu'ils ne
pouvoient faire de Commerce qu'avec les Sujets de l'Empereur, & ceux-ci ne recevant
point d'eſpéce d'or qui n'eût l'image de leur
Souverain, la Monnoye des Barbares ne pouvoit plus être reçue que comme matiére ;
enſorte que loin de trouver quelque avantage
à faire mettre l'or en Monnoye, les Rois, ſoit
Voiſins, ſoit Hôtes de l'Empire, auroient perdu les frais de la fabrication. Voilà, ce me
ſemble, la vraie raiſon de ce qu'on ne voit point
de Médaille d'or de tous les Rois qui ont régné depuis le tems d'Auguſte, juſqu'à celui
de Juſtinien. Car pour les Médailles d'or des
Rois du Boſphore, des Sauromates, des Eu-
pators, des Rheſcuporis, des Ininthimeuus,
&c. elles appuyent mon ſentiment, plûtôt
qu'elles ne le combattent, puiſqu'on y voit par-
tout la tête des Empereurs au revers, & qu'on
ne peut ſuppoſer à ces Rois d'autre motif de
les avoir fait frapper, que celui de faire recevoir leur Monnoye dans le Commerce, par
les Sujets mêmes de l'Empereur. Ainſi, comme je l'ai déja dit, l'avantage particulier que
nos Rois retirerent du Traité conclu entre Juſtinien & Théodebert, ce fut que la Monnoye
d'or qu'ils feroient frapper à leur coin, auroit
dans tout l'Empire le même cours que la Mon-

noye Impériale. C'eſt là tout ce que Procope
a voulu nous apprendre, & ſi Bouteroue (1) a
eu tort de dire que le Privilége particulier que
nos Rois reçûrent en cette occaſion, conſiſtoit
à pouvoir faire frapper de la Monnoye d'or,
avec leur effigie, ſans y mettre celle de l'Empereur; le Blanc n'eſt pas mieux fonáé (2) à
ſoutenir que tout le récit de Procope, n'eſt
qu'un trait de la vanité de cet Hiſtorien Grec;
car lorſqu'il ajoute pour détruire ce que Procope a avancé, qu'il y a au Cabinet du Roi
24. ſols d'or des Rois Viſigoths, qui ont régné en Eſpagne, le Blanc n'a pas fait attention, que tous ces ſols ont été frappéz long-
tems après l'époque que cet Hiſtorien donne
aux Monnoyes d'or des Rois des François.

P. 99. l. 17. *On peut voir dans le Cabinet de
M. de Boze un volume entier des Médailles de
Goltzius, toutes deſſinées fort exactement.*]
Je me propoſe de donner dans une Diſſertation particuliére, la notice de ce volume MS.
de Médailles Impériales, & d'examiner quelle
eſpéce de confiance il eſt raiſonnable d'avoir
en Goltzius, par rapport aux Médailles que
cet Antiquaire avoit deſſinées de ſa propre
main, & qui ne ſe trouvent plus aujourd'hui.

P. 103. L. 21. *Il auroit fait très-aſſurément
un Ouvrage immortel. s'il nous avoit donné
avec la même exactitude, les Villes Grecques
dont il a fait ſeulement un Recueil très-rare
& très-ample.*] La ſeconde édition des Médailles Impériales frappées dans les Villes
Grecques, par M. Vaillant, eſt connuë ſous
ce titre; *Numiſmata Imperatorum, Auguſto-*

(1.) Bouter. Reib. des Monn. de Fr. p. 217.
(2) Le Blanc. Trait. Hiſt. des Monn. de Fr. p. 59.

rum, *& Cæsarum à populis Romanæ ditionis
Græcè loquentibus ex omni modulo percuſſa,
&c. Editio altera ab ipſo auctore recognita,
emendata, ſeptingentis nummis aucta, &c.*
Amſtel. 1700. fol. Quoique ce Recueil ſoit
fort conſidérable, le nombre des Médailles
qui avoient échappé aux recherches de M.
Vaillant, eſt preſque auſſi grand que celui
des Médailles décrites dans ſon Ouvrage. On
en trouvera ſept cent nouvelles dans les *Numiſmata Muſei Teupoli*, &c. *Venet.* 1736. *in*
4. 2. vol, & plus de 300. dans le livre d'un Je-
ſuite Allemand, intitulé : *Eraſmi Froelich Soc.
Jeſ. quatuor Tentamina in re Monetaria Vetere ... editio altera ...* Vienn. 1737. *in* 4. Il
y en a de même pluſieurs dans le *Teſoro Britannico*, de Nic. Haym, qui n'avoient pas
été connuës de M. Vaillant : à quoi on peut
ajoûter celles qui ſont entrées depuis trente
ans dans le Cabinet du Roi, & principalement par l'acquiſition qu'il vient de faire des
héritiers de M. le Maréchal d'Eſtrées ; celles
qui ſont partie de la magnifique Collection en
moyen bronze de M. de Surbeck ; celles de
grand & de petit bronze du Cabinet de Monſieur l'Abbé de Rothelin : avec ces différens
ſecours, il ſeroit très-aiſé de donner une
nouvelle Edition du Livre de Monſieur Vaillant, & peut-être de l'augmenter de plus du
double.

P. 105. l. 9. *Cet uſage eut lieu juſqu'à
la décadence de la République ; que l'on
commença à graver ſur les Médailles les têtes de Jules Céſar, des conjurez qui le tuè-
rent, des Triumvirs qui envahirent la ſouveraine puiſſance, &c.*] L'Hiſtoire nous ap-

Tome I.   F

prend (1) que Jules Céfar fit battre Monnoye
a fon coin, & il doit paffer pour conftant que
ce Dictateur eft le prémier dont on ait mis la
tête fur la Monnoye, de fon vivant. On
trouve enfuite des Médailles d'or & d'argent
avec la tête de M. Brutus, dont quelques-unes
ont au revers une efpéce de bonnet entre deux
poignards ; mais il n'y a aucune apparence
que ces Medailles ayent été frappées à Rome.
Outre que Brutus n'y étoit pas le Maître, &
que fon parti n'y étoit pas le plus fort, il eft
certain par le témoignage de Dion (2) que
ces Médailles furent frappées par les ordres
de Brutus méme, lorfqu'il paffa en Afie pour
y joindre Caffius, après s'être rendu maître
de la Macédoine, & d'une partie de la Gréce ;
il fe fervit méme, felon Appien (3) des Tré-
fors que Polémocratia, Reine de Thrace,
avoit mis en dépôt entre fes mains, pour en
faire de la Monnoye. On ne doit pas m'ob-
jecter que la fabrique des Médailles de Brutus
eft la méme que celle des Médailles qu'on
frappoit à Rome dans ce tems-là ; parce qu'on
ne peut douter que dans le nombre des Romains qui fuivoient Brutus, il ne fe foit trouvé plufieurs Monétaires accoutuméz à travail-
ler à la Monnoye de Rome, & dont il fe fervit pour la fabrication des piéces dont nous
parlons. Jufqu'à préfent on n'a point vû de
Médaille de Brutus auffi finguliére, que celle
qu'a fait graver le fçavant Marquis Scipion
Maffei (4), où l'on voit d'un côté la tête de

(1) *Dio.* L. XLIV. *p.* 243.
(2) *Id.* L. XLVII. *p.* 341.
(3) *Appian. Civil.* L. IIII. *p.* 633.
(4) *Veron Illuftr. part.* III. *p.* 236.

Jules Céfar, couronnée de lauriers, avec le
bâton augural devant, & pour légende JV-
LIVS CAESAR , au revers la tête de Brutus
fans Couronne, un poignard derriére , & ces
mots : M. BRVTVS; mais j'avouerai que
cette Médaille m'eft fufpecte par bien des raifons. 1°. Il me paroît contre toute vraifem-
blance , que Brutus ou fes Partifans, ayent
fait frapper une Médaille avec la tête de Céfar, qu'ils regardoient comme un tyran , &
qu'ils l'ayent unie à celle du Vengeur de la
liberté. 2°. Céfar eft nommé fur les Médailles,
ou C. CAESAR fimplement, ou CAESAR,
après fon Apothéofe DIVVS JVLIVS, & fur
une Médaille reftituée par Trajan , qui eft
peut-être unique, C. JVLIVS CAESAR; jamais on n'a gravé fon nom comme dans la
Médaille de M. Maffei. JVLIVS CAESAR.
3°. La tête , telle qu'on la voit dans la gravûre de cette même Médaille, n'a pas la moindre reffemblance avec la tête de Jules Céfar ,
repréfentée fur toutes les autres Médailles.
Ainfi je crois que c'eft une Médaille de coin
moderne. Nous avons auffi des Médailles de
Caffius, Collégue de Brutus; mais jufqu'à
préfent on n'en connoît aucune qui nous repréfente fa tête.

Ibid. l. 23. *Quand donc vous trouvérez fur*
les Medailles Confulaires la tête de Romulus...
Celles de Scipion.... de Lucullus, &c.] (1)
Patin , dans fes remarques fur Suétone, a fait
graver une Médaille d'argent fur laquelle eft
repréfentée la tête de Lucullus, mais il avertit
en même-tems qu'elle eft de coin moderne ,
de même que celles où l'on voit la tête de Ca-

(1) *Suet. Patin.* p. 9. 11. & 15.

F ij

tulus, & la tête de Marius, & qu'il rapporte
au même endroit. On doit en dire autant des
Médailles avec la tête de Scipion.

P. 107. l. 19. *Le nombre des Familles que
Patin n'avoit conduit que jufqu'à 110. fe trouve monter ici à 220. & le nombre des Médailles à plus de 1800.*] Dans le *Thefaurus
Morellianus* qui a paru depuis quelques années, & dont j'indiquerai le titre ci-après;
on trouve 206. Familles Romaines, dont on
a fait graver 2415. Médailles, fans comprendre dans ce nombre, les Médailles qu'on
n'a pû attribuer à aucune Famille particuliére,
& qui vont à 135. ni les Médailles Confulaires qui ne fe trouvent que dans les Faftes
de Golrzius.

P. 109. l. 25. *Le Comte Mezzabarba en a
fait une nouvelle Edition, qu'il a augmentée
de plufieurs milliers.*] *Imperatorum Romanorum Numifmata à Pompeio Magno ad Hera-
clium, ab Adolpho Occone olim congefta, nunc
Auguftorum Iconibus, perpetuis Hiftorico-
Chronologicis notis, pluribufque additamentis
illuftrata & aucta.... Studio & curâ Fran-
cifci Mediobarbi Biragi S. R. J. Comitis....*
Médiol. 1683. fol. on en a fait une feconde
Edition à Milan en 1730. par les foins de
M. Argelati; elle répond à la prémiére page
pour page, & ligne pour ligne. Il y a de plus
quelques additions & corrections, mais elles
ne font pas auffi confidérables que le Public
avoit lieu de l'efpérer. A l'égard de l'explication des Lettres qui fe trouvent dans l'exergue
des Médailles du bas-Empire, qu'on a ajoutée
à la fin de cette Edition, comme ayant été
tirée des papiers de l'Abbé Jean-Antoine Mez-

zabarba ; il eſt bon que les Curieux ſoient pré-
venus, que ce n'eſt qu'un ſimple extrait du
ſyſtème , que le P. Hardouin avoit propoſé
dans les *Numiſmata ſæculi Conſtantiniani ,*
extrait que l'Abbé Mezzabarba avoit fait ſeulement pour ſon uſage , & peut-être ſans adopter cette explication.

P. 112. l. 13. *J'ai imaginé une ſixiéme ſuite, qui
ſeroit compoſée de toutes les perſonnes illuſtres
dont nous avons les Médailles , comme des
Fondateurs des Villes & des Républiques, Byzas , Tomus , Nemauſus , Taras , &c.*] De
toutes les ſuites qu'on peut ſe propoſer de former , je ne crois pas qu'il y en eut de plus
difficile que celle-ci, à porter à une certaine
perfection. Ce n'eſt pas que pluſieurs Antiquaires n'ayent déja eſſayé de nous donner
des ſuites de têtes des hommes Illuſtres de
l'Antiquité ; mais la plûpart de ceux qui ont
eu cette penſée, ont jugé qu'il étoit impoſſible d'en ramaſſer beaucoup, s'ils ſe conten-
toient de s'attacher aux têtes qui ſe trouvent
ſur les Médailles , & ils y ont ajouté celles
qui ſe ſont conſervées par le moyen des Sta-
tues, & des Buſtes, en marbre ou en bronze ,
& même des pierres gravées. Je ne connois
pas de Recueil en ce genre plus ancien que
celui qui fut publié à Rome par Achille Stace ,
ſçavant Portugais, ſous ce titre : *Inluſtrium
viror. ut extant in Urbe expreſſi vultus ;* 1569.
fol. Cette Collection fut conſidérablement
augmentée par les ſoins de Fulvio Urſini, &
réimprimée à Rome , ſous ce titre : *Imagines
& elogia virorum Illuſtrium , ex lapidibus &
Numiſmatib. expreſſa cum annotationib. ex Bibliothecâ Fulvii Urſini. Rom.* 1570. fol. Le

F iij

Cabinet d'Urſini ayant encore reçu de nouvelles augmentations, Théodore Gallæus,
dans un Voyage qu'il fit à Rome, deſſina
de nouveau les têtes des hommes Illuſtres
qu'il y remarqua; il y joignit des deſſeins de
ce qu'il trouva dans les autres Cabinets Romains, & de retour en Flandres, il les gra-
va & les publia avec ce titre : *Illuſtrium ima-*
gines ex Antiquis Marmoribus, Numiſmati-
bus, & Gemmis expreſſæ, quæ extant Romæ,
major pars apud Fulvium Urſinum. Theodo-
rus Gallæus delineabat Romæ ex Archetypis,
incidebat Antuerp. 1598. *ex officin. Plantin.*
in 4. Il n'y avoit dans ce Livre que 151. têtes;
mais l'on y en ajouta 17. nouvelles, lorſqu'on
imprima le Commentaire de Jean Faber ſur
cés portraits : *Joannis Fabri Bambergenſis Me-*
dici Romani, in imagines illuſtrium ex Ful-
vii Urſini Bibliothecâ Antuerpiæ à Theodoro
Gallæo expreſſas Commentarius; Antuerp. ex
off. Plant. 1606. *in* 4. Enfin dans le ſiécle paſſé,
il parut un Recueil encore plus ample de têtes d'hommes Illuſtres; en voici le titre : *Ve-*
terum Illuſtrium Philoſophorum, Poetarum, Rhe-
torum imagines, ex vetuſtis nummis gem-
mis, Hermis, Marmoribus, aliiſque antiquis
Monumentis deſumptæ, à Joan. Petro Bello-
rio expoſitionibus illuſtratæ. Rom. 1685. fol.
Quoique dans tous ces Recueils il n'y ait pas
plus de 200. têtes différentes, on a cependant
été obligé d'y faire entrer également les Médailles, les Médaillons, lés Contorniates, les
Statuës, les Buſtes, & les pierres gravées. De
plus dans ces mêmes Recueils, & principàle-
ment dans les trois prémiers, il y a près de
la moitié des têtes copiées d'après les Médailles

qui entrent plus naturellement dans d'autres
suites ; Comme celles des Rois d'Egypte , de
Syrie, de Bithynie, du Pont, des Familles
Romaines , & même des Empereurs : il faut ,
outre cela , prendre garde que quelques-unes
de ces têtes ayant été trouvées sans inscription ,
ont été nommées au hazard,& que les inscriptions de plusieurs autres, sont très-certainement
fausses & modernes. Si l'on veut donc se ren-
fermer dans les bornes, que le P. Jobert préscrit
ici à une suite de têtes de personnes illustres
représentées sur les Médailles , on ne peut se
flatter de la rendre bien nombreuse ; il ne seroit cependant pas inutile d'essayer jusqu'où
on pourroit la pousser ; mais il faudroit éviter
de suivre l'exemple de M. Seguin , qui ayant
destiné le second Chapitre de son Livre de
Médailles choisies,à celles des hommes Illustres, ne l'a presque rempli que de têtes de Divinitéz , & de Rois. Haym en a fait aussi
deux Articles dans son *Tesoro Britannico*. T.
I. p. 124. - 149. & T. II. p. 57. - 76. & il s'y
est mieux renfermé que Seguin dans son véritable objet , puisqu'on y trouve peu de têtes
qui pussent entrer plus naturellement dans une
autre suite.

V. INSTRUCTION.

Des différens revers qui rendent les Médailles plus ou moins belles & curieuses.

SI je ne m'étois pas proposé pour but dans cet Ouvrage, l'instruction d'un jeune Curieux, à qui tout est nouveau dans l'Histoire des Médailles, je ne m'amuserois pas à expliquer les états différens par lesquels ont passé les Médailles, avant que d'arriver à la perfection où on les a vûës durant le siécle d'Auguste, & presque jusqu'à Constantin : Mais puisqu'il faut instruire ici un homme que je suppose n'en être encore qu'aux prémiers élémens, je dois lui apprendre que chéz les Romains, & dans toute l'Italie, (car nous ne prétendons parler maintenant que de ce Pays ;) les Médailles, ou plûtôt les Monnoyes, ont été assez long-tems, non-seulement sans Revers, mais encore sans aucune espéce de mar-

Prémiéres Médailles, comment marquées.

que ; de forte que les prémiéres Monnoyes dont on fe fervit à Rome , ne
furent que de cuivre brut , & fans aucune impreffion , jufqu'au tems du Roi
Servius Tullius * qui les fit le prémier   * Is primus
marquer de l'image d'un Bœuf, ou d'un *fignavit Æs.*
Mouton , ou d'un Porc : & pour lors   Plin.
on commença à les nommer *Pecunia* ,
à *Pecude.*

Je ne prétends point par ce difcours
donner aucune atteinte à l'ancienne
Tradition , qui porte que Janus ré-
gnant en Italie , 700. ans avant la fondation de Rome , avoit marqué le prémier la Monnoye , y faifant mettre
une Couronne , ou un Pont , ou un
Batteau , parce qu'il avoit été l'Inventeur de ces trois chofes , & qu'il en
avoit introduit l'ufage en fon Pays. Je
fçai bien néanmoins que cette Tradition n'eft point abfolument conftante , puifque l'on trouve des gens chéz
Eutrope , qui foutiennent que l'on doit
à Saturne le prémier ufage de la Monnoye , & que c'eft lui qui s'étant refu-
gié chéz Janus dans le Pays Latin , lui
apprit à la marquer , comme auffi à
cultiver la terre , & qu'en reconnoiffance de ce bien-fait ,

F v

Ovid. Faft.
p. 239.

Bona pofteritas puppim fignavit in Ære,
Hofpitis adventum teftificata Dei.

Quoiqu'il en foit de ces prémiers
tems, comme il n'y eut point d'autre
tête fur la Monnoye des Latins que
celle de Janus, ou comme difent quelques-uns, les têtes de Janus & de Saturne adoffées, il n'y avoit point auffi
d'autre revers qu'une Prouë de Vaiffeau ; ce qui a duré jufqu'à ce que les
Romains devenus maîtres de l'Italie,
près de 500. ans après la fondation de
Rome, commencérent à battre de la
Monnoye d'or & d'argent. L'année pré-
cife de la Monnoye d'argent, c'eft l'an
485. fous le Confulat de C. Fabius Pic-
tor, & de Q. Ogulnius Gallus cinq
ans devant la prémiére guerre Punique, l'or ne fe battit que 62. ans après.

La République étant floriffante dans
ces heureux tems, on commença bien-
tôt à embellir les Médailles, & à les
perféctionner, tant pour la Tête, que
pour le Revers.

Comment
marquées au
tems des
Confuls. La tête de Rome & des Déitéz fuc-
céda à celle de Janus, & les prémiers
Revers furent ou Caftor & Pollux a
Cheval, ou une Victoire pouffant un
Char à deux ou à quatre Chevaux,

ce qui fit appeller les Deniers Romains *Victoriati*, *Bigati*, *Quadrigati*, felon leurs différens Revers ; comme on les avoit auparavant nomméz *Ratiti*, du nom *ratis*, qui fignifie, un Vaiffeau.

Bientôt après, ceux qui par leurs Charges étoient devenus les maîtres de la Monnoye, commencérent à la faire marquer de leurs noms, à y mettre leurs qualitéz, & à y faire graver les Monumens de leurs Familles. Si bien qu'on vit les Médailles porter les marques des Magiftratures, des Sacerdoces, des Triomphes de leurs ancêtres, & même de quelques-unes de leurs actions les plus glorieufes. Telle eft dans la Famille Æmilia *M. Lépidus Pont. max. Tutor Regis*. Lepidus en habit de Confu, met la Couronne fur la tête au jeune Ptolomée, que le Roi fon Pere avoit laiffé fous la tutelle du Peuple Romain : Et de l'autre côté on voit la tête couronnée de Tours, de la Ville d'Aléxandrie, Capitale du Royaume, où fe fit la cérémonie, *Alexandrea*. [a] Telle dans la même Famille, la Médaille où le jeune Lépidus eft repréfenté à Cheval, portant un Trophée, avec cette infcription. *M. Lepidus annorum XV. Pratex-*

a *Méd.* 1.

tatus , *Hostem occidit* , *Civem servavit*.
Telle dans la Famille Julia, celle de
Jules César, qui n'étant encore que
Particulier , & n'osant faire graver sa
tête, se contenta de mettre d'un côté
un Eléphant avec le mot *Cæsar* : mot
équivoque, qui marquoit également
& le nom de cet animal en Langue Punique, & le surnom que Jules portoit.
Sur le revers, en qualité d'Augure & de
Pontife , il fit graver les symboles de

ces dignitez ; sçavoir le Sympule * ,
le Goupillon, la Hache des Victimes,
& le Bonnet Pontifical : comme sur
celle où l'on voit la tête de Cérés, il
y a le Bâton Augural , & le Vase.
Telle enfin dans la Famille Aquilia la
Médaille, ou par les soins d'un III.
Vir Monétaire de ses descendans , M.
Aquilius qui défit en Sicile les Esclaves révoltéz , est représenté revêtu de
ses Armes, le Bouclier au bras , fou-
lant aux pieds un Esclave, avec ce mot

a *Méd. 2.* *Sicilia* a .

C'est ainsi que les Médailles devinrent non-seulement considérables pour
leur valeur, en qualité de Monnoyes,
mais curieuses pour les Monumens
dont elles étoient les dépositaires , jusqu'à ce que Jules César s'étant rendu

maître absolu de la République, quoique sous le seul nom de Dictateur perpétuel, on lui donna toutes les marques de grandeur & de pouvoir, & entr'autres le privilége de marquer la
Monnoye de sa tête, & de son nom,
& de tel revers que bon lui semble-
roit [a]. Ainsi les Médailles furent dans
la suite chargées de tout ce que l'ambition d'une part, & la flaterie de l'autre, furent capables d'inventer, pour
immortaliser la gloire des Princes, &
la reconnoissance de leurs Sujets. C'est
ce qui les rend aujourd'hui précieuses,
parce que l'on y trouve mille événemens, dont l'Histoire souvent n'a point
conservé la mémoire, & qu'elle est
obligée d'emprunter de ces témoins ir-
réprochables, à qui elle rend témoignage à son tour, sur les faits que l'on
ne peut démêler que par les lumiéres
qu'elle fournit. Ainsi nous n'aurions
jamais sçû que le fils qu'Antonin avoit
eu de Faustine, eût été nommé *Mar-*
cus Annius Galerius Antoninus, si nous
n'avions une Médaille Grecque * de
cette Princesse ΘΕΑ ΦΑΥΣΤΕΙΝΑ, &
au revers la tête d'un enfant de dix à
douze ans, Μ. ΑΝΝΙΟC ΓΑΛΕΡΙΟC
ΑΝΤΩΝΙΝΟC ΑΥΤΟΚΡΑΤΩΡΟC ΑΝΤΩ-

a Med. 5.

*Moyen bron-
ze. Patin.

a *Méd.* 3. NINOY YIOC a Qui sçauroit qu'il y a eu un Tyran nommé *Pacatianus*, sans la belle Médaille que l'on en a trouvé ? Ou que Barbia Orbiana a été femme d'Aléxandre Sévére, & Etruscille femme de Décius, & non pas de Volusien, ou cent autres choses semblables, dont on est redevable uniquement à la curiosité des Antiquaires.

b *Méd.* 4. *Le P. Chamillart l'apporta au retour de son voyage des Pyrenées.*

D'où vient la beauté des Revers. Pour faire connoître aux Curieux qui commencent à aimer les Médailles, la beauté & le prix de ces revers, il faut sçavoir qu'il y en a de plusieurs sortes. Les uns sont chargéz de Figures ou de Personnages ; les autres de Monumens publics, ou de simples Inscriptions ; je parle du champ de la Médaille, pour ne pas confondre ces Inscriptions avec celles qui sont autour, que nous distinguerons par le nom de *Legendes*, & dont nous ferons une Instruction à part. Ainsi trouve-t'on quantité de Médailles Grecques, & Latines, Impériales ; qui n'ont pour Revers que ces lettres S. C. *Senatus Consulto*, ou Δ. E. Δημαρχικης Εξουσιας, renfermées dans une Couronne. Il y en a d'autres dont les Inscriptions font des espéces d'Epoques, comme dans M. Aurele. *Primi Decennales Cos. III.* Dans

Inscriptions.

Tribun. Potestate.

Epoques.

Augufte *Imp. Cæf. Aug. Ludi Sæcula-*
res ; dans le bas - Empire , *Votis V.*
XXX. &c. Quelquefois de grands événemens y font marquéz, comme *Victo-*
ria Germanica Imp. VI. Cof. III. dans
Marc Aurele. *Signis Parthicis receptis*
S. P. Q. R. dans Augufte , *Victoria*
Parthica Maxima dans Septime Sévére.
D'autres expriment des Titres d'hon-
neur accordéz au Prince , comme *S. P.*
Q. R. Optimo Principi dans Trajan , &
dans Antonin Pie. *Adfertori publicæ li-*
bertatis dans Vefpafien. D'autres font
des marques de la reconnoiffance du
Sénat & du peuple , comme dans Vefpafien *Libertate P. R. reftituta ex S. C.*
dans Galba *S. P. Q. R. Ob Cives ferva-*
tos. Dans Augufte *Salus Generis huma-*
ni , &c. *

Quelques-unes de ces Infcriptions ne
regardent que des bienfaits particuliers
accordéz en certains tems ou à certains lieux , avec des vœux adreffez aux
Dieux pour le rétabliffement , ou pour
la confervation de la fanté des Princes , fi précieufe à l'Etat. Telles font
fous Augufte les Médailles fuivantes :
Jovi Optimo Maximo S. P. Q. R. vo-
ta fufcepta pro falute Imperat. Cæfaris
Aug. quod per eum Refp. in ampliore

atque tranquilliore statu est. Jovi vota suscepta pro salute Cæs. Aug. S. P. Q. R. Imperatori Cæsari quod viæ munitæ sint, ex eâ pecuniâ quam is ad ærarium detulit.

Parmi ces Médailles postérieures au tems où les Empereurs de Constantinople quittérent la Langue Latine, pour reprendre la Grecque dans leurs Inscriptions, il s'en trouve qui pourroient embarrasser un Curieux qui commence ; telle est le IC XC NIKA. IH OYC XPICTOC NIKA. * & le KYPIE BOHΘEI AΛEΞIΩI. * ΔECΠOTHI. ΠOPΦYPOTENNHTΩI. On en trouve dans les Médailles d'Héraclius, *Deus adjuta Romanis*, & c'est ce qu'ils ont voulu exprimer en Grec par le BOHΘEI, & que l'on auroit peine à deviner, lorsque ce mot est écrit par les seules lettres initiales. Car le moyen de sçavoir que C. LEON PAMVLΘ sur la Médaille de Constantin Copronyme, signifie *Constantinus Leoni Perpetua Augusto multos annos*, si Monsieur du Cange ne l'avoit heureusement deviné. Les plus sçavans ont été arrêtéz par le ΚΕΒΟΗ ΔVΛOCOV. KYPIE BOHΘEI ΔOYAΩ COY *Domine adesto servo tuo*, faute de connoître les Inscriptions dont

Marginal notes:

* Jesus Christus vincit.

* Domine adesto Alexio.

nous parlons. Ces sortes d'Inscriptions peuvent s'appeller des Acclamations, ou des Bénédictions, qui consistent à souhaiter à l'Empereur la vie, la santé, la victoire. Telle est celle que l'on voit dans Constantin, *Plura natalitia feliciter*. Celle de Constans, *Felicia Decennalia*. Celle de Théophile ΘΕΟΦΙΛΕ ΑΥΓΟΥϹΤΕ ϹΥ ΝΙΚΑϹ. Celle de Baduela, BADUELA FLUREAS ZEMPER. Cela me fait souvenir d'une belle Médaille d'Antonin Pie, qui peut avoir place parmi ces acclamations, *Senatus Populusque Romanus, Annum Novum Faustum, Felicem Optimo Principi Pio.* C'est ainsi que l'on doit expliquer ces lettres initiales S. P. Q. R. A. N. F. F. *Optimo Principi Pio.*

Je ne dois point oublier ici celle de Constantin qui a donné sujet à tant de fausses conjectures ; elle porte du côté de la Tête *Imp. C. Constantinus P. F. Aug.* du côté du Revers *Constantino. P. Aug.* BAPNAT. Car pour n'avoir pas reconnu que l'A étoit un R. à demi effacé, on a voulu que ce fût la mémoire du Baptême de Constantin, au lieu qu'il faut lire *Bono Rei Publicæ Nato.* Il n'y a eu que le sçavant P. Hardouin qui a découvert heureusement la vérité.

Par le peu que nous venons de dire,
je crois qu'on s'apperçoit affez du goût
différent des Anciens , & des Modernes pour les Infcriptions. Les Anciens
n'ont point crû que les Médailles fuffent propres à porter des Infcriptions,
à moins que ces Infcriptions ne fuffent
extrémement courtes & expreffives : ré-
fervant les plus longues pour les Edifices publics , pour les Colonnes, pour
les Arcs de Triomphe , pour les Tombeaux ; au lieu que les Modernes , particuliérement les Allemans & les Hollandois , chargent les Revers de leurs
Médailles, de longues Infcriptions, qui
n'ont plus rien ni de la majefté , ni de
la pureté , ni de la briéveté Romaine.

Quelquefois dans les Infcriptions des
Médailles on ne trouve que le fimple
nom des Magiftrats, comme dans Jules,
L. Æmilius , Q. F. Buca IIII. vir A.
a Méd. 5. *A A. F. F.* ª dans Agrippa. *M. Agrippa*
Cof. defignatus.

Les noms des Monétaires dont nous
avons un fort grand nombre , fe trouvent fur plufieurs Médailles ; on peut
y joindre tous les Duumvirs des Colonies. Les autres Magiftratures fe rencontrent plus fouvent dans les Confu-
b Med. 7. laires ᵇ , que dans les Impériales.

Quelquefois il n'y a que le nom des Villes, ou des Peuples. *Segobriga* [a], *Cesar-Augusta*, *Obulco*, KOINON KY-ΠΠΙΩΝ., &c.

Simples noms.
a Méd. 6.

Quelquefois le seul nom * de l'Empereur, comme *Constantinus Aug.* *Constantinus Cæsar*, *Constantinus Nob. Cæsar*, *&c.* ou même le seul mot *Augustus.*

* Du Cange, T. 5.

Je trouve au Revers d'un Constantius un seul chiffre $\frac{XC.}{VI.}$ dont Monsieur du Cange ne donne que la simple description * : comme dans Constantius le seul Monogramme de χριτος *.

* Le même, T. 1.

* Le même, T. 10.

On en trouvera l'explication dans le Livre du Pere Hardouin sur les Médailles du siécle de Constantin; c'est sans contredit de tous les Antiquaires celui qui a le plus de sagacité pour deviner ces lettres initiales, dont les autres ont crû ne pouvoir rien dire de raisonnable.

Dans le bas-Empire il est ordinaire de trouver M. I. K. que je croyois être les Monogrammes de Maria, de Jesus, & de Constantin : étant à présumer par les deux ✠✠ dont ces lettres sont accompagnées, que ce sont des mar-

Les Monogrammes.

ques de la piété des successeurs du Grand
Constantin, qui avoit consacré sa nouvelle Rome, à la Mere de Dieu, &
qui lui-même étoit honoré comme un
Saint dans tout l'Empire.

Je me flattois d'avoir assez - bien
réussi dans ma conjecture, quand j'ai
appris ce que le Pere Hardouin a imprimé sur ces sortes de marques, qui
suivant son avis, signifient les différens Tributs qu'on payoit à l'Empe-
pereur, du dixiéme, du vingtiéme, du
trentiéme, du quarantiéme & du cin-
quantiéme denier. Cela posé, la suite
de ces notes numérales obligeroit à dire que I. marque le dixiéme denier,
K. le vingtiéme, M. le quarantiéme,
comme le simple X. le dixiéme, XX.
le vingtiéme, XXX. le trentiéme,
XXXX. le quarantiéme, ce qui paroît
évident au P. Hardouin par les Médailles du plus bas-Empire, dont nous
parlerons en tems & lieu. Mais je ne
puis embrasser ce sentiment, parce
qu'il est fondé sur un principe dont
les Sçavans ne conviennent pas, &
qu'il emporte certaines conséquences
que je crois encore moins assurées; j'aime donc mieux dire que ces lettres
marquent le prix de la Monnoye, que

l'I. ou l'X. marquent ſi vous voulez
dix oboles, ou ſemblables petites Monnoyes du Pays : le K. ou le XX. vingt,
&c. comme nous voyons ſur les Ocha-
vo d'Eſpagne, où le VIII. marque huit
Maravedis.

Nous avons auſſi de ce même tems
des Monogrammes de Villes, & de
fleuves, comme de Ravenne, du Rhône ᵃ, & de quelques autres, que Monſieur du Cange a recueillis : & dans les
Modernes, des Monogrammes de noms,
depuis le tems de Charlemagne, comme on peut voir dans Strada.

Il ne faut pas croire pour cela que
les Monogrammes ſoient particuliers
au bas-Empire. Les Médailles Antiques des Rois & des Villes ſont chargées quelquefois de pluſieurs Monogrammes différens, ſur le même Revers. Il y en a de ſimples qu'on devine
aiſément : mais la plûpart ſont encore
inconnus aux plus ſçavans.

L'intelligence de ces Monogrammes
eſt néceſſaire à ceux qui veulent bien
entendre les Médailles. Ce ſont des lettres à pluſieurs branches, qui renferment un mot entier, qui eſt ordinairement le nom de la Ville, ou du Prince,
ou de la Déité repréſentée ſur la Mé-

ᵃ *Méd. 15.*
& 16. T. XI.

daille ; ou l'époque de la Ville, ou du Regne du Prince, pour qui elle a été frappée. On en trouve grande quantité, principalement sur les Médailles Grecques.

Les Monogrammes sont parfaits quand toutes les lettres qui composent le mot y sont exprimées ; telle est celle du Rhône dans la Médaille de Justin, celle de Ravenne, & semblables. Telles les Monnoyes de Charlemagne & de ses descendans, où le Revers porte CARLUS en Monogramme. Ils sont imparfaits quand il n'y a qu'une partie des lettres exprimées. Tel est celui de la Ville de Tyr, où l'on ne trouve que TYP.

Il faut prendre garde à ne les pas confondre avec les contremarques, dont nous avons parlé. Le moyen de les distinguer est aisé. Les contremarques sont toujours enfoncées, parce qu'elles sont frappées après la Médaille battuë ; les Monogrammes battus en même-tems que la Médaille, y font plûtôt un petit relief. Pour les découvrir sûrement, il faut beaucoup de sagacité, & une grande attention au lieu & au tems où la Médaille a été frappée, à toutes les lettres qu'on peut

former des différens jambages que l'on
y découvre, & aux lettres qui y font
répétées, où les mêmes traits fervent
deux ou trois fois. Tel eft le Monogramme de Juftinien fur le Revers d'u-
ne Médaille Grecque de Céfarée, où
la prémiére branche qui fait I. fert
trois fois dans le mot IOYCTINIANOC.
Le C. & le N. fervent deux fois. Les
lettres uniques qui marquent le nom
des Villes, comme Π. Paphos, & Σ.
Samos, &c. ne doivent point être
comptées parmi les Monogrammes, ce
font de vraies lettres initiales.

 Quant aux Revers chargéz de Figu- Les Figures.
res ou de Perfonnages, le nombre,
l'action, le fujet les rendent plus ou
moins précieux : car pour les Médailles dont le Revers ne porte qu'une feule Figure, qui repréfente ou quelque vertu, par laquelle la perfonne
s'eft renduë recommandable ; ou quelque Déité qu'elle a plus particuliérement honorée ; fi d'ailleurs la tête n'eft
pas rare, elles doivent être mifes au
nombre des Médailles communes,
parce qu'elles n'ont rien d'hiftorique,
qui mérite d'être recherché.

 Il faut bien diftinguer ici la fimple Les Têtes.
Figure dont nous parlons, d'avec les

têtes, dont les revers font quelquefois chargéz. Car comme ce font ordinairement les têtes, ou des enfans, ou
des femmes, ou des Collegues de l'Empire, ou des Rois alliéz : c'est une régle générale chéz tous les Connoif-
feurs, que les Médailles à deux têtes,
font prefque toujours rares ; comme
Augufte au revers de Jules, Vefpafien
au revers de Tite, Antonin au revers
de Faufine, M. Aurele au revers de
Verus, &c. d'où il eft aifé d'inférer que
quand il y a plus de deux têtes, la Médaille en eft encore plus rare. Telle eft
Néron au revers de Néron & d'Octavia, Sévére au revers de fes deux
fils Geta & Caracalle a, Philippe au
revers de fon fils & de fa femme,
Adrien au revers de Trajan & de Plotine, &c. J'ai trouvé dans le Cabinet
de M. l'Abbé Fauvel une Médaille
d'Hadrien, qui des deux côtéz porte
la même tête de ce Prince, avec la
même légende. C'eft l'unique que j'aye
jamais vûe.

Il eft donc vrai généralement, que
plus les revers ont de Figures, & plus
ils font à eftimer, particuliérement
quand ils marquent quelque action
mémorable. Par exemple, la Médaille

de

de Trajan, *Regna adsignata* [a], où il
paroît trois Rois au pied d'un Théâtre, sur lequel on voit l'Empereur qui
leur donne le diadême. Le Congiaire
de Nerva a cinq Figures, *Congiar. P.*
R. S. C. * Une allocution de Trajan,
où il y a sept Figures. Une d'Hadrien
au Peuple, où il y en a huit, sans
légende. Une autre aux *Soldats*, où
il y en a dix. Une Médaille de Faustine; *Puella Faustiniana*, où il y en
a douze ou treize, &c. Une allocution de Probus qui a douze Figures.
Vota publica de Commode, où il y en
dix.

[a] *Méd. 10.*
T. VII.

* *Au Cabinet*
du Duc d'Ar-
schot.

    Les Monumens publics donnent as-
sûrément aux revers des Médailles,
une beauté particuliére, sur-tout quand
ils marquent quelque événement historique. Ainsi le Temple de Janus
dans Néron, & le Port d'Ostie, sont
plus rares que le *Macellum*; quoique
la structure n'en soit pas si belle. Parce
que l'un marque la Paix universelle
qu'il donna à l'Empire, *Pace P. R.*
terrâ, marique partâ Janum clusit; au
lieu que l'autre ne nous apprend rien,
sinon qu'il avoit fait bâtir une Bou-
cherie pour la commodité du Public:
ou peut-être qu'il en avoit fait bâtir

Les Monu-
mens publics.

deux, à cause du II. qui se trouve dans l'exergue de quelques-unes des Médailles de Néron avec ce revers. Dans le nombre de ces beaux Monumens on doit mettre l'Amphithéâtre de Tite, sa Colonne navale, le Temple qui fut bâti *Romæ & Augusto*, les Trophées de Marc Aurèle & de Commode, qui sont les prémiers connus par les Curieux.

Les animaux. Les animaux différens qui se rencontrent sur les revers en augmentent aussi le mérite, sur-tout quand ce sont des animaux extraordinaires. Tels sont ceux que l'on faisoit venir à Rome des Pays Etrangers, pour le divertissement du peuple, dans les Jeux publics, & particuliérement aux Jeux Séculaires; ou ceux qui représentent les Enseignes des légions, qu'on distinguoit par des ani- *leg. XXX.* maux différens. Ainsi voyons-nous les *Ulpia.* légions de Gallien, les unes avec un *III. Italica.* Porc-épic, les autres avec un Ibis, avec *II. Adjutrix.* le Pégase, &c. & dans les Médailles de Philippe, d'Otacille, de leur fils, *Sæcula-res. Augg.* les revers portent la figure des animaux, qu'ils firent paroître aux Jeux Séculaires, dont la célébration *L'an mille* tomba sous le régne de Philippe, & *de la fondation* dans lesquels ce Prince voulut étaler *de Rome.*

toute sa magnificence, afin de regagner
l'esprit du Peuple, que la mort de Gordien avoit extrémement aigri. Jamais
l'on n'en vit de tant de sortes. Un Rhi-
nocéros, trente-deux Eléphans, dix
Tigres, dix Alces, soixante Lions ap-
privoisez, trente Léopards, vingt
Hyenes, un Hippopotame, quarante
Chevaux Sauvages, vingt Archoléons,
& dix Camélopardales. On voit la figure de quelques-uns sur les Médailles
du pére, de la mére, & du fils, entr'autres de l'Hippopotame, & du Strep-
sikeros envoyé d'Afrique.

Il est bon de sçavoir que quand les
spectacles dévoient durer plusieurs
jours, on n'exposoit chaque jour aux
yeux du Public, qu'un certain nombre
de ces animaux, pour rendre toujours
la Fête nouvelle, & qu'on avoit soin
de marquer sur les Médailles, la date
du jour où ces animaux paroissoient:
cela sert à expliquer les chiffres I. II.
III. IIII. V. VI. qui se trouvent sur les
Médailles de Philippe, de sa femme &
de son fils. Ils nous apprennent que tels
animaux parurent le prémier, le deuxiéme, le troisiéme, ou le quatriéme
jour.

Quant aux Aigles qui se trouvent

au revers des Rois d'Egypte, & à la
confécration des Empereurs, elles n'ont
rien que de fort commun, non plus
que la Louve de Remus & de Romulus, qui fe rencontre dans le haut &
dans le bas-Empire. On voit des Eléphans bardéz dans Tite, dans Antonin
Pie, dans Sévére, & dans quelques
autres Empereurs, qui en avoient fait
venir pour embellir les Spectacles,
qu'ils donnoient au peuple. On rencontre auffi quelques autres animaux plus
rares, témoin le Phénix dans les Médailles de Conftantin, & de fes enfans,
à l'exemple des Princes & des Princeffes du haut-Empire, pour marquer par
cet Oifeau immortel, ou l'éternité de
l'Empire, ou l'éternité du bonheur des
Princes mis au nombre des Dieux immortels. Mademoifelle Patin a donné
fur cela une belle Differtation Latine,
qui fait honneur au pére & à la fille.

Nous avons vû depuis peu entrer dans
le Cabinet du Roi, une parfaitement
belle Médailles Grecque apportée d'E-
gypte, d'un côté c'eft la tête d'Antonin Pie, & au revers un gros Phénix, avec la légende AION, Æternitas, pour marquer que la mémoire
d'un fi bon Prince ne mourroit jamais,

L'on trouve encore fur les Médailles
d'autres animaux, foit Oifeaux, foit
Poiffons, foit Monftres fabuleux, &
même certaines Plantes extraordinaires, & qui ne fe rencontrent que dans
des Pays particuliers, comme on peut
l'apprendre plus au long de l'illuftre
Monfieur Spanheim, dans fa troifiéme
Differtation *de Præftantia & ufu Numifmatum.* Ouvrage digne de fon Auteur, où l'on voit la vafte étenduë de
fes connoiffances, fa pénétration, fon
difcernement, & un certain caractére
d'honnête homme, qui manque fouvent aux Sçavans du commun, & qui
paroît par la maniére refpectueufe dont
il parle, de ceux même dont il ne peut
approuver les fentimens : ce qui lui attire l'eftime & la vénération de tous les
Auteurs. Car l'étude & la retraite rendent ordinairement les Sçavans farou-
ches, la communication continuelle
qu'ils ont avec les morts, leur faifant
quelquefois oublier la douceur & l'honnêteté que l'on doit aux vivans.

Il faut auffi remarquer que fouvent
le Prince ou la Princeffe, dont la Médaille porte la tête en grand volume,
fe voit encore placé fur le revers, ou
debout, ou affis, fous la figure d'une

Princes & Princeffes en Revers.

G iij

Déité, ou d'un Génie, & sa figure est quelquefois gravée avec tant d'art, & tant de délicatesse, que quoique le voluume en soit très-petit, & très-fin, on y reconnoît néanmoins parfaitement le même visage, qui est en relief de l'autre côté. Ainsi paroît Néron dans sa Médaille DECURSIO. Ainsi l'on voit Hadrien, M. Aurele, Sévére, Dece, &c. avec les attributs de certaines Déitéz, sous la forme desquelles on aimoit à les représenter, pour honorer leurs vertus civiles, ou militaires.

Maniére de mettre les revers dans les suites.

Reste à voir la maniére dont on peut ranger les différens revers des Médailles, pour rendre les Cabinets plus utiles ; cet arangement se peut faire de deux façons ; l'une, sans donner aux revers d'autre liaison, que d'appartenir à un même Empereur ; l'autre, en les liant par une suite historique, selon l'ordre des tems & des années, que nous marquent les Consulats, & les différentes puissances de Tribun. C'est ainsi que l'Occo & le Mezzabarba se sont donnéz la peine de ranger les Médailles, dont ils nous ont fait la déscription. Il est vrai que ce qu'il y a de désagréable dans cet ordre, c'est qu'il faut

très-souvent répéter le même revers ,
parce que dans les différentes années ,
les mêmes types paroissent plus d'une
fois , particuliérement les plus communs.

Il y a un autre ordre plus sçavant ,
qu'a suivi Oiselius : sans s'arrêter à
ranger à part ce qui regarde chaque
Empereur , il n'a songé qu'à réunir
chaque revers à certaines espéces de
curiosité , & par-là on apprend avec
méthode , tout ce qui se peut tirer de
la science des Médailles. Voici comme
il a executé son dessein , qu'il me paroît avoir emprunté de Goltzius , &
avoir formé à peu près sur l'ordre que
cet Antiquaire a donné aux 24. titres
de son *Thesaurus rei antiquariæ* ; ou
plûtôt je crois qu'il vient originairement des Dialogues du Sçavant Ar- ** Antonius*
chevêque de Tarragone. * *Augustinus.*

D'abord il s'est contenté de placer *Livre d'Oi-*
une suite de têtes Impériales, la plus *selius.*
complette qu'il a pû. Ensuite il a rassemblé tous les revers qui portoient
quelque chose de Géographique, c'est-
à-dire , qui marquoient , ou des Peuples , ou des Villes , ou des Fleuves , ou
des Montagnes , ou des Provinces ; de
ces revers il en a fait huit planches ,

soit qu'il ait voulu simplement fournir
un modéle aux Curieux, soit qu'effectivement il ne connût que les Médailles, dont il nous donne la description,
& sur lesquelles il dit tout ce qu'il
sçait.

Il a mis ensuite ce qui regarde les
Déitéz des deux séxes, y joignant les
vertus, qui sont comme des Divinitéz
du second ordre. Telles sont la Constance, la Clémence, la Modération ;
ce qui compose une suite asséz nombreuse.

On trouve après cela en quatre Planches tous les Monumens de la Paix, les
Jeux, les Théâtres, les Cirques, les Libéralitéz, les Congiaires, les Magistrats, les Adoptions, les Mariages, les
Arrivées dans les Provinces, ou dans
les Villes, &c.

Dans les Planches suivantes, on voit
tout ce qui concerne la Guerre, les Légions, les Armées, les Victoires, les
Trophées, les Allocutions, les Camps,
les Armes, enseignes, &c.

Dans une seule Planche est réuni
tout ce qui appartient à la Religion ;
les Temples, les Autels, les Sacerdoces, les Sacrifices, les Instrumens, &
les ornemens des Augures & des Pon-

tifes. A quoi il auroit pû fort bien rapporter les Apothéofes, ou les confécrations qu'il a mifes à part, & qui
font marquées par des Aigles, par des
Paons, par des Autels, par des Temples, par des Buchers, par des Chars tiréz à deux ou à quatre Eléphans, ou
à deux Mules, ou à quatre Chevaux.

On trouve quelquefois des Aigles
pour marque de la confécration des
Princefles, témoin celle de Mariniana,
mais cela eft plus rare.

Enfin il raffemble tous les Monumens publics, & les Edifices qui ont
fervi à immortalifer la mémoire des
Princes ; comme les Arcs de Triomphe,
les Colonnes, les Statuës équeftres, les
Ports, les grands Chemins, les Ponts,
les Palais, &c.

Il n'y a dans cette maniére d'arranger les Médailles qu'un feul défagré-
ment, c'eft qu'il faut mêler enfemble
les Têtes, les Métaux, & les grandeurs, & conféquemment avoir des
planches faites exprès, d'une façon qui
eft impratiquable.

Comme les Médaillons ne fe bat-   Revers des
toient que pour des Céromonies publi-   Médaillons.
ques, pour des Jeux, ou pour faire des
préfens, foit au Peuple, foit aux Etran-

gers : les revers en font beaucoup plus
eſtimables que ceux des Médailles ordinaires, parce qu'ils repréſentent communément, ou des Triomphes, ou des
Jeux, ou des Edifices, ou des Monu-
numens d'une autre eſpéce, qui marquent quelque point d'Hiſtoire ; c'eſt-
là en effet ce qu'un vrai Curieux recherche avec plus de ſoin, & ce qu'il trouve avec plus de ſatisfaction. Erizzo a
commencé à nous en faire voir, & à
nous donner ſon avis ſur ces ſortes de
Médailles. Monſieur Triſtan, homme
d'une grande lecture, & de beaucoup
d'érudition, en a fait graver pluſieurs ;
& Monſieur Patin nous en a donné de
fort beaux dans ſon Tréſor. Dès le tems
de Monſieur Carcavi, on avoit fait
graver ceux du Cabinet du Roi, &
Monſieur l'Abbé de Camps vient de
publier les ſiens, dont il promet auſſi
les explications. Rien ne ſera plus utile
ni plus digne de la curioſité des Sçavans.
Aujourd'hui ce n'eſt plus une ſimple conjecture, la choſe a été executée,
& Monſieur Vaillant a fait les explications, dont le Public ne peut trop lui
témoigner ſa reconnoiſſance.

　Les revers ſe trouvent ſouvent chargéz des Epoques des tems, des mar-

ques de l'autorité du Sénat, du peuple & du Prince ; de celles de la valeur
de la Monnoye ; du nom du lieu où les
Médailles ont été frappées ; enfin des
marques différentes des Monétaires,
& des Villes.

J'aurois pû renvoyer ce détail à la
leçon suivante, qui sera sur les Inscriptions, dont on pourroit regarder comme des parties, les marques dont je
viens de parler ; cependant puisque rarement elles se trouvent sur le tour
de la Médaille ; mais ordinairement
dans le champ, ou dans l'exergue ; &
que quelquefois même le revers n'a
aucune autre figure que ces sortes de
caractères ; je croi qu'il vaut mieux en
traiter ici, que de les placer ailleurs.

Les Epoques sont les dattes des années du régne des Princes ; ou de la
durée des Villes, soit depuis leur fondation, soit depuis quelque événement, d'où elles ont commencé de
compter leurs années. Ces époques
donnent un grand mérite aux Médailles, à cause qu'elles réglent sûrement
la Chronologie ; ce qui sert beaucoup
à éclaircir les faits historiques. C'est
avec leur secours que Monsieur Vaillant a si bien débrouillé toute l'Histoire

Epoques dif-
férentes des
villes.

G vj

des Rois de Syrie , où les noms femblables des Princes font une grande
confufion ; & c'eft par-là que le Cardinal Noris , auparavant célébre Antiquaire du Grand Duc , a fait tant de
découvertes utiles dans fon *Livre de
Epochis Syro-Macedonum.*

Années par
le Confulat ,
& par la puif-
fance de Tri-
bun.

Il eft vrai que fur ce point les Grecs
ont été plus foigneux que les Romains ,
& les derniers fiécles plus exacts que
les prémiers ; en effet , les Médailles
Romaines ont rarement marqué d'autre Epoque , que celle du Confulat de
l'Empereur dont elles repréfentent la
tête , & de la puiffance de Tribun. Or ,
ni l'une ni l'autre n'eft affurée ; parce
qu'elles ne fuivent pas toujours l'année
du régne de ce même Prince , & que
difficilement l'année de la puiffance de
Tribun , répond à celle du Confulat.
La raifon en eft que la puiffance de
Tribun fe prenoit réguliérement d'année en année : au lieu que l'Empereur
n'étant pas toujours Conful , l'intervale de l'un à l'autre Confulat , qui fouvent étoit de plufieurs années , gardoit
toujours l'Epoque du dernier. Par
exemple , Adrien eft dit durant plufieurs années Cof. III. de forte que
l'on ne fçauroit par là fe faire aucun

ordre assuré pour les différentes Médailles, qui ont été frappées depuis l'an de Rome 872. que ce Prince entra dans son troisiéme Consulat, jusqu'à sa mort, qui n'arriva que vingt ans après.

Il y a encore une plus grande difficulté, qui trouble la Chronologie qu'on voudroit établir par le nombre des puissances de Tribun. C'est que lorsque les Princes n'étoient pas de bonne intelligence avec le Sénat, & qu'ils se voyoient en état de lui faire sentir qu'ils étoient les maîtres; ils se faisoient marquer la puissance de Tribun absolument & sans nombre, comme attachée pour toujours à leur dignité. Au lieu que le Sénat qui prétendoit que ce pouvoir n'étoit accordé au Prince que par grace, l'exprimoit tant qu'il pouvoit année par année. Ainsi dans Tibére, par exemple, nous trouvons des Médailles simplement avec ce mot *Tribun. Pot.* & d'autres avec *Tribun Pot.* XII. XXIIII. &c. Les bons Princes qui vouloient laisser toujours une image de la liberté, affectoient de marquer la puissance de Tribun année par année. Antonin Pie, & Marc Aurele, en userent ainsi par politique,

& méritérent par-là de grands éloges, sur les Médailles que le Sénat faisoit frapper.

Années du régne. Les Grecs au contraire ont eu soin de marquer exactement, les années du régne de chaque Prince, & cela jusques dans le plus bas-Empire, où les revers ne sont presque chargéz que de ces sortes d'Epoques, sur-tout après Justinien.

Je ne parle ici que des Médailles Impériales : car je sçai qu'à l'exception de certaines Villes, toutes les autres que Goltzius nous a données, n'ont point d'Epoques ; & que c'est ce qui embarrasse extrémement la Chronologie. Pour les Rois, l'on y trouve plus souvent les Epoques de leur régne ; le Pere Hardouin dans son Antirrhétique * a publié des Médailles du Roi Juba, dont l'une marque l'an 32. d'autres l'an 36. 40. 42. & 45.

* Page 72.

Années des Colonies. Quelques Colonies marquoient aussi leur Epoque, comme nous voyons dans les Médailles de *Viminacium*, en Mœsie, qui sous Gordien qu'elle commença, marque *An.* I. II. &c. sous Philippe *An.* VII. &c. sous Décius. *An.* XI.

Or le commencement de ces Epoques doit se prendre tantôt du tems

que la Colonie a été envoyée : tantôt
du régne du Prince à qui elle étoit fou-
mife alors : tantôt du régne de quelque
autre Prince qui leur avoit fait quelque nouvelle grace. D'où il eft arrivé
quelquefois, que la même Ville, telle
par exemple qu'Antioche, s'eft fervie
de differentes Epoques, à quoi il faut
faire une attention férieufe pour ne
pas confondre des faits dont les Médailles nous intéreffent.

Monfieur Toynard a crû avoir découvert un nouveau myftére, digne
de fa profonde application, & des lumiéres étenduës qu'elle lui donne fur
toutes les matiéres qu'il entreprend de
traiter. C'eft que l'on peut trouver
quelquefois fur les Médailles, non-
feulement les années du régne des Empereurs, mais encore celles de leur âge ;
ce que perfonne avant lui ne s'étoit
avifé de remarquer. Il a crû cette découverte bien juftifiée par les Médailles
de Commode, comme l'on peut voir
dans la Differtation particuliére qu'il
vient de nous donner.

Epoque par
l'âge des
Princes.

Le Pere Hardouin cependant en a
fait voir la fauffeté, par une obferva-
tion très-fçavante, qui renverfe dé-
monftrativement le fyftême de Mon-

fieur Toynard ; & de plus ce fçavant
Jéfuite y a ajouté une remarque très-
probable fur des Epoques particuliéres
des Familles, qui fe prenoient du tems
qu'elles étoient arrivées à l'Empire : il
juftifie même fa remarque par l'Epoque de la Famille *Flavia*, & de quelques autres, parmi lefquelles eft la Famille *Aurelia*, dont l'Epoque fe trouve marquée jufte fur ces Médailles de
Commode : nous en parlerons dans la
fuite.

Epoque par les Néocories. Les Villes Grecques foumifes à l'Empire, étoient jaloufes d'une Epoque
particuliére, c'étoit de l'honneur qu'elles avoient eu d'être *Neocores*, c'eft-
à-dire, d'avoir eu des Temples, où s'é-
toient faits les Sacrifices folemnels de
toute une Province, pour les Princes ;
& d'avoir des Amphithéâtres, où l'on
avoit repréfenté les Jeux publics, avec
la permiffion du Prince, ou du Sénat ;
les Villes demandoient cette permiffion inftamment, & croyoient être fort
honorées quand elles pouvoient l'obtenir plus d'une fois ; auffi voyons-
nous qu'elles étoient attentives à en
conferver la mémoire fur les Médailles :
ΔIC TPIC TETPAKIC. NEΩKOPΩN.

Epoque par le Pontificat. Les Grecs marquoient encore une

Epoque particuliére fur leurs Médailles,
qui elt celle du Pontificat. Il y avoit
des Villes Grecques où les Pontifes
étoient perpétuels ; ils s'appelloient
ἀρχιερεῖς διά βίε : dans les autres Villes où
le Pontificat étoit annuel, ceux qui
poſſédoient cette charge n'étoient pas
moins foigneux de le marquer, fur-
tout lorfqu'ils étoient élûs pour la feconde ou pour la troifiéme fois. Il y
a des preuves du prémier ufage dans
les Infcriptions de Lefbos. On trouve
des preuves du fecond fur une Médaille de Caracalle ΕΠ. ΔΗ ΡΟΥΦΟΥ ΑΡΧ.
ΓΑΡΔΙΑΝΩΝ. & fur une de Philippe.
ΑΔΡΙΑΝΟΘΗΡΕΙΤΩΝ ΕΠΙ ΓΩΚΡΑ-
ΤΟΥΓ ΑΡΧ. Α.

Il faut remarquer en paſſant que
ces lettres ΑΡΧ ne fignifient pas feulement Pontifex : mais que fouvent elles fignifient Archonte ; c'étoit le titre
des Magiftrats Grecs qui gouvernoient
les Villes, qui fuivoient les loix des
Athéniens. Monfieur Vaillant en a fait
une grande énumération, où cependant
on ne trouve qu'une feule fois
ΑΡΧΩΝ. écrit tout au long.

Les Epoques fe marquent prefque
toujours fur le revers, en une de ces
deux maniéres. Quelquefois en expri-

Maniére de marquer les Epoques.

mant les mots entiers ΕΤΟΥC ΔΕΚΑ-
ΤΟΥ, &c. Plus souvent par les simples
chiffres, & le mot abrégé E. ou ET.
A. B. presque toujours par le Lambda
antique L, qui signifie selon la tradition des Antiquaires Λυκάβαττος, mot
poëtique, & inusité dans le langage
ordinaire, mais qui veut dire *Anno*,
& qui probablement étoit plus commun en Egypte que dans la Gréce,
puisque c'est sur les Médailles de ce
Pays qu'il se trouve toujours. Nous
avons cependant un Canope au revers
d'Antonin ΕΤΟΥC. B. comme nous
avons du même Empereur un revers
L. ΕΝΑΤΟΥ & plusieurs autres * avec
les simples chiffres L. Z. L. H. L. II.
chargéz de la figure de l'équité, de la
tête de Sérapis, & d'un Dauphin entortillé autour d'un Trident.

* Patin.

Les Epoques des Villes sont communément exprimées, par le simple chiffre sans E. ni L; & le nombre plus bas
est ordinairement le prémier posé.
Dans les Médailles d'Antioche Δ. M.
& non pas M. Δ. Dans une de Pompeio-
polis, qui a d'un côté la tête d'Aratus,
& de l'autre celle de Chrysippe, Θ. K. C.
au lieu de C. K. Θ. &c.

44.

229.

Dans le bas-Empire Grec, les Epo-

ques font marquées en Latin, *Anno*
III. V. VII. &c. depuis Juftin jufqu'à
Théophile, & elles occupent le champ
de la Médaille fur deux lignes du haut
en bas, comme dans Juftin.

A
N   K X.
N
O

A ✠   Ainfi dans
Dans Juftinien. N   I X   les autres. Il
N   I X   y en a ce-
O   I III. pendant où
l'*Anno* eft écrit fur le haut du champ
de la Médaille, comme dans Focas &
dans Héraclius. Depuis Théophile l'on
ne trouve plus d'Epoques ni Grecques
ni Latines.

Je trouve que l'on a marqué juf- Les Indi-
qu'aux Indictions depuis qu'elles ont tions.
été en ufage, puifque fur une Médaille
de Maurice il y a IND. II. Ce qui m'a
fait croire que ce pourroit être la même chofe dans la petite Médaille de
Germanus ou Sermanus INDUT. III.
que perfonne n'a pû encore entendre,
& qui pourroit bien fignifier *Indictione*
VIII. ou XIIII. le T. étant peut-être
une faute de Monétaire, comme l'on

en voit plusieurs, & d'ailleurs n'étant
pas fort bien marqué. Cependant parce
que nos plus habiles Maîtres prétendent, que par la Fabrique cette Médaille paroît être du haut-Empire, ce
qui ne s'accorderoit pas avec ce que
j'avance, il faut attendre quelque explication plus heureuse, pour l'une &
pour l'autre de ces Médailles.

Les marques de l'autorité publique
sur les Revers des Médailles quand elles ne sont point en Légende, ou en
Inscription, sont ordinairement, ou S.
C. ou Δ.E. par abbréviation; d'autrefois
on lit tout au long *Populi juſſu : permiſſu*
D. Auguſti : Indulgentiâ Auguſti : ou
semblables mots que nous allons expliquer : mais il n'est pas si aisé de deviner
ce qu'ils signifient par rapport à la Médaille.

Que signi-
fient ces let-
tres.
S. C. Δ. E.

Pour commencer par le S. C, quelques-
uns disent qu'on le gravoit sur les Médailles pour autoriser le Métal, & faire
voir qu'il étoit de bon alloi, tel que
devoit être celui de la Monnoye courante. D'autres disent que c'étoit pour
en fixer le prix, ou le poids. D'autres
enfin que c'étoit pour témoigner que le
Sénat avoit choisi le Revers, & que
c'est pour cela que S. C. est toujours sur

ce côté de la Médaille ; mais tout cela n'est pas sans difficulté.

Car s'il est vrai que le S. C. soit la marque de la vraie Monnoye, d'où vient qu'il ne se trouve presque jamais sur les Monnoyes d'or & d'argent, & qu'il manque souvent sur le petit bronze, même dans le haut-Empire, & durant la République, tems où l'autorité du Sénat devoit être plus respectée ?

Je dis presque jamais, parce qu'il y a quelques Consulaires où l'on voit S. C. comme dans les Médailles de la Famille *Norbana*, *Minucia*, *Mescinia*, *Maria*, *Terentia*, &c. sans parler de celles où il y a *ex* S. C. qui souvent a rapport au type, plûtôt qu'à la Médaille. Par exemple dans la Famille *Calpurnia*, on lit *ad frumentum emundum ex S. C.* ce qui signifie que le Sénat avoit donné ordre aux Ediles d'acheter du bled. Il s'en trouve dans les Impériales d'argent quelques-unes avec *ex*, S. C. mais presque jamais avec S. C. tel qu'il se voit sur le bronze ; d'où je conclus que cette marque n'est point celle de la Monnoye courante.

La même raison empêche de dire que S. C. marque le bon alloi, ou le prix

de la Monnnoye; puisqu'il y a pour
cela d'autres marques indubitables dont
nous parlerons en son lieu.

Il n'est pas plus raisonnable de penser, que c'est la marque des Médailles
que le Sénat faisoit battre par respect,
ou par reconnoissance pour l'Empereur, car si cela étoit, il auroit fallu
que le Sénat eût fait battre généralement tout le bronze à cette intention,
puisque le S. C. se trouve par tout sans
distinction des belles actions, ni des
bons Princes. Il faudroit de plus que les
Médaillons, qui constamment étoient
frappez à cette intention, portassent
toujours le S. C. ou qu'ils ne le portassent jamais, *toujours*, s'il est vrai que le
Sénat seul fit battre généralement toutes les espéces de bronze : *jamais*, si les
Empereurs s'étoient réservez absolument le droit de faire frapper tous les
Médaillons, Cependant on ne trouve
presque jamais ces deux lettres, du
moins je ne me souviens point de les
avoir vûes sur aucun, excepté sur le
Médaillon de Trajanus Décius, & sur
celui de Philippe le fils, que rapporte
Monsieur Patin * : & sur trois ou quatre autres qui sont au Cabinet du Roi.
D'ailleurs ce partage qu'on fait en-

* *Trésor, pa-*
ge 127.

tre l'Empereur & le Sénat, de la Monnoye d'or & d'argent au prémier, &
de la Monnoye de bronze à l'autre,
n'a aucun fondement assuré. Au contraire nous voyons que la plûpart des
Médaillons ont été frappéz par des
Villes Grecques dont ils portent le
nom, sans qu'il y soit fait mention
de la permission ni de l'Empereur, ni
du Sénat, & que plusieurs Médailles
d'argent, comme nous l'avons dit,
portent le S. C. pendant qu'un très-
grand nombre de celles de bronze ne
le portent point.

Pour le Δ. E. ΔΗΜΑΡΧΙΚΗΣ ΕΞΟΥ- *Tribune Pu-*
CIAC, & pour les mots qui expriment *issate.*
le nom ou l'autorité du peuple, il ne
faut pas qu'un jeune Curieux prenne
aisément parti, sur ce que Monsieur
Vaillant & le Pere Hardouin en ont
dit. Il suffit qu'il sçache que lorsqu'il
rencontrera *Populi jussu*, ou S. P. Q. R.
ou *Consensu Senatus, & Equestris or-
dinis Populique Romani*; ces termes ont
rapport aux Statuës, ou aux autres Monumens élevéz en l'honneur des Princes, dont les Médailles ont été frappées dans Rome. Au lieu que lorsqu'il
rencontrera sur des Médailles de Villes ou de Colonies, *Permissu Augusti*,

cela marque la permiſſion accordée
par le Prince à cette Ville de battre
Monnoye. Grace ſinguliére qui dépen-
doit des Empereurs, & dont les Villes après l'avoir reçûë, témoignoient
leur reconnoiſſance; comme il paroît
par la belle Médaille de Patras que
nous a donné Monſieur Seguin, *In-
dulgentia Auguſti Moneta Impetrata.*

　　Bien plus, on trouve dans ces Médailles de Colonies des Permiſſions
données par de ſimples Magiſtrats*;
témoin, *Permiſſu Dolabella Proconſulis;*
& dans une autre, *Permiſſu Aproni Pro-
coſ. III.* ſoit que cette permiſſion con-
cernât ou le pouvoir de battre Monnoye, ou celui de prendre le nom de
Colonie, ou de conſtruire quelque nouvel Edifice, comme l'Autel qu'on éle-
va à la Providence d'Auguſte en Eſpagne, dont on a conſervé la mémoire
ſur une Médaille du même Empereur,
*Municipium Italica, Providentia, Per-
miſſu Auguſti.*

　　Les différentes conteſtations des
Sçavans de nos jours ſur cette matiére,
nous ont donné aujourd'hui certaines
lumiéres que les Antiquaires des ſiécles
paſſez n'ont pas eu, & le △. E. s'eſt
trouvé ne pas marquer toujours la puiſſance

marginal notes: * *Vaillant,* Tome 1. Tibere. Druſus.

fance de Tribun, comme on avoit crû ;
mais quelquefois l'autorité des Magiftrats des Villes, où l'on battoit Monnoye. Δογματι Επαρχιας par l'ordre du
Conſeil de Ville. On doit cette découverte aux ſages réfléxions de Monſieur
Oudinet, dont tout le monde a ſuivi
ſur cela la penſée. Elle nous donne le
moyen d'expliquer certains revers où
l'on trouve tout à la fois Δ. E. com-
lettres initiales, avec Δημαρχικης εξυσιας
en légende.

Il ne faut pas manquer d'ajouter ici
une nouvelle découverte qu'on doit
au Pere Hardouin, qui veut que le
Δ. E. ſignifie quelquefois Δημοσιαι Ευχαι
Vota publica. Si l'on avoit quelque
Médaille où ces mots ſe trouvaſſent
tout au long, ou d'une maniére moins
abrégée, ou que le type ſe trouvât favorable à cette interprétation ; la conjecture ſeroit non-ſeulement heureuſe,
mais encore indubitable.

Quant au nom des Villes où les Mé- Les noms
dailles ont été frappées, rien n'eſt plus des Villes.
ordinaire, que de le trouver dans le haut-
& dans le bas-Empire, avec cette différence, que dans le haut-Empire il
eſt ſouvent en légende ou en inſcription; & que dans le bas-Empire, prin-

Tome I. H

cipalement depuis Conſtantin , il ſe trouve toujours dans l'exergue. Ainſi le P. T. *Percuſſa Treveris* ; S. M. A. *Signata Moneta Antiochiæ.* CON. *Conſtantinopoli* , *&c.* au lieu que dans le haut-Empire, les noms s'y trouvent tout au long. *Lugduni* dans celle de M. Antoine, Αντιοχέων dans les Grecques , & dans toutes les Colonies.

Telles ont été les anciennes idées qu'on avoit des lettres qui ſe trouvent dans l'exergue des Médailles. Mais depuis il s'eſt fait ſur cela un ſyſtême tout nouveau ; on prétend que tout ce qui nous reſte de ces ſortes de Médailles avec des caractéres , ne ſont point des Monnoyes , mais des Jettons qui marquoient ou les Tributs & les Impôts que payoient les Villes aux Empereurs ; ou les Préſens qu'elles leur faiſoient, que nous appellons *Dons gratuits* , & que les Latins nommoient *Beneficium* , ou *Volontarium* , *&c.* On prétend de plus que tout ce qui nous en reſte a été frappé dans les Gaules , & non ailleurs. On explique ces lettres CON. par *Civitates omnes Narbonenſes.* CONS. A. Δ. *Civitates omnes Narbonenſis ſecunda* 1°. ou 4°. *ſolvunt.* CONST. *Civitatum omnium Narbonenſis ſecunda Tribu-*

tum. CONOB. *Corpus omnium Nego-*
tiatorum obtulit. COR. NOB. *Corpus*
Negotiatorum obtulit, &c. On trouve
les autres caractéres expliquéz de la
même façon. Elle est nouvelle cette
façon, si elle est fausse : mais si elle est
vraie, elle est indubitablement ancienne ; car la vérité est essentiellement
avant la fausseté, dit ingénieusement
Tertullien. Ce n'est pas ici le lieu de
prendre parti ; cependant puisque l'on
m'a fort pressé de dire sur cela mon
sentiment, & les raisons qui m'ont empêché de me déclarer contre la Tradition ancienne, je veux bien en marquer ici briévement les principes.

I. J'ai toujours été persuadé que les
Médailles ont été des Monnoyes courantes, & que les lettres ou les chiffres
qui se trouvent sur les Médailles, principalement dans l'exergue, signifioient
ou le nom de la Ville, dans laquelle
on les avoit frappées, ou le tems qu'elles avoient été frappées, ou la valeur
de la piéce de Monnoye, & que les
lettres initiales ne dévoient marquer
que cela ; je pense ainsi, parce que les
lettres initiales ne peuvent être plus
sûrement expliquées, que par les mots
qui se trouvent tout entiers sur les Mé-

H ij

dailles les plus parfaites, toute autre
explication étant arbitraire & incertai-
ne. Or on ne trouve en entier que des
mots qui signifient les chofes dont je
viens de parler; c'eft-à-dire, ou le nom
des Villes, ou les années, foit du régne, foit des Epoques particuliéres;
ou la valeur de la Monnoye, foit dans
le haut, foit dans le bas-Empire; &
jamais je n'y ai vû, ni le mot de *Tri-*
butum, ni de *Penfio*, ni de *Beneficium*,
ni aucun des autres qu'on a inventéz
pour appuyer le nouveau fyftéme. D'ailleurs, il faudroit préfuppofer, fans aucune bonne preuve, que toutes les lettres qui fe trouvent fur les Médailles
depuis le quatriéme fiécle de l'Ere
Chrétienne, ont été jufqu'ici mal en-
tendués par les Antiquaires, & qu'elles doivent uniquement fignifier les
différens Tributs que les Marchands
payoient aux Empereurs d'Orient, foit
pour obtenir d'eux la permiffion de dé-
biter leurs Marchandifes, foit pour les
dédommager des frais qu'ils faifoient
pour entretenir la liberté & la sûreté
du Commerce, en donnant des Vaiffeaux de guerre pour accompagner les
Vaiffeaux Marchands. C'eft déja quelque chofe, qu'il ne fera pas aifé de

perſuader, quand on demandera, comme nous avons déja fait, d'où vient que ces Médailles qu'on ſuppoſe n'avoir été d'aucun uſage dans le Commerce, ſe trouvent en ſi grande quantité en Orient & en Occident & qu'on n'y rencontre aucune piéce de Monnoye courante, dont il doit y avoir eu une bien plus grande quantité, & dans l'Orient & dans l'Occident.

Car enfin ces bourſes de Jettons doivent ſe terminer à aſſez peu de choſes : autrement on auroit prodigieuſement augmenté le prix des Marchandiſes ; puiſqu'il faut que le Marchand trouve à ſe dédommager dans le débit, de tous les frais qu'il fait dans ſon Commerce.

D'où vient encore qu'il ne réſte en Orient & en Occident que les Jettons des Marchands Gaulois ? N'y avoit-il que des Gaulois qui trafiquaſſent en Orient ? Les Marchands d'Italie, & des autres Pays auſſi voiſins que les Gaules, étoient-ils exclus du Commerce ? Ou bien n'y avoit-il que les Gaulois qui fuſſent chargéz d'Impôts, pendant que les Marchandiſes des autres Pays étoient franches ? Enfin les ſeuls Gaulois avoient-ils la généroſité de faire frapper des Jettons ?   H iij

II. Il eſt certain que parmi les Médailles qui nous reſtent, le nombre de
celles qui ſont de bronze, eſt incomparablement plus grand, que celui des
Médailles d'or & d'argent : or dans
le nouveau ſyſtême, il faudroit que
tout le contraire fût arrivé. La raiſon
eſt que toutes ces Médailles étant pré-
ſuppoſées faites, ou pour être données
en préſent aux Princes, ou pour leur
payer les Impôts & les Tributs ; elles
dévoient être d'or & d'argent, parce
que toutes les Impoſitions de deniers,
ſoit devant, ſoit après le ſiécle de Conſtantin, ne ſe faiſoient jamais en autre Monnoye. Quelle apparence donc
que ſans apporter aucune preuve évi-
dente, on nous faſſe croire que durant
le ſiécle de Conſtantin, l'uſage fût entiérement changé.

Savot & Patin montrent clairement
par le texte des Loix, que dans tout
l'Empire, principalement vers les tems
de Juſtinien, toutes les Impoſitions ſe
payoient en or ſeulement ; de-là viennent ces expreſſions toujours unifor-
mes : *Aurum Coronarium*, *Aurum Lu-
ſtrale*, *Aurum Glebale*, *Aurum Obla-
titium*, *Aurum Largitionale*, *Auraria
Penſitatio*, *Aurarius Canon*.

Il paroît de plus que dans tous les tems les Princes ont voulu être payéz en or ou en argent, & non point en plus baffe Monnoye ; puifque Pline té-moigne qu'il eft furprenant que les Ro-mains fe contentaffent, que les Na-tions qui leur payoient des Tributs ou des Impôts, les payaffent en argent. *Miror Populum Romanum, victis Gen-* Lib. 13. *tibus, in Tributo femper Argentum im-* cap. 3. *peritaffe, non Aurum.* Nous voyons même que les peines pécuniaires, que nous appellons aujourd'hui les Amen-des, & qui doivent tourner au profit de l'Etat, étoient toujours autrefois évaluées par des fols & des livres d'or. Comment eft-il donc poffible qu'il foit refté fi peu de ces efpéces d'or & d'ar-gent, en comparaifon du grand nom-bre de celles que nous trouvons en bronze ? Pourquoi le fiécle de Conftan-tin auroit-il été le feul, pendant lequel cette coutume univerfelle de payer en or ou en argent auroit été interrom-puë ?

Le beau préfent à faire à un Em-pereur, ou à fes principaux Officiers, qu'une bourfe de cent piéces, de la grandeur du petit bronze, qui n'auroit pas valu cent deniers. Soit donc qu'on

H iiij

en faffe des Tributs, ou des préfens, l'inconvénient eft égal.

III. Si ce fyftême étoit véritable, il faudroit que toutes les Médailles abfolument portaffent la marque d'un Tribut ou impofé, ou volontaire. C'eft-à-dire, ou le T. ou l'S. ou le P. ou l'V. ou le B. *Tributum*, *Solutio*, *Penfio*, *Voluntarium*, *Beneficium*. Il faudroit même que ces lettres étant initiales, fuffent les mêmes, du moins dans les mêmes Villes, & durant le régne des mêmes Princes, afin que tout le Peuple ne s'y trompât point, & qu'il pût les diftinguer d'avec la Monnoye courante. Or nous en voyons une grande quantité, même dans le fiécle de Conftantin, où ces lettres ne fe trouvent point, & d'autres où ces lettres ne font point conftamment les mêmes : il faut donc néceffairement qu'elles marquent autre chofe que des Tributs ou des Préfens.

IV. Nous avons plufieurs Médailles où les noms des Villes font écrits tout au long dans l'Exergue, & d'autres où ces mêmes noms ne font qu'à moitié, fans être accompagnéz d'aucune autre lettre initiale. N'eft-il pas plus naturel d'expliquer ces Médailles les unes par

les autres, & de croire que c'est le
simple nom de la Ville où elles ont
été frappées, qui est en abrégé dans
les secondes, comme il est en entier
sur les prémiéres, que de séparer les
lettres, & de dire que chacune est mise
pour un mot tout entier? Car enfin,
qui est-ce qui voyant, par exemple,
CONST. ne lira pas plûtôt *Constantino-
poli*, que *Civitatum Omnium Narbonensis
secundæ Tributum*? Qui voyant P. ROM.
ne lira pas *Percussa Roma*, plûtôt que *Primum Remensium Omnium Mercatorum
Tributum*? Qui voyant LVCPS. ne lira
pas *Lucduni pecunia Signata*, plûtôt que
Lucdunenses Civitates Patrono suo? Qui
voyant ALE. ne lira pas *Alexandria*, plûtôt que *Prima Lugduni Exactores*? Qui
voyant SMANTI. ne lira pas *Signata
Moneta Antiochia*, plûtôt que *Societatis
Mercatorum Prima Narbonensis Tributum decimum*? Qui voyant TES. ou
TESS. ne lira pas plûtôt *Tessalonicæ*, que
Treverorum quinque sodalitia. Pourquoi
l'E. dans ALE. signifie-t'il *Exactores*,
& que dans TES. il signifie *quinque*?
Tout cela est inconcevable pour le peuple, & beaucoup trop sçavant pour
des Marchands.

V. Dans les Médailles des autres sié-

H v

cles, les lettres initiales, ou les abbré-
viations, ont une signification constante, uniforme, & connuë aisément
de tout le monde. Personne ne peut
se tromper au P. M. *Pontifex Maximus*, ni au TR. POT. *Tribunitia Pote-
te*, ni au COS. *Consul*; ni au P. P. *Pater
Patriæ*. Mais qui pourra deviner dans
le nouveau système, quand I. signifiera
Prima, ou *Indictio*, ou *Decima*, quand
S. signifiera *Solutio* ou *Secunda*, quand
T. signifiera *Treveris*, ou *Tributum*, ou
Tertium. Cette signification arbitraire
qu'on donne aux lettres, selon les divers embarras qu'elles nous causent,
ne marque que trop un système pure-
rément imaginaire.

Dans l'usage commun, ce qui est
le plus aisé, le plus naturel, le moins
rêvé, le plus intelligible, est ordinairement le plus vrai. Or l'interprétation
des Antiquaires, qui croyent que
ces caractères n'expriment que les noms
des Villes, & les différentes Monnoyes
où les Médailles ont été frappées, est
la plus commune, la plus aisée, & la
plus intelligible, il faut donc qu'elle
soit la plus vraie.

VI. Avant que d'avoir imaginé le
nouveau système, on avoit fort bien

prouvé, que les caractéres de l'Exergue ne marquoient que le nom des Villes, & des différentes Monnoyes où l'on frappoit des Médailles dans la même Ville. On se sçavoit même bon gré d'avoir expliqué, pourquoi on trouvoit des caractéres Grecs sur ces Médailles Latines, & par quelle raison il n'y avoit que les deux grandes Villes, Constantinople & Antioche, où l'on vit ces caractéres continuéz jusqu'à l'Iota; c'étoit, disoit-on, parce qu'il n'y avoit eu que ces deux Villes, où les Empereurs eussent établi jusqu'à dix Hôtels des Monnoyes, ou plûtôt dix Monnoyeurs différens. Pourquoi donc sans avoir détruit aucune des raisons qui avoient déterminé à penser ainsi, a-t'on tout d'un coup embrassé un sentiment tout opposé?

Il est aussi vrai que jamais, que le nom tout entier de quelques Villes se trouve sur les revers de plusieurs Médailles. *Roma*, *Alexandria*, *Ravenna*, *Karthago*, *Lugduni*, *Vienna*, & que les différentes Monnoyes y sont quelquefois désignées. *Officina* IIIᵃ. dans la Médaille de Gratien. *Offic. Lugdunensis* dans celle de Julien; *Officina Laurenti* dans celle de Maurice. On ne peut

H vj

pas difconvenir non plus, que certaines lettres font néceffairement les prémiéres fyllables des noms de certaines Villes, SIS. *Sifcia*, KYZ. *Cyzicum*, KART. *Karthago*, SIRM. *Sirmium*, NIK. *Nicomedia*, THEUP. *Theoupolis*, &c. Pourquoi donc CON. ne fera-t'il pas *Conftantinopolis*, ANT. *Antiochia*, & ALE. *Alexandria*, &c. Affurément le Proverbe, qui dit que les fecondes penfées font les meilleures, n'eft pas fi univerfellement vrai, qu'il ne fouffre fouvent beaucoup d'exceptions trèsraifonnables, & ce n'eft point une chofe fans exemple, qu'à force de penfer, on penfe enfin moins jufte, & moins intelligiblement qu'on n'avoit fait.

Facis pol nimis intelligendo, nihil ut intelligam. *

Je voudrois pouvoir trouver quelque chofe d'auffi fatisfaifant fur les lettres numérales qui fe rencontrent dans le champ des revers des Médailles du plus bas-Empire, depuis Anaftafe ; que me le paroît ce que je viens de dire fur les lettres de l'Exergue des Médailles depuis Aurelien. Mais j'avouë que fi la nouvelle découverte de ceux

qui croyent que ce font des marques
des différens Impôts que les Princes
établiſſoient, m'a frappé d'abord, juſqu'à me faire penſer qu'elle pourroit
être véritable, & juſqu'à me dégouter
tout-à-fait du ſentiment que j'avois
ſuivi dans ma prémiére Edition ; les
inconvéniens que j'ai trouvéz à ſoutenir que l'Iota ſignifioit *Tributum De-*
cimæ : XX. *Trib. Viceſimæ.* : XXX. *Tri-*
butum Triceſima, &c. Ces inconvéniens,
dis-je, m'ont paru une difficulté in-
ſurmontable.

I. A quoi bon introduire ſur les Médailles la confuſion des chiffres tantôt
Grecs, tantôt Latins. Pourquoi I. ſe-
ra-t'il pris pour un chiffre grec, &
pourquoi marquera-t'il dix, pendant
que d'autres chiffres qui l'accompagnent ſont évidemment Latins, & an-
noncent que cet I. ne doit ſignifier
qu'un. Pourquoi M. ſignifiera-t'elle
quarante, pendant que les autres chiffres Latins, diſent qu'elle doit ſignifier mille ? Jamais il ne fut permis de
marquer 1235. par M. C. A V.

II. Il eſt certain que pendant tout
le tems de la durée de l'Empire Romain, tous les peuples qui lui étoient
ſoumis payoient des Tributs & des Im-

pôts ; mais je ne sçaurois croire que les Princes ayent jamais ordonné, ou permis qu'on en conservât la mémoire sur les Médailles ; puisqu'ils ne pouvoient en tirer aucune gloire. Car il n'est pas question ici de peuples vaincus, & de Provinces subjuguées, ausquelles il seroit glorieux d'avoir imposé des Tributs, & de vouloir en conserver des Monumens publics. Il s'agit des Sujets de l'Empire, & des Marchands qui y faisoient fleurir le Commerce.

Nous voyons à la vérité, que les Princes ont eu grand soin de laisser à la postérité des Monumens de toutes les largesses qu'ils faisoient, soit aux Soldats, soit au Peuple ; & qu'ils ont été fort jaloux d'en faire connoître le nombre : Témoin toutes les Médailles où l'on voit *Liberalitas Aug. 2. 3. 4ª.* &c. *Congiarium Populo datum*, *Alimenta Italiæ*, *Puellæ Faustinianæ*, &c. Nous voyons encore qu'ils ont voulu qu'on éternisât la mémoire des Tributs ou des Impôts qu'ils avoient, ou diminuéz, ou tout-à-fait remis. Témoin le XL. *Remissa. CCR. Ducentesima Remissa*, *Vehiculatione Italiæ Remissa*, *Fisci Judaïci Calumnia sublata*. C'étoit une marque éclatante de leur magnificence,

& de l'amour qu'ils avoient pour leurs
Peuples. Mais de souffrir qu'on frappât des Médailles, pour conferver le
fouvenir des charges qu'ils impofoient
à leurs Sujets, dont il fe glorifioient
d'être appelléz les péres ; rien ne cho-
que plus univerfellement le fentiment
commun de tous les fiécles. Car pou-
voit-on confidérer ces Médailles autrement, que comme de triftes témoi-
gnages de la mifére du Peuple, foulé
par tant de différens Impôts ; & comme des reproches faits publiquement
aux Princes de leur dureté, & de leur
avarice ?

D'ailleurs, pourquoi n'y voit-on
jamais la lettre R, pour fignifier la remife faite au Peuple de quelques-uns
de ces Impôts ? Seroit-il poffible qu'il
ne fe fût jamais trouvé aucun Prince
affez libéral, pour faire quelque femblable grace : ni affez jaloux de fa gloire pour vouloir après l'avoir faite, en
conferver la mémoire ?

III. Ou ces différens Tributs marquez fur les Médailles du même Prince, étoient impofez généralement fur
toutes fortes de Marchandifes, ou chaque Marchandife payoit fon Tribut différent. Par exemple, fous tel Empereur

tous les Marchands devoient le dixiéme denier de toutes leurs Marchandises, ou bien le Bled payoit le dixiéme,
le Vin le trentiéme, l'Huile le quarantiéme, &c. en quel embarras cela ne
nous jettera-t'il pas ?

Posons que toutes les Marchandises
fussent taxées au même denier : je demande, 1°. Est-il croyable que sous un
même Prince, en si peu de tems, les
Impôts changeassent si souvent, &
qu'au lieu du dixiéme on payât le vingtiéme, le quarantiéme, &c.

2°. Est-il croyable qu'on payât ce
Tribut plus d'une fois, & qu'il fallût
de nouvelles Médailles, qui n'étoient
point des Monnoyes, comme on le
suppose, pour dire qu'on le payoit la
prémiére, la deuxiéme, la sixiéme fois ?

3°. Etoit-ce toujours les mêmes Marchands qui payoient, & ne faisoient-ils
tous qu'un égal nombre de voyages ?
Ou bien les uns se trouvoient-ils avoir
payé pour la sixiéme fois, lorsqu'un
autre n'étoit encore qu'à la troisiéme ?
Recommençoit-on sous chaque Empereur le nombre des payemens ? Ou bien
ayant déja payé deux fois sous un Empereur, comptoit-on sous son succes-
seur la troisiéme ? A tout moment

donc il falloit battre de nouvelles Médailles.

Pofons qu'il y eût des Impôts différens fur les différentes Marchandifes : par exemple, le vingtiéme fur les Grains ; le trentiéme fur le Bétail, le quarantiéme fur le Vin. Pourquoi chaque Marchand ne marquoit-il pas fon Commerce fur fon Jetton ?

Nous trouvons qu'on marquoit fur les Médailles, les différentes efpéces des Libéralitéz qu'on faifoit au Peuple. Si on avoit donné du Bled, on mettoit *Frumentum Populo datum.* Si l'on avoit remis au Peuple ce qui reftoit encore dû au Fifc, par ceux qui n'avoïent pas payé ; on mettoit *Reliqua Vetera abolita.* Quand les Marchands avoient fait quelque don gratuit, ils n'oublioient pas de marquer leur négoce particulier. Ainfi l'on voit dans les Infcriptions, *Negotiatores Vinarii, Mercatores Olearii, Mercatores Frumentarii,* &c. Pourquoi donc ne paroît-il aucune de ces diftinctions fur les Jettons prétendus ?

Vous me direz qu'aujourd'hui on ne voit point ces différentes diftinctions, fur l'argent que les Marchands donnent aux Princes. Je vous réponds que cela vient de ce que tous les différens

Impôts se payent avec la même Monnoye, comme je prétends qu'on a toujours fait. Cependant quand les différens Corps des Marchands font frapper des Jettons ; chacun a soin d'y marquer son Négoce. Ainsi nous avons les
Jettons du Corps des Drapiers, les
Jettons du Corps des Marchands de
Vin, ceux des Marchands de Bled,
&c. Pourquoi ne faisoit-on pas de même dans les siécles plus reculéz ? Les
idées communes & naturelles ne changent guéres. Revenons à notre sujet.

Marque des
Monétaires.

Les révers sont chargéz des marques particuliéres des Monétaires, qu'ils
n'ettoient de leur chef, pour distinguer
leur fabrique, & le lieu même où ils
travailloient. C'est par-là que l'on explique une infinité de caractéres, ou de
petites figures qui se rencontrent, non-
seulement dans le bas-Empire, depuis
Gallus & Volusien ; mais aussi dans les
Consulaires.

Monsieur Morel m'a appris qu'il
avoit trouvé sur les Médailles plus de
200. de ces différentes marques, qu'il
n'est pas possible d'expliquer, si on ne
les attribuë aux Monétaires : & si l'on
veut y joindre celles du plus bas-Empire, le nombre en sera beaucoup plus

grand. Je voudrois cependant que cela
ne devînt pas un afile pour l'ignorance, & pour la pareffe de ceux qui vou-
lant s'épargner la peine de chercher,
ont d'abord recours à la marque du
Monétaire. Car nous voyons qu'en y
rêvant avec application, Monfieur
Vaillant nous a dévoilé le myftére de
je ne fçai combien de petits fymboles;
& que le P. Hardouin a découvert le
fens des lettres A. B. г. Δ. qui fe trouvent fur les Médailles des Empereurs.
Ce font, dit-il, les marques des différens Monétaires d'une même Ville, &
nous trouvons les noms, ou de ces
Monétaires, ou de ces Villes, fur d'autres Médailles plus anciennes; ainfi
voyons-nous fur les Médailles de Julien l'Apoftat *Officina Lugdunenfis*, fur
celles de Maurice *Vienna de Officina
Laurenti;* enfin fur celles de Valentinien *Officina III. Conftantinopolitana.*

Cela eft fi clairement démontré, que
l'on ne peut raifonnablement en difconvenir. Voilà une de ces heureufes
découvertes dont nous fommes redevables à ce fçavant homme; il nous a
donné le moyen d'expliquer aifément
plufieurs de ces caractéres, que l'on
étoit obligé avant lui de regarder com-

me des marques purement arbitraires.
Par exemple, dans ces Lettres B. S.
L. C. *Signata Lugduni*, le B. que l'on
n'expliquoit point, signifie *in Officina
secunda*. Dans celle-ci SISCPZ. *Siscia
percussa*, le Z. qui étoit inconnu, marque *in officina Septima*. Ainsi dans une
infinité d'autres, où les chiffres sont
tantôt en caractéres Grecs, tantôt en
caractéres Latins.

Quant à certaines lettres qui se trouvent depuis Aurelien, dans le champ
de la Médaille, on les a très-heureusement déchiffrées dans ces derniers
tems. Telles sont S. ou T. d'un côté,
& F. de l'autre. *Seculi*, ou *Temporum
Felicitas*, C. R. *Claritas Reipublicæ*,
S. A. *Spes Augusta*, &c. L'on ne peut
douter que ce ne soient des lettres initiales; puisque sur de certaines Médailles on les trouve exprimées ainsi l'F
pour FEL. & que sur d'autres, elles se
lisent tout au long.

Reste à connoître certaines marques
Marques de
la valeur des
Monnoyes. qui évidemment n'ont rapport qu'à la
valeur des Monnoyes, & qu'on ne trouve que dans les Consulaires, encore ne
les y voit-on pas toujours. Ces marques sont X. V. Q. S. L. L. S. l'X signifie
Denarius, qui valoit *Denos Æris*, dix

As de cuivre; l'V. qui marquoit le Quinaire, cinq As, *Quinos Aeris*. L'S. *Se-
miſſis* un demi As ; le L-L-S un Seſterce
ou deux As & demi. Le Q. eſt encore
la marque du Quinaire.

Aucune de ces marques ne ſe trouve ſur le bronze, ſi ce n'eſt l'S qui
ſe trouve dans quelques Conſulaires.
Il eſt plus ordinaire d'y voir un certain nombre de points qui ſe mettoit
des deux côtéz, & qui ne paſſe point
quatre pour marquer la troiſiéme partie de l'As qui ſe diviſoit en douze parties que l'on appelloit *Uncia*, *Sextans*, *Dodrans*, *Quadrans*, *Triens*.
Le *Sextans* ſe marquoit .. le *Quadrans* ... le *Triens* .... &c. par
O. ou par L. *Libra* qui en marque le
poids.

Les changemens de prix qui arri- Changemens
de prix.
voient dans certains tems, étoient expriméz ſur la Monnoye d'argent, par
de nouveaux chiffres. Car nous voyons,
par exemple, que lorſque le denier
fut hauſſé juſqu'à valoir ſeize As, au
lieu de dix ; l'on mit deſſus XVI. & à
proportion ſur le Quinaire VIII. & ſur
le Seſterce IIII. Nous avons dans la
Famille *Titinia* & *Valeria* le XVI. bien
marqué. *Ant. Auguſtinus* dit qu'il a

vû des Quinaires avec le VIII. mais que jamais il n'a vû des Sesterces avec le III.

Je voudrois bien pouvoir déterminer d'une maniére aussi sûre ce que veulent dire les chiffres qui se trouvent sur les Médailles de la Famille *Tarquitia*, où l'on voit XXXI. & sur celles de la Famille *Maria*, dont l'une porte au revers un Laboureur qui mene deux Bœufs, & au-dessus XXVIII. S. C. & l'autre sur le même type XXXXIII. Cela serviroit peut-être à éclaircir certaines Médailles de Marc Antoine, où l'on voit un Lion passant *Lugduni* A. XL. A. XLI. &c. Et celles du plus bas-Empire où l'on trouve XXIII. XXX. XXXX. XXXXIIII. XXXXV. Ces chiffres n'ont pas été déstinéz à fixer des Epoques d'années, puisqu'ils sont joints avec *Anno* I. II. III. mais puisque les plus grands Maîtres avouent qu'ils n'ont pû encore les expliquer, un Apprentif se peut consoler de n'en sçavoir pas plus qu'eux.

Je suis ravi que sur ces dernieres marques on ait adopté le sentiment que j'avois ; sçavoir que les X. étoient la marque de quelque Tribut, comme *Decima*, *Vigesima*, &c. J'ai crû long-

Remarques sur la 5e Instruction.

tems cette explication véritable, parce
qu'elle se justifie par les Médailles du
haut & du bas-Empire. Nous y avons
Quadragesima Remissa du tems de Galba; *Ducentesima Remissa* du tems de
Claude, &c. Pourquoi donc ne dirons-
nous pas que l'X. signifie *Decima*,
XX. *Vicesima*, XXX. *Tricesima*,
XXXX. *Quadragesima* ou *Indicta*, ou
Remissa, car l'un & l'autre peut être
vrai. On expliquera de même ces chiffres Grecs I. *Decima*, K. *Vicesima*, Λ.
Tricesima, M. *Quadragesima*, N. *Quin-
quagesima* : ce qui nous tirera d'un
grand embarras sur ces lettres, dont
les revers se trouvent chargéz, & que
jusqu'à présent personne n'avoit enten-
duës. Je ne désespére pas néanmoins
de donner en un autre endroit quelque
chose de plus naturel, pour expliquer
ces chiffres, dont j'ai déja dit un mot,
mais comme en passant seulement.

R E M A R Q U E S

Sur la cinquiéme Instruction.

P. 129. DE sorte que les prémiéres Mon-
l. 4.　　noyes dont on se servit à Rome, ne
furent que de cuivre brut, & sans aucune
impression, &c.] Voyéz ce que j'en ai dit dans
ma sixiéme Remarque sur la prémiére Instruction.

Ibid. l. 23. Puisque l'on trouve des gens
chéz Eutrope, qui soutiennent, que l'on doit
à Saturne le prémier usage de la Monnoye.]
Le P. Jobert citoit sans doute de mémoire en
cet endroit; car on ne trouve rien d'appro-
chant dans Eutrope. C'est sans doute de Ma-
crobe qu'il a voulu parler; mais cet Ecrivain
attribué à Janus & non à Saturne, le prémier
usage de la Monnoye, quoiqu'il ajoûte que
par respect pour Saturne, Janus fit graver sur
les Monnoyes le navire qui avoit amené Saturne en Italie (1); *Cum primus quoque æra*
signaret (Janus) *servavit & in hoc Saturni*
reverentiam, ut quoniam ille navi fuerat ad-
vectus, ex unâ quidem parte sui capitis effi-
gies, ex alterâ verò navis exprimeretur, quæ
Saturni memoriam in posteris propagaret. Un
autre Auteur attribué à Janus, l'invention
des Couronnes, des Pontons, & des Bateaux,
& il ajoûte que par cette raison on frappoit

(1) *Macrob. Saturn.* L. I. c. 7.

tans

tant dans la Gréce, que dans l'Italie des Monnoyes où l'on voyoit d'un côté la tête de Janus à deux faces, & au revers une Couronne,
un Ponton, & un Bateau. Cet Auteur se nommoit Dracon, & étoit natif de Corfou, le
fragment de son Livre sur les Pierres, où il
rapportoit cette tradition, nous a été conservé par Athénée (1). Au reste, il me paroît asséz inutile de discuter les Traditions fabuleu-
ses, sur l'invention de la Monnoye, & je crois
qu'on doit s'en tenir au fait historique, rapporté par Pline, qui assure que Servius Tullius est le prémier qui ait fait frapper de la
Monnoye de bronze.

P. 131. l. 3. *Comme on les* (les deniers)
avoit auparavant nomméz Ratiti.] Jamais les
deniers Romains n'ont été appelléz *Ratiti*, on
n'a jamais nommé ainsi que les piéces de Monnoye de bronze, *Asses ratiti*, *Quadrans ra-
titus*, parce que ces As, & ce quart d'As étoient
marquéz au revers de la figure d'un Navire ;
& cette sorte de Monnoye, étoit en usage à Rome, long-tems avant qu'on y eût frappé des
piéces d'argent, soit deniers, soit Quinaires,
ou Sesterces.

P. 132. l. 3. *Telle est dans la Famille* Julia,
*celle de Jules César, qui n'étant encore que par-
ticulier, & n'osant faire graver sa tête, se contenta de mettre d'un côté un Eléphant, avec le
mot* CAESAR.] Le sçavant Cuper approuve le
sentiment du P. Jobert en ces termes : (2)
*Nec opinio hæc videtur à ratione esse aliena,
quia in Julii nummis, qui Elephantem nobis
repræsentant, vultús ipsiús non occurrit, &*

(1) *Athen.* L. XV. *p.* 692.
(2) *Cuper. de Elephant.* Exerc. II. *c.* 6.

Tome I.   I

posteà primùm illi concessum est, vultu suo nummos signare, uti patet ex Dione, initio Lib. 49.

P. 134. l. 1. *Qui sçauroit qu'il y a eu un Tyran nommé* Pacatianus, *sans la belle Médaille que l'on en a trouvée.*] Cette Médaille d'argent a passé du Cabinet du P. Chamillard en celui de M. de Pontcarré, & c'est peut-être le seul *Pacatianus*, dont l'antiquité soi incontestable. Le P. Chamillard l'a fait graver (1) à la tête d'une de ses Dissertations, on n'a mis dans la planche ajoûtée à cette cinquiéme Instruction, que la tête seule ; le revers représente une femme debout vêtuë de la robbe appellée *Stola*, tenant de la main droite une branche d'olivier, & de la gauche qui lui sert à relever le pan de sa robbe, une *Haste* sans fer ; pour légende PAX. AETERNA. On a jugé par la fabrique de cette Médaille, que le Tyran qu'elle représente, devoit avoir vécu du tems de Philippe ou de Trajan Déce. Le P. Chamillard conjecture de plus, que *Pacatianus* est le même que *Marinus*, dont la consécration est marquée sur quelques Médailles Gréques de Philippopolis dans la Thrace ; sa conjecture est fondée sur ce qu'on lit autour de la tête de Pacatianus IMP. T. JVL. MAR. PACATIANVS. P. F. AV. ce qu'il explique par *Titus* JVL*ius* MAR*inus* PACATIANVS *Pius Felix* AV*gustus*; mais il étoit plus ordinaire dans ces tems-là qu'un Prince eût deux noms de Famille, que deux surnoms ; ainsi j'expliquerois plûtôt T. JVL. MAR. PACATIANVS, par *Titus* JVL*ius* MAR*cius* PACATIANVS, que par *Titus*

(1) *Dissert. du P. Chamillard. Lett.* IX. *p.* 46.

JVLius MARinus. De plus Goltzius avoit vû & deſſiné une Médaille d'argent ſur laquelle on liſoit du côté de la tête IMP. C. P. CARVILIVS MARINVS. AVG. au revers MARS VLTOR. J'en parlerai plus au long dans ma Diſſertation ſur le Volume MS. des Médailles deſſinées par Goltzius.

Ibid. l. 4. *Ou que Barbia Orbiana a été femme d'Alexandre Sévére , & Etruſcille femme de Décius , &c.*] Ces deux faits ont été ſolidement établis par M. Seguin , dans une Lettre adreſſée à Octave Falconieri (1).

P. 135. l. 2. *Dans le bas-Empire* : Votis V. X. XX. &c] Notre Auteur ſemble ſuppoſer ici que les Médailles avec cette Inſcription au revers , *Votis* V. X. XX. &c. dans une Couronne , ne ſe trouvent que dans le bas-Empire. Il eſt vrai qu'elles y ſont très communes & beaucoup plus que dans le haut-Empire. Cependant M. l'Abbé de Rothelin a dans ſon Cabinet une Médaille d'argent de Commode , avec ce revers VOTIS XX. COS. VI. dans une Couronne de Chêne ; une de Sévére Alexandre avec *Votis Vicennalibus,* auſſi dans une Couronne , & chacun ſçait que l'Inſcription *Votis Decennalibus* renfermée dans une Couronne , ſe trouve ſur les Médailles de Maximin , de Balbin , de Pupien , de Trébonien Galle , d'Aemilien , de Valérien , & de Gallien.

P. 104. l. 17. *Je trouve au revers d'un Conſtantius un ſeul chiffre* $\frac{XC.}{VI.}$ &c] Le Conſtantius au revers duquel on trouve ce chiffre , eſt C. Valerius Conſtantius, pére du Grand Conſtan-

(1) *Seguin. Sel. Numiſm. p. 287. Seqq.*

I ij

tin : on y trouve auſſi XCVI.
T. & ſans doute

XCVI. ces trois Inſcriptions différentes ſe
AQ. trouvant au revers de Dioclétien, de
Maximien, & de Galére Maximien, tout comme au revers de Conſtantius. J'aurai occaſion
de parler de toutes ces Médailles dans une de
mes Remarques ſur les nouvelles découvertes.

P. 141. l. 16. *Tel eſt celui de la Ville de Tyr,*
où l'on ne trouve que TYP.] Je crois devoir
avertir que le Monogramme de Tyr, eſt très-
ſouvent figuré par ⅄, & que ſouvent la tige
du T, eſt la maſſuë d'Hercule, Divinité tutélaire des Tyriens.

P. 144. l. 14. *Telle eſt Néron, au revers de*
Néron & d'Octavia.] La Médaille de Néron
au revers d'Octavie, ne doit pas être miſe au
nombre des plus rares : c'eſt uniquement la
tête de cette Princeſſe qui rend la Médaille
curieuſe.

Ibid. l. 20. *J'ai trouvé dans le Cabinet de*
M. l'Abbé Fauvel une Médaille d'Hadrien,
qui des deux côtéz porte la même tête de ce
Prince, avec la même légende. C'eſt l'unique
que j'aye jamais vûë.] Ces ſortes de Médailles
avec la même tête & la même légende des
deux côtéz, ne ſont pas de la prémiére rareté.
M. Vaillant en rapporte (1) une d'argent
d'Otacille : M. l'Abbé de Rothelin en a une de
Marc Antoine, & une autre de Néron encore jeune, toutes les deux fourrées. Elles
ſont plus communes en moyen bronze, ſur-
tout dans Trajan, & dans Hadrien.

P. 145. l. 10. *Une Médaille de Fauſtine,*

(1) *Vaill. Præſt. Num.* T. II. *p.* 331.

Puellæ Fauſtinianæ, *où il y en a douze ou trei-*
ze] Elle ſe trouve en or & en argent, mais
elle eſt également rare en ces deux Métaux.
Au reſte, dans la Médaille d'or, il y a 12.
ou 13. Figures, & dans celle d'argent, ſeule-
lement ſix.

Ibid. l. 20. *Ainſi le Temple de Janus dans*
Néron, & le Port d'Oſtie, ſont plus rares que
le Maceilum.] La Médaille de Néron au revers de laquelle on voit le Temple de Janus
fermé, & pour légende PACE P. R. TER-
RA. MARIQ. PARTA. JANVM CLVSIT,
n'eſt pas plus rare que celle où on lit MAC.
AVG. dont je parlerai dans mes Remarques
ſur les nouvelles découvertes. Quoiqu'en diſe
le P. Jobert, elles ne ſont rares ni l'une ni
l'autre. Mais une Médaille que M. Vaillant
aſſure (1) être très rare, c'eſt celle où avec
la légende PACE P. R. &c. on trouve au lieu
du Temple de Janus, Rome aſſiſe ſur un tas
de dépouilles des ennemis, tenant une Couronne de la main droite, & le *Parazonium* de
la gauche.

P. 147. l. 30. *Quant aux Aigles qui ſe trou-*
vent au revers des Rois d'Egypte, & à la con-
ſécration des Empereurs, elles n'ont rien que
de fort commun.] De la manière dont parle ici
le P. Jobert, on pourroit croire que les Aigles ne ſe trouvent ſur les Médailles Impériales, que pour marquer la conſécration des
Empereurs, à qui elles ſervent de revers; mais
il y a mille exemples du contraire. On trouve des Aigles dans Auguſte, dans Veſpaſien,
dans Tite, dans Domitien, dans Trajan,
dans Hadrien, &c. ou avec de ſimples dattes

(1) *Id.* T. I. *p.* 21.

I iij

de Confulats, ou avec *Jupiter Confervator*, mais ces Médailles, qui ne fignifient autre chofe que la confiance de l'Empereur, dans la protection de Jupiter, ne font pas plus rares, que celles des confécrations.

P. 148 l. 6. *On voit des Eléphans bardéz dans Tite, dans Antonin Pie, &c.*] Tout ce qu'on peut dire fur les Eléphans, repréfentéz au revers des Médailles, fe trouve réuni dans l'ouvrage Pofthume du célèbre M. Cuper, intitulé : *Gifberti Cuperi . . . de Elephantis in nummis Obviis Exercitationes duæ*, & publié dans le troifiéme Volume des Antiquitéz Romaines de Sallengre. *Hag. Com.* 1719.

Ibid. l. 13. *Témoin le Phénix dans les Médailles de Conftantin, & de fes Enfans, à l'exemple des Princes & des Princeffes du haut-Empire, &c.*] C'eft avec raifon que le P. Jobert remarque ici, que le Phénix fe rencontre dans les Médailles du haut-Empire ; on le voit dans Trajan & dans plufieurs autres Empereurs ; fouvent auffi on trouve une figure debout qui tient un Phénix fur fa main, avec la légende *Aeternitas Aug.* Mais je crois que ce type ne fe trouve pas avant Trébonien Galle. Parmi les Médailles qui ont des Oyfeaux à leur revers, il n'y en a guéres de plus curieufe, que celle d'Hadrien & d'Antonin Pie. Elle eft de petit bronze dans l'un & dans l'autre, (& de grand bronze dans Hadrien, chéz M. l'Abbé de Rothelin) Elle repréfente un Aigle, un Paon, & un Hibou poféz fur la même ligne, avec la fimple légende, COS. III. pour Hadrien, & COS. IIII. pour Antonin Pie. Ces Médailles s'expliquent aifément par le moyen d'un Médail-

Jon affez commun dans Antonin Pie, dont le revers repréfente Jupiter, Junon, & Minerve. C'eft à ces trois Divinitéz que fe rapporte le type des trois Oyfeaux, dont l'Aigle étoit confacré à Jupiter, le Paon à Junon, & le Hibou à Minerve.

P. 150. l. 15. *Refte à voir la maniére dont on peut ranger les différens revers des Médailles.........L'autre en les liant par une fuite hiftorique, felon l'ordre des tems & des annéts, que nous marquent les Confulats, & les différentes puiffances de Tribun, &c.*] Rien ne feroit plus inftructif que cet ordre Chronologique par les Confulats, & par les années différentes des puiffances Tribunitiénes; rien de plus naturel & de plus commode en même-tems, que de ranger les Médailles fuivant ce plan. C'eft là fans doute ce qui a déterminé Occo & Mezzabarba à le fuivre. Mais malheureufement le plus grand nombre des Médailles n'a aucune de ces marques Chronologiques; & il y en a affez peu dont les rapports a des événemens connus, puiffent nous fervir à fixer l'époque de l'année où elles ont été frappées. Auffi l'arrangement que les deux Antiquaires dont je viens de parler, ont donné aux Médailles Impériales, eft-il fouvent purement arbitraire. Outre cela, comme dans le bas-Empire, on trouve très-rarement les Confulats & les puiffances Tribunitiennes des Empereurs, marquéz fur leurs Médailles : qu'on n'y lit même jamais ces fortes d'Epoques après Conftantin le jeune, il eft abfolument impraticable d'arranger chronologiquement, une fuite Impériale complette. Je ne doute pas que ces difficultéz

I iiij

n'ayent déterminé le R. P. D. Anselme Banduri, à ne donner aux Médailles de son grand
Recueil, d'autre arrangement que l'ordre Alphabétique des légendes des revers. Cependant comme dans le haut-Empire, les Consulats, les Puissances Tribunitiennes, & le renouvellement du titre d'*Imperator*, se rencontrent plus fréquemment ; les personnes
qui ont des Cabinets nombreux, pourroient
d'abord commencer par ranger suivant l'ordre des années, les Médailles de chaque Empereur qui portent ces caractéres Chronologiques, & y joindre même les autres Médailles dont on peut déterminer la datte, par celle
des événemens ausquels elles font allusion ;
& quant aux Médailles qui n'ont aucune marque, par où l'on puisse sûrement juger du tems
où elles ont été frappées, on les mettroit à la
suite des autres, en suivant, comme a fait le
P. Banduri, l'ordre Alphabétique des revers.

P. 153. l. 9. *On trouve quelquefois des Ai-*
gles pour marque de la consécration des Prin-
cesses : témoin celle de Mariniana, *mais cela*
est plus rare.] Il falloit dire, témoin celle de
Marciana ; c'est sur les Médailles de la consécration de cette Princesse, qu'on voit un Aigle ; car pour celle de *Mariniana*, on y voit
toujours un Paon.

Ibid. l. 27. *Comme les Médaillons ne se*
battoient, que pour des cérémonies publiques,
pour des Jeux, ou pour faire des présens, soit
au Peuple soit aux Etrangers, &c.] M. Mahudel, dans une Dissertation, dont on trouve
un extrait assez ample dans (1) l'Histoire de

(1) *Hist. de l'Acad. des Bell. Lett.* T. VII. *p.*
166. *suiv.*

l'Académie des Belles-Lettres, a soutenu contre l'opinion commune, que les Médaillons avoient été de vraies Monnoyes, & qu'il falloit ajoûter une quatriéme division, aux trois qui font communément reçûës pour les Médailles de bronze ; ses raisons meritent d'être examinées. Pour moi, je suis persuadé, que quoique les piéces de cette forme, & de ce volume ne fussent frappées qu'en certaines occasions, & par conséquent en plus petit nombre que les piéces de Monnoye courante ; même quoique leur prémiére destination fût de servir à faire des largesses, & non à payer les dettes du Trésor Impérial ; cependant elles ne laissoient pas d'être reçûës dans le Commerce, suivant une valeur proportionée à leur poids & à leur volume. Je crois même que cette explication est la seule, qui puisse concilier les différens sentimens des Antiquaires sur les Médaillons.

P. 154. l. 20. *Monsieur l'Abbé de Camps vient de publier les siens, &c.*] Le Recueil des Médaillons de M. l'Abbé de Camps parut sous ce titre : *Selectiora Numismata in ære maximi moduli, è Musæo ▪▪▪▪ Francisci de Camps, Abbatis Sancti Marcelli &c. concisis interpretationibus per D. Vaillant D. M. &c. illustrata.* Par. 1695. in 4. Mais pour réunir tout ce que nous avons de mieux écrit sur les Médaillons, il faut joindre à ce Recueil, *Scelta dé Médaglioni più rari, n'ella BBa. d'ell Eminentissimo & Reverend. Principe il Signor. Card. Gasparo Carpegna.* Rom. 1679. in 4. Les explications sont de Jean Pierre Bellori. Dans la suite le nombre des Médaillons du Cardinal Carpegna ayant été fort augmenté, on les donna de nouveau au Public avec les observations du Sénateur Philippe Buonarotti ; *Offervazioni-Iftoriche fopra alcuni Medaglioni Antichi : All' Altezza Sereniffima di Cofimo III. Gran Duca di Tofcana* Rom. 1698. grand in 4. C'est un excellent Ouvrage.

P. 156. l. 3. *C'eft par-là que le Cardinal Noris , auparavant célébre Antiquaire du Grand Duc, a fait tant de découvertes utiles dans fon Livre de Epochis Syro-Macedonum.*] Cet Ouvrage , dont on ne peut trop recommander la lecture, eft intitulé : *Annus & Epochæ Syro - Macedonum , in vetuftis Urbium Syriæ nummis præfertim Medicæis expofitæ. Additis Faftis confularibus Anonymi omnium optimis , &c. auctore F. Henrico Noris Veronenfi Auguftiniano , &c.* Florent. 1691. fol. réimprimé à Léipfic en 1696. in 4. & dans le corps des Ouvrages du Cardinal Noris , publié à Vérone 1729--32. en quatre Volumes in-folio.

Ibid. l. 11. *En effet les Médailles Romaines ont rarement marqué d'autre Epoque, que celle du Confulat de l'Empereur dont elles repréfentent la tête, & de fa puiffance de Tribun. Or ni l'une ni l'autre n'eft affurée , parce qu'elles ne fuivent pas toujours l'année du régne de ce même Prince, & que difficilement l'année de la puiffance de Tribun répond à celle du Confulat.*] Quand on dit que le Confulat & le nombre des puiffances Tribunitiénes marquéz fur les Médailles Impériales, fervent à fixer la Chronologie, on ne prétend pas dire que chaque année d'un Empereur, foit défignée tout a la fois par un nouveau Confulat, & par un renouvellement de

la puiſſance de Tribun. Tout le monde ſçait
que pluſieurs des Empereurs avoient été Conſuls avant que de parvenir à l'Empire , &
que par conſéquent le ſecond Conſulat des
uns , le troiſiéme des autres, dans Titus le
ſeptiéme , & le huitiéme dans Domitien , ont
concouru avec une partie de la prémiére année de leur régne. On n'ignore pas non plus
que les Conſulats des Empereurs ne ſe ſuivoient pas d'année en année, & que dans
l'intervale d'un de leurs Conſulats à l'autre ,
on continuoit de marquer ſur la Monnoye,
l'Epoque du dernier Conſulat. Mais cela n'empêche pas qu'on ne puiſſe faire uſage de ces
Conſulats pour fixer la Chronologie ; car par
le moyen des Faſtes Conſulaires qui nous
reſtent, on ſçait en quelle année chaque Empereur a été Conſul pour la ſeconde , la troiſiéme , la quatriéme fois, &c. & par conſéquent lorſqu'on trouve ſur la Médaille de
quelqu'un de ces Princes, COS. II. on en
conclut qu'elle a été frappée après le prémier
jour de l'année où l'on ſçait qu'il a été Conſul
pour la ſeconde fois, & avant le prémier jour
de l'année, où il a commencé ſon troiſiéme
Conſulat. Ce qui pourroit faire quelque difficulté , c'eſt qu'on trouve ſur les Médailles de
quelques Princes un plus grand nombre de
Conſulats qu'on n'a eu ſoin d'en marquer
dans les Faſtes. Telles ſont entr'autres , la
Médaille de G B. de Domitien dans le Cabinet du P. Chamillart, où on lit C O S.
XVIII. Celle d'Aelius Céſar dans le Cabinet
Thiepolo , au revers de laquelle on lit ΥΠΑ-
ΤΟΣ. Γ. COS. III. telle eſt enfin la Médaille de
Tacite en P. B. du Cabinet de M. l'Abbé de

I vj

Rothelin, dont la légende du côté de la tête
eſt, IMP. C. M. CL. TACITVS AVG. COS.
III. Car il eſt certain par les Faſtes Conſulaires, & par l'Hiſtoire, que Domitien fut tué
l'année d'après ſon XVIIe. Conſulat, Valens
& Vetus étant Conſuls. On ſçait de même
qu'Aelius Cæſar & Tacite n'ont été Conſuls
que deux fois; mais comme on a quelquefois
négligé de faire mention ſur les Monumens
publics, des Conſulats ſubrogéz, on y a de même quelquefois marqué d'avance les Conſulats pour leſquels les Princes avoient été déſi-
gnéz, & que leur mort arrivée avant le jour
où ils devoient en prendre poſſeſſion, les a
empêché d'exercer. Il faut cependant convenir avec le P. Jobert, que l'utilité Chronologique, qu'on peut retirer du nombre des Conſulats marquéz ſur les Médailles, eſt très-mé-
diocre dans les Empereurs qui ont été rarement Conſuls, comme dans Hadrien qu'il
cite pour exemple. Mais on peut ſuppléer à
ce défaut par les nombres des puiſſances Tribunitiénes, qui ſe renouvelloient toutes les
années, au même jour où elles avoient commencé. Ainſi, quoique le nombre de ces
puiſſances ne fût preſque jamais égal à celui
des Conſulats; on ſçait cependant à quelles
années de la puiſſance Tribunitiéne, doivent
répondre les Conſulats de chaque Empereur.
C'eſt un calcul qu'il eſt aiſé de faire pour peu
qu'on ait les prémiers élémens de la Chronologie; la fixation des dattes des principaux
faits hiſtoriques en dépend, & c'eſt une des
plus grandes utilitéz qu'on doive ſe propoſer
dans l'étude des Médailles.

P. 157. l. 10. *Lorſque les Princes n'étoient*

par en bonne intelligence avec le Sénat . . . .
ils se faisoient marquer la puissance de Tri-
bun absolument , & sans nombre ; com-
me attachée pour toujours à leur dignité.]
Tout ce que notre Auteur dit ici , pour rendre
raison de ce qu'on voit sur les Médailles ,
tantôt TR. POT. tout simplement, & sans
aucun nombre , & tantôt TR. POT. II. III.
&c. est une assertion qui n'a aucun fondement
solide. L'Histoire ne fait pas la moindre mention de ce qui se passoit à l'égard des titres
employéz sur les Médailles , soit que l'Empereur & le Sénat vécussent en bonne intelligence , soit qu'ils fussent diviséz. Elle nous
apprend seulement que la puissance Tribunitiéne accordée à tous les Empereurs depuis Auguste , étoit différente du Tribunat
du peuple , en ce que le Tribunat auquel on
continua d'élever des Particuliers , étoit annuel , comme toutes les autres Magistratures ordinaires , au lieu que la puissance Tribunitiéne étoit perpétuelle : l'autorité des
Tribuns du peuple étoit renfermée dans l'enceinte de Rome; la puissance Tribunitiéne
des Empereurs s'étendoit par tout , & l'autorité qu'elle leur donnoit ne cessoit point ,
lorsqu'ils étoient éloignéz de la Capitale de
l'Empire. Si le Sénat avoit prétendu marquer
sur les Monnoyes , que la puissance Tribunitiéne étoit une grace qu'il accordoit au Prince , & que dans ce dessein il eût réglé que
le nombre des Tribunats seroit renouvellé
d'année en année ; ce nombre se trouveroit
exprimé plus souvent & plus correctement
sur les Médailles qui portent la marque de
l'autorité du Sénat S. C. c'est-à-dire sur les

Médailles de bronze, que sur celles d'or &
d'argent. Il est cependant très-certain que
les différentes puissances Tribunitiénes, se rencontrent également sur les trois Métaux, tant
avec le S. C. que sans cette marque. Les bons
Princes n'ont pas été plus attentifs que les
méchans, à donner au Sénat cette prétendue
démonstration de déférence. Car le nombre
des puissances Tribunitiénes n'est pas moins
grand dans Tibére, dans Caligula, dans Néron, dans Domitien, dans Commode, &
dans Elagabale, que dans Auguste, dans Vespasien, dans Nerva, dans Trajan, dans Antonin Pie, & dans Marc Aurele. Il y auroit
des difficultéz bien plus considérables que celles-ci, à résoudre sur la puissance Tribunitiéne
des Empereurs, mais ce n'est point ici le lieu
de les examiner. Je me propose de traiter
cette question dans une Dissertation expresse,
où je pourrai lui donner toute l'étendue qu'elle
doit avoir.

P. 159. l. 12. *M. Toynard a crû* ..... *Que
l'on peut trouver quelquefois sur les Médailles, non-seulement les années du régne des
Empereurs, mais encore celles de leur âge*....
*Le P. Hardouin en a cependant fait voir la
fausseté.*] Voyéz les Remarques sur les nouvelles découvertes.

P. 160. l. 20. *Et d'avoir des Amphithéâtres, où l'on avoit représenté les Jeux publics.*] Les Villes Gréques ne se font jamais
glorifiées, d'avoir des Amphithéâtres, ces édifices n'ayant été en usage que dans l'Occident ; M. le Marquis Maffei l'a démontré dans
son sçavant Traité *degli Amphitheatri*, Imp.
à Vérone en 1729.

P. 161. l. 12. *On trouve des preuves du se-*
cond sur une Médaille de Caracalla . . . . ℰ
sur une de Philippe . . . .) Le mot abrégé APX.
sur les Médailles Gréques, est employé bien
plus souvent pour Aϱχων, que pour Aϱχιεϱεύς,
& c'est le prémier de ces deux titres qu'il faut
suppléer dans les deux Médailles, que le Pere
Jobert cite ici pour exemple, & qu'il a décrites peu correctement. On doit lire sur la prémiére EΠI. AN. POTΦOT APX. A. TO. B.
CAPΔIANΩN. Γ. NEΩKOPΩN. *Sub An-*
nio Rufo Archonte primo iterum Sardianorum
Ter Neocororum. Dans la seconde EΠI. AYP.
CΩKATOTC. APX. A. AΔPIANOΘHPEI-
TΩN. *Sub Aurelio Socrate Archonte primo*
Hadrianotheritarum. Elles sont rapportées par
M. Vaillant (1).

Ibid. l. 28. *Les Epoques se marquent presque*
toujours sur le revers, en une de ces deux ma-
niéres, ℰc.] Il falloit dire, les années du
régne des Empereurs ; car les Epoques particuliéres dont les Villes Gréques se servoient,
ne sont ordinairement marquées que par des
simples lettres numérales, sans E, ni L, comme on le dit à la page suivante.

P. 164. l. 21. *Pour commencer par le S. C.*
quelques-uns disent, ℰc.] Aux différentes
opinions rapportées ici sur la signification des
lettres S. C ; Il faut ajouter celle du Sénateur
Bonarotti, qui a conjecturé (2) que cette espéce de formule, avoit été conservée sur les
Monnoyes de bronze, pour marquer les trois
modules qui étoient déja en usage a Rome,
avant qu'on y frappât des piéces d'or & d'ar-

(1) *Vaillant. Num. Gr. p.* 110.
(2) *Osserv. Istorich. Sopr. Medagl. Antich. p.* 293.

gent, ufage qui a toujours fubfifté malgré
les changemens arrivéz dans le prix & dans
le poids de la Monnoye. Ce fçavant ajoute
qu'Enée Vico, s'eft déja fervi de cette explication, pour rendre raifon de ce que le S. C.
ne fe trouvoit prefque jamais fur l'or ni fur
l'argent, parce que, dit-il, les Romains n'ont
voulu marquer fur leurs Monnoyes, que les
Anciens Sénatus-Confultes, où il ne s'agif-
foit que des piéces de bronze. Il explique de
même pourquoi le S. C. ne fe trouve pas
communément fur les Médaillons; car c'é-
toient, dit-il encore, des piéces de nouvelle
invention, dont la fabrication & l'ufage
avoient été inconnus aux anciens Romains.
Quelque refpectable que foit l'autorité de M.
Bonarotti, il ne paroît pas que fon explication ait été jufqu'à préfent adoptée par les
Antiquaires; & en effet fi la marque de l'autorité du Sénat, n'avoit rapport qu'aux anciens ufages de la République fur le fait des
Monnoyes, puifqu'il eft certain que la Monnoye d'or & d'argent s'introduifit dès le tems
de la République, & en vertu des décrets
du Sénat; Pourquoi fe feroit-on contenté
fous les Empereurs, de conferver le S. C. fur
le bronze feulement, puifque le bronze n'é-
toit pas le feul métal, qui eût fervi de Monnoye en vertu des anciens Sénatus-Confultes.

Le fentiment le plus généralément reçû,
c'eft que les Empereurs avoient obtenu le
droit de difpofer, de tout ce qui concernoit
la fabrication des efpéces d'or & d'argent; &
que le Sénat étoit refté maître de la Monnoye de bronze; qu'ainfi la marque de l'au-

torité du Sénat s'étoit conservée sur les Médailles de bronze, tandis qu'elle avoit disparu
du champ de celles d'argent & d'or. Quoique les Historiens ne nous disent rien de ce
partage de la Monnoye entre le Sénat & les
Empereürs, les Médailles suffisent pour le
faire présumer. Car 1°. il est très-certain que
le S. C. ou ne se trouve point sur les Médailles Impériales d'or & d'argent, ou du moins
qu'il s'y trouve si rarement, qu'on est bien
fondé à croire que dans celles où il se rencontre, il a rapport au type gravé sur la Médaille, & non au métal dans lequel l'espéce
est frappée. 2°. Cette marque de l'autorité du
Sénat, paroît sur toutes les Médailles de
grand & de moyen bronze depuis Auguste
jusqu'à Florien, & Probus; & sur celles de
petit bronze, jusqu'à Antonin Pie, après lequel on cesse de trouver du petit bronze qu'on
doive croire frappé à Rome, jusqu'à Trajan
Déce, sous lequel on en retrouve avec S. C.
Une différence si constante, & en même-
tems si remarquable, puisque les espéces d'or
& d'argent n'avoient d'autre titre pour être
reçûes dans le Commerce, que l'image du
Prince qu'elles représentoient, tandis que les
Monnoyes de bronze joignoient à ce même
titre le Sceau de l'autorité du Sénat; une
telle différence, dis-je, peut-elle avoir d'autre cause, que le partage qui s'étoit fait de la
Monnoye, entre le Sénat & l'Empereur?

Mais quand on soutient que le Sénat étoit
demeuré en possession, de faire frapper la
Monnoye de bronze, on ne prétend parler
que de celle qui se fabriquoit à Rome, ou
dans l'Italie. Car à l'égard des Colonies & des

Municipes, & même de quelques autres Villes de l'Empire, on ne disconvient pas que les Empereurs n'ayent pû auſſi-bien que le Sénat, leur accorder la permiſſion, de frapper de la Monnoye de bronze. C'eſt par cette raiſon qu'on trouve ſur quelques Médailles de Colonies, *Permiſſu Auguſti*, *Indulgentiâ Auguſti*, ſur les Médailles Latines d'Antioche ſur l'Oronte S. C. juſqu'à Marc Aurele, & ſur celles d'Antioche de Piſidie S. R. c'eſt-à-dire, *Senatus Romanus*. Les Proconſuls même, qui gouvernoient au nom du Sénat les Provinces dont l'Empereur avoit laiſſé l'adminiſtration au *Sénat* & au Peuple Romain, donnoient quelquefois de ces ſortes de permiſſions : nous en avons des exemples ſur des Médailles frappées dans des Villes de l'Achaïe, & de l'Afrique.

À l'égard des Villes Gréques, comme les Romains conſervérent à pluſieurs de ces Villes leurs Loix, & leurs Priviléges, on ne les priva point du droit de battre Monnoye, lorſqu'elles furent réunies à l'Empire Romain: elles continuérent donc de faire frapper des piéces qui avoient cours dans le Commerce qu'elles faiſoient entr'elles, & même avec le reſte de l'Empire, quand ces piéces portoient l'image du Prince. Ces Villes n'avoient pas eu beſoin d'un Senatus-Conſulte particulier, pour obtenir la permiſſion de battre Monnoye, puiſque cette permiſſion étoit compriſe dans le traité qu'elles avoient fait avec les Romains en ſe donnant à eux.

Dans le bas-Empire, l'autorité du Sénat ſe trouvant preſque anéantie, les Empereurs reſtérent ſeuls maîtres de la fabrication des

Monnoyes. Alors la nécessité où ils se trouverent souvent, de faire frapper pour le payement de leurs troupes de la Monnoye à leur coin, dans les différentes Provinces où ils étoient élûs, donna lieu à l'établissement de divers Hôtels de Monnoye, dans les Gaules, dans la Grande-Bretagne, en Illyrie, en Afrique, & ensuite dans l'Italie, après que Constantin l'eut mise sur le même pied que les Provinces, en la divisant en différens Gouvernemens. On ne doit donc pas être étonné si après Trajan Déce on ne trouve plus le S. C. sur le petit bronze, puisqu'il étoit presque toujours frappé hors de Rome, & sans l'intervention du Sénat.

Quant à ce qui concerne les Médaillons, on peut juger par ce que j'en ai dit précédemment, que quelques-unes de ces piéces ayant été destinées à avoir cours dans le Commerce, après qu'elles auroient été distribuées dans des occasions où les Empereurs faisoient des largesses au peuple, il n'est pas étonnant qu'on en trouve avec la marque usitée sur les Monnoyes de bronze S. C. Ainsi l'argument que le P. Jobert prétendoit en tirer, contre l'opinion commune sur le partage de la Monnoye entre le Sénat & l'Empereur, ne doit pas paroître concluant, & les observations que je viens de faire suffisent pour répondre à toutes les autres raisons, dont il s'est servi pour attaquer le système reçû.

P. 169. l. 4. Δόγματι Ἐπαρχίας, par l'ordre du Conseil de Ville...] Cette explication n'est point exacte, il falloit dire, par ordre des Etats de la Province : car ἐπαρχία signifie non la Ville, mais la Province ; mais je doute

fort qu'aucune Province , ait pû valablement
accorder à une Ville la permiſſion de battre
Monnoye. Ce droit n'appartenoit qu'à l'Empereur , ou au Sénat.

Ibid. l. 13. *Il ne faut pas manquer d'ajou-*
ter ici une nouvelle découverte , qu'on doit au
P. Hardouin , qui veut que le Δ. E. *ſignifie*
quelquefois Δημοσίαι Εὐχαὶ.] Puiſque le Pere
Jobert ajoute tout de ſuite qu'il ſeroit à ſou-
ter , qu'on trouvât quelque Médaille où ces
mots ſe rencontraſſent tout au long, il devoit ſe contenter de donner à cette explication, le nom de conjecture. Je ſuis perſuadé
qu'elle n'eſt point fondée , j'en dirai les raiſons dans ma Diſſertation ſur la puiſſance
Tribunitiéne des Empereurs.

P. 173. l. 20. *N'y avoit-il que des Gaulois*
qui trafiquaſſent en Orient ?) Il n'y a qu'à connoître la ſituation de Conſtantinople, pour
être bien convaincu du contraire ; & on n'a
qu'à lire différentes loix rapportées dans le
Code Théodoſien , & dans le Code Juſtinien,
pour voir que le Commerce de Conſtantinople s'étendoit depuis l'Eſpagne & l'Angleterre , juſqu'à la Perſe & aux Indes. Voyéz
auſſi ce qu'en dit M. Huet, dans ſon Hiſtoire
du Commerce , & de la navigation des Anciens. Ch. LVIII.

P. 189. l. 9. *Il eſt plus ordinaire d'y voir*
(ſur les Médailles Conſulaires) *un certain*
nombre de points qui ſe mettoit des deux côtéz ,
& qui ne paſſe point quatre.] Les Médailles
Conſulaires ne ſont pas les ſeules ſur leſquel-
les on trouve de ces points. On en voit auſſi
ſur quelques Médailles d'argent de Trébonien Galle , tantôt un , tantôt deux , tantôt

trois, & jamais plus de quatre : toujours en
nombre pareil ; tant dans l'exergue du revers,
que derriére le Bufte du Prince, du côté de
la tête. Ces points fe trouvent avec différens
revers, comme A E Q V I T A S A V G.
FELICITAS PVBL. PAX AVG.
VICTORIA AVG. SAECVLLVM
NOVVM : VBERITAS AVG. &c.
Dans le Cabinet de M. l'Abbé de Rothelin,
Il y a quatre de ces Médailles de Gallus, dont
le revers repréfente un Temple avec la légende S A E C V L L V M N O V V M ; la
prémiére n'a qu'un point en bas, & un autre derriére le Bufte ; la feconde deux points,
la troifiéme trois, & la quatriéme quatre,
& toujours autant derriére le Bufte que dans
l'Exergue du revers. Cette Remarque, que
perfonne n'avoit encore faite, n'eft peut-être
pas indigne de l'attention des Curieux ; à
quoi l'on peut ajouter que la Médaille même
paroîtroit copiée ou à deffein, ou par mé-
prife, fur la Médaille de Philippe, fi elle
n'étoit pas affez commune, & fi S A E C V L-
L V M n'étoit pas toujours écrit par deux L.
pendant que le même mot eft écrit avec une
feule L. fur les Médailles de Philippe. On
voit outre cela des chiffres dans l'Exergue de
quelques autres Médailles de Gallus, & ces
chiffres font de même répétéz du côté de la
tête, derriére le Bufte de l'Empereur. Ainfi
on lit IV. fur la Médaille, dont le revers a
pour légende R O M A E A E T E R N A E
AVG ; IV. pareillement fur une avec SAE-
CVLLVM NOVVM ; VI. fur celle
qui porte I V N O M A R T I A L I S ;
V I I. fur une autre avec F E L I C I T A S

PVBLICA, &c. On peut faire la même
obſervation ſur quelques Médailles de Vo-
luſien , mais en plus petit nombre , & dans
des revers qui lui ſont communs avec Gallus , comme PAX. AVGVS. ROMAE.
AETERNAE. AVG. &c.

VI. INSTRUCTION.

Des Inscriptions que l'on appelle la Légende des Médailles.

IL semble que les Anciens ayent voulu faire de leurs Médailles des Images, & des Emblêmes, les unes pour le Peuple, & pour les esprits grossiers ; les autres pour les Gens de qualité, & pour les esprits plus délicats ; des Images pour représenter le visage des Princes ; des Emblêmes pour représenter leurs vertus, & leurs grandes actions. Ainsi l'on doit regarder la Légende comme l'ame de la Médaille, & les Figures comme le corps ; tout de même que dans l'Emblême, où la devise tient lieu d'ame ; sans quoi l'on n'auroit aucune connoissance de ce que les Figures qui en sont le corps nous doivent apprendre. Par exemple, nous voyons dans une Médaille d'Auguste deux mains jointes qui serrent un Caducée, entre deux cornes d'Amalthée[a], voilà le corps. Le mot *Pax* qui y est gravé, marque la Paix que ce Prince avoit renduë à l'Etat, en se réconciliant avec Marc Antoine, ce qui avoit ramené la félicité & l'abondance. Au lieu que ces deux mêmes mains dans les Médailles de Balbin, & de Pupien, ayant pour Légende, *Amor mutuus Augustorum* [b], expriment la bonne intelligence des deux Collegues dans le gouvernement de l'Empire. Et dans Nerva, par le mot *Concordia exercituum* [c], ces mêmes mains se trouvent déterminées, à marquer la fidélité des Soldats pour le nouveau Prince.

a Méd. 1.

b Méd. 4.

c Méd. 2.

Différence entre Légende & Inscription. Pour donner une connoissance plus parfaite de ce mystére, je croi qu'il faut rappeller ici la différence que nous avons établie entre *Legende* & *Inscription*, en n'appellant proprement Inscription que les paroles qui tiennent lieu de revers, & qui chargent le champ de la Médaille, au lieu de figure. Ainsi nous n'appellons Légendes, que les paroles qui sont autour de la Médaille, & qui servent à expliquer les figures gravées dans le champ.

Deux Légendes à chaque Médaille. Dans ce sens il faut dire que chaque Médaille porte deux Légendes, celle de

de la tête, & celle du revers. La prémiére ne fert ordinairement qu'à faire
connoître la perfonne repréfentée, par
fon nom propre, par fes Charges, ou
par certains furnoms que fes vertus lui
ont acquis. La feconde eft deftinée à
publier fes vertus, fes belles actions,
à perpétuer le fouvenir des avantages
qu'il a procuréz à l'Empire, & des Monumens glorieux qui fervent à immortalifer fon nom. Ainfi la Médaille d'Antonin porte du côté de la tête *Antoninus
Auguftus Pius ; Pater Patriæ Trib. Pot.
Cof. III.* Voilà fon nom, & fes qualitéz. Au revers trois figures, l'une de
l'Empereur affis fur une efpéce d'écha-
faut ; l'autre d'une femme debout,
tenant une corne d'abondance, & un
carton quarré, avec certain nombre
de points. La troifiéme eft une Figure
qui fe préfente devant l'échaffaut, &
qui tend fa robe comme pour recevoir quelque chofe : tout cela nous
eft expliqué par la Légende *Liberalitas quarta*[a], qui nous apprend que
cet Empereur fit une quatriéme libéralité au Peuple, en lui diftribuant certain nombre de mefures de bled, felon
le befoin de chaque Famille.

Cet ufage n'eft pas néanmoins fi uni-

a *Méd.* 53

versel , ni si indispensable , que les
qualitéz & les Charges de la personne , ne se lisent quelquefois sur le revers , aussi-bien que du côté de la tête ; souvent elles sont partagées moitié d'un côté , moitié de l'autre , d'autres fois on les trouve sur le revers , où
l'on ne laisse pas encore , quoique plus
rarement , de rencontrer le nom même. Celui d'Auguste , par exemple , celui de Constantin , & de ses enfans ,
comme nous avons dit. Nous avons
mille exemples du partage dont nous
parlons , des qualitéz , des Charges ,
& des titres d'honneur. Dans une Médaille de Jules on voit du côté de la
tête , *César Imper. quartum.* Au revers ,
*Augur. Pont. Max. Cos. quartum. Dic-
tator quartum.* Dans une d'Antonin , on
lit autour de la tête , *Antoninus Aug.
Pius. Pater Patriæ Trib. Pot. XV.* Au
revers , *Cos. IIII.* & rien de plus. Un
autre revers du même Empereur porte
Trib. Pot. XXI. Cos. IIII. Autour d'une
autre tête , *Hadrianus Aug. P. P.* &
sur le revers *Trib. Pot. Cos. II.* Le titre de *Pater Patriæ* est plus ordinairement du côté de la tête , comme celui de Censeur. Ceux de Pontife &
d'Augure , & les autres semblables sont

toujours fur le revers, quand les fymboles de ces dignitéz y font gravéz :
Par exemple, les Inftrumens Pontifi-
caux, au revers de Vefpafien ; au revers de Vitellius, le Trepied, le Dauphin & la Corneille, avec ces mots
XV. *Vir. Sacr. fac* a. c'eft-à-dire, l'un
du College des XVVIRS, qui étoient
chargéz de faire des Sacrifices.

    Ces Charges font différentes dans
les Médailles Confulaires, & dans les
Impériales. Car dans les Confulaires
on trouve des Charges particuliéres,
comme celle de III. Vir Monétaire
A. A. A. F. F. & de IVVIRS. fous Jules. De IIIVIR. de la fanté ; *Acilus*
IIIVIR. Valetudinarius b. De HVIR.
ou IIIVIR. pour les Colonies. De
IIVIR. pour les Banquets Sacréz. On
y voit auffi *Curator Denariorum Flan-*
dorum, des Ediles, des Quêfteurs, des
Lieutenans, &c. Au lieu que dans les
Impériales, on n'en trouve que les
Charges confidérables, comme celles
d'*Augur*. de *Pontifex Maximus*, qui
rendoient les Empereurs maîtres de
tout ce qui concernoit la Religion,
& que les mêmes Empereurs garde-
rent depuis Augufte jufqu'à Gratien,
c'eft-à-dire, jufqu'au tems où la Re-

a *Méd.* 5.

Les Charges

E. *Æbutia.*
F. *Cælia.*
b *Méd.* 6.
P. *Cornelia.*
F. *Æmilia.*
F. *Alliena*
F. *Antonia*

K ij

ligion Payenne fut abolie. Le Pere
Hardouin foutient en l'honneur des
Empereurs Chrétiens, que depuis la
converfion de Conftantin, on ne trouve plus fur aucune Médaille le titre
de *Pontifex Maximus*, non pas même
fur celles de Julien l'Apoftat. La remarque eft très-avantageufe à la Religion. On voit encore fréquemment fur
les Médailles *Tribunitia Poteftate*, *Conful*, & quelquefois *Proconful*, titre
que l'Empereur ne prenoit jamais que
lorfqu'il étoit hors de Rome, & qui
pendant tout le haut-Empire fut cenfé
compris dans le nom d'*Imperator*; car
depuis Trajan on ne le trouve que fur
les Médailles de Diocletien, de Maximien, & de Conftantin. Il eft bon de
remarquer que les Empereurs ont affeCté de conferver le nom & la dignité de Conful comme la marque d'un
refte de liberté, quoique ce ne fût plus
qu'un beau nom, fans aucune vérita-
table autorité, finon lorfque l'Empereur lui-même le vouloit prendre, foit
tout feul, foit avec un Collegue. Enfin il fe perdit infenfiblement au tems
de Juftinien, qui réunit cette dignité à
la puiffance Impériale; de forte que
depuis lui, pas un Empereur n'a fait

de Confuls ; & qu'aucun n'a voulu ni prendre ce titre , ni le donner à perſonne.

Il eſt vrai que quand les Médailles Les belles actions. n'ont point de tête , les figures qui y ſont repréſentées en tiennent lieu ; & alors la Légende du revers eſt une eſpéce d'Inſcription. Par exemple dans la Médaille de Tibére en reconnoiſſance du ſoin qu'il prit de faire rétablir les Villes d'Aſie , qu'un tremblement de terre avoit ruinées , il eſt repréſenté aſſis ſur une chaiſe Curule , avec ces mots, *Civitatibus Aſiæ reſtitutis* , & le revers n'a qu'une ſimple Légende. *Tiberius Cæſar Divi Auguſti Filius Auguſtus Pont. Max. Tr. Pot. XXI.* a Méd. 7.

On ſent par ce que je viens de dire , que je ne parle ici que des Médailles des Empereurs , ou des Rois. Car pour les Médailles des Villes , & des Provinces ; comme elles portent ordinairement pour tête le génie de la Ville ou le génie de la Province , ou quelque autre Déité qu'on y adoroit ; la Légende eſt auſſi le nom de la Ville , de la Province , de la Déité , ou de tous les deux enſemble , Αντιοχέων , Συρακοσίων , &c. Ζεὺς Φίλιος Συρακοσίων ; Ἡρακλέους Θασίων, &c. ſoit que le nom de

la Ville se life au revers, & que le nom
de la Déité demeure du côté de la tête,
soit que le nom de la Ville serve de
Légende à la Déité, comme Καταναίων
à Jupiter Hammon, Μεσσανίων à Hercule, &c.

Dans ces mêmes Médailles les revers font toujours quelques symboles
de ces Villes ; souvent sans Légende,
plus souvent avec le nom de la Ville,
quelquefois avec celui de quelque Magiftrat, comme Ἀγυριναίων ἐπὶ Σωπατρυ,
&c. enforte qu'il eft vrai de dire que
la Légende dans ces fortes de Médailles, ne nous apprend que le nom de
la Ville, ou celui du Magiftrat qui la
gouvernoit, lorfque la Médaille a été
frappée.

Par tout ailleurs les belles actions
font exprimées fur le revers, foit au
naturel, foit par des symboles, dont
la Légende eft l'explication. Au naturel, comme quand Trajan eft repréfenté mettant la Couronne fur la tête
au Roi des Parthes. *Rex Parthis da-
tus* *. Par symbole, comme lorfque
la Victoire de Jules & d'Augufte eft
repréfentée par un Crocodile enchaî-
né à un Palmier avec ces mots, *Ægypto
capta.* L'on voit auffi dans Hadrien tou-

* *Regna Ad-
fignata.
a Méd. 10.*

tes les Provinces qui le reconnoissent pour leur Réparateur, & ceux qui n'en connoîtroient pas les symboles, apprendroient à les distinguer par les Légendes ; *Restitutori Galliæ, Restitutori Hispaniæ*, &c. Ainsi les différentes Victoires désignées par des Couronnes, par des Palmes, par des Trophées, & par de semblables marques qui sont d'elles-mêmes indifférentes, se trouvent déterminées par la Légende. *Asia subacta* d'Auguste, *Alemannia devicta* de Constantin le jeune, *Judæa capta* de Vespasien, *Armenia & Mesopotamia in potestatem Populi Romani redacta* de Trajan, ou simplement *de Germanis, de Sarmatis* de M. Aurele. Car les Légendes les plus simples ont souvent le plus de dignité.

Mettant donc à part les Légendes de la tête destinées à marquer le nom, soit tout seul, comme *Brutus, Ahala, Cæsar*, soit avec les qualitéz, ainsi que nous venons de le dire ; les autres Légendes ne doivent être que des explications des symboles qui paroissent sur les Médailles, par lesquels on prétend faire connoître les vertus des Princes, certains événemens singuliers de leur

Rapport essentiel de la Légende avec le Type.

K iiij

vie ; les honneurs qu'on leur a rendus ; les avantages qu'ils ont procuréz
à l'Etat ; les Monumens de leur gloire ; les Déitéz qu'ils ont le plus honorées, & dont ils ont crû avoir reçû une protection particuliére. Car les
revers, comme nous l'avons dit, n'é-
tant chargéz que de ces sortes de choses, les Légendes y ont un rapport essentiel ; elles sont comme la clef des
types, que l'on auroit bien de la peine à deviner sans leur secours, sur tout
dans les siécles éloignéz, & dans des
Pays où les usages sont tout différens
de ceux des Anciens.

Et c'est en cela qu'excellent les Médailles du haut-Empire, dont les types sont toujours choisis & appliquéz
par quelque bonne raison que la Légende nous découvre : au lieu que dans
le bas-Empire on ne cesse de répéter
les mêmes Types, & les mêmes Légendes ; & l'on voit que les uns & les
autres sont donnéz indifféremment à
tous les Empereurs, plûtôt par coutume que par mérite. Témoin le *Glo-*
ria Exercitus. Felix temporum renova-
tio, &c.

Les vertus.   Comme les vertus qui ont rendu les
Princes plus aimables, & plus estima-

bles à leurs Peuples, font auffi ce que les revers de leurs Médailles repréfentent le plus ordinairement, les Légendes les plus communes font celles qui font connoître ces vertus, tantôt par leur fimple nom, comme dans ces revers de Tibére, *Moderationi*, *Clementia*, *Juftitia* [a]. Tantôt en les appliquant aux Princes, ou par le nominatif ou par le genitif. *Spes Augufta*, ou *Spes Augufti*, *Conftantia Augufta*, ou *Conftantia Augufti*, gardant auffi indifféremment le même régime à l'égard de la vertu même. *Virtus Aug.* ou *Virtuti Aug. Clementia*, ou *Clementiæ*, &c.

Je ne fçai fi l'on peut compter fur un rafinement de quelques Sçavans, qui veulent que quand le mot *Auguftus* ou *Augufta*, eft au nominatif, il n'ait rapport qu'à la Déité même ; au lieu qu'étant au genitif, il fe rapporte au Prince dont la tête eft gravée fur la Médaille. *Clementia Augufta*, en ce fens ne fignifieroit autre chofe que *quæ in fe eft Sancta* : & *Clementia Augufti*, fignifieroit *quæ eminet in Augufto Principe*.

Ovide paroît favorifer cette conjecture, par ce vers, *Sancta vocant Augufta Patres*. Et peut-être que c'eft

[a] *Méd.* 8.

Dans Claudes

K v

en ce sens, que pour choisir un nom au jeune César, tel qu'on en a donné depuis aux Princes; on préféra celui d'Auguste, qui signifie Saint. Ce mot a reçû depuis des significations bien différentes.

Les honneurs rendus aux Princes. Les honneurs rendus aux Princes consistent particuliérement dans les surnoms glorieux qu'on leur a donnéz, pour marquer ou leurs actions les plus mémorables, ou leurs plus éminentes vertus; c'est ainsi que je les distingue des Monumens publics, qui devoient être les témoins durables de leur gloire. Ces surnoms ne peuvent être expriméz que par la Légende, soit du côté de la tête, soit du côté du revers. Par exemple, dans Trajan le beau titre *Optimo Principi*, se trouve tantôt sur un côté, & tantôt sur l'autre. Dans Commode celui de *Felix* qu'il joignit le prémier avec *Pius*, & que ses successeurs ont voulu garder, se met toujours du côté de la tête. Ceux qui marquent les Provinces vaincuës, comme *Britannicus*, *Armeniacus*, *Dacicus*, *Sarmaticus*, *Parthicus Maximus*, *Germanicus*, *Arabicus*, *Adiabenicus*, &c. se trouvent quelquefois à la tête, quelquefois au revers, au lieu que les titres qui marquent leur grandeur, ou leur puissance, sont toujours au revers. *Genio Senatûs*, *Genio exercitûs*, *Genio Populi Rom.* *Restitutori orbis terrarum*, *Debellatori Gentium Barbarum.* *Locupletatori orbis terrarum.* Cependant le *Genitrix orbis*, *Mater Castrorum*, *Mater Senatus*, *Mater Patriæ*, se trouvent quelquefois du côté de la tête, comme le *Pater Patriæ* s'y lit ordinairement.

Antonius Decc.

Hadrien.

Constantin.

Hadrien.

Faustine la jeune.

Julia Pia.

Quant aux honneurs rendus aux Princes après la mort, qui consistoient à les placer au rang des Dieux, nous les connoissons par le mot de *Consecratio*, par celui de *Pater*, de *Divus*, & de *Deus.* *Divo Pio*, *Divus Augustus Pater*, *Deo & Domino Caro.* Quelquefois autour des Temples & des Autels, on mettoit *Memoria felix*, ou *Memoria æterna.* Quelquefois sur les Médailles des Princesses, on lit *Æternitas*, ou *Sideribus recepta* ; & du côté de la tête *Diva*, ou en Grec Θεά.

Les Consécrations.

Le Pere Hardouin fait une remarque fort singuliére sur le mot *Deus* Θεὸς, il veut qu'il ne signifie autre chose, sinon que celui qui le porte est le fils d'un pere qui a été mis au nombre des Dieux. Il prétend justifier ce fait par les Médailles Grecques & Latines. C'est une de ces vûës générales, qui se détruisent par un ou deux exemples contraires, & qui s'avancent ordinairement sans autre preuve, que le nombre des exemples dont on les appuye.

Faveurs générales. Les Légendes qui expriment les bienfaits répandus sur les Villes, sur les Provinces, & sur l'Empire, sont ordinairement fort courtes, & fort simples; mais elles ne laissent pas d'être magnifiques. Par exemple, *Conservator Urbis suæ. Ampliator Civium. Fundator Pacis. Rector orbis. Restitutor Urbis, Hispaniæ, Galliæ,* &c. *Pacator orbis, Salus generis humani. Gaudium Reipublicæ. Gloria Rom. Hilaritas Pop. Rom. Lætitia fundata. Tellus stabilita. Exuperator omnium Gentium. Gloria orbis terræ. Bono Reipublicæ nati. Gloria novi Sæculi.*

Méd. 11.
Maxence.
Antonin.
Sep. Sévére.
Aurelien.
Sept. Sévére.
Adrien.
Auguste.
Constantin.
Théodose le jeune.
Victor.

Quelquefois la maniére en est encore plus vive, comme *Roma renascens,* & *Roma renasces, Roma resurgens, Libertas restituta.*[a]

Galba.
Méd. 9.

L'une des plus magnifiques, & des plus flatteuses Inscriptions que j'aye vûë, est sur une Médaille Grecque de Commode, ΚΟΜΜΟΔΟΥ ΒΑΣΙΛΕΩΝ

ΤΟC O ΚΟCΜΟC ΕΥΤΥΧΕΙ. *Regnante*
Commodo orbis Beatus eſt.

Les bienfaits plus particuliers font   Faveurs par-
quelquefois expriméz plus diſtincte-   ticuliéres.
ment dans les Légendes ; comme , *Re-*
ſtitutor Moneta. Remiſſa ducenteſima.
Quadrageſima remiſſa. Vehiculatione Alex. Sévére.
Italiæ remiſſa. Fiſci Judaïci calumnia Caligula.
ſublata. Congiarum Pop. Rom. datum. Nerva.
Puella Fauſtiniana. Via Trajana. In- Domitien.
dulgentia in Chartaginenſes. Reliqua ve- Sept. Sévére.
tera H. S. Novies millies abolita , c'eſt- Hadrien.
à-dire, 12000000. *Plebei Urbanæ fru-* Nerva.
mento Conſtituto.

  On diſtingue encore par les Légen- Evénemens
des les événemens particuliers à cha- finguliers.
que Province , lors même qu'ils ne
font repréſentéz que par des ſymboles communs. Par exemple , une Victoire avec un Trophée , une Palme , ou
une Couronne , font déterminées par
le mot *Victoria Germanica* , à ſignifier Veſpaſien.
une victoire remportée ſur les Ger-
mains ; il en eſt de même de ces autres Légendes , *Victoria navalis , Vic-*
toria Parthica , Prætoriani recepti , Im- Marc-Aurele.
peratore recepto. La Légende nous mar-
que la réception glorieuſe que firent à
Claude les Soldats de ſon armée. La
grace que l'on fit à Néron de l'aggréger

dans tous les Colléges Sacerdotaux,
a été confervée par celles-ci : *Sacer-*
dos cooptatus in omnia Conlegia fupra nu-
merum ; Et dans cette autre , *Pax fun-*
data cum Perfis , l'Empereur Philippe
nous a laiffé un Monument de la Paix
qu'il fit avec les Perfes. La merveille
qui arriva à Tarragone , lorfque de
l'Autel d'Augufte l'on vit fortir une
Palme , nous eft connuë par une Médaille fur laquelle on voit le type du
miracle , & les quatre lettres C. V.
T. T. *Colonia Victrix Togata* , ou plûtôt *Turrita Tarraco* ; l'Empereur Tibére fit à ce fujet une agréable raille-
rie , que Suetone rapporte.

Les Monumens publics font auffi
connus , & diftinguéz par la Légende ;
de forte que ceux qui ont été conftruits
par le Prince même , font mis au nominatif , ou au génitif , ou expriméz
par un verbe : au lieu que ceux que
l'on a bâtis , ou confacréz en leur honneur , font mis au datif. *Macellum*
Augufti. Bafilica Ulpia. Aqua Mar-
tia. Portus Oftienfis. Forum Trajani.
Templum Divi Augufti reftitutum ; parce que ces Édifices ont été élevéz par
Néron , par Trajan , par Antonin. Au
lieu que nous voyons *Roma & Au-*

Marginal notes:

Philippe.

Monumens publics.

gufto, *Jovi Deo*, *Divo Pio*, *Optimo Principi* ; pour marquer les Temples bâtis en l'honneur d'Augufte, & les Colonnes élevées pour Antonin & pour Trajan.

L'attachement particulier que les Princes ont eu à certaines Déitéz, & les titres finguliers fous lefquels ils les ont honorées, en reconnoiffance de leur protection en général, ou de quelques graces particuliéres, nous eft connuë par les maniéres différentes dont la Légende eft conçuë. Nous fçavons que Numérien honoroit finguliérement Mercure, parce que ce Dieu eft au revers de fa Médaille, avec ce mot *Pietas Aug.* Nous connoiffons que Diocletien honoroit Jupiter comme fon Protecteur, parce que nous voyons fur fes Médailles *Jovi Confervatori*, *Jovi Propugnatori*, & même le furnom de *Jovius* ; Que Gordien attribuoit à ce Dieu le fuccès d'une bataille où fes gens n'avoient point lâché le pied, *Jovi Statori.*

Déitéz honorées par les Princes.

Sur les Médailles des Princeffes, on mettoit l'image & le nom des Déitéz de leur fexe, *Ceres*, *Juno*, *Vefta*, *Venus*, *Diana.* On marquoit le bonheur de leur Mariage par *Venus Felix*, la

Par les Princeffes.

reconnoissance qu'elles avoient de leurs heureuses couches, & de leur fécondité *Junoni Lucinæ ; Veneri genitrici.* La bonne fortune des Princes qui a toujours été leur principale Déité, se trouve aussi le plus souvent sur leurs Médailles en toutes sortes de maniéres. *Fortuna Augusta, Perpetua. Fortunæ Felici, Muliebri. Fortuna Manens, Fortuna Obsequens, Fortuna Redux,* où l'on voit que le nom de la fortune est indifféremment, ou par le nominatif, ou par le datif, ou par l'accusatif. Car nous voyons également, *Mars Victor, Marti Vltori, Martem Propugnatorem,* & même *Martis Vltoris.* Mais cette derniére Légende se rapporte au Temple bâti pour venger la mort de Jules ; ce qui fait une différence notable.

Il ne faut pas oublier ici que les noms expriméz dans les Légendes, se lisent quelquefois au nominatif, *Cæsar Augustus,* quelquefois au genitif, *Divi Julii ;* enfin au datif, *Imp. Nervæ Trajano Germanico,* &c. ou à l'accusatif, M. AΥPHΛ. ΛΛEΞΑΝΔΡΟΝ, &c. Cependant je n'ai point trouvé d'exemples de l'accusatif sur les Médailles Latines, que dans celles de Gallien *, *Gallienum Aug.* au revers, où a Méd. 12. *Conservationem salutis* a.

Thesaurus Goltzii.

* *Au Cabinet du Roi.* a *Méd. 12.*

Ne parlons plus maintenant des personnes, mais des choses mêmes qui paroissent sur les Médailles, où leurs noms & leurs qualitéz tiennent lieu de Légende : je rangerai dans ce nombre,

1. Les Villes, les Provinces, les Riviéres, dont nous voyons les unes avec leur simple nom *Tiberis*, *Danuvius*, *Rhenus*, *Nilus*, *Ægyptos*, *Hispania*, *Italia*, *Dacia*, *Africa*, *Roma*, *Alexandrea*, *Obulco*, *Valentia*, *Italica*, *Bilbilis*. Les autres avec leurs titres particuliers, leurs qualitéz, & leurs prérogatives : *Colonia Julia Augusta Felix Berytus*. *Colonia Immunis Illici Augusta*. *Colonia Aurelia Metropolis Sidon*. *Colonia Prima Flavia Augusta Cæsarensis. Municipium Ilerda*, *Ælium Municipium Coillutanum Antoninianum*.

Légende des Villes, Provinces, &c.

Elagabale.

Les Villes Grecques sur-tout étoient soigneuses d'exprimer les priviléges dont elles jouissoient ; IEPAC, ACYΛOY, AYTONOMOY, EΛEYΘEPAC, NAYAPXIΔOC, ΚΟΛΩΝΙΑC. Pour marquer qu'elles étoient inviolables ; c'est-à-dire, que l'on ne pouvoit en retirer les criminels qui s'étoient refugiéz dans leurs murs, elles se qualifioient, IEPAC. ACYΛOY. Le droit qu'elles avoient conservé de se gouverner par leurs propres loix, & de n'être point sujettes aux loix Romaines, s'exprimoit par le mot AVTONO-MOY. Celui d'avoir un Port de Mer, & des Vaisseaux, par le mot ΝΑΥΑΡ-ΧΙΔΟC. Celui d'être exempts des Tributs, & des Impôts, par le mot ΕΛΕΥΘΕΡΑC. Les priviléges particuliers des Colonies, tels que le droit du Pays Latin ; ou le droit des Citoyens Romains par le mot ΚΟΛΩΝΙΑ. Ceux des Néocores qu'elles étoient fort soigneuses de marquer par les mots ΔΙC ΤΡΙC. ΤΕΤΡΑΚΙC ΝΕΩΚΟΡΩΝ. Enfin les alliances qu'elles avoient avec d'autres Villes, par le terme OMO-NOIA.

Il faut consulter sur tous ces titres les sçavantes Remarques de M. Vaillant dans son Livre des Médailles Grecques, il seroit difficile d'y rien ajoûter.

Enseignes Militaires, Légions, &c. 2. Les Enseignes militaires, & les Armées entiéres, dont la Légende nous découvre le nom, & celui des Légions particuliéres qui les composoient. Nous apprenons que Marc Antoine a eu jusqu'à trente Légions, par *Légions de M. Antoine.* les nombres, *Legio* I. II. III. &c. jusqu'à XXX. si nous en croyons Golt-

zius : car je n'en ai vû nulle-part plus
de vingt-quatre. Nous apprenons les
noms particuliers de ces Légions , &
la diſtinction de celles qui ſervoient
ſur mer , & ſur terre , parce que nous
trouvons, *Legionis Primæ Antiquæ. Le-*
gionis XVII. Claſſicæ Leg. XX. Hiſpa-
nicæ. Legionis XXII. Primigenia , &c.
Les titres d'honneur qu'elles avoient
méritéz par leur valeur & par leur fidélité , ſont marquéz par ces mots ,
Legio I. Auguſta ſextum Pia , *ſextum*   Légions de
Fidelis. Legio II. Adjutrix VII. Pia   Gallien.
VII. Fidelis. Legio Aug. X. Gem. Pia
Victrix. Nous y trouvons même les
Cohortes, comme , *Cohor. Speculato-*
rum dans Antoine, *Cohortes Prætoria-*
norum ſeptem , dans Gallien ; *Coh. Præ-*
torianæ Philippis , dans Auguſte.

L'on trouve le nom des Armées &   Les Armées.
des Pays où elles ont combattu. Té-
moin , *Exercitus Dacicus. Exerc. Ræ-*   Adrien.
ticus. Exercitus Syriacus , *Exercitus*   Trajan.
Britannicus , *Exercitus Noricus* , Témoin , *Expeditio Parthica* , &c. Nous
avons même la marche des Empereurs,
lorſqu'ils s'alloient mettre à la tête de
leurs Armées, exprimée par ce mot ,
Profectio Auguſti , & par celui-ci , *Ad-*   Adrien.
ventus Aug. lorſqu'ils arrivoient en

quelque Ville. *Trajectus Augusti*, signifioit qu'ils avoient passé heureusement quelque grand Fleuve, ou quelque bras de Mer. Il y a un beau Médaillon du jeune Gordien embarqué, dont le revers a dix Figures. Le soin que les Empereurs prenoient de faire faire l'exercice à leurs Soldats, par ces mots, *Disciplina*, ou *Discipulina Aug.* Les Harangues qu'ils leur faisoient, par ces mots *Adlocutio Cohortium*. Enfin le Serment de fidélité que l'on faisoit prêter aux Soldats, s'exprimoit par *Fides Exercitus*. J'ai vû un Médaillon de Commode, qui portoit cette Légende avec treize Figures.

3. Les Jeux publics, qui ne font marquéz ordinairement que par des Vafes, d'où il fort des Palmes, ou des Couronnes, ne fe diftinguent que par la Légende, qui contient ordinairement ou le nom de celui qui les a inftituéz, ou de celui en l'honneur duquel on les célébroit. Ainfi l'on apprend que Néron fut l'Auteur des Jeux qui fe dévoient donner à Rome de cinq en cinq ans, par la Médaille où on lit *Certamen Quinquennale Romæ Conftitutum.* Par la Légende du revers de la Médaille de Caracalle, ΜΗΤΡΟΠΟΛ. ΑΝ—

Caracalle.
Antonin.
Hadrien.

Les Jeux.

ΚΥΡΑC ΑCΚΛΗΠΙΑ. CΩΤΗΡΙΑ ΙCΘ.
ΠΥΘΙΑ. L'on apprend qu'à Ancyre en
Galatie on célébroit en l'honneur d'Esculape, dit le Sauveur, les mêmes
Jeux qui se célébroient dans l'Isthme
de Corinthe en l'honneur d'Apollon;
qu'on consulte là-dessus les lettres de
Spanheim, publiées par Monsieur Morel dans le projet qu'il nous a donné
du plus beau dessein que l'on ait jamais
formé pour la satisfaction des Curieux.

On trouvera dans ce projet * les Lé- *Specimen
gendes qui expriment les principaux universa rei
Jeux des Anciens, & les sçavantes re- nummaria.
marques que Monsieur de Spanheim
a fait sur ce sujet; on nommoit ΚΑ-
ΒΕΙΡΙΑ, ceux qui se faisoient à Tessa-
lonique en l'honneur des Cabires;
ΘΕΟΓΑΜΙΑ, ceux qui se célébroient
principalement en Sicile, pour honorer le Mariage de Proserpine & de Pluton; CΕΟΥΗΡΕΙΑ, ceux qui avoient été
instituéz par Septime Sévére; ΚΟΜΟ-
ΔΕΙΑ, ceux que l'on faisoit par l'ordre de Commode, &c. On trouve aussi
les Jeux marquéz sur les Médailles Latines avec le tems qu'ils ont été célé-
bréz. Nous avons sur la Médaille de
Memmius, *Æd. Cerialia primus fecit.*

Nous trouvons sur-tout les Jeux Séculaires qui se célébroient à la fin de chaque siécle, marquéz avec grand soin
sur les Médailles; *Ludos Sæculares fecit*,
dans celles de Domitien, *Sæculares*
Aug ; ou *Augg.* dans Philippe, &c.
Les types en sont fort différens ; tantôt ils expriment des Sacrifices, tantôt
des Combats, tantôt des Animaux extraordinaires, dont on donnoit le spec-
tacle au Peuple dans ces jeux.

Vœux pu-
blics.
　　4. Les Vœux publics qui se faisoient
pour les Empereurs de cinq en cinq
ans, ou de dix en dix, se peuvent aussi-
bien mettre parmi les Légendes, que
parmi les Inscriptions, puisqu'ils se
trouvent plus souvent autour de la Médaille, que dans le champ, au moins
dans le haut-Empire ; car dans le bas
ce n'est pas la même chose : témoin la
Médaille de M. Auréle le jeune, dont
le revers représente les Vœux que l'on
fit au tems de son Mariage, *Vota Pu-*
blica. Les Médailles Grecques sur le
même sujet ont pour Légende, ΔΗΜΟΥ
ΕΥΧΑΙ. & ces deux mots sont quelquefois expriméz par les deux initiales Δ. Ε.
C'est une de ces heureuses découvertes que nous devons au génie du P.
Hardouin, les Sçavans doivent la re-

cevoir avec reconnoiſſance, & en faire
uſage dans de certaines Médailles, où
le ΔHM. EΞ. ne peut raiſonnablement
convenir. Témoin encore la Médaille
d'Antonin, *Vota ſuſcepta decennalia.* Gevartius Tab. 45.
Et dans l'autre dix ans après, *Vota de-*
cennalium. Dans le bas-Empire, on ne
trouve autre choſe que ces ſortes de
Vœux, que l'on portoit toujours même plus avant que le terme : ce que
l'on exprimoit par ce mot *multis* ; par
exemple, *Votis X. multis XX.* ou par
celui-ci, *ſic* ; par exemple, *ſic X. ſic*
XX. Il eſt vrai que je ne les ai jamais
trouvéz au-delà de XXXX. ce qui fait
voir qu'aucun de ces Princes n'a régné
quarante ans, chacun d'eux contri-
buant à vérifier l'Oracle du Sage, *Om-*
nis potentatûs vita brevis.

Monſieur du Cange a merveilleuſe-
ment bien éclairci tout ce qui regarde ces Médailles votives : c'eſt ainſi
qu'il les nomme. Il nous apprend que
depuis qu'Auguſte feignant de vouloir
quitter l'Empire, accorda par deux
fois aux priéres du Sénat, de continuer à gouverner pour dix ans, on
avoit commencé à faire à chaques Decennales des Priéres publiques, des
Sacrifices & des Jeux pour la conſer-

vation des Empereurs. Que dans le bas-Empire, on en fit de cinq en cinq ans; & que c'est par cette raison, que depuis Dioclétien l'on trouve sur les Médailles, *Votis V. XV.* &c. Que la coutume de ces Vœux dura jusqu'à Théodose, après quoi l'on ne trouve plus cette sorte d'Epoque. Il semble que le Christianisme étant parfaitement établi, on ne voulut plus souffrir ces cérémonies, où il pouvoit y avoir encore des restes du Paganisme. De sorte que le *Votis multis* qui se trouve sur une Médaille de Majorianus, n'est point assurément la même chose, mais une maniére d'acclamation pareille à celle-ci qu'on trouve sur d'autres Médailles, *Plura natalia feliciter.*

Titres donnéz aux Princes.

5. L'une des choses les plus curieuses que les Médailles nous apprennent par les Légendes; c'est le nombre des différens titres que les Empereurs ont pris, selon qu'ils ont vû leur puissance plus ou moins affermie. Jules César n'osa jamais prendre ni le titre de Roi, ni celui de Seigneur, il se con-

Imperator, Dictator, Pater Patriæ.

tenta de celui d'*Imperator, Dictator perpetuó, Pater Patriæ.* Ses Successeurs réunirent insensiblement à leur dignité

le

le pouvoir de toutes les Charges. On les vit souverains Pontifes , Tribuns, Consuls, Proconsuls , Censeurs, Augures. Je ne parle que des Magistratures ; car pour les qualitez , elles devinrent arbitraires , & le Peuple s'accoutumant peu à peu à la servitude, laissa prendre au Souverain tel nom que bon lui sembla, même ceux des Divinitez qu'il adoroit. Témoin *Hercules Romanus* dans Commode , *Sol Dominus Imperii Romani* dans Aurelien , si toutefois ce nom est donné au Prince , & non pas au Soleil même , qui se trouve si souvent sur les Médailles, *Soli Invicto Comiti.*

Auguste ne se nomma d'abord que *Cæsar Divi Filius* , & puis *Imperator ,* ensuite *Triumvir Reipublicæ Constituendæ* , ensuite *Augustus.* Enfin il y ajouta la puissance de Tribun qui le faisoit Souverain. Caligula garda les trois noms , *Imp. Cæs. Aug.* Le mot *Cæsar* doit passer dans le haut-Empire pour un nom de Famille, plûtôt que pour un nom de dignité. Tous ceux qui ont été véritablement Césars, ou par naissance , ou par adoption , l'ont porté avec justice ; les autres ont affecté de s'en parer pour tâcher par-là de s'atti-

Augustus

rer l'amour & le respect des Peuples.
Dans le bas-Empire, *Cæsar*, ou *Nobilis Cæsar*, marqua ceux qui étoient ou
associéz à l'Empire, ou héritiers pré-
somptifs; cette qualité se mit alors
après les noms du Prince qui la portoit; Aelius, le prémier qui se soit appellé *Cæsar* pendant la vie d'un Auguste, fut regardé comme désigné suc-
cesseur d'Adrien, ÆLIUS CÆSAR.

Censor.   Claude y ajouta le titre de *Censor.*
Vitellius ne voulut jamais prendre ce-
lui de *Cæsar*, & ne prit que sur la fin
celui d'Auguste, se contentant de se
qualifier *Imperator.* Domitien se fit
Censor Perpetuus, sans que depuis lui
on puisse jamais rencontrer cette qualité sur les Médailles. On trouve dans
Perpetuus le bas-Empire *Perpetuus Augustus*, mais
Augustus. ce n'est qu'après Léon & Zénon. Monsieur du Cange rapporte une Médaille
de Julien, D. N. JULIANUS SEM-
PER AUG. Il en rapporte encore une
de Constantius, FL. JUL. CONS-
TANTIUS PERP. AUG. Mais cela
n'est pas uniforme dans toutes les Médailles de ces Empereurs, comme on
le voit dans les Monnoyes de ceux qui
suivent Anastase. Ce n'est que cette uni-
formité que j'attribuë au bas-Empire;

car je n'ai garde de dire que ce titre eût
été inconnu dans le haut-Empire, puisqu'il y a des Médailles de Nerva avec
le *Perpetuus Augustus*. Je ne sçache
personne qui ait osé prendre le titre
de *Dominus*, avant Æmilien, dont Dominus.
Goltzius cite une Médaille D. N. C.
*Domino Nostro Céfari Æmiliano Fortif-
fimo Principi*. Mais s'il est vrai, comme le prétend Monsieur Morel, que
cette Médaille est fausse, & que c'est
un Maximien déguisé en Æmilien ; il
faudra rapporter le prémier usage de
ce titre à Aurélien, à qui l'on a frappé
une Médaille, *Deo & Domino, Nato Au-
reliano*.

Caligula avoit tenté de prendre cette qualité : Domitien fit un nouvel effort pour se la faire donner : les Provinces l'accordérent à Septime Sévére, & à ses enfans, comme il paroît
sur une Médaille d'Antioche de Pisi-
die : *Victoria* DD. NN. Les Philippes
eurent aussi ce même titre : mais jamais les Romains ne la souffrirent devant le tems d'Aurélien.

Depuis le tems d'Aurélien on ne
trouve plus le titre de *Dominus* jusqu'à
la Médaille de Carus, *Deo & Domino
Caro*. Dans la suite cette qualité est

devenuë commune à tous les Empereurs, jusqu'à la fin de l'Empire, que
les Empereurs d'Orient prirent le nom
de Rois des Romains ΒΑCΙΛΕΥC ΡΩ-
ΜΑΙΩΝ. excepté ceux que la piété porta à ne vouloir plus graver sur les Médailles ni leur tête, ni leur nom; mais
à y placer celle de Jesus-Christ, avec
cette Légende, *Jesus-Christus Basileus
Basileon.* Zemisces est le prémier. Quelques-uns de ses successeurs l'ont suivi,
& plusieurs n'ont plus voulu d'autre revers que l'Image de la Sainte-Vierge,
de S. George, ou de quelque autre
Saint.

Despota. Je ne dois pas oublier le nom de
ΔΕCΠΟΤΗC, que les derniers Empereurs de Constantinople ont voulu porter. C'est un mot Grec, qui dans sa
prémiére origine signifie ce que marque en Latin le mot *Herus,* & en François celui de Maître, par rapport aux
Serviteurs. On en fit à peu près ce que
les Latins avoient fait du nom de *Cæsar* comparé à celui d'Auguste, ΒΑCΙ-
ΛΕΥC répondant à *Augustus,* & ΔΕC-
ΠΟΤΗC à César. Ainsi Nicephore
ayant fait couronner son fils Staura-
cius, il ne voulut que le nom de ΔΕC-
ΠΟΤΗC, laissant à son pere par res-

pect celui de BACIΛEΥC. Ce fut justement dans ce tems que les Empereurs
Grecs cefférent de mettre des Inscriptions Latines. Cette délicateffe néanmoins ne dura pas, les Empereurs fuivans ayant préféré la qualité de ΔEC-
ΠOΤΗC à celle de BACIΛEΥC, comme Conftantin & Michel Ducas, Nicéphore Botoniate, Romanus Dioge-
nes, les Comnenes & quelques autres.
A l'imitation des Princes, les Princeffes prirent auffi le nom ΔECΠOINA
comme Théodore femme de Théophile.

Il faut voir ce que dit le P. Hardouin * fur le mot de *Defpote*, & celui de *Bafileus* : fes idées font ingénieufes, & finguliéres, & fervent merveil-
leufement à éclaircir l'Hiftoire du bas-
Empire d'Orient.

Médailles du fiécle de Conftantin. p. 255.

Pendant que nous parlons des Empereurs de Conftantinople, il ne faut
pas omettre le titre qui fe trouve fouvent fur les Médailles de ce tems, dans
la Famille des Comnenes, & de ceux
qui les ont fuivis ; fçavoir ; ΠOPΦΥPO-
ΤΕΝΝΗΤOC. Ce mot vient d'un appar-
tement du Palais que Conftantin avoit
fait bâtir, pavé & revêtu d'un marbre fort précieux, à fonds rouge &

Porphyrogeni-tus.

L iij.

moucheté de blanc, & qui étoit destiné aux couches des Impératrices, dont
les enfans se nommoient ensuite néz
dans la pourpre.

On sera bien-aise d'apprendre ici
que les Grecs ont donné quelquefois
aux Césars le nom de *Basileus*, quoique jamais ils n'ayent souffert qu'ils
prissent celui de *Rex* en Latin. Témoin la Médaille du jeune Caracalle

Monsieur Vaillant a eu cette Médaille. ΑΝΤΩΝΕΙΝΟC ΒΑCΙ. Mais tous les
Sçavans ne conviennent pas que cet
Antonin soit Caracalle. Nous avons
un Hanniballianus que Constantin fit
appeller *Rex*. Monsieur de Spanheim
rapporte des Médailles des Rois Grecs,
une de Tryphon & une de Tigranes,
où l'on trouve tout ensemble ΒΑCΙ-
ΛΕΩC ΑΥΤΟΚΡΑΤΟΡΟC. Il en cite
aussi parmi les Empereurs une de Caïus
ΓΑΙΟC ΚΑΙCΑΡ.ΘΕΟC ΑΥΤΟΚΡΑΤΩΡ.
qui est une honteuse flaterie. Goltzius
rapporte deux Médailles où Néron est
qualifié Patron, ΝΕΡΩΝ ΠΑΤΡΩΝ,
ΝΕΡΩΝΙ ΠΑΤΡΩΝΙ. Ceux de Samos
ont honoré les deux enfans de Sévére
du nom de nouveaux Soleils ΝΕΟΙ
ΗΛΙΟΙ, les regardant comme des Astres favorables qui promettoient à
l'Empire un nouvel éclat. C'est la mé-

me Médaille qui avoit été si mal décrite par Occo, qu'il a crû qu'on y lisoit NEOTHΛEOC.

On trouve dans le bas-Empire le mot de *Senior* avec celui de *Dominus*, comme nous disons en France Seigneur & Maître. Mais sans toucher à la question, sçavoir si le mot François *Seigneur* vient du Latin *Senior*; je suis obligé de dire que dans les Médailles de Dioclétien & de Maximien, qui sont les seules où j'ai lû ce titre, il semble qu'il signifie plûtôt la même chose que *Pater*, & que ce terme respectueux fut employé par les Césars que ces deux Empereurs créérent pour gouverner l'Empire, conjointement avec eux; d'autant plus que nous ne le voyons qu'avec le datif, D. N. *Diocletiano Felicissimo Seniori Augusto*: & que Dioclétien & Maximien conserverent cette qualité, même après qu'ils eurent quitté l'Empire. Témoin la Loi deuxième du Code Théodosien, *de Censu*, où Constantin & Licinius parlant de Dioclétien, l'appellent *Dominum & Parentem nostrum Seniorem Augustum.*

Le Pere Hardouin a mieux rencontré, & nous a appris que le mot de *Se-*

Senior.

nior Aug. marque l'abdication de ces Empereurs, & qu'il ne leur fut donné qu'après qu'ils eurent quitté l'Empire; ce qui explique parfaitement bien, ce revers commun sur les Médailles de ces deux Princes, *Quies Augustorum.*

Nobilis Cæsar. Philippe le jeune, avant que de s'appeller *Augustus*, avoit la qualité de *Nobilis Cæsar* qui a été continuée depuis aux Princes qui n'étoient pas associéz à l'Empire, & à ceux sur qui les Empereurs se remettroient du Gouvernement de leurs Etats; comme par exemple Diocletien donna le titre de *Nobilis Cæsar*, à Constantius, Maximin, Sévére, & Maximien, on le voit par leurs Médailles. Car pour le *Princeps Juventutis*, c'est une qualité que l'on donna aux fils des Empereurs dès *Princeps Juventutis.* le tems d'Auguste. *Caius & Lucius Cæsares, Principes Juventutis.* Pour le nom de *Cæsar* tout seul, séparé de celui d'Auguste, on le trouve dès le tems de Geta & de Caracalla fils de Sévére, & dans les enfans adoptéz Aelius & Aurelius. Il semble qu'Aelius ait été absolument le prémier, dans qui le nom de *Cæsar* se soit trouvé séparé de celui d'Auguste. Ainsi dans le haut-Em-

pire le nom de Céſar & d'Auguſte a été
continué aux Empereurs durant pluſieurs ſiécles, pour flatter leur ambition, commë s'ils avoient été les héritiers de la grandeur & des bonnes qualités de ces deux prémiers Empereurs,
auſſi-bien que de leur puiſſance. Dans
l'Empire de Conſtantinople le nom de
Flavius a été depuis Conſtantin l'ambition de tous les Princes, que l'on ne
pouvoit flatter plus agréablement,
qu'en les appellant de nouveaux Conſtantins, *Novus Conſtantinus*. Pour rendre ce nom plus illuſtre, on a toujours
préſuppoſé qu'il avoit paſſé de la Famille de Veſpaſien, en droite ligne juſqu'à Conſtantin, vérifiant ainſi l'heureux préſage de ce Temple dédié par
Domitien, *Æternitas Flaviorum*.

Flavius.

On le trouve ſur une Médaille de Tite.

Il eſt vrai que ce nom *Flavius*, qui
depuis Nerva ſembloit être entiérement oublié, ne commença à renaître
que dans la Famille de Conſtantin, laquelle étant éteinte, Jovien ne laiſſa
pas de le porter, & ſes ſucceſſeurs à
ſon exemple. Il n'y eut pas juſqu'à des
Rois Lombards qui s'en firent honneur ; Autharite, & quelques Rois
Goths, comme Reccarede ; ce qui paroît n'avoir duré que juſqu'à Héra-

L v

clius & Conftantin fon fils, du moins
le nom de *Flavius* ne fe trouve-t'il pas
depuis fur les Médailles. J'entends les
Médailles originales, & non pas celles de Strada qu'il a faites à plaifir,
& où il a donné ce nom, même aux
Comnenes, & aux Anges.

L'Ambition des Princes Grecs, & la
flatterie de leurs Sujets, nous four-
niffent fur leurs Médailles une grande
quantité de titres, qui font inconnus
aux Empereurs Latins, BACIΛEYC. BA-
CIΛEΩN. *Nicator*, *Nicephorus*, *Ever-
getes*, *Eupator*, *Soter*, *Epiphanes*, *Ce-
raunus*, *Callinicus*, *Dionyfius*, *Theo-
pator*. Ils ont été auffi bien moins fcru-
puleux que les Latins à fe faire donner le nom de Dieu. Démétrius s'étant
appellé ΘEOC NIKATΩP. Antiochus
ΘEOC EΠIΦANHC NIKHΦOPOC. Un
autre Démétrius, ΘEOC ΦIΛOΠATΩP
ΣΩTHP. Ils ne faifoient pas non plus
difficulté d'adopter les fymboles des
Divinitéz, comme le foudre, & les
cornes de Jupiter Hammon, avec la
peau de Lion d'Hercule. Tous les fucceffeurs d'Alexandre s'en firent même
un point d'honneur.

J'ai bien du refpect pour celui qui a
avancé comme certain, que parmi les

Princes Grecs, la qualité de Θεὸς ne
s'est jamais donnée, qu'aux enfans des
Rois qui avoient été mis au rang des
Dieux, mais je n'ai pas assez de doci-
lité pour le croire. Il me semble que
c'est à celui qui a été consacré, que ce
mot appartient plus naturellement qu'à
ses descendans, & la même raison qui
fait que parmi les Latins le fils d'un
pere ne s'appelle pas *Divus*, mais *Di-*
vi Filius, me persuade que parmi les
Grecs, le fils d'un pere Θεὸς, ne doit
tout au plus s'appeller que Θεῦ Ὑιός.

Les Grecs donc étant devenus Sujets des Romains, leur donnerent le
même titre que leurs Rois avoient porté ; de-là vient que nous ne le trouvons presque que sur des Médailles
Gréques ; car très-peu de Latines portent le mot *Deus*, sur-tout en comparaison des Grecques, où l'on trouve
ΘΕΑ ΡΩΜΗ. Θεὸς Συγκλητω. Θεὸς Νέρων.
Θεὸς Καῖσαρ Σεβασος. Γαιος Καῖσαρ Θεὸς.
Les Grecs allerent même jusqu'à appeller Hadrien. ΑΔΡΙΑΝΟC Ὁλύμπιος,
& firent construire à Athénes un Temple commun à l'Empereur & à Jupiter
Olympien. Commode a eu le même nom
Ολυμπιος Κομμοδος ; & les Impératrices
furent pareillement honorées, des noms

des Déesses Junon, Venus, Céres, &c.
à qui elles ne ressembloient ordinairement que par leurs galanteries.

Nos Princes Romains, quoique bien
plus modestes, se sont néanmoins donnéz les noms de Grands, de Pieux,
d'Invincibles, de Justes, de Sages, de
Prévoyans, &c. Trajan fut le prémier
nommé *Optimus*, & Ἄριστος par les
Grecs. Antonin fut le prémier nommé
Pius. Commode eut la vanité d'y joindre le titre de *Felix*; sur quoi l'on fit
mille railleries. Sept. Sévére ayant affecté le nom de *Pertinax*, que Helvius avoit pris pour marquer sa fermeté, en revint à *Severus Pius*. Pes-
cennius se nommoit *Justus*. Dioclétien
fut nommé *Beatissimus* & *Felicissimus*,
& son Collegue à l'Empire partagea
aussi avec lui ces titres nouveaux, que
les enfans de Constantin eurent l'ambition de ne pas laisser périr; témoin
le Médaillon de Constantius, *Victoria
Beatissimorum Cæsarum.* Monsieur Patin
rapporte un Probus d'or, avec ce mot:
Victorioso semper. On voit *Maximus* joint
à des surnoms de conquête: *Armeniacus Maximus*, *Parthicus Maximus.*
Victorin prend celui d'*Invictus.* Car je
veux croire qu'ils ne souffroient qu'à

Pius. Felix. Pius.

peine qu'on leur donnât les noms des Dieux, comme *Jovi Crefcenti*, *Jovi Juveni*, *Jovi Fulgeratori*, *&c.* & qu'ils ne les regardoient que comme des expreſſions du reſpect & de l'affection de leurs Sujets, pour ne point dire de leur flatterie.

Je croi que le P. Hardouin a nonſeulement prouvé, mais démontré que le mot *Maximus* dans les Médailles de Conſtantin, eſt un nom de Famille, & non pas un titre de grandeur, comme il l'eſt à Louis le Grand notre Auguſte Monarque. Ce n'eſt point une viſion de dire que dans la Famille de Conſtantin, il y a eu une branche de Maximus, comme une des Claudes; & une des Jules, dont les Flaves ont été la ſouche commune. Ils ont tous été *Flavii*, mais non pas tous *Julii*, ou *Claudii*, ou *Maximi* : ces trois noms ne ſe ſont jamais trouvéz ſur la même Médaille.

Le mérite extraordinaire de Balbin & de Pupien, joint à la douceur de leur gouvernement, les fit nommer *Patres Senatûs* : titre qui fut depuis donné par flatterie à quelques Imperatrices, comme nous l'allons dire. Ces deux Princes parurent toujours ſi unis, & de ſi

Pater Senatûs

bonne intelligence, qu'on ne se contenta pas de la marquer par une Légende commune à leurs Prédécesseurs, *Concordia Augg.* on mit de plus pour type les deux mains jointes : marque d'une étroite amitié, exprimée par ces mots, *Amor Mutuus Augg. Charitas Mutua Augg. Fides Mutua, Pietas Mutua.*

Les Princesses reçûrent la qualité d'*Augusta*, dès le haut-Empire, *Julia Augusta*, *Antonia*, *Agripina*, &c. On la trouve même sur les Médailles de celles qui ne furent jamais femmes d'Empereurs, *Julia Titi*, *Marciana*, *Matidia*, &c. Les autres y ajouterent des titres qu'on leur avoit donnéz par flatterie, comme Julia se qualifia, *Genitrix orbis*, Faustina *Mater Castrorum*, Julia Domna *Mater Senatus*, *Mater Patriæ*. Cette derniére est la seule de toutes les femmes qui ait osé s'appeller *Pia*, *Felix*, *Augusta*; les Romains n'ayant pas cédé aux Dames si libéralement que nous, la qualité de *Sexe Devot.*

Nous apprenons de Monsieur du Cange, que dans le bas-Empire les meres des Empereurs ont eu le titre de *Venerabilis*, par la belle Inscription

(marginalia: Augusta; Mater Castrorum.)

qu'il rapporte : *Piiſſimæ & Venerabili Dominæ Noſtræ Helenæ Auguſtæ, Matri Domini Noſtri Victoris ſemper Auguſti Conſtantini, & Aviæ Beatiſſimorum Dominorum Noſtrorum Cæſarum, Ordo & Populus Neapolitanus.* Par où il eſt naturel d'expliquer les revers, de la Médaille de la conſécration du grand Conſtantin faite par les Payens, la Figure qui y eſt étant celle d'Helene, & le VN. MR. ſignifiant *Venerabilis Noſtra Mater.*

Ce n'eſt pas là le ſentiment du Pere Hardouin, qui ne reconnoît point la Figure dont il s'agit pour Helene, mais plûtôt pour une Déité ; & qui veut qu'on explique ces lettres : *Orbis Narbonenſis Mercatum Reſtituit.* Cela ſuppoſe ſes vûës particuliéres ſur les Médailles de ce ſiécle, où je ne veux pas entrer.

Les alliances ſe trouvent auſſi marquées dans les Légendes à la ſuite des noms, & non-ſeulement les alliances par adoption, qui donnoient droit de porter le nom de fils ; mais celles même qui ne procuroient que le titre de neveu & de niéce. Nous réduirons à celles-ci toutes les alliances du Sang, pour ne point entrer dans un détail

Les Alliances.

Les Adoptions.

long & ennuyeux, & nous y com-
prendrons auſſi les différens titres qui

n'ont été que de pure amitié, ou de
pure conſidération. Tel eſt le nom de
Φιλορωμαιος, que prend Ariobarzane Roi
de Cappadoce, pour marquer l'attachement qu'il avoit aux Romains. Tel
eſt auſſi celui de Φιλέλληνες donné aux
Arſacides ſur leurs Médailles ; tel enfin celui de Φιλοκλαυδιος que portoit
Hérode Agrippa, pour faire voir ſon
attachement à la perſonne de l'Empereur Claude. A l'imitation des Ptolemées qui s'étoient nommez *Philo-*
tor, *Philometor*, *Philadelphe*; Nicéphore, dit Botoniate, prit par dévotion le
titre de Φιλοχειτος.

Nous trouvons donc ſur les Médailles les titres de pére, de mére, de
grand-mére, de fils, de petit-fils, &
d'arriére-fils. Caïus Céſar, *Divi Julii*
filius, Caïus & Lucius, *Cæſares Auguſti*
filii. Druſus Céſar, *Tiberii Auguſti fi-*
lius. Germanicus Céſar, *Tiberii Augu-*
ſti filius Divi Auguſti nepos. Caïus Céſar
D. Auguſti Pronepos. Divo Maximiano,
patri. Un autre D. Max. *ſocero*. Divo
Romulo, *filio*. Divo Conſtantino, *co-*
gnato. Agrippina *Mater Caii Cæſaris*
Auguſti. Agrippina Aug. *Divi Clau-*

dii Cæsaris Neronis mater. Diva Domitilla, *Divi Vespasiani Augusti filia.* Di-
vis Parentibus. ΘΕΩΝ ΑΔΕΛΦΩΝ. ΙΟΥ-
ΛΙΑ COAIMIAC CEB. MHTHP CEB.
Marciana Aug. soror Imp. Trajani. Sa-
bina *Hadriani Aug.* Imp. Maxentius
Divo Constantino adfini.

Ces mêmes Légendes nous découvrent aussi le peu de tems que duroit
la reconnoissance de ceux, qui ayant
reçû l'Empire de leur pére, de leur
mére, ou de leur Prédécesseur qui les
avoit adoptéz, quittoient bien-tôt
après le nom & la qualité de fils qu'ils
avoient pris d'abord avec empresse-
ment. Trajan joignit d'abord à son
nom celui de Nerva qui l'avoit adopté, mais peu de tems après il ne porta
plus que celui de Trajan. D'abord c'é-
toit *Nerva Trajanus Hadrianus*, bien-
tôt ce fut *Hadrianus* tout seul. Et le
bon Antonin qui s'appelloit au commencement de son régne, *Titus Ælius
Hadrianus Antoninus*, s'appella peu
après *Antoninus Augustus Pius*, cependant la vanité & l'ambition leur faisoit quelquefois garder des noms ausquels ils n'avoient aucun droit, ni par
le Sang, ni par le mérite. Ainsi celui
d'Antonin a été porté par six Empe-

reurs jufqu'à Élagabale : celui de Trajan par Dece , &c.

Ces noms propres devenus communs à plufieurs , ont caufé beaucoup
d'embarras aux Antiquaires ; parce que
ces fortes de Médailles ne portent aucune Epoque , au lieu que les Médailles Grecques , beaucoup plus exactes ,
portent les furnoms , & marquent les
années , & par-là facilitent extrêmement la connoiffance de certains Rois ,
dont on n'auroit jamais bien débrouillé l'hiftoire fans ce fecours ; comme les
Antiochus , les Ptolemées , & les autres.

N'oublions pas de marquer que dans
les Légendes des Médailles , on trouve
fouvent le nom du Magiftrat fous lequel elles ont été frappées. Sur les Grecques cela s'exprime par ΕΠΙ ΣΤΡΑ-
ΤΗΓΟΥ ; ou fimplement Βαλϐος Ανθυπα-
τος , ou bien Αρχιερέως Στρατοκλέȣς ,
Αλικαρνασσέων. Επὶ Θεωρȣ Αρχοντος Ανα-
φλυσίων. Επὶ πάιτȣ Γραμματέως Εφεσίων. On
trouve encore la qualité d'ΗΓΕΜΩΝ
& de ΠΡΕΣΒΕΥΤΗΣ. Et plufieurs autres jufqu'au nombre de vingt-cinq ,
dont Monfieur Vaillant s'eft donné la
peine de faire un recueil dans la derniere Edition de fes Médailles Grec-

Prætore.
Proconfule.
Pontif.
Max.
Præfecto.
Scriba.
Gubernante.
Urbem.
Legato.

ques, où il explique encore fçavam-
ment les Charges & les fonctions de
ces différentes Magiftratures. Dans les
Colonies Latines, on voit les noms
des Duumvirs à l'ablatif.

Il manqueroit quelque chofe à cette
Inftruction, fi je ne difois rien de la
pofition de la Légende. L'ordre naturel qui la diftingue de l'Infcription, eft
qu'elle foit pofée fur le tour de la Médaille, au-dedans du grenetis, en com-
mençant de la gauche à la droite, &
cela généralement dans toutes depuis
Nerva. Mais dans les Médailles des
douze Céfars il eft affez ordinaire de
les trouver marquées de la droite à la
gauche, ou même partie à gauche,
partie à droite.

Il y en a qui ne font que dans l'exergue, *de Germanis*, *de Sarmatis*, &c.
Il y en a qui font en deux lignes pa-
ralleles, l'une au-deffus du type, &
l'autre au-deffous, comme dans Jules.[a]
Il y en a dans le même Empereur po-
fées en travers & comme en fautoir[b].
Il y en a en pal comme dans une Médaille de Jules, où la tête de Marc
Antoine fert de revers [c]. Il y en a au
milieu du champ, coupées par la figure
comme dans un revers de Marc An-

pofition de la Légende

a *Méd.* 18.

b *Méd.* 19.

c *Méd.* 22.

toine , qui repréſente un fort beau
Trophée. On voit un autre revers du
même , où un grand Palmier au milieu
d'une couronne de lierre , coupe ces
a Méd. 20. mots , *Alexand. Aegyp* [a]. Enfin il y en
a en Baudrier , comme dans Jules ; ce
qui prouve que la choſe a toujours
b Méd. 22. dépendu de la fantaiſie de l'Ouvrier [c].

C'eſt particuliérement ſur les grandes Médailles Grecques , qu'on trouve
les poſitions les plus bizarres , ſur-tout
quand il y a plus d'un cercle. Il n'eſt
point de maniére de placer , de tran-
cher , de partager les mots , & de ſéparer les lettres , que l'on n'y rencontre : ce qui donne bien de la peine à
ceux qui ne ſont pas aſſez intelligens
c Méd. 13. pour les bien démêler [c].

On pourroit être trompé à certaines Médailles , où la Légende ſe trouve écrite à la maniére des Hébreux , les
lettres poſées de la droite à la gau-
d Méd. 14. che [d]. Celle du Roi Gelas eſt de cette
ſorte �zΛΛΕꝛ. Quelques-unes de Paler-
me ΝΑΤΙΜꝗΟΝΑΠ , & d'autres de Céſarée ; c'eſt ce qui a fait croire à quelques-uns que l'on avoit autrefois nommé Céſarée ΛΛΦæα , au lieu de Flavia
ΦΛΛ. la Médaille de Lipari eſt du même genre ; on a été long-tems ſans

l'entendre, parce qu'on y lisoit ΠΙΛ
pour ΛΙΠ.

Il ne faut pas oublier d'instruire le
jeune Curieux de ces lettres R E S T.
qu'il trouvera sur plusieurs Médailles,
& qui marquent que ces Médailles
ont été frappées par l'ordre des Empereurs, qui ont voulu renouveller la
mémoire de leurs prédécesseurs. Claude est le prémier qui restitua certaines
Médailles d'Auguste a, Néron fit de
même. Tite à l'exemple de son pere en
restitua de presque tous ses prédécef-
seurs : mais Gallien, sans y mettre le
REST. fit battre tout de nouveau la
consécration de tous les Empereurs
précédens, en deux Médailles dont l'u-
ne avoit un Autel, & l'autre un Aigle.
On les reconnoît par le volume, &
par le Métal, qui n'est que billon.

Finissons cette Instruction, en re-
marquant que l'on ne peut donner de
régle certaine, pour placer les Lettres
sur les Médailles. Car encore qu'il soit
vrai que la Légende est l'ame de la
Médaille, il se trouve cependant quelques corps sans ames, non-seulement
dans les Consulaires, mais aussi dans
les Impériales ; c'est-à-dire, des Médailles sans Légende, ni du côté de la

Les Resti-
tuéz.

a Méd. 243.
b 3.

tête, ni du côté du revers ; par exemple, dans la Famille Julia, la tête de Jules se trouve souvent sans Légende. On voit aussi des revers sans Légende, & sur-tout dans cette même Famille.

Dans le Cabinet du Duc d'Arschot.
Tab. 4.
Ursin Fam. Cæcilia.

Une Médaille qui porte d'un côté la tête de la Piété avec la Cigogne, & de l'autre une Couronne qui enferme un Bâton Augural, & un Vase de Sacrificateur, est sans aucune Légende.

Il s'en trouve qui ne sont que demi-animées, pour parler ainsi ; parce que l'un des côtéz est sans Légende, tantôt celui de la tête, & tantôt celui du revers. Nous avons plusieurs têtes d'Auguste sans Inscription, comme celle qui porte au revers la Statuë Equestre que le Sénat fit ériger en son honneur, avec ce mot, *Cæsar Divi filius.* Nous avons aussi une infinité de revers sans Légende, quelquefois même des revers considérables pour la singularité du type, & pour le nombre des Figures ; je croi qu'on peut mettre dans ce nombre ceux qui ne portent que le nom du Monétaire, ou le simple S. C. puisque ni ce nom, ni ces lettres ne contribuent en rien à expliquer le type. Telles sont trois ou quatre belles Médailles de Pompée, avec des revers

1 — M·ANT·IM — IIIVIR·R·P·C·

2 — CONCORDIA·EXERCITVVM — S C

3 — XVVIR SACR FAC

4 — AMOR MVTVVS AVGG

5 — LIB·IIII

6 — III·VIR·AV·CV — M·ACILIVS

7 — CIVITATIBVS·ASIÆ RESTITVTIS

8 — CLEMENTIÆ

9 — RENASC ROMA

10 — REGNA ADSIGNATA — S·C

11 — SPQR AMPLIATORI CIVIVM

12 — OB CONSERVATIONEM SALVTIS

très-curieux, qui n'ont que le nom de *M. Minatius Sabinus Proquæstor*. Deux de Jules Céfar, dont l'une chargée d'un Globe, des Faiſceaux, d'une Hache, d'un Caducée, & de deux mains jointes, n'a que le nom L. B V C A. L'autre qui porte une Aigle militaire, une figure aſſiſe tenant une branche de Laurier ou d'Olivier, couronnée par derriére par une Victoire en pied, n'a que *ex* S. C. Une de Galba, dont le le revers eſt une allocution de ſix figures, que quelques-uns croyent marquer l'adoption de Piſon, ſe trouve auſſi ſans aucune Légende. Les Sçavans diſent que le coin eſt moderne, & que la véritable Médaille porte *Allocutio*. Pour celles qui ſe trouvent avec les ſeules Légendes ſans tête, on les place parmi les inconnuës, & on les abandonne aux conjectures des Sçavans. Telle eſt celle qui porte une Victoire poſée ſur un Globe, *Salus generis humani*, au revers S. P. Q. R. dans une Couronne de chêne. Les uns la donnent à Auguſte; les autres aux Conjuréz, qui aſſaſſinerent Jules Céſar. En pareilles rencontres, le plus ſûr eſt de ne rien aſſurer.

REMARQUES

Sur la sixiéme Instruction.

P. 218. *D'Autres fois on les trouve sur le seul*
l. 6. *revers, où l'on ne laisse pas encore,*
quoique plus rarement, de rencontrer le nom
même.] C'est ici le lieu d'avertir qu'on trouve
quelquefois des Médailles, sur lesquelles le
nom se lit des deux côtéz, même sans presque aucune différence dans la Légende. Témoin un petit Médaillon de potin frappé en
Egypte, sur lequel on trouve des deux côtéz
CABEINA. CEBACTH. L. IE, quoique
sur un de ces deux côtéz on voye la tête de
Sabine, & sur l'autre une figure de femme
assise, tenant de la main droite des épis, &
une *haste* de la gauche. Tel est encore un Médaillon d'argent de Constantin, où du côté
de la tête on lit CONSTANTINVS MAX.
AVG; au revers CONSTANTINVS AVG.
avec trois *Labarums*; dans l'exergue SIS; &
cet autre, Médaillon, aussi d'argent, de Julien
l'Apostat, où autour de la tête sans couronne,
on trouve FL. CL. JVLIANVS NOB. CAES.
Au revers trois *Labarums*, pour Légende DN.
JVLIANUS CAES. dans l'exergue T. CON.
Enfin une Médaille de Maximin-Daza, qu'on
peut placer également, dans le moyen &
dans le petit bronze, où l'on voit d'un côté
Maximin à demi corps, ayant la tête couronnée

ronnée de lauriers, & la poitrine couverte
d'une cuiraffe; il tient de la main droite un
globe, fur lequel eft une victoire; fa gauche
eft cachée par fon bouclier, dont la partie fu-
périeure repréfente deux Cavaliers courant à
toute bride de gauche a droite, précédez par
la Victoire. Dans la partie inférieure font quatre petits enfans debout, qui défignent les
quatre Saifons de l'année. La Légende de ce
côté eft MAXIMINVS. NOB. CAES. au
revers un homme debout vêtu du Paluda-
ment, tenant de la droite un Globe fur lequel eft une Victoire; il s'appuye de la gauche fur une *hafte*; on lit autour MAXIMI-
NVS NOBILISSIMVS CAES. dans le
champ à gauche E, dans l'exergue ANT.

P. 218. l. 12. *Nous avons mille exemples du*
partage dont nous parlons, des qualitéz, des
charges, & des titres d'honneur.] En parlant
des Médailles, fur lefquelles les titres & les
qualitéz de la perfonne, font partagéz moitié d'un côté, & moitié de l'autre; on peut
donner pour exemple les Médailles de Trajan
qui font prefque toutes dans ce cas-là; celles
d'Hadrien frappées dans le commencement
de fon Régne; & celles de Plotine, qui font
d'autant plus remarquables en ce genre, que
la Légende du revers commence par le génitif, CAESaris AVGufti GERMAnici,
&c. (1).

P. 219. l. 12. *De IIIIVIR de la Santé*, Acilius IIIIVIR. *Valetudinarius.*] C'eft ainfi qu'on
explique communément cette Médaille d'argent de la Famille *Acilia*, rapportée par Urfin, Vaillant, & Morel, où l'on voit d'un côté

(1) *Vaill. Num. Præf. T. II. p. 135.*

une tête de femme couronnée de laurier, avec un collier de perles, & ce mot SALV-TIS : au revers une figure de femme debout tenant de la main droite un serpent, & dont le coude du bras gauche est appuyé sur un cippe, pour Légende M. ACILIVS IIIVIR VA-LET. mais aucun auteur ancien n'a fait mention de ces prétendus III-virs de la Santé, & je ne crois pas même que pour désigner des Magistrats préposéz à veiller sur les infirmeries, on eût pû dire en Latin *Triumviri Valetudinarii*, ou *Valetudinis*. Il est assez ordinaire de trouver sur les Médailles Consulaires, sur un des côtéz, le nom de la Divinité représentée à la suite du nom du Triumvir Monétaire, qui a fait frapper la Médaille ; par exemple dans la famille Fonteia, on lit autour d'une tête de femme voilée, P FON-TEIVS CAPITO III. VIR. CONCORDIA, & dans la famille Cassia, autour de la tête de Vesta, Q. CASSIVS VEST. où il est aisé de voir que les mots CONCORDIA, & VESTA, ne doivent pas être liéz aux noms qui les précédent. Il en est de même de la Médaille de la famille Acilia. *Manius Acilius* est le nom du Triumvir Monétaire qui la fait frapper ; VALETV*do* exprime le nom de la Divinité représentée sur ce revers, c'est la même que les Grecs appelloient ὑγιεία, comme on peut en juger par les symboles qui l'accompagnent.

P. 120. l. 1. *Le Pere Hardouin soutient en l'honneur des Empereurs Chrétiens, que depuis la conversion de Constantin, on ne trouve plus sur aucune Médaille, le titre de* Pontifex Maximus, *non pas même sur celles de Ju-*

tien l'Apoſtat.] Si on donne pour datte a la converſion de Conſtantin le tems où il vit une croix miraculeuſe dans le Ciel, & même celui où il commença à faire des Edits en faveur des Chrétiens, il eſt faux que l'on ait ceſſé dès lors de graver le titre de Souverain Pontife ſur ſes Médailles, puiſque nous en avons, où ce titre ſe trouve joint a ſon ſixiéme Conſulat, poſtérieur de dix ans à ſa converſion. Quant à ce qu'on ajoûte que les Médailles de ſes ſucceſſeurs ne leur donnent plus le titre de *Pontifex Maximus*, il faut remarquer qu'il ne ſe rencontre pas non plus ſur celles de Carus, de Carin, de Numérien, de Maximin Daza, de Maxence, & de Licinius prédéceſſeurs de Conſtantin. Au reſte, pour tout ce qui concerne le ſouverain Pontificat des Empereurs, je renvoye le Lecteur aux Mémoires de l'Académie des Belles Lettres, où il trouvera une Diſſertation aſſéz étenduë ſur ce ſujet.

Ibid. l. 26. *Enfin il ſe perdit inſenſiblement au tems de Juſtinien, qui réunit cette dignité à la puiſſance Imperiale, de ſorte que depuis lui, pas un Empereur n'a fait de Conſuls, & n'a voulu ni prendre ce titre, ni le donner à perſonne.*] Baſile le jeune eſt le dernier particulier qui ait eu le titre de Conſul, l'an 541. de l'Ere Chrétienne, Juſtinien n'en ayant pas nommé depuis, & ſes ſucceſſeurs l'ayant imité. Mais les Empereurs continuérent encore pendant quelque tems de prendre le Conſulat le prémier jour du mois de Janvier, qui ſuivoit leur avénement à l'Empire, quelquefois même ils ont renouvellé cette cérémonie, comme Juſtin ſecond, dont on compte

deux Confulats. Cette forte de Confulat fervoit de datte aux Actes publics & aux Con-
trats, quoique les Empereurs ne priffent pas
pour cela le titre de Confuls. On peut voir là-
deffus la Differtation du Pere Pagi *de Con-*
fulibus Cæfareis.

P. 226. l. 17. *Par exemple dans Trajan le*
beau titre Optimo Principi, *fe trouve tantôt*
fur un côté, & tantôt fur l'autre.] Quand le
Pere Jobert dit que le titre d'*Optimus Prin-*
ceps, fe trouve fur les Médailles de Trajan,
tantôt fur un côté, tantôt fur l'autre, il devoit faire remarquer que tant que ce titre
n'eft que fur le revers, il eft toujours à la fin
de la Légende, & ce n'eft que le Sénat & le
peuple qui le donnent à l'Empereur, S. P.
Q. R. OPTIMO PRINCIPI. auffi ne fe
trouve-t'il placé de la forte que dans les prémiéres années de fon régne, au lieu que
quand le mot *Optimus* eft du côté de la tête,
c'eft un véritable furnom, un nom diftinctif
de Trajan, qui fe faifoi honneur de le mériter, & qui permettoit qu'on le gravât fur les
Médailles. Alors Trajan non-feulement le joignoit à fes autres titres, mais il le plaçoit
même avant le titre d'Augufte, qui précé-
doit toujours les furnoms de *Germanicus*,
Dacicus, *Parthicus*; auffi fon fucceffeur Hadrien, qui en vertu de fon adoption, avoit
droit à tous les noms que Trajan avoit portéz, a fait graver plufieurs de fes propres Médailles, & fur-tout celles où on lit le mot
ADOPTIO, avec cette Légende partagée fur
les deux côtéz de la Médaille; IMP. CAES.
TRAIAN. HADRIAN. OPT. AVG. GER.
DAC. PARTHIC. DIVI. TRAIANI. AVG.

F. P. M. TR. P. COS. PP. On ne doit pas accufer Trajan de vanité pour avoir adopté un titre fi flatteur ; il le fit plûtôt pour deféret aux volontéz de fes Sujets, & pour prendre avec eux une efpéce d'engagement public, de ne jamais ceffer de le mériter.

Ibid. l. 10. *Dans Commode celui de* Felix, *qu'il joignit le prémier avec* Pius, *& que fes fuccesseurs ont voulu garder, fe met toujours du côté de la tête.*] Il eft généralement vrai que les fucceffeurs de Commode ont voulu garder le titre de *Felix*, que ce Prince a porté le prémier ; mais quoiqu'on le trouve prefque toujours dans les Infcriptions gravées en l'honneur de Caracalle, il eft cependant affez rare de le trouver fur fes Médailles, c'eft même une des marques qui fert à les diftinguer de celles d'Elagabale, qui eft prefque toujours appellé *Felix* ; mais comme ce titre fe trouve quelquefois fur les Médailles de Caracalle en argent & en bronze, & que d'autre part Elagabale eft quelquefois appellé fimplement *Pius* fur les fiennes ; cette marque feule ne fuffit pas pour les diftinguer, & on a indiqué les moyens d'y parvenir plus fûrement, dans une Differtation Latine fur les Antiquitéz d'Aofte dans le Viennois, imprimée à la tête du prémier volume du *Thefaurus Novus Infcriptionum* de Monfieur Muratori.

Le titre de *Pius Felix* ne fe trouve donné qu'aux Empereurs dans le haut-Empire ; il paroît qu'il étoit pour lors inféparable de ceux d'*Imperator* & d'*Auguftus* ; mais dans le bas-Empire, il doit n'en avoir pas été de même, puifque nous avons une Médaille de Carin

en petit bronze (1) où on lit autour de sa
tête, M. AVR. CARINVS. P. F. NOB.
CAES. au revers une figure de femme debout, tenant de chaque main une enseigne
militaire, pour Légende VIRTVS. MILI-
TVM. dans le champ à gauche P. dans l'e-
xergue XXI. Le Pere Banduri en cite deux
avec la même Légende du côté de la tête,
une d'or du Cabinet du Roi, ℞. *Victoria
Augustorum.* l'autre d'argent du Cabinet du
Pere Chamillart, ℞. *Felicitas Reipublicæ.* Il
faut cependant remarquer, que dans ce même Empereur on trouve la qualité d'*Imperator*, jointe à celle de *Nobilis Cæsar*, comme
dans la Médaille suivante, IMP. C. M. AVR.
CARINVS NOB. C. la tête de Carin avec
la couronne rayonnée. ℞. VIRTVS AVGG.
deux figures militaires debout, vis-à-vis l'u-
ne de l'autre, dont l'une tient un Globe, ou
une petite Victoire, dans le milieu du champ
TR. dans l'exergue XXI. On voit la même
Légende du côté de la tête, sur plusieurs autres Médailles qui ont au revers VIRTVS
AVGG. comme celle-ci, ou VIRTVS
AVGGG. Il faut remarquer encore que l'on
rencontre sur quelques Médailles de Numérien, des Légendes tout-à-fait pareilles, tant
du côté de la tête que du côté du revers. Or
si NOB. CAES. se peut trouver avec *Imperator*, puisqu'il est constant d'ailleurs, que *Pius
Felix* se trouve aussi avec *Imperator*; la Médaille de Carin ne fait plus de difficulté. En
effet pourquoi seroit-il plus étrange de voir
Nob. Cæsar, avec *Pius Felix*, que de le voir
avec *Imperator* ?

(1) *Hard. Not. in Plin. p.* 88.

P. 227. l. 9. *comme le* Pater Patriæ *s'y lit plus ordinairement.*] Le Pere Jobert repete ici ce qu'il avoit déja remarqué au commencement de cette Instruction, que le *Pater Patriæ* est plus ordinairement du côté de la tête que du côté du revers. Cependant je croi qu'à bien examiner, il se trouveroit également des deux côtéz, & peut-être même plus souvent sur le revers, puisque toutes les Médailles dont la Légende du revers commence par P. M. ou par TR. P. finissent ordinairement par PP. & ces sortes de Médailles sont, comme il est aisé de s'en convaincre, en plus grand nombre que les autres sous chaque Empereur.

Ibid. l. 15. *Le Pere Hardouin fait une remarque fort singuliére sur le mot* Deus Θεος ; *il veut qu'il ne signifie autre chose, sinon que celui qui le porte, est le fils d'un pére qui a été mis au nombre des Dieux.*] Ce n'est pas là tout-à-fait ce qu'a prétendu le Pere Hardouin : son idée étoit (1) que les Syriens & les Egyptiens, n'ont donné le nom de Θεος qu'à ceux d'entre leurs Rois, qui comptoient parmi leurs Ancêtres quatre Rois consécutifs, & celui de Θεα qu'aux Reines dont le Pére, l'Ayeul, le Bisayeul, & le Trisayeul avoient été Rois. Ainsi il expliquoit de Ptolemée Philometor & de Cléopatre, la fameu- Médaille, où on lit ΘΕΩΝ ΑΔΕΛΦΩΝ ; mais malheureusement pour cet ingénieux systême il n'est personne qui ne reconnoisse sur cette Médaille, d'un côté, les têtes de Ptolemée Soter & de Berenice ; de l'autre celles de Pto-

(1) *Harduin. Chron. Vet. Test. opp. Sel.* p. 577. 578.

M iiij

lemée Philadelphe & d'Arſinoé. Le même
Antiquaire ſoutenoit que Θεά Νεωτέρα marquoit que la Princeſſe qui prenoit ce titre,
avoit eu une mére ou une ayeule de même
nom qu'elle, deſcenduë de quatre Rois, &
honorée du titre de Θεά. Cette nouvelle
Grammaire n'a pas encore paſſé dans les Dic-
tionaires Grecs.

P 228. l. 21. Après les mots *Gloria novi ſæculi.*] On peut ajouter à ces revers, celui-ci
qui ſe trouve ſur une Médaille en petit bronze
de Conſtantin ; elle eſt dans le Cabinet de
Monſieur l'Abbé de Rothelin, & n'a jamais
été publiée. R E C V P E R A T O R I V R B.
S V AE. dans l'exergue P A R L. l'Empereur aſſis ſur une eſpéce de Trophée compoſé de cui-
raſſes & de boucliers, reçoit de la main droite
une petite Victoire poſée ſur un Globe, que
lui préſente une figure vêtuë militairement,
ayant le caſque en tête, & poſée debout devant lui. De l'autre côté la tête de Conſtantin couronée de lauriers ; on voit le buſte de
l'Empereur juſqu'au milieu de la poitrine,
orné des habits Impériaux ; la main droite paroît auſſi, & tient poſé ſur l'épaule droite un
javelot, ou une eſpéce de bâton arrondi par
les deux bouts. La gauche qui ne paroît point
tient un bouclier dans lequel eſt gravé un
homme à cheval, qui foule aux pieds un cap-
tif renverſé.

P. 229. l. 1. *Regnante Commodo orbis beatus eſt.*] On trouve une ſemblable Inſcription au revers d'une Médaille de Septime Sévére, rapportée par le Pere Hardouin dans ſes
Notes ſur Pline (1) ΓΕΟΥΗΡΟΤ ΒΑCΙ-

_____
(1) *Hard. Not. in Plin.* T. 1. p. 289.

ΛΕΓΟΝΤΟC O ΚΟCΜΟC ΕΥΤΥΧΕΙ. Les
mots suivans H ΑΦΑΡΓΟΥ ΚΙΑΝΟΙC,
qui ont donné lieu à une de ces explications
singuliéres, si ordinaires au Pere Hardouin,
me paroissent avoir été mal lûs ; car Haym en
rapportant la même Médaille, (1) y lit HΑ-
ΚΑΝΟΥ ΚΙΑΝΟΙ. Un Médaillon Latin de
Commode porte au revers une Légende,
dont le sens est le même que celui de la Légende Greque dont je viens de parler. Le
Pere Hardouin qui la fait graver à la fin
du prémier Tome de la derniére Edition de
Pline, le décrit & l'explique en ces termes :
(2) *In Felicis cognomine ludit ingeniosè num-*
mus singularis ex ære maximo apud P. de
Grainville Soc. Jes. Rhotomagi. M. COM-
MODVS ANT. PIVS. FELIX. AVG. BRIT.
Capite Laureato ℞. *Commodus stans ad aram,*
rem sacram Neptuno stanti pariter è regione
facit. Inscriptio, SEC. IMP. OMNIA FELI-
CIA. *hoc est* Salvo Exercitu Commodi Im-
peratoris OMNIA FELICIA. *Felix Impera-*
tor, Felix Imperium, Felix exercitus, Felix
navalis expeditio, reduce nimirum ex aliquâ
transmarinâ regione, & sospite exercitu. TR.
POT. XV. IMP. VIII. *infra* COS. VI. PP.
Ce Médaillon a passé du Cabinet du Pere de
de Grainville, dans celui de Monsieur l'Abbé
de Rothelin. Voici plus exactement la Légende du côté de la tête, IMP. COMMO-
DVS AVG. PIVS. FELIX. Les prémiéres
lettres de la Légende du revers, dont le Pere
Hardouin fait trois mots dans son explication, y sont tellement effacéz, qu'à peine

(1) *Haym. Tes. Brit. T. II. p. 236.*
(2) *Hard. ub. Sup. p. 429.*

M v

peut-on démêler que la troisiéme est un G.
Ainsi au lieu de lire SEC, qui ne peut jamais avoir été sur la Médaille, il y a grande
apparence qu'il faut y lire *Aug.* c'est-à-dire,
Augusto IMP*erante* OMNIA FELICIA, en
sousentendant *sunt*, ou AVG*usto* IMP*eratori*
OMNIA FELICIA, en sousentendant *eve-
niant*, par maniére de souhait.

P. 234. l. 7. *Celui d'être exempts des Tributs & des Impôts par le mot* ΕΛΕΥΘΕΡΑC.]
ἐλευθέρα signifie une Ville libre ; mais il ne
faut pas confondre les Villes libres, comme
il paroît qu'a fait le Pere Jobert après quelques autres Antiquaires, avec celles qui étoient
exemptes des Impôts & des Tributs, ni même
avec les Villes qui se gouvernoient par leurs
propres loix, & qu'on nommoit à cause de
cela Αυτονομοι ; on appelloit ἐλευθέραι, *Li-
beræ*, les Villes qui étoient déclarées indé-
pendantes, & qui n'étoient point soumises à
la Jurisdiction du Magistrat, envoyé de Rome
pour gouverner la Province dans laquelle elles se trouvoient situées. Le sçavant Marquis
Maffei a déja fait cette observation. (1) Elle
mériteroit une Dissertation complette, pour
être mieux approfondie.

Ibid. l. 27. *Nous apprenons que Marc Antoine a eu jusqu'à trente Légions, par les nombres* Legio I. II. III. &c. *jusqu'à* XXX. *si
nous en croyons Goltzius ; car je n'en ai vû
nulle part plus de vingt-quatre.*] On ne trouve point encore aujourd'hui dans les Cabinets
connus, plus de vingt-quatre Légions de
Marc Antoine, & même celle qui porte LEG.
XXIIII. ne s'est jamais vûë, du moins en

(1) *Veron. Illustr. Part. I. L. III. p.* 46. 47.

France , que dans le Cabinet du feu Père Chamillart. On pourroit dire que celle qui porte LEG. I. est encore plus rare ; car la plûpart de celles qu'on connoît , portoient dans leur origine un autre chiffre , & ne font réduites à celui-ci , que par la friponnerie de quelque Brocanteur. C'est de quoi on a crû devoir avertir les Curieux pour empêcher qu'ils n'y soient trompez.

P. 335. l. 17. Cohortes Prætorianorum septem *dans Gallien.*] On ne connoît point de semblable Médaille dans Gallien , & je crois que c'est une erreur qui vient de quelque Médaille mal conservée , & mal lûë. On trouve en effet dans Gallien , COHH. PRAET. VI. P. VI. F. & COHH. PRAET. VII. P. VII. F. Je pense que c'est cette derniére Médaille que le Père Jobert a eu en vûë , & que ne l'ayant pû lire toute entiére , il a conclu des trois prémiers mots qu'il falloit lire *Cohortes Prætorianorum septem*, au lieu qu'il paroît plus naturel de les expliquer , par *Cohortes Prætorianæ septimum piæ , septimum fideles.* Les Légions de Gallien que le Père Jobert lui-même lit ainsi , & dont les Légendes sont tout-à-fait semblables à celles-ci , nous indiquent cette leçon , d'autant plus que le type est dans le même goût , que le type des Légions de Gallien , qui repréfentent pour la plûpart quelque animal. Celle-ci repréfente un Lyon avec la tête rayonée , qui marche tenant un foudre dans la gueule.

P. 237. l. 29. *Nous avons sur la Médaille de* Memmius, AED. CERIALIA PREIMVS FECIT.] Cette Médaille de Memmius , qu'on trouvera gravée dans la seconde planche à la

fin de cette Inſtruction N°. 15. n'eſt pas ſans
difficulté. C. Memmius pour lequel elle a été
frappée, a vêcu du tems de Jules Céſar, &
de-là Ange Politien concluoit (1) que les
Jeux en l'honneur de Cérès, avoient été-in-
ſtituéz par ce Dictateur. Fulvio Urſini pen-
ſoit au contraire, que C. Memmius Contemporain de Jules, avoit fait graver ſur cette
Médaille le nom d'un de ſes Ancêtres, qui
le prémier avoit célébré les Jeux *Céreaux*
pendant l'année de ſon *Edilité Curule* : mais
Chriſtophle Adam Rupert a ſoutenu (2) que
le ſens de la Légende n'étoit pas préciſément
que Memmius Edile Curule, eût préſidé le
prémier à ces Jeux, & que les termes dans
leſquels elle eſt conçûë, marquent ſeulement
que C. Memmius l'un de ces Ediles Curules
nomméz *Cereales*, établis par Jules Céſar,
fut le prémier qui préſida aux Jeux, qu'on
avoit accoutumé de célébrer en l'honneur de
Cérès. Cette ſolution diſpenſe Rupert de recourir, comme a fait Pighius (3), à un Memmius plus ancien, ſur lequel tous les Auteurs
ont gardé un profond ſilence. Auſſi ce ſentiment de Rupert, a-t'il été ſuivi par le ſçavant
Mathieu Egizio, dans ſon explication du Senatus Conſulte ſur les Bacchanales. (4).

P. 238. l. 24. *Les Médailles Gréques ſur le
même ſujet, ont pour Légende* ΔΗΜΟΥ ΕΥ-
ΧΑΙ, *& ces deux mots ſont exprimez quelquefois par les deux initiales* Δ. Ε. *c'eſt une de*

(1) A. Politian. Miſcell. c. 85.
(2) C. A. Rupert. Anim. in Pomp. de Orig. Jur.
D. II. C. 18.
(3) St. Pigh. Annal. Rom. T. III. p. 467.
(4) Ægypt. Expl. S. C. de Bacchan. p. 73.

ces heureuses découvertes, *que nous devons au génie du Pere Hardouin.*] Je ne connois point de Médaille de Marc Aurele jeune, au revers de laquelle on trouve ces deux mots ΔΗ-ΜΟΥ ΕΥΧΑΙ. Le P. Hardouin explique les lettres Gréques Δ, E. qui se rencontrent avec les Latines S. C. sur les Médailles d'Antioche (1) par Δήμȣ εὐχῆ, *Populi rogatu,* ou *voto publico, Senatûs consulto;* M. Oudinet, comme on l'a dit dans l'Instruction précédente, les expliquoit par Δόγματι ἐπαρχίας, *Decreto Provinciæ;* mais il faut avouer que ni l'une ni l'autre de ces explications ne méritent le nom de découverte; puisqu'on n'a encore rien trouvé qui les établisse solidement, ni même qui les favorise; & que les expressions qu'on prétend être désignées par ces deux mots, ne se trouvent en leur entier, ni sur les Médailles ni même dans les Auteurs Grecs.

P. 239. l. 7: Dans le bas-Empire on ne trouve autre chose que ces sortes de vœux; que l'on portoit toujours, même plus avant que le terme, &c.] Il ne sera pas inutile de remarquer ici, que parmi les Médailles du bas-Empire, où il est fait mention des vœux *Décennaux,* & *Vicennaux,* il n'y en a guéres de plus curieuses que celles de Dioclétien & de Maximien son Collégue, qui ont pour Légende, PRIMIS X. MVLTIS XX. Le Pere Banduri n'a cité que deux de ces Médailles (2) mais il y en a plus de 30. différentes dans le Cabinet de M. l'Abbé de Rothelin. Les unes ont pour type Jupiter debout, d'autres Hercule aussi debout. Il y en a où l'on voit une Victoire assise, te-

(1) *Hard. opp. Sel. p. 814. & seqq.*
(2) *Banduri Num. Imp. T. II. p. 421. 756.*

nant de la gauche un bouclier appuyé sur son génou, & de la droite écrivant dans ce bouclier VOTIS X. ou VOT. X. D'autres enfin représentent deux Victoires, qui soutiennent un bouclier, où l'on lit V OT. X. FEL. & quelquefois V OT. X. ET XX. Ces Médailles sont d'autant plus remarquables, que les vœux sont en Légende, & non en Inscription; qu'ils sont répétéz sur celles où on les lit encore dans le bouclier; enfin qu'elles n'ont été publiées dans aucun livre, ou Catalogue qui me soit connu.

P. 141. l. 23. *Le mot Cæsar doit passer dans le haut-Empire pour un nom de Famille, plûtôt que pour un nom de dignité.*] Le Pere Hardouin a soutenu que tous ceux qui avoient porté le nom de *Cæsar*, soit dans le haut, soit dans le bas-Empire, étoient véritablement descendans de Jules César. On s'est fortement opposé à cette opinion singuliére, dans plusieurs Dissertations curieuses, insérées dans les Mémoires de Trévoux des années 1727. & 1728. & l'on a prétendu au contraire qu'après Néron, le nom de *Cæsar* avoit cessé d'être un nom de Famille, & étoit devenu un nom purement de dignité. Il y a peut-être quelque chose à dire contre ce dernier sentiment, mais pour mettre ma pensée dans tout son jour, il me faudroit excéder les bornes que je me suis prescrites dans ces remarques, ainsi je renvoye cette Dissertation aux Mémoires de l'Académie des Belles-Lettres. Tout ce que je dirai en deux mots, c'est que l'opinion du Pere Hardouin est non-seulement contraire à tous les Historiens, mais qu'elle est même détruite par une Médaille de grand bron-

ze, qui du Cabinet de M. de Surbeck a passé
dans celui de M. l'Abbé de Rothelin. Elle est
de Vespasien; au revers ses deux fils sont représentez assis sur une espéce de Tribunal, la
Légende est, T. ET. D. CAES.EX. S. C. c'est-
à-dire *Titus* ET *Domitianus* CAES*ares* EX Se-
natus consulto. La formule *ex Senatus consulto*
se rapportant toujours, aux titres exprimez sur
le côté de la Médaille où elle se trouve, il
est visible que si Titus & Domitien n'ont eu
le nom de *Cæsar* que par un Décret du Senat,
ce nom ne leur appartenoit pas par le droit de
leur naissance.

P. 242. l. 18. *On trouve dans le bas-Empire*
Perpetuus Augustus, *mais ce n'est qu'après*
Léon & Zénon.] Outre les Médailles de Julien
l'Apostat, de Constance, & de Nerva, que notre Auteur cite comme des exceptions à cette
régle, il y a plusieurs Médailles de Probus sur
lesquelles du côté de la tête on lit PERP; ce
qui ne peut signifier que *Perpetuus*, d'autant
plus que nous avons dans ce même Empereur, une Médaille de petit bronze avec PER-
PETVO IMP. C. PROBO. AVG. ℞. SOLI.
INVICTO.

P. 246. l. 13. *Nous avons un* Hanniballianus
que Constantin fit appeller Rex.] Hanniballien
neveu de Constantin, n'a jamais été ni *Impe-*
rator, ni *Cæsar*; son oncle lui avoit donné la
Cappadoce & l'Arménie avec le titre de Roi.
Ainsi le Pere Jobert a mal choisi cet exemple,
s'il a voulu prouver, comme il semble que
ce soit son intention, que les Césars ont été
quelquefois appellez du nom de Rois.

P. 248. l. 18. *Car pour le* Princeps Juventutis, *c'est une* qualité que l'on donna aux

fils des Empereurs dès le tems d'Auguste] Le
titre de *Princeps juventutis*, paroît dans tout
le haut-Empire, n'avoir été donné qu'aux jeunes Princes, qui n'étoient encore que Céfars.
Volufien eft je crois le prémier, fur les Médailles duquel on trouve *Princeps juventutis*,
au revers d'une tête qui a dans la Légende le
titre d'*Imperator* ; mais dans le bas-Empire on
en trouvé mille exemples.

P. 252. l. 29. *Victorin prend celui d'Invictus.*] Ce même titre fe trouve fur une Médaille de Tacite, fur plufieurs Médailles de
Probus, fur quelques-unes de Maximin Daza, & fur une Médaille d'or de Maxence,
qui a pour Légende du côté de la tête . . . .
MAXENTIVS. PRINC. INVIC. On pourroit ajoûter aux titres dont le Pere Jobert
parle en cet endroit, celui de *Felicissimus* donné à Dioclétien, & à Maximien ; celui de
Felicissimus qu'on trouve fur les Médailles de
Decentius, & plufieurs autres titres, dont l'é-
numération nous méneroit trop loin.

P. 253 l. 8. *Je crois que le Pere Hardouin a non-
feulement prouvé, mais démontré que le mot
Maximus dans Conftantin eft un nom de Famille, &c.*] Ce qui paroît une démonftration
au Pere Jobert, eft regardé par le refte des
Antiquaires comme une idée infoutenable.
Car on appelle noms de famille, les noms
qu'on tient de fes Péres, & qu'on fait paffer
à fes enfans, or ni Conftance pére de Conftantin, ni Héléne fa mére n'ont porté le
nom de *Maximus*, ou de *Maxima*, & Conftantin ne l'a tranfmis à aucun des trois fils qui
furent fes fucceffeurs à l'Empire, comme on
peut s'en affurer par l'examen des Médailles

de Constantin le jeune, de Constance, & de Constans ; il est donc faux que *Maximus* ait été un nom de famille dans Constantin, & que ce nom ait servi à distinguer une branche de la famille Flavia d'avec les autres.

Ibid. l. 24. *Le mérite extraordinaire de Balbin, & de Pupien, joint à la douceur de leur gouvernement les fit nommer* Patres Senatus.] Tacite (1) rapporte que le Consul Vipsanius proposa au Sénat, de décerner à l'Empereur Claude le nom de *Pater Senatus* ; mais il est très-vrai-semblable que cette proposition n'eut alors aucunes suites, puisque ce titre ne se trouve ni dans les Inscriptions, ni sur les Médailles de Claude. Le prémier des Empereurs à qui on l'ait donné sur les Monumens publics, est Commode ; on le voit sur une de ses Médailles d'argent rapportée par M. Vaillant (2). On l'accorda ensuite à Balbin & à Pupien, comme on le verra sur leurs Médailles d'argent, décrites par le même Antiquaire (3).

P. 254. l. 18. *Comme Julia se qualifia Genitrix Orbis, Faustine* Mater Castrorum, *Julia Domna* Mater Senatus, Mater Patriæ.] Le titre de *Genitrix Orbis* ne se trouve, à ce que je crois, que dans la Médaille de grand bronze, où au revers de la tête d'Auguste, on voit celle de Livie, avec cette Légende JVLIA AVGVSTA GENITRIX ORBIS. Le *Mater Senatus, & Mater Patriæ,* ne se voient aussi que sur les Médailles d'or & d'argent, de grand & de moyen bronze, de Julie fem-

---

(1) *Tacit. Annal.* 11. 25.
(2) *Vaillant. Num. Præst.* T. II. p. 196.
(3) *Ibid.* p. 315. & 319.

me de Septime Sévére, dont le revers représente une femme assise, ou une femme debout, tenant d'une main un rameau, & de
l'autre un bâton, ou une *haste*, avec ces mots
en abrégé MAT. AVGG. MAT. SEN. MAT.
PAT. Quant au titre de *Mater Castrorum*, il
n'est connu dans les Médailles Latines, que
sur celles de Faustine femme de Marc-Aurele, de Julie femme de Septime Sévére, &
de Mammée. Il est dans ces trois Princesses,
sur le revers, excepté dans quelques Médailles de Faustine, au ꝶ. CONSECRATIO,
où on lit du côté de la tête, DIVAE FAV-
STINAE AVG. MATRI CASTROR*um*.
Dans les Médailles Gréques, & sur-tout dans
celles qui ont été frappées en Egypte, il est
asséz commun de trouver ce titre du côté de
la tête; car c'est ce que signifient en abrégé ces
deux mots MHT. CTPA, qu'on lit sur les
Médailles de Mœsa, de Mammée, d'Oraci-
lia Severa, &c. sur celles de Mammée on lit
M. CEB. K. CTPA; Μήτηρ σεβαστῆ Καὶ Στρα-
σπεδων, *Mater Augusti & Castrorum*.

Ibid. l. 21. *Cette derniére* (Julia Domna) *est
la seule de toutes les femmes qui ait osé s'appeller* Pia Felix Augusta.] Le Pere Jobert se
trompe, outre Julie femme de Septime Sévére, Vlpia Severina, Ælia Eudoxia, Iusta
Grata Honoria, & Ælia Marcia Eufemia,
ont pris le nom de *Pia Felix Augusta*. Faustine la jeune a aussi été honorée du titre de
Pia, mais c'est seulement sur les Médailles
frappées après sa mort, sur lesquelles elle est
appellée DIVA FAVSTINA PIA.

P. 255. l. 6. *Par où il est naturel d'expliquer le revers de la Médaille de la consécration*

du Grand Conſtantin , faite par les Payens , la figure qui y eſt , étant celle d'Helene , & le VN. MR. ſignifiant Venerabilis Noſtra Mater.] La Médaille de Conſtantin dont il eſt ici queſtion , n'eſt point ſuſceptible de l'explication que lui donne le Pere Jobert : la figure qui eſt au revers n'eſt pas celle d'Helene, comme il le ſuppoſe. Sur des Médailles tout-à-fait ſemblables , dont le type repréſente une femme debout la balance à la main , on trouve pour Légende JVST. VENER. MEMOR. ce qui s'explique naturellement par *Juſta Venerandæ Memoriæ* , en ſous-entendant *Solutâ.* De-là il eſt aiſé de voir que dans celle que le P. Jobert cite ici , les lettres VN. MR. ſignifient *Venerandæ Memoriæ.* Tout ce qui regarde les Médailles de la conſécration de Conſtantin, ſe trouvera traité aſſez au long dans la quatriéme partie d'une Diſſertation ſur le Souverain Pontificat des Empereurs , que les Curieux pourront conſulter , dans les Mémoires de l'Académie des Belles-Lettres.

P. 243. l. 12. *Tel eſt le nom de* φιλορωμαῖος *, que prend Ariobarzane Roi de Cappadoce.*]. Mannus Roi d'Arabie a pris le même titre ſur une Médaille d'argent publiée par M. Seguin (1) On y voit d'un côté la tête de Lucille femme de Lucius Verus ΛΟΥΚΙΛΛΑ CЄBACTH ; au revers Cérés aſſiſe , tenant de la main droite des épics , & de la gauche un flambeau allumé ; pour Légende BACIΛЄΤC MANNOC ΦIΛOPΩMAIOC. On connoît une autre Médaille d'argent de Lucille avec la même Légende , mais avec le type d'une femme aſſiſe préſentant de la droite une patere

(1.) *Seguin Select. Num. p. 158.*

à un ferpent qui s'éleve d'un autel, & tenant de la gauche une corne d'abondance. Elle a paffé du Cabinet de M. le Duc du Maine dans celui de M. l'Abbé de Rothelin.

P. 257. l. 1. *Diva Domitilla Divi Vefpafiani Augufti Filia.*] On ne connoît point de Médaille où on life une pareille Légende, Domitille étoit femme de Vefpafien, & non fa fille. Le P. Jobert a fans doute été trompé par une Médaille que Chifflet a rapportée (1) avec ces mots, MEMORIAE DOMITILLAE DIVI VESP. F. mais le Pere Hardouin (2) a foutenu avec raifon que cette Médaille étoit fauffe; fur les Médailles de Domitille, connuës, on lit DIVA DOMITILLA AVGVSTA, ou MEMORIAE DOMITILLAE S. P. Q. R.

Ibid. l. 29. *Ainfi celui d'Antonin a été porté par fix Empereurs, jufqu'à Elagabale.*) Ces fix Empereurs font Antonin Pie, Marc Aurele, Commode, Caracalle, Diaduménien, & Elagabale. Une Médaille d'argent très-finguliére de ce dernier, femble dire qu'il ne fe comptoit que pour le cinquiéme du nom d'Antonin, & qu'il excluoit de ce nombre Diaduménien fils d'un Ufurpateur, & Ufurpateur lui-même. Sur cette Médaille, qui eft dans le Cabinet de M. l'Abbé de Rothelin, on lit très-diftinctement autour de la tête d'Elagabale couronnée de laurier ANTONINVS V. PIVS FEL. AVG. au revers eft une figure d'homme debout, faifant des libations fur un autel allumé, tenant de la main droite une patére, & relevant fa robbe de la gauche, avec les mots VOTA PVBLICA. Je doute

(1) *Chiffl. Lum. Præt. p.* 313.
(2) *Harduin. opp. fel. p.* 740.

cependant que ANTONINVS V. fignifie *An-*
toninus Quintus ; il n'a jamais été d'ufage de
marquer fur les Médailles anciennes , le quantiéme du nom étoit l'Empereur qu'elles repré-
fentoient ; & je fuis perfuadé que cet V
eft une lettre furabondante, qui s'eft gliffée
par l'inattention d'un Ouvrier, en gravant le
coin dont on s'eft fervi pour frapper cette
Médaille. La chofe d'ailleurs n'eft pas fans
exemple , quoiqu'il foit rare que ces lettres
furabondantes, foient placées auffi finguliérement que celle-ci.

P. 261. l. 3. *Il ne faut pas oublier d'in-*
ftruire un jeune Curieux , de ces lettres REST.
qu'il trouvera fur plufieurs Médailles , & qui
marquent que ces Médailles ont été frappées
par l'ordre des Empereurs , qui ont voulu re-
nouveller la mémoire de leurs Prédéceffeurs.)
Ce que le Pere Jobert dit en cet endroit des
Médailles reftituées, eft fi fort abrégé , que j'ai
crû ne pouvoir me difpenfer d'en parler plus
au long, qu'il ne l'a fait. On appelle proprement *Médailles reftituées* , les Médailles , foit
Confulaires , foit Impériales , fur lefquelles
outre le type & la Légende qu'elles ont eu
dans leur prémiére fabrication , on voit de
plus le nom de l'Empereur qui les a fait frapper une feconde fois, fuivi du mot abrégé
REST. Telles font la Médaille de moyen
bronze , où autour de la tête d'Augufte rayonnée on lit DIVVS AVGVSTVS PATER ; au
revers eft un globe avec un gouvernail , &
pour Légende IMP. T. VESP. AVG. REST,
& cette Médaille d'argent de la famille *Ru-*
bria , qui repréfente d'un côté la tête de la
Concorde voilée, avec le mot abrégé DOS,

c'est-à-dire, DOS*sennus*; au revers un *Quadrigé* sur lequel est une Victoire qui t ent une Couronné, au-dessous L. RVRRI, & autour IMP. CAES. TRAIAN. AVG. GER. DAC. PP. REST. Il y a d'autres Médailles a qui on donne improprement le nom de *Restituées*, quoiqu'elles ne portent pas le mot REST, qui semble en être le caractère distinctif. Telles sont les Médailles frappées sous Gallien, pour renouveller la mémoire de la consécration de plusieurs de ses Prédécesseurs. Je parlerai de ces Médailles dans la suite; mais on ne peut en aucun sens donner le nom de Médailles *restituées*, à celles qu'Auguste, Tibére, Caligula, Claude, & Néron, ont fait frapper avec les noms & la tete de Jules Célar, d'Auguste, de Livie, d'Agrippa, d'Agrippine, de Drusus, & de Germanicus, parce que ce ne sont pas d'anciens types qu'on ait employé de nouveau, mais des espéces absolument nouvelles, tant pour le type que pour le coin.

Le Pere Jobert fait commencer les restitutions à Claude & à Néron; mais les Médailles de ces deux Princes qu'Oiselius (1) a fait graver avec le mots REST, sont regardées comme fausses & de Coin Moderne par le P. Hardouin (2); & tous les Antiquaires que j'ai consultéz, m'ont dit qu'ils n'en avoient jamais vû de pareilles. C'est donc sous Titus qu'on commence à voir des Médailles restituées, & nous en connoissons de frappées pour Auguste, Livie, Agrippa, Drusus, Tibére, Drusus fils de Tibére, pour Germanicus, Agrippine mére de Caligula, pour Clau-

(1) *Oisel. Thes. Num.*
(2) *Hard. opp. Select. p. 508.*

de, pour Galba, & pour Othon. A l'exemple de Titus, Domitien reſtitua des Médailles d'Auguſte, d'Agrippa, de Druſus, de
Tibé.e, de Druſus fils de Tibére, & de Claude. Nous ne connoiſſons juſqu'à préſent que
des Médailles d'Auguſte reſtituées par Nerva. Trajan en a reſtitué de preſque tous ſes
Prédéceſſeurs : on connoît celles de Jules Céſar, d'Auguſte, de Tibére, de Claude, de
Veſpaſien, de Titus & de Nerva. Il avoit outre cela reſtitué un très-grand nombre de
Médailles des Familles Romaines ; on a celles des Familles *Aemilia*, *Cæcilia*, *Cariſia*,
Caſſia, *Claudia*, *Cornelia*, *Cornuficia*, *Didia*,
Horatia, *Julia*, *Junia*, *Lucretia*, *Mamilia*,
Maria, *Martia*, *Memmia*, *Minucia*, *Norba-*
na, *Numonia*, *Rubria*, *Sulpitia*, *Titia*, *Tul-*
lia, *Vipſania*. On trouve enfin une Médaille
reſtituée par Marc Aurele, & Lucius Verus ;
on y voit d'un côté la tête de Marc Antoine,
& pour Légende ANT. AVG. III. VIR. R.
P. C. Au revers l'Aigle légionaire au milieu
de deux autres enſeignes militaires, avec ces
mots LEG. VI. ANTONINVS ET VERVS
AVG. REST. Voilà toutes les reſtitutions
proprement dites, connuës juſqu'à préſent ;
mais les Sçavans ont été partagéz, ſur l'idée
qu'on devoit attacher au mot REST ; c'eſt-à-
dire REST*ituit*, qui ſe lit ſur toutes ces Médailles.

La plûpart des Antiquaires croient que ce
mot ſignifie ſeulement, que Titus, Domitien, Nerva, & Trajan, ont fait refaire des
coins de la Monnoye de leurs Prédéceſſeurs ;
qu'ils ont fait frapper des Médailles, avec ces
mêmes coins ; & qu'ils ont permis qu'elles

eussent cours dans le Commerce, ainsi que leurs propres Monnoyes. A leur avis, Trajan ne s'est pas contenté de faire frapper des Médailles au coin des Princes ses Prédécesseurs, il a de plus fait rétablir tous les coins dont on s'étoit servi pour les Médailles Consulaires, lorsqu'elles étoient la Monnoye courante.

Le Pere Hardouin (1) s'est moqué de cette explication ; il prétend que c'est a peu près la même chose, que si on supposoit que Louis XIV. a voulu faire battre Monnoye au coin de Charlemagne, de Philippe Auguste, ou d'Henry IV. Il croit donc que les Empereurs de la Famille d'Auguste, pour marquer la grandeur de leur naissance, ne se contentèrent pas qu'on vît leur image sur les Médailles, mais voulurent qu'on connût encore celle des Princes à qui ils tenoient par les liens du sang : qu'après Néron la Famille des Flaves, ne pouvant pas se glorifier d'une origine si illustre, voulut au moins faire remarquer qu'elle avoit les mêmes vertus qu'on avoit admirées, non-seulement dans les Empereurs précédens, mais même dans ces fameux Romains qui vivoient avant l'Empire des Césars. Le mot RESTituit sur les Médailles frappées par les ordres de Titus, de Domitien, de Nerva, & de Trajan, signifie donc, suivant le Pere Hardouin que ces Princes ont redonné au monde l'exemple des vertus, qui brilloient dans leurs Prédécesseurs, & dans les célébres personnages, dont le nom se lit sur ces sortes de Médailles ; mais quoique cette explication puisse paroître ingénieuse à bien des Lecteurs, elle n'en est pas moins sujette

(1) *Hard. opp. Select. p.* 507.

à

&de grandes difficultéz. 1°. Si les Médailles
où l'on voit d'un côté la tête d'Auguste rayonnée, & où on lit au revers IMP. T. VESP.
AVG. REST; ou IMP. D. CAES. AVG.
REST. EX. S. C. ou IMP. NERVA. CAE-
SAR AVGVSTVS. REST. avoient été frappées dans l'intention de nous indiquer que
Titus, Domitien, & Nerva, avoient redonné à la République un nouvel Auguste par
leur prudence, leur fermeté, leur clémence,
&c. il auroit fallu, pour rendre plus sensible
cette application des mots de la Légende,
que du côté de la tête d'Auguste, on eût écrit
à l'accusatif DIVVM AVGVSTVM PA-
TREM, ce qui se seroit lié naturellement
avec le revers IMP. *Titus* VESP*asianus*, ou
IMP. *Domitianus* CAES*ar* AVG*ustus*, ou
IMP. NERVA CAESAR AVGVSTVS
REST*ituit*, au lieu qu'on y trouve DIVVS
AVGVSTVS PATER au nominatif; ce qu'il
n'est pas possible de construire avec la Légende du revers, pour former un sens suivi, tel
que l'explication du Pere Hardouin le demande. Il en est de même de cette Médaille de la famille Claudia, où on lit d'un
côté MARCELLINVS, au revers MARCEL-
LVS COS. QVINQ. & autour IMP. CAES.
TRAIAN. AVG. GER. DAC. PP. REST.
Car en supposant qu'on ait eu dessein de faire
entendre que le cinquiéme Consulat de Trajan, rappelloit le souvenir de Marcellus qui
fut cinq fois Consul; on auroit dû graver
ainsi la Légende, MARCELLVM COS
QVINQ. sans quoi il étoit très-difficile, pour
ne pas dire impossible, de deviner qu'on

Tome I. N

avoit voulu marquer, que Trajan étoit un
nouveau Marcellus.

2°. Je l'ai déja dit, & je ne puis me lasser
de le répéter, il n'est pas permis aux Antiquaires de faire une nouvelle langue, ni d'attribuer aux mots Grecs ou Latins qu'ils rencontrent sur les Médailles, des significations
que ces termes n'ont jamais eues. Quand
on trouve sur une Médaille le nom de CO-
CLES, & au revers IMP. CAES. TRAIAN
AVG. GER. DAC. PP. REST; on ne pourroit donner à ce mot le sens que lui donne
le Pere Hardouin, qu'en séparant totalement
le nom de COCLES du reste de la Légende, & en sousentendant *hunc*, ou *dotes hu-*
jus, ou quelque chose de semblable après le
mot REST*ituit*. Or il est faux qu'on puisse
dire en Latin *restituere aliquem*, pour *repré-*
senter quelqu'un, le redonner en quelque fa-
çon à l'Etat, par la ressemblance des mêmes
vertus. Quand les Anciens construisoient le
verbe *restituere* avec le régime d'une personne,
ne, alors ce verbe étoit restraint à signifier
que celui dont on parloit, après avoir été
exilé de sa Patrie, après avoir perdu ses biens
ou ses honneurs, étoit rétabli dans son prémier état. C'est en ce sens que Cicéron a toujours employé ce verbe, comme dans cet endroit d'une de ses Lettres à Lentulus (1) *ego*
me Lentule, initio rerum atque actionum tua-
rum, non solum meis, sed etiam Reipublicæ
restitutum putabam; & dans cet autre passage (2) où il parle de la clémence de César
après sa victoire, *at nos quemadmodum est*

(1) *Famil. Lib. I. Epist. 9.*
(2) *Ibid. L. VI. Epist. 6.*

complexus: Caßium fibi legavit, B utum Gal-
liæ præfecit, Sulpitium Græciæ ; Marcellum
cui maximè fuccenfebat , cùm fummâ illiûs di-
gnitate reſtituit. Ovide n'a pas parlé autrement dans ces vers (1).

Adde quod extinctos, vel aquâ, vel morte,
    vel igni ,
   Nulla poteſt unquam reſtituiſſe dies.
Reſtituit multos , vel pœnæ parte levavit
    Cæfar, & in multis, me velit eſſe, precor.
Et dans ceux-ci (2).

Ergo ne noſtrâ nimium lætere ruinâ ,
   Reſtitui quondam, me quoque poſſe, puta.

En effet , lorſqu'Ovide a dit que Céſar avoit
reſtitué pluſieurs perſonnes , *reſtituit mul-*
tos. . . . Cæfar , faudra-t'il croire qu'il a voulu
dire qu'Auguſte , avoit renouvellé le ſouve-
nir de pluſieurs grands hommes ? Quand ce
Poëte ajoute qu'il peut dans la ſuite être *reſ-*
titué lui-même , croira-t'on qu'il ait voulu
faire entendre , que dans la ſuite il ſe trouveroit quelqu'un qui le repréſenteroit ? N'eſt-
il pas viſible qu'Ovide a ſeulement parlé des
exiléz qu'Auguſte avoit rappellez , & de l'eſpérance qu'il avoit d'obtenir un jour la même
grace. On diſoit donc *reſtituere aliquem,* pour
revocare aliquem in patriam , reddere illi ho-
nores à quibus exciderat , bona quæ amiſe-
rat , &c. On diſoit de même *reſtituere ali-*

<hr>

(1) *Ovid. de Pont.* L. VII. *El.* VI. *v.* 32. *ſeqq.*
(2) *Id. Triſt.* L. V. 8. 33. 34.

quem alicui, pour fignifier , *rendre quelqu'un
à la perfonne dont il eft féparé*, on le trouve
en ce fens dans Horace (1).

> *Quid fles , Afterie, quem tibi candidi*
> *Primo reftituent vere favonii*,

Si celui qui caufoit les pleurs d'Afterie étoit
mort dans fon voyage, elle auroit eu beau
le remplacer par un nouvel amant , doué des
mêmes agrémens , Horace ne fe feroit point
crû par-là, en droit d'écrire à Afterie que fon
prémier amant lui avoit été *reftitué* , car
reftituere ne fe peut dire que de la même perfonne , ou de la même chofe, qui eft rétablie
en fon prémier état. Quand quelqu'un eft
mort , il ne fçauroit être *reftitué* dans le fens
que les Anciens attachoient à ce terme. Ovide
le dit expreffément dans les vers que j'ai citez,
& Horace le dit auffi dans les vers fuivans (2).

> *Cum femel occideris , & de te fplendida Minos*
> *Fecerit arbitria*,
> *Non Torquate genus , non te facundia , non te*
> *Reftituet pietas.*

Ainfi quand Trajan auroit raffemblé toutes
les vertus des Cocles, des Marcellus, des Brutus, &c. jamais en parlant Latin , on n'auroit
écrit *Trajanus reftituit Coclitem , Marcellum ,
Brutum , &c.* Il auroit encore été moins permis de fe fervir du feul mot *reftituit*, pour
marquer qu'un homme avoit les mêmes ver-

(1) *Horat. L. III. Od. 7.*
(2) *Id. L. IV. Od. 7.*

fus, qu'un de ceux qui vivoient avant lui, aucun Auteur Latin ne fournira des exemples de cette Ellipse. Je dis plus, quiconque eût voulu exprimer qu'un fils repréſentoit ſon pére, lui reſſembloit par ſes bonnes qualitéz, réparoit la perte que l'Etat avoit faite à ſa mort, n'eût pas rendu ſon idée par cette phraſe, *is reſtituit patrem.* De même ce n'auroit pas été parler Latin que de louer un excellent Peintre par ces mots, *hic reſtituit Apellem,* ou *dotes Apellis,* un habile Statuaire, par ceux-ci, *hic reſtituit Phidiam,* ou *dotes Phidiæ,* ni enfin un grand Capitaine, en diſant *hic reſtituit Alexandrum,* ou *virtutes Alexandri.* On auroit bien pû à la vérité appeller ce Peintre *alter Apelles,* ce Sculpteur *alter Phidias,* ce Général *alter Alexander,* à l'imitation des Grecs qui avoient dit de Theſée ἄλλος ὗτος Ἡρακλῆς, expreſſion qui étoit paſſée en proverbe (1). Outre cela les Latins avoient un mot propre pour exprimer ce qu'on veut que *reſtituit* ſignifie ſur les Médailles dont nous parlons. Ce mot étoit, *repræſentare,* & les meilleurs Auteurs s'en ſont ſervis : témoin Horace en ces vers (2).

Quid ? Si quis vultu torvo ferus, & pede
    nudo,
Exiguæque togæ, ſimulet textore Catonem ?
Virtutemne repræſentes, moreſque Catonis ?

Et Valére Maxime dans ce paſſage (3) L.

(1) *Plutarch. Theſ. Euſtath. ad. Iliad. E. Apoſtol. prov. Cent.* 11. 74. &c.
(2) *Horat.* L. 1. *Epiſt.* 19. *v.* 12. ſeqq. 5.
(3) *Val. Max.* L. IX. C. 2. 1.

Sulla quem neque laudare, neque vituperare quisquam satis dignè potest, qui dum quærit victorias, Scipionem se populo Romano, dùm exercet, Annibalem repræsentavit. Les Latins se sont encore servis du verbe *reddere* dans la signification qu'on voudroit attribuer à *restituere*, c'est ainsi que Tite-Live a parlé (1) lorsqu'il a voulu peindre l'impression, que fit sur les Soldats Carthaginois qui servoient en Espagne, l'arrivée du jeune Annibal : *Missus Annibal in Hispaniam primo statim adventu, omnem exercitum in se convertit. Amilcarem viventem REDDITUM sibi veteres milites credere, eamdem vigorem in vultu, vimque in oculis, habitum oris, lineamentaque intueri.* Pourquoi donc sur les Médailles auroit-on substitué à tant d'expressions usitées, une façon de parler, dont l'antiquité ne fournir point d'exemple. 3°. Je trouve cette explication également contraire à l'Histoire & à la vraisemblance. Y a-t'il en effet la moindre apparence, qu'on eût crû flatter Titus en disant qu'il avoit les qualitéz d'un Prince aussi efféminé qu'Othon ? Lui eût-on bien fait sa cour, en le comparant au cruel & dissimulé Tibére ? Quel rapport un peu marqué, peut-on trouver entre les actions de Trajan & celles de plusieurs Romains, dont on rencontre le nom sur les Médailles Consulaires qu'il a fait *restituer* ? On pourroit peut-être hésiter, si l'on ne voyoit sur les Médailles, que des noms rendus illustres, par les grands hommes qui les avoient portéz ; mais l'Empereur pouvoit-il trouver bien glorieux pour lui d'être unis en parallele, avec des *Titus*, des *Cornu-*

(1) *Liv.* L. XXI. C. 4.

ficius , des *Rubrius* , qu'on n'a jamais cité parmi les perfonnes illuftres de la République ?
Il y a bien plus de probabilité dans le fentiment de M. Vaillant ; Trajan afin de fe concilier les efprits du Sénat & du peuple , voulut
donner des marques de fa vénération pour la
mémoire de fes Prédéceffeurs , & de fa bien-
veillance envers les prémiéres maifons de la
République. Dans ce deffein il fit reftituer les
Monnoyes des Empereurs qui avoient régné
avant lui , & celles fur lefquelles étoient gravéz les noms des familles Romaines. Nous
ne connoiffons à la vérité qu'environ trente
de ces derniéres , mais on en découvre tous
les jours de nouvelles ; Urfin n'en avoit d'a-
bord fait graver qu'un très-petit nombre ,
Patin, Vaillant & Morel y en ont ajouté plufieurs. On trouva il y a quelques années en
Allemagne , une Médaille de la famille *Didia* , reftituée par Trajan ; il y en avoit une
de la famille *Carifia* reftituée de même , dans
le Cabinet de feu M. le Bret , & quoique felon les apparences elle fût moulée , comme
elle avoit certainement été moulée fur l'antique , l'original exifte , ou a exifté dans quelque autre Cabinet. Une preuve que Trajan
avoit reftitué toutes les Médailles Confulaires , c'eft que dans le petit nombre qui nous
en refte aujourd'hui , on en trouve plufieurs
de la même famille , avec des types différens,
& quelquefois d'une famille peu célèbre ,
comme eft entr'autres la famille *Rubria* ,
dont on a trois différentes Médailles reftituées
par Trajan. Le fens qu'on donne , fuivant
cette opinion , à la Légende IMP. CAES.
TRAIAN AVG. GER. DAC. PP. REST.

est parfaitement conforme aux régles de la
Grammaire, & au génie de la langue Latine.
Quand l'Inscription se gravoit sur le Monument même qu'on faisoit rétablir, souvent
on omettoit le nom du Monument restitué,
parce qu'il n'étoit pas possible de se méprendre, sur le cas régi par le verbe *restituit*,
& que tout le monde le suppléoit aisément.
Ainsi lorsqu'on voyoit sur le chemin de Nîmes une colonne milliaire, avec cette Inscription (1) TI. CAESAR. DIVI. F. AVG.
PONT. MAX. TR. POT. XXXII. REFE-
CIT. ET. RESTITVIT. V; on compre-
noit fort bien que cette colonne qui servoit à
marquer le cinquiéme mille de Nîmes, avoit
été rétablie par les ordres de Tibére. La même
formule avoit été suivie sur une autre colonne milliaire rétablie par les ordres de Trajan, auprès de Mérida en Espagne; elle est
rapportée par Gruter (2), à qui je renvoye
pour une infinité d'exemples de cette façon
de parler Elliptique. Dans l'ancienne Inscription du Pont Fabricius à Rome, on lisoit (3)
L. FABRICIVS C. F. CVR. VIARVM. FA-
CIVNDVM COERAVIT; & cela suffisoit
pour faire entendre que Fabricius avoit fait
construire ce Pont, parce que c'étoit sur le
Pont même que l'Inscription étoit gravée.
Rien n'est si commun que de trouver sur les
Cippes soit votifs, soit sépulchraux POSVIT,
FECIT, FACIENDVM CVRAVIT, sans
que ces verbes soient suivis d'aucun régime,
parce que les Cippes mêmes sont censez en

(1) *Grut.* CLIII. 6.
(2) *Ibid.* CLV. II.
(3) *Ibid.* CLX. 3.

tenir lieu. Par la même raison, quand on
trouve sur les Médailles IMP. TITVS, IMP.
DOMItianus, IMP. TRAIANus RESTi-
tuit, si c'est comme je le crois, du rétablis-
sement de la Médaille même dont on a voulu
faire mention, il n'a pas été nécessaire d'a-
jouter *hunc nummum*; car on tient dans sa
main, & on a sous ses yeux la chose même
qui a été rétablie. Mais il n'en seroit pas de
même, si on avoit voulu marquer que ces
Empereurs faisoient en quelque sorte revivre
leurs Prédécesseurs, & les grands Hommes
dont les noms étoient gravéz sur ces piéces de
Monnoye; car souvent il n'y a rien dans le
type qui ait rapport aux vertus, ou aux actions par lesquelles on suppose que les Empereurs les représentoient.

Ibid. L. 13. *Mais Gallien sans y mettre le*
REST, fit battre tout de nouveau, la consécra-
tion de tous les Empereurs précédens en deux
Médailles, dont l'une avoit un Autel, & l'au-
tre un Aigle.] Outre les Médailles proprement
dites *Restituées*, dont je viens de parler dans
la Remarque précédente, on a donné le même nom aux Médailles que l'Empereur Gallien fit frapper, pour renouveller la mémoire
de la consécration de la plûpart de ceux de
ses Prédécesseurs, qu'on avoit mis au rang
des Dieux après leur mort. Ces Médailles
ont toutes la même Légende au revers, CON-
SECRATIO, & ces revers n'ont que deux
types différens, comme le Pére Jobert l'a remarqué, un autel sur lequel il y a du feu,
& un aigle avec les aîles éployées. Je crois
devoir ajouter ici que les Empereurs dont
Gallien a restitué la consécration, sont Au-

N v

gufte, Vefpafien, Titus, Nerva, Trajan, Hadrien, Antonin Pie, Marc-Aurele, Commode, Sévére, & Sévére Alexandre. Il n'y
a que deux Médailles pour chacun d'eux, excepté pour Marc-Aurele, dont on en connoît
trois différentes, mais toute la différence qui
s'y trouve, c'eft que dans les deux prémiéres on lit du côté de la tête DIVO MARCO,
& fur la troifiéme DIVO MARCO AN-
TONINO. Il ne s'eft pas encore trouvé de
Médailles frappées fous Gallien, avec les confécrations, de Claude, de Lucius Verus, de
Pertinax, de Pefcennius, de Caracalle, de
Gordien, ni des Princeffes qui avoient été
mifes au rang des Déeffes. Ainfi on ne connoît jufqu'à préfent que 23. Médailles différentes des confécrations reftituées par Gallien.
Le Pere Banduri (1) n'en a même rapporté
que huit, & il ne connoiffoit pas celles de
Vefpafien, d'Hadrien, & de Commode. Elles
font toutes dans le Cabinet de M. l'Abbé de
Rothelin.

P. 263. l. 17. *Pour celles qui fe trouvent avec
les feules Légendes fans tête, on les place parmi les inconnuës, & on les abandonne aux conjectures des Sçavans.*] Ces fortes de Médailles
qui n'ont point de tête, fe placent ordinairement à la fuite des Confulaires, dans la Claffe
qu'on appelle *Nummi incerti.* M. M. Vaillant,
Patin, & Morel en ont ramaffé chacun un
affez grand nombre, mais il y en a beaucoup
qui leur ont échappé. Les uns veulent que
ces Médailles ayent été frappées après la mort
de Caligula, d'autres après celle de Néron ;
car le Sénat, dit-on, crut alors qu'il alloit re-

(1) *Bandur. Num. Impp.* T. I. p. 187.

couvrer sa liberté, & son autorité ; & il fit frapper ces Monnoyes pour rentrer en jouissance de ses anciens droits. Aussi ajoûte-t'on, ces Médailles ont-elles pour la plûpart sur un des côtéz, ou S. P. Q. R. dans une couronne, ou P. R. SIGNA, ou d'autres symboles, qui paroissent appartenir plûtôt à la République, qu'à quelqu'un des Empereurs. Mais il y eut trop peu de tems entre la mort de Caligula, & l'Election de Claude, & entre la mort de Néron, & l'arrivée de Galba à Rome, pour que dans des intervalles si courts le Sénat eût pû faire frapper tant de Médailles différentes. On a peine à se persuader aujourd'hui, que sous les Empereurs on ait fait frapper à Rome, ou en Italie, des Monnoyes qui ne portoient ni leur nom, ni leur image, parce qu'on se représente l'Empire des Césars, comme une Monarchie parfaitement semblable à celles qui sont actuellement établies en Europe. C'est une erreur qu'il seroit aisé de refuter, & ceux qui voudront s'en désabuser, n'ont qu'à lire le Livre du célébre Gravina, *de Imperio Romano*, qu'on a joint aux derniéres Editions de l'Ouvrage de ce sçavant homme, sur les sources du Droit Civil.

Avant que de finir cette Remarque, sur les Médailles dont on ne peut déterminer ni le remps, ni l'occasion pour laquelle on les a fait frapper, j'ai crû faire plaisir aux Curieux de leur donner la Description de la Médaille la plus singuliére, que j'aie jamais rémarquée parmi celles de cette Classe. Elle est en argent dans le Cabinet de M. l'Abbé de Rothelin. On y voit d'un côté une tête couronée

N vj

de laurier, avec une barbe très-épaiſſe, pour Légende HERCVLES ADSERTOR. Au revers une femme debout, tenant un rameau de la main droite, & une corne d'abondance de la gauche; on lit autour, FLORENTE FORTVNA P. R. Je ne crois pas que cette Médaille ait jamais été publiée.

VII. INSTRUCTION.

Des différentes Langues qui composent les Inscriptions & les Légendes des Médailles, selon les différens Païs où elles ont été frappées.

SI nous voulions donner à cette Instruction, toute l'étendue que peut avoir la connoissance des Médailles antiques & modernes, il faudroit dire que l'on y trouve autant de Langues différentes, qu'il y a de différens Païs où l'on a frappé des Médailles, ou des Monnoyes. On y feroit entrer l'Allemand, le François, le Flamand, l'Italien, le Hollandois, & toutes les autres Langues des Etats où l'on bat Monnoye; d'autant plus qu'il y a des Curieux de Monnoyes, aussi-bien que de Médailles, qui ont des recueils considérables de toutes les différentes Espèces qui ont eu cours dans les Païs, non-seulement de l'Europe, mais encore de l'Asie & de l'Afrique.

Mais parce que nous ne recherchons
que ce qui s'appelle communément Médailles, soit qu'elles ayent été autrefois
Monnoyes ou non : nous ne nous at-
tacherons qu'aux principales Langues
qui nous sont connuës, & dans lesquelles les Légendes sont écrites.

Remarquons d'abord que la Langue
ne suit pas toujours le Païs ; puisque
nous voyons quantité de Médailles Impériales, frappées en Grece, ou dans
les Gaules, dont les Légendes sont en
Latin : car le Latin a toujours été la
Langue dominante dans tous les Païs
où les Romains ont été les maîtres ; &
depuis même que le Latin est devenu
une Langue morte, par la destruction
de la Monarchie Romaine ; il ne laisse
pas de se conserver pour tous les Monumens publics, & pour toutes les
Monnoyes considérables, dans tous les
Etats de l'Empire Chrétien.

On pourroit dire qu'il manque ici
quelque chose, si je n'avertissois pas
que dans les Villes Grecques qui avoient
obtenu le droit de battre Monnoye, il
y en avoit de deux sortes. Celle qui
n'étoit que pour le Païs étoit en Grec.
Celle qu'on vouloit qui eût cours dans
tout l'Empire, se marquoit en Latin.

La premiere portoit les deux caractéres S. C. *Senatus Consulto*. La seconde,
avoit le Δ. E. Δόγματι Eπαρχίας. Ainsi a Méd.
les Othons Latins ne laissent pas d'a-
voir été battus à Antioche, comme
plusieurs autres Médailles d'Empereurs,
qui n'ont pour Revers que S. C.

Il faut encore avertir qu'il se trouve
des Médailles frappées dans les Colonies, dont la Tête porte l'Inscription
en Latin ; & le Revers l'Inscription en
Grec. J'ai un Hostilien M. B. qui d'un
côté porte ΓΑΙΟΣ ΟΥΑΛΕΝΣ ΟΣΤΙΛΙΑ-
ΝΟΣ ΚΟΤΙΝΤΟΣ [a], avec la tête du
Prince rayonée , & de l'autre côté,
Col. P. F. Caes. Mett. La tête du génie
de la Ville surmontée, non pas d'une
Tour, mais d'un petit Château tout
entier. C'est Cesarée de Palestine. J'en
ai vû encore d'autres semblables, avec
les deux Langues.

Le Grec est l'autre Langue savante, Langue Grec-
dont on s'est servi plus universelle-que.
ment sur les Médailles. Les Romains
ayant toujours eu du respect pour cette
Langue, & s'étant fait une gloire de
l'entendre, & de la bien parler. C'est
pourquoi ils n'ont point trouvé mauvais, que non-seulement les Villes de
l'Orient, mais que toutes celles où il

y avoit eu des Grecs, en conservassent la Langue sur leurs Médailles. Ainsi les Médailles de Sicile, & de plusieurs Villes d'Italie ; celles de Provence, & de tout ce Païs que l'on appelloit la grande Grece, portent toutes des Légendes Grecques, & ces sortes de Médailles font une partie si considérable de la science des Antiquaires, qu'il est impossible d'être jamais un parfait Curieux, si l'on n'entend le Grec comme le Latin, & l'ancienne Géographie aussi-bien que la nouvelle.

Cependant pour faire honneur à l'antiquité, avant que de parler à fonds de la Langue Latine, & de la Grecque ; je veux parler de l'Hébraïque, & de l'Arabesque ; parce que nous trouvons des Médailles en ces deux Langues, dont un jeune Curieux pourroit mal à propos s'entêter, si on ne lui donnoit point sur cela les lumiéres nécessaires.

Langue Hébraïque.

Du moment qu'il aura fait réfléxion que la Religion des Juifs, pour ôter toutes les occasions d'idolâtrie, ne souffroit aucune Image taillée, ni gravée ; gardant à la rigueur le précepte du Décalogue : il lui sera aisé de juger que toutes les Médailles Hébraïques qui représentent la tête de Moyse, ou de

quelque autre perfonne, font ou fauffes, ou modernes. De plus, il verra à
l'œil, qu'elles font prefque toutes moulées.

Je dirois même abfolument que pas
une n'a été frappée, fi je ne fçavois
qu'on s'eft avifé d'en frapper quelques-
unes en Allemagne, depuis affez pou
de tems; il ne faut être que médiocre-
ment favant, pour reconnoître que le
Coin en eft moderne. Ainfi la Médaille
de Jefus-Chrift[a], quoiqu'elle eût pû   a Méd. 28
être faite par quelque Juif converti
au Chriftianifme, eft cependant une
de ces Médailles faites à plaifir dans
les derniers fiécles, & dont les Curieux
ne doivent faire aucun état. Lors donc
que les Juifs ont été obligéz de fe fervir de la Monnoye Romaine, imprimée de l'image des Princes, cette Monnoye n'étoit point frappée par eux, &
jamais ils n'en ont battu au Coin des
Empeteurs.

Cela n'empêche pas qu'il ne nous   Langue Sa-
refte de véritables Monnoyes d'argent maritaine.
& de cuivre, qui ont eu effectivement
cours dans la Judée, & dont la Légende eft ou Hébraïque, ou Samaritaine. Je dis argent & cuivre, parce
que je n'en ai jamais vû d'or, & que

les Savans difent que les Juifs n'en ont
jamais battu.

Tels font les Sicles, demi-Sicles,
doubles-Sicles, quart de Sicle, ou autres
fortes de Piéces, que l'on fait accroire
aux ignorans être des trente deniers
que Judas receut des Juifs, lorfqu'il vendit Notre Seigneur. Car je ne
voi pas pourquoi les Monnoyes Hébraïques ne fe feroient pas auffi heureufement conferyées, que les Monnoyes Romaines qui rempliffent les
Cabinets. La Légende eft uniforme
pour toutes ces Monnoyes grandes &
petites. D'un côté, *Schequel Ifraël*, le
Sicle d'Ifraël. De l'autre, *Ieroufchalaim*
Haquedofcha, Jerufalem la Sainte ᵃ. Le
type n'eft pas toujours le même, ordinairement néanmoins c'eft d'un côté
une branche d'Arbre éployée, que l'on
appelle la Verge d'Aaron. De l'autre
un Vafe à brûler des Parfums, dont
on voit fortir la fumée, que des gens
moins inftruits fur ces matieres, difent
être le Vafe où l'on gardoit la Manne
dans le Tabernacle, contre le témoignage, & des yeux, & de la raifon.
En effet, les yeux ne laiffent aucun
doute fur les Vafes d'où il fort de la
fumée : mais à l'égard des Vafes qui

ᵃ *Méd. 3.*

sont gravéz sur des Sicles qui ont les
caractéres Samaritains, tels que sont
presque tous ceux de cuivre ; on n'en
peut juger que par analogie, parce que
le Vase qui y est représenté n'est pas
tout-à-fait de la même forme que
l'autre, & qu'il n'en sort point de fu
mée. Au-dessus du Vase il y a quelques
lettres mises pour exprimer le nom
de Dieu, à ce que croit Villalpand, qui
a traité à fond cette matiére, & qui
soûtient que jamais il n'y a eu sur la
Monnoye des Hébreux, ni de Figures
d'Hommes, ni de bête, mais seulement
des Arbrisseaux, des Palmiers, ou des
grappes de Raisin. Il en rapporte même
quelques-unes qui ont une maniere d'E-
poque ; Sçavoir *Tempus Circumcisionis*,
ou chose semblable : ce qui fait faire à
cet Auteur des conjectures, où il y a
plus d'imagination que de réalité. Les
caractéres de tous ces Sicles sont Samaritains, ou comme disent quelques autres, Assyriens & Chaldéens. Monsieur
Morel dit en avoir du tems des Macha-
bées, même avec le nom de Simon. Le
Pere Hardouin les a doctement expliquéz dans sa Chronologie de l'Ancien
Testament, & en a précisément fixé
le tems.

Talifmans. Il ne faut pas confondre avec ces Médailles véritablement antiques, certains Talifmans, & certains Carrez compoſéz de lettres Hébraïques toutes numérales, que l'on appelle *Sigilla Planetarum*, dont ſe ſervent les tireurs d'horoſcope, & les diſeurs de bonne avanture, pour faire valoir leurs myſtéres ; non plus que d'autres Figures magiques, dont on trouve les modeles dans Agrippa ; & qui portent des noms & des caractéres Hébraïques. Tout cela, à proprement parler, ne doit point avoir lieu parmi les Médailles, mais ſeulement parmi les Curioſitéz, dont il eſt parlé dans les Actes des Apôtres. Les Gentils qui ſe convertiſſoient à Jeſus-Chriſt, en connoiſſoient d'abord la ſuperſtition, & venoient les brûler aux pieds des Apôtres. Il ſuffit donc d'en avoir donné une connoiſſance groſſiére, afin qu'on ne s'y laiſſe pas tromper.

Langue Arabeſque. Pour ne point ſéparer les Langues étrangeres, je donne le ſecond lieu aux Médailles Arabeſques. On en trouve une aſſez grande quantité, dont néanmoins on eſt peu curieux, parce qu'elles ſont toutes modernes ; que la fabrique en eſt pitoyable ; que très-peu

de gens en connoiſſent la Langue &
le caractére ; & qu'elles ne peuvent
ſervir à quoi que ce ſoit dans les ſuites[a], n'y ayant que très-peu de têtes
de quelques Princes Mahométans. Cependant qui auroit l'habileté de feu
Monſieur de Court, ſe pourroit faire
un plaiſir comme lui, d'avoir une ſuite
preſque complete de Princes Arabes,
qu'il a ſçû non-ſeulement ramaſſer,
mais parfaitement déchiffrer. Le Pere
du Moulinet, que tous les jeunes Antiquaires regrettent, à cauſe de ſa
bonté, & de ſon caractére obligeant
qui le portoit à ſervir tout le monde,
en avoit auſſi ramaſſé environ 60. J'en
ai vû auſſi un aſſez beau nombre chez
feu Monſieur Carcavy, que ſon fils
l'Abbé avoit décrites, & qu'il avoit
fait déchiffrer par un Arabe. Les unes
& les autres ſont aujourd'hui entrées
dans le Cabinet du Roy. M. Morel
a fait graver la plus belle des Médailles qui nous reſtent en ce genre,
elle eſt de Saladin, ou comme on le
nomme Salahoddin le grand ennemi
des Chrétiens. D'un côté l'on voit ſa
tête avec celle d'un jeune Almelek
Iſmahel, fils de Nurodin, qui eſt de la
fin du douziéme ſiécle. La Légende eſt

a Méd. 4.

M. de Court.

a Méd. 4.　en Arabe, *Joseph filius Job*, comme s'appelloit Saladin, & au revers, *Rex Imperator Princeps fidelium*.

On m'a communiqué depuis peu quelques Médailles singuliéres du Mogol, qui sont du volume du moyen bronze, mais d'une plus grosse épaisseur. 1°. Elles sont d'un or & d'un argent très-fin. 2°. Elles ont les Figures chacune d'un des douze Signes célestes; & le revers chargé de caractéres Arabesques. 3°. La fabrique n'en a rien de barbare, mais elle est semblable à celle des Villes Grecques antiques, quoiqu'avec moins de relief. Ce sont des *Roupies* qui valent en or deux livres de notre Monnoye, & en argent trente sols. On les a gravées avec toutes les Monnoyes courantes d'Asie, & avec les explications qu'en a données Monsieur Tavernier dans ses Voyages.

ogue Punique.　Je mets au troisiéme rang les Médailles dont les Légendes sont en Langue & en caractéres Puniques ; la plûpart paroissent frappées en Espagne, & en Afrique par les Sarrazins, au moins le caractére approche beaucoup de l'alphabet Sarracenique. Je ne suis pas assez habile, pour décider fi le plus grand nombre de celles que nous appellons Puniques, ne font point purement Efpagnoles, comme le croit Ant. Auguftinus, qui veut que les Légendes en foient Latines exprimées par les caractéres qui avoient alors cours dans le Païs.

J'en ai quelques-unes où effectivement les noms de IIVIRS. font en très-mauvais caractéres Latins, mais cependant lifibles.

Il y en a dans l'ancienne Langue Efpagnole, comme il y en a qui font conftamment Africaines, frappées du tems des Rois de Syrie, & depuis Jules Cefar. Celle du Roi Juba, porte du côté de la tête une Légende Latine, *Rex Juba*ᵃ, & celle du revers eft dans ces caractéres inconnus. Il y en a qui n'ont aucune Légende. D'autres n'en ont que d'un côté en lettres Puniques, comme celle que l'on dit porter la tête de Didon, & au revers un Cheval, ou du moins la tête d'un Cheval, ou quelquefois un Palmier. La fabrique en eft plus belle que celle des Arabefques, mais elles ont moins de volume, & moins de relief que les Efpagnoles. C'eft dommage que nous ayons perdu l'alphabet de cette Lan-

ᵃ *Med.* 51

güe, & ce feroit un grand bonheur ſi nous pouvions enfin le découvrir, comme M. l'Abbé de Camps nous le fait eſpérer. Pour moi en examinant ceux que Jean-Baptiſte Palatin a fait imprimer en 1545. J'ai trouvé que celui qu'il appelle des Sarraſins, avoit beaucoup de rapport avec le caractére de nos Médailles, & j'en ai même formé quelques mots qui avoient un ſens aſſez conforme aux Inſcriptions que pourroient avoir ces Médailles, battuës dans des Païs, dont les Sarraſins ont été aſſez long-tems les maîtres.

Ce qui me fait dire que ces caractéres ne ſont point les véritables lettres Puniques, c'eſt qu'ils n'ont pas avec l'ancien Hébreu la reſſemblance qu'ils devroient avoir : la Langue Punique n'étant qu'une corruption de l'Hébraïque, comme l'a fort bien juſtifié M. Bochart dans ſon *Phaleg*, où il a ſçavamment déchiffré la Scene du *Pœnulus* de Plaute, qui avoit donné tant d'exercice aux Savans.

Je ſuis auſſi preſque perſuadé que l'ancien caractére Gaulois ſe trouve ſur les Médailles, durant le tems des Poſthumes, des Tetricus & des autres Tyrans qui regnérent en ce Païs. Les caractéres

inconnus

inconnus qui se trouvent sur quantité
de leurs Médailles ne peuvent être autre chose; & l'exemple des Médailles
Espagnoles où nous trouvons des noms
Romains écrits avec des caractéres inconnus, me font une assez bonne preuve, que les Gaulois peuvent avoir fait
la même chose dans leur Païs.

C'est en ce lieu qu'il faut placer tout
le reste des Langues barbares qui se
trouvent sur les Médailles, dont la fabrique n'a rien que de brute, pour les
types comme pour les Légendes. Le
vulgaire des Curieux les appelle Gothiques, mais c'est abuser du nom, &
faire tort aux Rois Goths, du moins à
certains d'eux, dont il nous reste des
Médailles, qui ont conservé quelque
chose de la Langue, & de la Majesté
Romaine. Telles sont celles de Théodoric, d'Athalaric, de Théodahat, de
Baduela, de Witigés, de Tejas; dont
la fabrique est belle, le relief considérable, & le caractére tout-à-fait
Romain[a]. Telles paroissent encore celles de quelques Rois Wandales & Goths
que rapporte Anton. Augustinus, comme de Cunthamundus troisiéme Roi des
Wandales en Afrique; de Chindaswin-
dus Roi des Goths dans la Gaule Nar-

a Méd: 6.

Dialogue 5.
& 7.

Tome I. O

bonnoife, d'Egica, d'Ervigius, de Wi-
tifanes. Telles font celles de Reccarede, de Witeric, de Suinthila, de
Receffuinthus, de Wamba qui ont
regné en Efpagne, & dont le même
Auteur rapporte des Médailles; au lieu
que ce que nous appellons Gothique,
foit en or, foit en argent, foit en bronze, n'eft que mifére; les têtes ayant à
peine forme humaine, & la plûpart
des Légendes ne pouvant abfolument
fe lire : Telle eft celle qui porte le
nom Ateula, & quelques autres qui
font probablement des noms Gaulois,
Huns, ou Sarrafins.

Parlons donc maintenant des deux
principales Langues dans lefquelles
font conçûës les Légendes, & les
Infcriptions des Médailles, fçavoir, la
Grecque & la Romaine, qui y paroiffent dans toute leur beauté, foit pour
la pureté de l'expreffion, foit pour la
netteté du caractére : j'entends parler
des premiers fiécles; car peu à peu
dans la décadence de l'Empire, on
s'apperçoit auffi de la décadence des
Langues, & du caractére.

Jé commence par les Médailles
Grecques, non-feulement parce que
celles qui nous reftent égalent prefque

les Latines, & les surpassent même en
beauté dans certains Empereurs : mais
encore parce que parlant en général,
avant la naissance de Rome, & avant
que jamais on y eût battu Monnoye, les
Rois & les Villes de la Grece avoient
déja porté l'art de frapper des Médailles, jusques à un point où les Romains ont eu bien de la peine à arriver, pendant les plus heureux tems
de l'Empire.

Le caractére Grec, composé des
lettres que nous appellons majuscules,
s'est conservé uniforme sur toutes les
Médailles, sans qu'il y paroisse presque
aucune altération, ni aucun changement dans la conformation des caractéres, quoiqu'il y en ait eu dans
l'usage & dans la prononciation. Il n'y
a que la lettre Σ. qui n'a pû se conserver que jusqu'à Domitien ; car
depuis ce tems-là on la voit constamment changée en C. ou en ⊏, soit au
commencement, au milieu, ou à la
fin des mots. L'on trouve aussi Z & Ξ
marqué par ⊟ ; le Π. par Γ. & le Γ
par C. l'Ω par ᴎ ω Ʊ. On trouve pareillement un mêlange de Latin & de
Grec, non-seulement dans le bas-Empire, où la barbarie régnoit ; mais

même dans les Colonies du haut
Empire S, R, F, lettres Latines, se
trouvent pour le C. P. Φ. Grec. M. de
Differt. 2. Spanheim en donne les exemples.

Il faut donc bien prendre garde à
ne pas condamner aisément des Médailles, à cause de quelques lettres
mises les unes pour les autres; car c'est
être novice dans le métier, que de ne
pas sçavoir que souvent on a mis E.
pour H. ΑΘΕΝΑΙΩΝ. O pour Ω. ΗΡΟϽ,
H. en forme de pure aspiration ΗΙΜΕ-
ΡΑΙΩΝ. Z. pour Σ. ΖΜΥΡΝΑΙΩΝ, & Σ
pour Z. ΣΕΥϹ, ou même ΣΔΕΥϹ pour
ΖΕΥϹ. Α. pour Ω. à la fin des noms
de Peuple ΑΠΟΛΩΛΑΝΙΑΤΑΝ, ΚΥΔΩ-
ΝΙΑΤΑΝ pour ΤΩΝ. & quelques autres semblables, de Dialecte Dorique.

Le caractére s'est conservé dans sa
beauté jusqu'à Gallien, depuis lequel
tems il paroît moins rond & plus
affamé, sur-tout dans les Médailles
frappées en Egypte, où le Grec étoit
moins cultivé. Depuis le regne du
grand Constantin jusqu'à Michel Rhangabé, c'est-à-dire, près de cinq cens
ans durant, je ne trouve que la seule
Langue Latine sur les Médailles, quoique battuës la plûpart à Constantinople, selon l'avis de ceux qui ne goû-

tent pas le ſyſtême du P. Hardouin.
On voit cependant quelques caractéres
Grecs ſur le revers, ſoit pour marquer
les différens Monetaires, comme nous
avons dit ailleurs, ſoit pour ſervir de
monogrammes, comme nous voyons
dans Focas ΦK. & dans Leon Iſau-
rique ΛK.

Michel eſt donc le premier où la
Légende recommence à être Grecque,
& où l'on trouve le nom de Βασιλεύς,
que les Empereurs n'avoient jamais
voulu prendre. C'eſt là que les caractéres commencent à s'altérer, auſſi-
bien que la Langue, qui juſqu'aux Paleologues n'eſt plus qu'un mêlange de
Latin & de Grec; comme l'on peut
voir dans les Familles Byzantines de
Monſieur Du Cange, à qui nous ſom-
mes redevables de tout ce que nous
avons de plus Curieux ſur les Médailles
du bas-Empire. J'aurois tort de lui re-
fuſer en paſſant l'éloge que ſon érudition profonde, & mille autres belles
qualitez qu'il avoit, meritent de tous
les Savans; puiſque jamais il n'a re-
fuſé à perſonne de communiquer avec
une bonté inconcevable, toutes les
connoiſſances que ſon travail lui avoit
acquiſes; ſon plus grand plaiſir étant,

d'aider ceux qu'il jugeoit capables de profiter de ses lumiéres.

Caractéres Latins. Les Médailles Latines sont les plus connuës, & sont aussi celles qui ont mieux conservé leur Langue & leur caractére, jusqu'à la barbarie de Constantinople, dont nous venons de parler. Il est vrai néanmoins que vers le tems de Dece, on commence à apercevoir de l'altération dans le caractére, qui perd sa rondeur & sa netteté, jusqu'à devenir difficile à lire, les N, étant faites comme des M, ainsi que l'on peut voir dans le revers *Pannoniæ*, & semblables. Ce qu'il y a de particulier, c'est que quelque tems après le caractére se rétablit, & demeure assez beau jusqu'à Justin, qu'il commence à s'altérer de nouveau, pour tomber enfin dans la derniére barbarie sous Michel, dont nous venons de parler. Il faut encore ici avertir charitablement le nouveau Curieux, de ne pas prendre pour des fautes d'ortographe, l'ancienne maniére d'écrire, que les Médailles nous conservent, & de ne pas se scandaliser de voir V. pour B. *Danuvius*; O. pour V. *Volcanus*; *Divos*. EE. pour un E. long FEELIX. ni deux II. VIIRTVS. S & M retran-

Ortographe ancienne.

chéz à la fin : ALBINV. CAPTV ; XS.
pour X. MAXSVMVS ; F. pour PH.
TRIVMFVS ; & chofes femblables,
fur quoi les anciens Grammairiens les
pourront inftruire.

Il eft tems de parler des Médailles
modernes, & des Monnoyes que chaque Nation a commencé de frapper,
depuis la décadence de l'Empire Romain ; & où l'on voit les caractéres &
les Langues différentes de chaque Pays.
Les François, les Anglois, les Allemans, les Hollandois, les Suedois, les
Polonois, &c. ont maintenant non-
feulement leurs Monnoyes, mais même des Médailles, qui peuvent fervir
beaucoup à l'Hiftoire. Monfieur l'Abbé
Bizot, qui avoit une parfaite connoiffance du Moderne, nous a fait voir
l'avantage que les Sçavans en peuvent
tirer pour leur propre gloire, & pour
l'utilité publique, par la belle & charmante Hiftoire de Hollande qu'il nous
a donnée : Ouvrage des plus accomplis
dans ce genre, pour l'invention, &
pour l'exécution. Nous en avons déja
parlé ailleurs, mais je ne puis m'empêcher de dire ici, qu'il eft furprenant
que d'un fi beau travail, il ne lui foit
revenu que de l'honneur, & que l'on

O iiij

aît voulu lui faire tenir compte des applaudissemens qu'il a reçus au-dedans & au-dehors du Royaume.

Caractéres Latins modernes.

Sur toutes ces sortes de Médailles, de Monnoyes, & de Jettons, on voit les différens Langages de tous les Pays avec les caractéres qui leur sont propres, principalement sur les piéces Allemandes, & les Hollandoises, où les Légendes sont souvent d'une longueur inconnuë à toute l'Antiquité. Il faut remarquer néanmoins que la plus grande partie des Nations de l'Europe a retenu la Langue & le caractére Latin, tout le monde avouant par un consentement tacite, que cette Langue est la plus propre de toutes pour les Monumens publics. On voit à l'œil que le caractére Latin est altéré dans plusieurs Médailles, & qu'il a dégénéré en Gothique, aussi-bien que dans les Inscriptions, & dans les Manuscrits. Il suffit d'avertir ici, que bien loin que ce soit une marque d'antiquité ni dans les uns, ni dans les autres ; c'est au contraire une preuve constante qu'ils ne sont que des ouvrages des derniers siécles, puisque plus on approche du siécle d'or, qui est celui d'Auguste, où la Langue Romaine s'est trouvée dans

fa plus haute perfection ; plus le caractére eſt rond & bien formé. Je n'en dis
pas davantage, puiſque ſi l'on veut
être inſtruit à fonds ſur cette matiére,
il n'y a qu'à conſulter le plus inſtruit
de nos Sçavans Dom Jean Mabillon,
dans ſon Ouvrage intitulé *De Re Di-*
plomatica. Où il ne manque rien pour
être un Chef-d'œuvre, comme il ne
manquoit rien à l'Auteur, pour ſoutenir la haute réputation qu'il s'eſt acqui-
ſe chez les Etrangers, auſſi-bien que
parmi nous.

ADDITION

à la ſeptiéme Inſtruction.

JE ne ſçaurois m'empêcher de placer
ici une penſée qui m'eſt venuë, &
qui donneroit, ce me ſemble, une grande beauté aux Cabinets, & beaucoup
de facilité pour y trouver les Médailles qu'on y cherche. Je voudrois ſéparer abſolument les Médailles Grecques
d'avec les Latines, & leur donner à
chacune leur Cabinet & leurs ſuites.

Juſqu'à préſent on les a mêlées enfemble, & l'on a mis à la fuite des Médailles Latines ce qu'on en avoit de Grecques de même volume. Ne feroit-il pas plus convenable d'imiter les Bibliothécaires, qui féparent l'Hiftoire Romaine de l'Hiftoire Grecque, donnant à chacune fes Tablettes particuliéres ? On les démêleroit fans doute bien plus commodément, fans avoir un fi grand nombre de planches à tirer, fouvent fort inutilement.

Je crois que je fuis le prémier qui ait ofé faire cette féparation, dès que je me fuis vû environ douze cent Médailles Grecques de petit & de moyen bronze. J'ai éprouvé que cela m'étoit d'une grande commodité. Mon Cabinet même en a acquis plus de réputation. Les Sçavans qui m'ont fait l'honneur de le voir, ont paru approuver en cela mon fentiment ; je ferois ravi de le pouvoir infpirer à ceux qui font plus riches que moi, en Médailles Grecques : leur exemple engageroit infenfiblement les autres à les imiter.

J'apprends avec beaucoup de plaifir que la même penfée eft venuë à Monfieur de Boze Secrétaire de l'Académie Royale des Infcriptions & Belles-Lettres, reçû depuis avec applaudiffement

7. intr. pl IX

pag 323

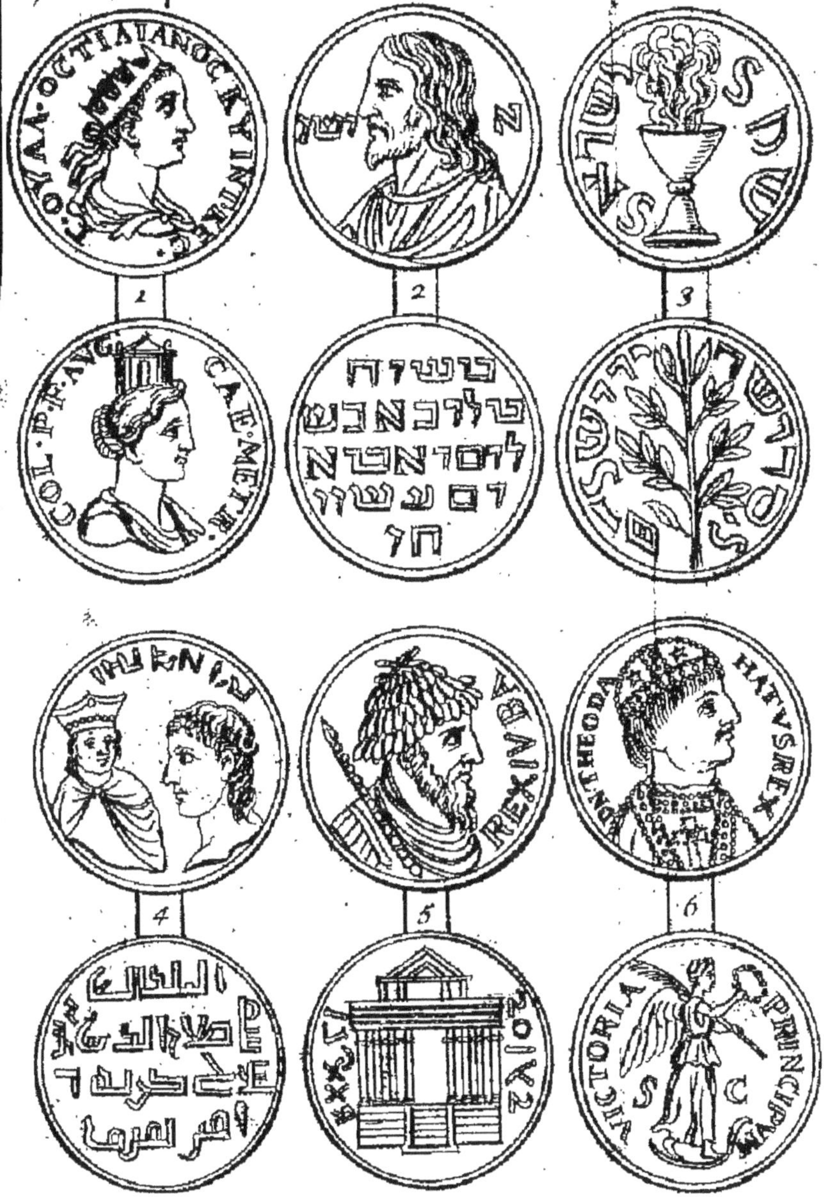

dans l'Académie Françoise. Il a déja
commencé à exécuter mon deſſein fort
noblement. Il a fait des ſuites ſépa-
rées de plus de ſix cens Médailles de
Rois, la plûpart très-curieuſes, & plu-
ſiéurs ſinguliéres & uniques. Il a une
autre ſuite de Médailles des Villes
Grecques, qui paſſe quinze cens. Que
ſera-ce, quand il aura perfectionné
ce deſſein, par un pareil nombre de
Médailles Impériales ? Je ne connois
aucun Cabinet chéz les particuliers les
plus curieux, qui égale la gloire du
ſien. On me permettra de dire à cette
occaſion, ſans craindre de paſſer pour
flateur, que le bonheur qu'il a eu de
trouver tant de belles choſes, étoit dû
à un mérite auſſi diſtingué que le ſien.
Beaucoup d'eſprit cultivé par beaucoup d'étude : une extrême facilité ſou-
tenue par un travail aſſidu, nourrie
par une application infatigable, re-
glée par un diſcernement très-juſte ;
favoriſée de tout ce qu'un beau naturel peut donner de politeſſe & d'agrément, eſt une eſpece de charme, qui
fait tomber entre ſes mains les Médailles les plus rares, lorſqu'elles ſem-
blent fuïr, & ſe dérober aux yeux des
Antiquaires du commun.

O vj

REMARQUES

Sur la septième Instruction.

P. 301.
l. 18. D'*Autant plus qu'il y a des Curieux de Monnoyes aussi-bien que de Médailles, &c.*] On doit mettre au rang des Curiositéz en fait de Monnoyes, les Recueils de celles qu'ont fait frapper les Archevêques, les Evêques, les Abbéz, les Prieurs, les Grands Vassaux de la Couronne, & les Seigneurs particuliers, qui étoient en possession des droits qu'on nomme *Régaliens.* Il est à souhaiter que le Public puisse profiter un jour, du fruit des recherches que Monsieur de Boze a fait en ce genre, & qu'il a poussé plus loin que personne n'est en état de le faire.

P. 302. l. 27. *Celle qui n'étoit que pour le Pays étoit en Grec. Celle qu'on vouloit qui eût cours dans tout l'Empire étoit en Latin. La première portoit les deux caractéres S. C. Senatus Consulto. La seconde avoit le Δ. E. Δόγματι ἐπαρχίας.*] Le Pere Jobert semble parler en général de la Monnoye qui se frappoit dans les Villes Gréques, & cependant il est certain que tout ce qu'il dit en cet endroit, doit se restraindre aux seules Médailles d'Antioche sur l'Oronte. Il fait entendre que les lettres S. C. sont affectées aux seules Médailles Gréques, & Δ. E. aux Médailles Latines.

rien n'eſt moins exact que cette aſſertion. Il y
a pluſieurs Médailles Gréques frappées à Antioche, ſous Auguſte, ſous Tibére, ſous Claude, ſous Néron, ſous Galba, ſous Hadrien,
&c. qui n'ont ni l'un ni l'autre de ces caractéres ; & de plus on peut aſſurer, que le Δ. E.
ne ſe voit ſur aucune Médaille Latine de cette
Ville. Au contraire, le S. C. ſe rencontre
non-ſeulement ſur toutes les Médailles Latines, mais encore au revers d'un très-grand
nombre de Médailles Gréques, & jamais on
n'a trouvé ſur aucune le Δ. E. ſans le S. C.
quoique le S. C. ſe voye ſans le Δ. E, tant dans
les Médailles Gréques que dans les Médailles
Latines. Ajoutéz à cela que les lettres Δ. E.
ne ſe trouvent ſur les Monnoyes d'Antioche
que depuis Caracalle ; c'eſt-à-dire depuis que
cette Ville fut devenuë Colonie Romaine ; &
cette derniére obſervation ſuffit pour montrer
que Δ. E. ne ſçauroit ſignifier Δόγματι Επαρ-
χίας, decreto Provinciæ, puiſqu'Antioche
devenuë Colonie, avoit moins beſoin que jamais du conſentement de la Province, pour
être autoriſée à faire battre Monnoye.

P. 303. l. 13. J'ai un Hoſtilien M. B. &c.]
Cette Médaille manque aux Colonies de M.
Vaillant : il n'en rapporte (1) qu'une ſeule
d'Hoſtilien en petit bronze, frappée à Céſarée
dans la Paleſtine, & dont la Légende eſt en Latin, tant du côté de la tête que du côté du revers.
D'ailleurs les Médailles dont les Légendes ſont
en deux langues différentes ne ſont pas extrêmement rares ; témoin celles d'Antioche (2)
où l'on trouve des Légendes Latines du côté

(1) Vaill. Num. Col. T. II. p. 209.
(2) Hard. Numm. Pop. & Urb. Opp. ſel. p. 20.

des têtes de Claude, de Néron, & de Galba ;
& des Légendes Gréques au revers.

P. 305. l. 24. *Cela n'empêche pas qu'il ne nous*
reste de véritables Monnoyes d'argent & de
cuivre, qui ont eu effectivement cours dans la
Judée, & dont la Légende est ou Hébraïque,
ou Samaritaine.] Divers Sçavans ont cherché
à expliquer les anciennes Médailles Hébraïques, qui se sont conservées jusqu'à nos jours ;
de ce nombre sont Villalpand, Kircher, le
Pere Morin, Conringius, Vaserus, Boute-
roué, Hottinger, Valton, & plus récemment
le Pere Hardouin, & le Pere Etienne Souciet.
Ce dernier dans une Dissertation très-étenduë
& très-sçavante (1), soutient 1º. que la langue & les caractéres qu'on voit sur ces Médailles, sont l'ancienne langue & les anciens caractéres des Hébreux ; c'est-à-dire, ceux dont
ils usoient avant la captivité de Babylone. 2º.
Que les caractéres dont les Juifs se sont servis depuis leur retour de la captivité, sont les
caractéres Assyriens, qu'ils rapporterent en
revenant dans leur Pays. 3º. Enfin que ces
Médailles ont été frappées par les Juifs mêmes, & non pas par les Samaritains.

Le Pere Hardouin dans sa Chronologie de
l'Ancien Testament (2) & dans les Notes de
sa seconde Edition de Pline (3), a essayé de
prouver que ces Médailles sans aucune exception, sont du tems de Simon frere de Judas
Machabée, & de Jonathas Grand Prêtre des
Juifs ; qu'elles ont été frappées dans la Samarie, dont quelques Villes avoient été cédées

(1) *Recueil de Dissert. Critiq. &c. T. I. Diss. 1.*
(2) *Hard. Opp. Sel. p. 603. Seqq.*
(3) *Hard. Not. in Plin. T. I. p. 432.*

aux Juifs par Démétrius Roi de Syrie ; & que les caractéres des Légendes sont Samaritains, ou Assyriens ; c'est-à-dire, que les Légendes sont gravées dans les caractéres des Cuthéens que Salmanasar envoya dans la Samarie, après en avoir enlevé les dix Tribus d'Israël. On peut voir dans les ouvrages des deux sçavans Jésuites, les raisons dont chacun d'eux se sert pour appuyer son sentiment. Quant à l'explication des Légendes de ces Médailles ils différent seulement, en ce que le Pere Hardouin lit sur celles qui ont une datte par années, *anno* 1. 2. 3. 4. *Liberationis Sion*, ou *redemptionis Israël*, & le P. Soucier y lit *anno* 4. *ob liberationem Sion*, ou *ob redemptionem Jerusalem*. On trouvera dans les mêmes ouvrages un Catalogue complet des Médailles Hébraïques connues jusqu'à présent, avec les Descriptions des types qui y sont représentéz (1), Descriptions beaucoup plus exactes, que celles que le Pere Jobert en donne ici d'après Villalpand.

P. 309. l. 22. M. *Morel a fait graver la plus belle des Médailles qui nous restent en ce genre, elle est de Saladin, &c.*] Cette Médaille est gravée dans la vingt-troisiéme planche du *Specimen Rei Nummariæ* de Morel. Tout ce que le Pere Jobert dit ici des Médailles Arabes, est traduit presque mot à mot de l'ouvrage de cet habile Antiquaire (1), même les Eloges du Pere du Moulinet & de M. de Court. Il est à propos d'avertir les Sçavans que le Cabinet du Roi a reçu une très-grande augmentation de Médailles Arabes, par l'acquisition que S. M. a fait de celles de feu M. le Maré-

(1) *Morel. Spec. R. Nummar.* T. I. p. 230. *Seqq.*

chal d'Eſtrées, & de pluſieurs autres qu'on a
apportées depuis peu du Levant; enſorte qu'il
eſt devenu auſſi ſupérieur en ce genre à tous
les autres Cabinets, qu'il l'étoit déja dans toutes les autres eſpéces de Médailles Antiques,
& Modernes.

P. 310. l. 23. *Je mets au troiſiéme rang les
Médailles dont les Légendes ſont en langue &
en caractéres Puniques; la plûpart paroiſſent
frappées en Eſpagne & en Afrique par les Sarrazins, au moins le caractére approche beaucoup de l'Alphabet Saracénique.*] Notre Auteur
confond très-mal à-propos, les Monnoyes frappées par les Sarrazins qui s'étoient emparéz
de l'Eſpagne & des côtes de l'Afrique, avec les
Médailles des anciens peuples, qui ont habité
ces vaſtes contrées. Les Monnoyes des Sarrazins ont toutes la Légende en langue & en
caractéres Arabes, très-différens de la langue & des caractéres Eſpagnols & Puniques.
La langue Arabe nous eſt parfaitement connuë; celle des Phéniciens, & des Carthaginois, eſt preſque auſſi ignorée que celle des
anciens Eſpagnols. Pour ne parler donc ici
que des Médailles Puniques & Eſpagnoles, il
me paroît qu'on avoit eu grand tort de les confondre les unes avec les autres, quoique la
plûpart de celles que nous avons, ayent été trouvées en Eſpagne. Ce Royaume étoit ancien-
nement habité par différens peuples: Outre les
anciens habitans du Pays, les Phéniciens at-
tiréz par le Commerce s'étoient établis en différens endroits ſur les côtes, & y avoient bâti
des Villes; les Grecs même y avoient envoyé
des Colonies. Ces Nations différentes avoient
chacune leurs mœurs, leurs uſages, leur lan-

gue, & leurs Monnoyes particuliéres. Je n'ai
pas vû à la vérité des Médailles frappées par
les Grecs établis en Espagne, peut-être même
leur petit nombre les empêcha-t'il d'en faire
frapper, dans une langue qui n'auroit pas été
entenduë de leurs voisins ; mais la différence
entre les Monnoyes Espagnoles & les Monnoyes Phéniciennes, ou Puniques, est éviden-
te pour tous ceux qui se font donnéz la peine
de comparer ensemble, les Médailles que Lastanosa a fait graver sous le nom de *Medallas
Desconoscidas*. Dans les unes les types semblent
ne se rapporter qu'à des peuples qui habitoient
dans le milieu des terres ; on y voit ordinairement un homme à cheval, quelquefois un
cheval tout seul, & quelquefois un bœuf.
Dans les autres on ne voit que des symboles
qui conviennent à des Villes maritimes, un
navire, des poissons, &c. La Légende de ces
derniéres est en caractéres arrondis, mais iné-
gaux, & ces caractéres font tout-à-fait semblables à ceux qu'on voit sur les Médailles
de Tyr & de Sidon, sur les Médailles de Carthage, de Malthe, de Gorze ou *Cossura*, de
quelques Villes de Sicile, & enfin sur celles
du Roi Juba. Ensorte qu'on ne sçauroit rai-
sonnablement douter ; que ce ne soient de véritables caractéres Phéniciens, ou Puniques.
Au contraire sur les Médailles où l'on voit un
homme à cheval, & les autres types dont j'ai
parlé, la Légende est en caractéres plus carréz
& plus égaux, & ces caractéres sont très-res-
semblans à ceux des Médailles & des autres
Monumens Etrusques. Je ne sçai si cette observation à échappé aux Sçavans Italiens qui
travaillent avec tant d'ardeur à faire revivre

l'ancienne langue des Etruriens, & à éclaircir tout ce qui regarde les Antiquitez de ces peuples ; peut-être pourroit-elle servir à l'avancement de leur projet, s'ils s'attachoient à faire une comparaison exacte de tous les Monumens qu'ils ont découverts, avec ceux que l'Espagne pourroit fournir. Les bornes que je me suis prescrites, ne me permettent pas de pousser plus loin ces réflexions, mais je crois en avoir assez dit, pour montrer que puisqu'on a trouvé en Espagne des Médailles de deux espéces différentes, tant pour les types, que pour les caractéres ; les unes étant assurément Phéniciennes, ou Puniques, les autres doivent être les Monnoyes des anciens Espagnols : d'où il suit que la langue dans laquelle sont conçuës leurs Légendes, & les lettres qui servent à l'exprimer, sont l'ancienne langue & les anciens caractéres des peuples qui habitoient l'Espagne.

P. 312. l. 16. Je suis aussi presque persuadé, que l'ancien caractére Gaulois, se trouve sur les Médailles, durant le tems des Posthumes, des Tetricus, & des autres Tyrans qui regnerent en ce Pays. Les caractéres inconnus qui se trouvent sur quantité de leurs Médailles, ne peuvent être autre chose.] Le Pere Jobert auroit dû rapporter quelques-unes de ces Médailles des Posthumes & des Tetricus, où il a crû voir des caractéres inconnus. Jusqu'à présent nous connoissons bien des Médailles de ces Tyrans, dont les Légendes sont indéchiffrables, parce que les lettres en sont & mal formées, & mal disposées ; mais il ne s'ensuit pas de-là, que les caractéres en soient inconnus ; ce sont de véritables lettres Romai-

nes, quoiqu'on ne puisse en former des mots.
On n'a point trouvé encore de Monument
d'aucune espéce en caractéres Gaulois, & cela
joint au silence de tous les anciens Auteurs ,
nous fait présumer avec raison , que les anciens Gaulois n'ont jamais eu de caractéres
qui leur fussent propres , & qu'ils n'ont connu
l'écriture alphabétique , que par les Grecs qui
s'établirent en quelques endroits de la côte
Méridionale des Gaules , & par les Romains
qui se rendirent Maîtres de tout leur Pays ;
C'est un point que je me propose d'examiner
plus au long dans une Dissertation particuliére.

P. 313. l. 9. *C'est en ce lieu qu'il faut placer*
tout le reste des Langues Barbares, qui se trou-
vent sur les Médailles.] Avant que de passer
aux Langues que le Pere Jobert appelle Barbares, il ne sera pas hors de propos d'avertir
ceux qui ont du goût pour les Médailles ,
qu'on a commencé de nos jours à ramasser
avec soin les Médailles Etrusques, qui paroissent avoir été un peu trop négligées dans les
siécles passez. C'est une nouvelle carriére qui
s'ouvre à la curiosité, & à l'érudition ; & quoique les recueils qu'on a fait de ces Médailles ,
ne soient pas encore bien considérables , &
qu'il soit très-difficile, pour ne pas dire impossible, d'en former ce qu'on appelle une
suite ; il sera cependant très-utile d'empêcher
à l'avenir, qu'on ne dissipe tout ce qui se dé-
couvrira en ce genre. Peut-être même la sagacité des Sçavans, aidée de toutes ces nouvelles découvertes, leur fera-t'elle retrou-
ver l'ancienne langue Etrusque , dont nous
avons des fragmens assez considérables dans

quelques Inscriptions. L'Académie Etrufque établie depuis quelques années à Cortone, & compofée de fujets diftinguéz par leur érudition, & par leur amour pour les lettres, contribuera beaucoup à étendre nos connoiffances, par le foin qu'elle prend d'éclaircir non-feulement tout ce qui regarde les Antiquiquitéz des anciens Etrufques, mais encore l'origine de tous les anciens peuples de l'Italie. Je ne doute pas même qu'on ne puiffe ranger dans la Claffe des Médailles Etrufques, celles qu'on croit avoir été frappées par les Samnites, les Ombres, les Meffapiens, &c. On trouvera quelques planches de Médailles Etrufques gravées dans l'*Etruria Regalis* (1) de Dempfter, dans le *Mufeum Etrufcum* (2) de M. Gori, dans les Antiquitéz d'Horta de M. Fontanini (3) & à la fuite des Differtations de l'Académie Etrufque de Cortone (4).

Ibid. l. 22. *De Witigés, de Teïas.*] J'ai déja remarqué, qu'on ne trouvoit point de Médaille qui portât le nom de *Teïas*, & que celles où on lit DN THELA REX, au revers d'Anaftafe, ne fçauroient appartenir au dernier des Rois Goths qui ont régné en Italie.

P. 317. l. 9. *Michel eft donc le prémier, où la Légende recommence à être Gréque, & où l'on trouve le nom de* Βασιλεύς *que les Empereurs n'avoient jamais voulu prendre.*] Avant le régne de Michel Rhangabé, on trouve fur une Médaille d'or d'Iréne femme de Léon

(1) *Etrur. Régal. T. I. p.* 356.
(2) *Muf. Etruft. T. I. Tab.* 196. 197.
(3) *Diff. d'ell' Acad. Etrufc. T. II. Tab. I.* 2.
(4) *Antiquit. Hort. L. I. p.* 126. 127. 138. 139.

E4o.

fils de Conftantin Copronyme (5) EIRINH bASILISSH, en caractéres moitié Grecs, & moitié Latins. On trouve auffi des Médailles de Nicéphore, prédéceffeur de Michel Rhangabé, fur lefquelles on lit NICIFOROS bASILE, (2) Légende Gréque à la vérité, mais dont les caractéres font prefque tous latins.

P. 319. l. 22. *Par la belle & charmante Hiſtoire de Hollande qu'il nous a donnée.*] Nous avons aujourd'hui un ouvrage encore plus complet, intitulé : *Hiſtoire Métallique des dix-ſept Provinces des Pays-Bas, depuis l'abdication de Charles V. juſqu'à la paix de Bade en* 1716. *traduite du Hollandois de M. Gerard Van Loon.* La Haye 1732.--1737. 5. vol, in-fol.

(1) *Bandur. Num. Impp.* T. II. *p.* 709.
(2) *Ibid. p.* 710. 711.

VIII. INSTRUCTION.

De la conservation des Médailles, d'où dépend particulierement leur beauté & leur prix.

NOus avons peu de choses à dire sur ce sujet, mais ce peu ne laisse pas d'être fort nécessaire à un Curieux qui commence, afin qu'il ne soit pas surpris par les Trafiquans de Médailles, qui tâchent de persuader que plus elles sont vieilles & défigurées, plus elles sont considérables. Ces gens qui ne sont curieux que de leur intérêt, voudroient faire croire qu'il en est des Médailles comme des Drapeaux & des Enseignes Militaires, dont les plus déchiréz & les plus vieux sont les honorables. *Quanto lacera più, tanto più bella*, dit la devise qu'on voit à la tête d'un Livre plein d'esprit, intitulé *La povertà contenta.*

Conservation véritable.
    Il n'en est pas ainsi des Médailles. Les plus antiques ne sont les plus bel-

les, & les plus précieuses, que lorsqu'elles sont parfaitement conservées;
je veux dire lorsque le tour de la Médaille & le grénetis en sont entiers, que
les Figures imprimées sur les deux côtéz en sont connoissables, & que la
Légende en est lisible.

Il est vrai que cette parfaite conser- *Conserva-*
vation est quelquefois un juste sujet *tion suspecte.*
d'avoir la Médaille pour suspecte, &
que c'est par-là que le Padouan & le
Parmésan ont perdu leur crédit. Cependant ce n'est point une preuve infaillible qu'elle soit moderne, puisque
nous en avons quantité d'indubitables,
de tous Métaux, & de toutes grandeurs, que l'on appelle *Fleur de Coin*;
parce qu'elles sont aussi belles, aussi
nettes, & aussi entiéres, que si elles ne
faisoient que de sortir de la main de
l'Ouvrier.

Le prix de la Médaille augmente en- *Vernis de*
core par une autre beauté que la nature *diverses sor-*
seule donne, & que l'art jusqu'à pré- *tes.*
sent n'a pas pû contrefaire. C'est le
Vernis que certaine terre fait prendre
aux Médailles de Bronze, & qui couvre les unes d'un bleu Turquin, presque aussi beau que celui de la Turquoi-
se; les autres d'un certain vermillon

encore inimitable; d'autres d'un certain brun éclatant & poli, plus beau
sans comparaison que celui de nos Figures bronzées, & dont l'œil ne trompe jamais, ceux même qui ne font que
médiocres Connoisseurs, parce que
son éclat passe de beaucoup le brillant
que peut donner au métal le Sel Armo-
niaque mêlé avec le Vinaigre. Le Vernis ordinaire est d'un vert très-fin, qui
sans effacer aucun des traits les plus délicats de la gravûre, s'y attache plus
proprement que le plus bel Email ne
fait aux Métaux, où l'on l'applique.
Le bronze seul en est susceptible; car
pour l'argent, la roüille verte qui s'y
attache, ne sert qu'à le gâter, & il faut
l'ôter soigneusement avec le Vinaigre
ou le Citron, quand on veut que la
Médaille soit estimée.

Quand donc vous trouvéz une Médaille *fruste*, c'est-à-dire à laquelle il
manque quelqu'une de ces choses nécessaires pour que la Médaille soit belle, soit que le Métal soit écorné ou
rogné, le grénetis éfleuré, les Figures
biffées, la Légende effacée, la tête
méconnoissable; ne lui donnéz jamais
de place dans votre Cabinet : mais
plaignant le sort malheureux des gran-

deurs

&eurs humaines, laiſſez aller ces Princes qui ont autrefois fait trembler
la terre, mollir ſur l'enclume de l'Or-
févre, ou ſous le marteau du Chau-
dronnier.

Si cependant c'étoient de certaines Médailles fi rares, qu'elles puſſent paſ-ſer pour uniques, ou que l'un des deux côtéz fût encore entier, ou que la Lé-gende fût finguliére & liſible, elles mé-riteroient d'être conſervées, & ne laiſ-feroient pas d'avoir leur prix. *Médailles fruſtes à conſerver.*

Car on voit peu de Cabinets où il n'y en ait quelqu'une de mal conſer-vée, & l'on eſt trop heureux quand on peut avoir, même avec quelque imper-fection, certaines têtes rares, pourvû qu'elles foient tant ſoit peu connoiſſa-bles ; ſur-tout il ne faut pas ſe rebuter pour une Légende effacée, quand le type eſt bien conſervé, puiſqu'il y a des Sçavans qui les déchiffrent à mer-veille ; témoin Monſieur Vaillant & Monſieur Morel, qui avec un peu d'ap-plication, rappelloient les mots les plus inviſibles, & reſſuſcitoient les carac-téres les plus amortis.

Il eſt bon de ſçavoir que les bords des Médailles, qui ſont éclatéz par la force du Coin, ne ſont pas un défaut *Médailles éclatées.*

Tome I. P

qui diminuë le prix de la Médaille, quand les Figures n'en font point endommagées; au contraire c'eſt un des ſignes les plus certains que la Médaille n'eſt point moulée; ce ſigne ne laiſſe pas néanmoins d'être équivoque, à l'égard de ceux qui auroient battu ſur l'antique, comme nous le dirons dans la leçon ſuivante, car cela ne prouveroit pas que la tête ou le revers ne fûr d'un Coin moderne, & peut-être tous les deux.

Médailles dentelées. Prenez garde auſſi à ne pas rebuter les Médailles d'argent, dont les bords font dentelez, & que l'on nomme *Numiſmata Serrata*, parce que c'eſt encore une preuve de la bonté, & de l'antiquité de la Médaille. Elles font communes parmi les Conſulaires, juſqu'au tems d'Auguſte, depuis lequel je n'en ai vû aucune. Il s'en trouve de bronze des Rois de Syrie, mais il ſemble que ces derniéres n'ayent été dentelées que pour l'ornement, & non pour la néceſſité; au lieu que dans les Médailles d'argent, la malice des Faux-Monnoyeurs a obligé de prendre cette précaution dès le tems de la République. En effet les Faux-Monnoyeurs s'étudioient à contrefaire les Coins des

Monétaires, & ne prenant qu'une lé-
gére feuille d'argent ou d'or, pour couvrir le cuivre qu'ils enchaſſoient ainſi
dans leurs Médailles, ils la frappoient
avec beaucoup d'adreſſe : c'eſt ce que
parmi les Curieux on appelle des Médailles *fourrées*, dont nous avons parlé
ailleurs.

Pour remédier à cet inconvénient,
& pour diſtinguer la fauſſe Monnoye
d'avec la bonne, on inventa la mode
de creneler les Médailles, & on eut
ſoin de décrier tous les Coins dont on
trouvoit des eſpéces fourrées ; d'où il
ſuit à preſent deux choſes.

La prémiére, que les Médailles four- *Médailles*
rées ſont indubitablement antiques, & *fourrées, antiques & ra-*
frappées ; n'y ayant eu aucun profit à *res.*
contrefaire de la Monnoye décriée,
& hors de commerce. La ſeconde, que
lorſque les Médailles fourrées ont une
tête & un revers curieux, elles ſont ordinairement rares, & d'un plus grand
prix que celles qui ſont de bon alloi ;
parce que les coins en ayant été caſſéz
& l'eſpéce décriée, il eſt de néceſſité
qu'il y en ait un bien plus petit nombre. Comme le relief & l'épaiſſeur donnoient principalement occaſion à ces
Médailles fourrées, on prit le parti

dans le bas-Empire, de faire les Médailles si minces, qu'il ne fût pas possible de les fourrer; & cette seconde maniére fut plus efficace que la prémiére, pour empêcher la fourberie des Faux-Monnoyeurs.

Diverse sortes de Médailles frustes.

Il se trouve d'autres défauts qui nuisent à la beauté des Médailles, & qu'on ne peut attribuer qu'à la négligence des Monnoyeurs; par exemple, lorsque le Coin ayant coulé, forme deux têtes pour une, deux grenetis, ou deux Légendes. Lorsque les lettres de la Légende sont, ou confonduës, ou supprimées, ou déplacées, comme on en voit communément sur les Médailles de Claude le Gothique, & des trente Tyrans. Ce sont des monstres dont il ne faut pas faire des miracles, & sur quoi il ne faut jamais rien établir; car quoique cela n'empêche pas que la Médaille ne soit antique, cependant le prix, au lieu d'en augmenter, en diminuë notablement. Quand à certaines Médailles qui ont une tête d'Empereur, avec quelques revers bizarres, ou avec des revers qui appartiennent à un autre Empereur que celui dont elles portent la tête, il ne faut en faire aucune estime, puisque ce n'est qu'un ef-

fet de l'ignorance, ou de la malice du
ùx-Monnoyeur.

Enfin il arrive quelquefois que le Monnoyeur oublie de mettre les deux quarréz, & laiſſe ainſi la Médaille ſans revers. Cela eſt fort commun dans les Monnoyes modernes, depuis Othon, & Henri l'Oiſeleur. Dans les antiques Conſulaires il s'en trouve, & quelques-unes dans les Impériales de bronze, & d'argent. Nous les appellons *incuſes*. La conformation de ces Médailles pourroit ſurprendre un nouveau Curieux, parce qu'au lieu de revers, elles n'ont que l'impreſſion de la tête en creux, comme ſi on eût voulu en faire un moule. J'avouë que j'ai toujours eu peine à comprendre que cela ſoit arrivé faute d'avoir appliqué le ſecond carré, & que j'aimois mieux me figurer d'autres cauſes, juſqu'à ce que j'ai appris par un des hommes de France qui entendoit le mieux le Balancier ; que cela venoit de la précipitation du Monnoyeur, qui devant que de retirer une Médaille qu'il venoit de frapper, remettoit une nouvelle piéce de Métal, laquelle trouvant d'une part le carré, & de l'autre la Médaille précédente, recevoit l'impreſſion de la même tête,

Médailles incuſes.

M. l'Abbé Biʒot.

P iij

d'un côté en relief, & de l'autre en creux ; mais toujours plus imparfaitement d'un côté que de l'autre, l'effort de la Médaille étant beaucoup plus foible, que celui du carré.

Médailles
contremarquées.

Il ne faut pas oublier de parler ici des contre-marques, que les jeunes Curieux pourroient prendre pour des disgraces arrivées aux Médailles dont elles entament le champ, quelquefois du côté de la tête, d'autres fois du côté du revers, particuliérement dans le grand & le moyen bronze ; assez semblables à ces marques, qui se voyent sur nos sols, que le peuple nomme Tappéz, à cause que l'impression du coup qu'ils ont reçû, quand on leur a fait cette marque, y est demeurée. Cependant ce sont des beautéz pour les Sçavans, qui recherchent ces sortes de Médailles, où ils reconnoissent le changement de prix dans la Monnoye, indiqué par ces contremarques. Le malheur est que les Antiquaires ne conviennent pas de la signification des caractéres, qui forment souvent ces contremarques. Aux unes on voit N.

Dans le Cabinet de M. l'Abbé Fauvel à une Médaille de Drusus.

PROB. à d'autres, N. CAPR. Celle que j'ai vû sur un moyen bronze d'Auguste, pourroit bien être un Mono-

gramme CAᵉR. J'ai un Tibere contremarqué RM. qui pourroit s'expliquer,
Moneta pretium Reſtitutum. Mais je ne
ſçai que dire d'un petit bronze contremarqué en deux endroits NT. Monſieur l'Abbé Fauvel a un Tibére contremarqué AUG. *Auguſtus.*

Il y a des Médailles dont la contremarque eſt une tête d'Empereur ; j'en
ai une de Bithynie où il y en a trois ;
j'en ai vû d'autres avec une corne d'a-
bondance. Pour celles où l'on trouve
S. C. elles ne ſouffrent point de difficulté.

Le relief dans les Médailles eſt une
beauté, mais cette beauté n'eſt pas une
marque indubitable de l'antique. Elle
eſt eſſentielle aux Médailles du haut-
Empire ; mais dans le bas-Empire, il
ſe trouve des Médailles qui n'ont guéres plus de relief que nos Monnoyes.
Le tems néceſſaire pour graver les coins
plus profondément, & pour battre chaque piéce dans ces coins, nous a fait
négliger cette beauté dans nos Monnoyes, & dans nos Jettons. Par-là nous
avons perdu l'avantage de les pouvoir
conſerver auſſi long-tems que les Monnoyes Romaines. Leurs Médailles,
qu'on tire de terre après 1800. ans,

sont encore aussi fraîches & aussi dis-
tinctes, que si elles sortoient des mains
de l'Ouvrier. Au lieu que nos Monnoyes, après 40. ou 50. ans de cours,
sont tellement usées, qu'à peine peut-
on en reconnoître ni la figure, ni la
Légende. Ainsi les Anciens nous surpassent par cet endroit. Mais dans nos
grosses Médailles, non-seulement nous
égalons les Grecs, & les Romains; souvent même nous les surpassons. Depuis
qu'on a inventé la maniére de battre
sous le Balancier, nous avons porté
le relief aussi haut qu'il puisse aller.

Les Anciens qui ne se servoient que
du marteau, étoient obligéz de mouler les petites Médailles, aussi-bien que
les grosses, avant que de les frapper.
On a trouvé en plusieurs endroits de
leurs moules, où l'on fondoit quantité
de piéces tout à la fois. On les réparoit
ensuite sous le marteau. Le travail étoit
long, & pénible. Il n'est point nécessaire de m'expliquer sur cela plus amplement. Ce que nous devons en conclure pour notre instruction, c'est qu'il
ne faut pas rebuter les Médailles précisément, parce qu'elles sont moulées;
puisqu'il s'en trouve quantité de moulées, principalement des Egyptiennes,

qui ne laiſſent pas d'être véritablement
antiques. La néceſſité obligeoit quelquefois de leur donner cours, avant
qu'on les eût aſſez ſoigneuſement réparées. Ce principe a ſouvent engagé
feu Monſieur Oudinet à demander grace pour certaines Médailles Grecques,
qu'on vouloit ôter du Cabinet du Roi,
préciſément parce qu'elles paroiſſoient
moulées, quoiqu'elles euſſent toutes
les autres marques d'antiquité.

REMARQUES

Sur la huitiéme Inſtruction.

P. 339.
l. 16.
LA prémiére que les Médailles fourrées ſont indubitablement anti-
ques, & frappées ; n'y ayant eu aucun profit à
contrefaire de la Monnoye décriée, & hors
de commerce.] Il eſt vrai que les Médailles
fourrées ſont antiques, & qu'elles ſont plus
rares que les Médailles de bon alloi ; mais ces
deux raiſons ne ſuffiſent pas pour juſtifier l'eſtime qu'en font la plûpart des Curieux. En
effet cette fauſſe Monnoye ſe reſſent preſque
toujours de la précipitation, & de l'ignorance
des Fauſſaires qui la frappoient. Enforte qu'on
y voit communément des revers joints à des
têtes auſquelles ils n'appartiennent pas ; des

P v

omiſſions, ou des tranſpoſitions de lettres
dans les Légendes, qui ne conviennent pas
toujours ni à la tête, ni au type avec lequel
on les rencontre. Loin donc que ces ſortes de
Médailles puiſſent répandre quelque lumiére
ſur l'Hiſtoire, elles ſeroient au contraire très-
propres à y jetter la confuſion, ſi on vouloit
s'arrêter à toutes les ſingularitez qu'elles pré-
ſentent. On a eu occaſion d'en parler, & de
faire l'énumération des fautes qu'on a remar-
quées ſur ces Médailles, dans la ſeconde partie d'une Diſſertation ſur le ſouverain Pontificat des Empéreurs, qui a été lûë en 1737
à l'Académie des Belles-Lettres. Dans le même tems un ſçavant Jéſuite Allemand faiſoit
imprimer une Diſſertation Latine, intitulée:
*Diſſertatio de Nummis Monetariorum culpâ
vitioſis.* C'eſt la quatriéme d'un Recueil qui
a pour titre: *Eraſmi Froelich Soc. Jeſ. quatuor Tentamina in re Nummariâ vetere = Viennæ Auſtriæ* 1737. in 4. Il ſera bon de conſulter ces deux Diſſertations, & en réuniſſant
les exemples qu'on y a rapportéz, des fautes
dont les Médailles fourrées ſont remplies, on
ſera convaincu qu'on a eu tort juſqu'ici de
faire tant de cas de cette fauſſe Monnoye.
C'eſt cependant cette eſtime ſi peu méritée,
qui a donné lieu à une eſpéce de fourberie,
qu'on auroit peine à imaginer, & contre laquelle il eſt à propos de précautioner ici les
amateurs des Médailles, d'autant plus que le
Pere Jobert n'en a fait mention nulle-part.
Elle conſiſte à faire paſſer pour fourrées des
Médailles d'argent, ou moulées, ou de Coin
moderne, qui ſeroient infailliblement rebu-
tées, ſi le cuivre ou le fer apparens ne ſem-

bloit les mettre à couvert de tout soupçon.
Pour cet effet certains Brocanteurs, attentifs à
mettre à profit, le goût des jeunes Curieux
pour les Médailles rares, & singuliéres, ont
quelquefois percé des Médailles fausses pour
inférer dans le trou qu'ils venoient de faire,
un fil de laiton, qu'ils limoient ensuite
très-adroitement; de sorte qu'il eût été très-
difficile de ne pas prendre ces Médailles, pour
des Médailles fourrées. Le seul moyen de découvrir la fraude, c'est de sonder la Médaille
avec un poinçon, & de faire ressortir le fil de
laiton, qui y a été introduit.

La raison que donne le Pere Jobert, pour
prouver que les Médailles fourrées sont in-
contestablement antiques, ne me paroît pas
tout-à-fait convaincante. C'est, dit-il, *parce
qu'il n'y auroit eu aucun profit à contrefaire
de la Monnoye décriée, & hors de commerce* :
Cela seroit bon si les Médailles fourrées ne
pouvoient être suspectes aux Curieux, qu'autant qu'ils les supposeroient frappées, non
pendant la vie de l'Empereur, dont l'effigie y
est représentée, mais sous le régne de quelqu'un de ses Successeurs. Dans cette supposi-
tion, les Médailles fourrées, qui seroient à
la vérité d'une datte postérieure, à celle qu'elles paroissent indiquer, ne laisseroient pas
cependant d'être antiques par rapport à nous,
comme le sont en effet les piéces frappées par
les Faux-Monnoyeurs de ce tems-là. Mais ce
n'est point là ce qui excite la méfiance des
Curieux; ils craignent d'acheter pour antiques, des Médailles qui sortent du coin, ou
du moule de quelque faux Médailliste moderne; & pour les rassurer sur cet article,

quand la Médaille qu'ils examinent eſt four-
rée, il faut leur dire, non qu'il n'y avoit autrefois aucun profit à contrefaire de la Monnoye décriée, mais qu'il eſt doublement difficile de contrefaire aujourd'hui une Médaille
antique, & de la fourrer en même-tems,
d'où il ſuit que le fripon qui contrefait une
Médaille rare, ne trouvant preſque point de
profit à épargner la valeur du métal, aime
mieux ne point fourrer la Médaille, & de
deux difficultéz en ſauver une.

P. 342. l. 18. *Cependant ce ſont des beautéz*
pour les Sçavans, qui recherchent ces ſortes
de Médailles, où ils reconnoiſſent le change-
ment de prix dans la Monnoye, indiqué par
les contremarques.] On trouve des contremarques ſur les Médailles des Rois, & des
Villes Gréques, ſur celles des Colonies, & ſur
les Impériales. Il y a quelquefois plus d'une
contremarque ſur la même Médaille, je n'en
ai cependant jamais vû au-delà de trois. Rien
n'eſt moins uniforme que ces contremarques,
même ſur les Médailles Latines : le plus ſouvent ce ſont des lettres liées enſemble, qui
expriment ſimplement le nom de l'Empereur ;
quelquefois ce ſont les lettres S. C. *Senatus-*
conſulto, ſur les Médailles frappées dans les
Monnoyes de Rome ; D. D. *Decreto Decu-*
curionum ſur les Médailles des Colonies, comme je l'ai remarqué ſur une de Sagunte, & ſur
une autre de Nimes ; ou enfin N C A P R
que Goltzius expliquoit par *Nobis Conceſſum*
À Populo Romano. D'autres fois ces contremarques ſont des types tantôt accompagnéz de
lettres, comme ſur une Médaille de Jules Céſar frappée à Béryte, où l'on voit en contre-

marque, une corne d'abondance au milieu de
deux C; & tantôt fans lettres, comme une
petite roue qui porte fur les têtes d'Augufte,
& d'Agrippa, dans une Médaille de la Colonie de Nifmes, & une tête de Taureau gravée
fur le coû de Domitien, dans une Médaille
de ce Prince. Monfieur l'Abbé de Rothelin
a dans fon Cabinet, un Mécaillon d'argent
Grec de Vefpafien, contremarqué du côté de
la tête, & fur le coû même de Vefpafien, d'une
tête de l'Empereur Antonin. Voilà une partie
de ce qu'on peut obferver en général fur les
contremarques; mais il eft très-difficile de découvrir pourquoi les Grecs & les Romains,
ont ainfi contremarqué quelques-unes de leurs
piéces de Monnoye, & la raifon que le Pére
Jobert donne ici de cet ufage, ne m'a jamais
paru fatisfaifante. Je n'ai pas été plus content
de diverfes idées qui m'étoient venues à moi-
même en réfléchiffant fur ce fujet, & enfin
j'ai crû ne pouvoir mieux faire que de confulter Monfieur de Boze, l'homme du monde le
plus propre à expliquer les énigmes Numif-
matiques. Je n'ai point été trompé dans mon
efpérance, & je me flatte que ce fçavant Antiquaire ne trouvera pas mauvais que j'infére
ici la réponfe qu'il a bien voulu faire à mes
queftions. Rien n'eft tout à la fois plus ingénieux & plus jufte, que le fyftéme qu'il pro-
pofe fur les contremarques, tant des Médailles Gréques, que des Latines, & ce fyftéme
eft le feul qui puiffe réfoudre toutes les difficultéz.

»V Ous fouhaitéz, Monfieur, que je vous
» V dife ce que je penfe fur les Médailles Ro-

>> maines, qui ont été contremarquées, & je
>> le fais d'autan plus volontiers que fçavant
>> & connoiffeur comme vous l'etes, je me
>> flatte que vous n'en publieréz rien, que vous
>> ne l'en jugiéz digne : je vais d'abord vous
>> rappeller à ce fujet des faits connus & des
>> notions acquifes par quelque expérience ;
>> vous verréz enfuite, fi les conféquences que
>> j'en tire, ne s'offrent pas naturellement à
>> quiconque veut approfondir la matiére.

>> Pendant le tems de la République Romai-
>> ne, on n'a fait aucun ufage des contremar-
>> ques fur la Monnoye courante, je n'ai ja-
>> mais vû de Médaille Confulaire foit en or,
>> foit en argent, foit en bronze, qui ait été
>> contremarquée.

>> Cet ufage paroît n'avoir commencé que
>> vers la fin de l'Empire d'Augufte, & ne s'ê-
>> tre guéres étendu au-delà du régne de Tra-
>> jan. Il reprit quelque vigueur fous Juftin
>> & fous Juftinien, & ceffa bien-tôt après. Il
>> n'eut jamais lieu que fur les Médailles de
>> bronze, celles d'or & d'argent en furent tou-
>> jou s exemptes.

>> Pour une Médaille de bronze contremar-
>> quée, on en trouveroit peut-être cent mille
>> autres du même Empereur, du même ty-
>> pe, & du même Coin qui ne l'ont jamais
>> été. Il y a telle Médaille qui fe trouve char-
>> gée de deux & de trois contremarques dif-
>> férentes, & la meme contremarque fe trou-
>> ve auffi employée, fur des Médailles d'Empe-
>> reurs & de types tout différens.

>> De ces principes il paroît réfulter évidem-
>> ment contre l'opinion la plus généralement
>> adoptée par les Antiquaires, que les con-

» tremarques n'ont point été introduites, pour
» une augmentation de Monnoye dans le
» Commerce & l'usage public.

» Prémiérement, ces sortes d'augmenta-
» tions n'ont jamais été plus grandes & plus
» fréquentes que sous la République Romaine.
» Pourquoi donc ne voyons-nous point de
» contremarques sur les Médailles Consulai-
» res? Cette maniére étoit la plus aisée de
» toutes, elle n'étoit pas inconnuë à Rome,
» puisqu'on l'avoit pratiquée dans la grande
» Gréce, dans l'Asie mineure, & dans les Is-
» les de l'Archipel, long-tems avant les Em-
» pereurs Romains, comme je l'observerai
» dans la suite de ces réfléxions.

» En second lieu, si les contremarques
» avoient eu pour objet l'augmentation de la
» valeur des Monnoyes dans le Commerce
» sous les Empereurs Romains, pourquoi en
» trouveroit-on si peu de contremarquées, en
» comparaison de celles qui ne le font pas,
» quoique du même Prince, du même type,
» & du même coin? Pourquoi les seules Mé-
» dailles de bronze y auroient-elles été sujet-
» tes? Il doit toujours y avoir une proportion
» de valeur entre les Monnoyes d'or, d'ar-
» gent & de bronze; la contremarque sur l'or
» auroit donné tout d'un coup un profit mille
» fois plus considérable que sur le bronze. Il
» y auroit été proportionné sur l'argent; il
» auroit été plus facile & plus prompt sur ces
» deux métaux, parce qu'ils font plus tendres
» & que le poinçon eût été plus petit. Pour-
» quoi enfin y auroit-il eu si peu de Monnoyes
» contremarquées, en comparaison de celles
» qui ne le font pas? Nous avons vû de nos

» jours bien des réformes d'efpéces, & fix
» mois après qu'elles ont été ordonnées, à
» peine trouvoit-on par-ci-par-là, quelques
» Monnoyes qui euffent échappé à cette opé-
» ration.

» D'ailleurs, on fçait que pendant tout le
» tems qu'on nomme haut-Empire, les Mon-
» noyes des différens Empereurs avoient éga-
» lement cours à Rome, & qu'ainfi, pour
» leur donner dans le Public une augmenta-
» tion de valeur par des contremarques, il
» auroit fallu en mettre indifferemment fur
» toutes, ce qui n'a certainement pas été fait;
» je ne me souviens point entr'autres, d'avoir
» jamais vû de Médaille de Vitellius ou de
» Nerva qui ait été contremarquée. Dion
» nous apprend bien qu'après la mort de Ca-
» ligula, le Sénat ordonna que la Monnoye
» frappée au coin de ce Prince feroit fuppri-
» mée, mais selon toutes les apparences, ce
» décret formé dans un prémier mouvement
» d'indignation n'eut aucune fuite, & ne pré-
» valut pas fur l'habitude où l'on étoit, de re-
» cevoir indifféremment dans le Commerce
» toutes les Monnoyes des Empereurs, parce
» qu'elles étoient du même poids & du même
» titre : Auffi les Médailles de Caligula n'en
» font guéres plus rares, & nous ne voyons
» pas que celles qui font venuës jufqu'à nous
» ayent été feulement défigurées.

» Les Contremarques que l'on trouve fur
» les Médailles de bronze de l'Empire Ro-
» main, portent avec elles un caractére d'au-
» torité ou d'authenticité, qui ne permet pas
» de douter qu'elles n'ayent eu un objet utile
» & férieux; auffi me fuis-je borné à dire que

» cet objet n'avoit pas été de donner dans le
» Public une augmentation de valeur aux pié-
» ces contremarquées. Je pense qu'elle ne.
» leur en donnoit que dans des occasions par-
» ticuliéres, & uniquement en faveur des per-
» sonnes à qui on délivroit les piéces contre-
» marquées. Je m'explique.

» Dans les cas de travaux publics, comme
» remuemens de terres, grands chemins,
» Canaux, Aqueducs, Amphithéâtres, & au-
» tres constructions civiles ou militaires, il
» étoit naturel que pour assurer la présence &
» le payement des ouvriers ordinaires & ex-
» traordinaires qui y étoient employéz, on
» leur distribuât, lorsqu'ils se rendoient au
» lieu du travail, quelque piéce marquée d'u-
» ne façon particuliére, qu'ils rapporteroient
» à la fin du jour, aux Officiers chargéz du
» soin & de l'inspection de l'ouvrage; & ces
» piéces ainsi marquées, étoient une espéce
» de billet ou de certificat du salaire qui leur
» étoit dû.

» Les Modernes ont pratiqué quelque cho-
» se de semblable dans ces mêmes occasions.
» Du tems de François I. & bien avant encore
» sous le régne de Louis XIII. on frappoit des
» piéces particuliéres, connuës sous le nom
» de MEREAUX, qu'on distribuoit aux ou-
» vriers employéz à des travaux publics. Il y
» a encore aujourd'hui des Chapitres, des Ab-
» bayes & des Monastéres, où cet usage sub-
» siste, & où le payement des Chanoines &
» autres, ne se fait que sur la représentation
» de ces sortes de piéces. Il y en a de plomb
» & de cuivre, & quelques-unes de simple
» Carton.

» Dans les cas de Villes affiégées, où affli-
» gées par quelque befoin preffant, les Gou-
» verneurs ou Commandans de Place, ont pû
» de même ufer des contremarques fur le peu
» d'efpéces qui leur reftoit, & leur donner
» ainfi une valeur proportionnée aux circon-
» ftances. Cet ufage eft juftifié par celui que
» l'on en fait encore en pareille occafion, &
» dont vous trouverez le détail à la page-282.
» du Tome I. de l'Hiftoire de l'Académie,
» fous le ritre de Monnoyes Obfidionales.

» Dans tous ces cas, une piéce qui avoit
» déja effuyé une ou deux contremarques,
» pouvoit bien en recevoir une troifiéme, &
» la contremarque appliquée fur une Médail-
» le de grand bronze, pouvoit également va-
» loir le double de celle qui étoit mife fur une
» Médaille de moyen bronze. Celles d'or &
» d'argent étoient par elles-mêmes trop pré-
» cieufes, d'un deffein trop fini & trop ferré
» pour les gâter gratuitement par une con-
» tremarque.

» Je vous ai dit, Monfieur, au commence-
» ment de ce Mémoire, que l'ufage des con-
» tremarques ne devoit pas être inconnu à
» Rome du rems de la République, puifqu'on
» l'avoit pratiqué dans la grande Gréce, dans
» l'Afie mineure, & dans quelques Ifles de l'Ar-
» chipel, avant qu'elles paffaffent fous la domi-
» nation des Romains ; je dois vous obferver
» plufieurs chofes à cet égard.

» La prémiére, que les Villes Grecque, dont
» je vous parle, ne fe font pas contentées de
» mettre des contremarques fur les Médailles
« de bronze, qu'elles en mettoient auffi fur
» les Médailles d'argent, & que comme il

» y avoit très-peu de Villes où l'on frappât de
» la Monnoye d'or, il n'eſt pas étonnant que
» nous n'en ayons point encore vû de ce mé-
» tal, qui fuſſent contremarquées.

» La ſeconde, que les contremarques em-
» ployées par ces Villes Grecques, ne ſont pas
» comme les contremarques Romaines, des
» caractéres liéz enſemble, ou ſéparéz, qui
» expriment des noms, ou qui ſont l'abrégé
» de quelques formules; que ce ſont des têtes
» de Divinitéz ou de Héros, des figures Eque-
» ſtres, des plantes, des fruits, des animaux,
» des vaſes de ſacrifices, quelquefois des in-
» ſtrumens de muſique & autres ſymboles.
» De là je conclus que les contremarques des
» Médailles de Villes Grecques, étant faites
» avec beaucoup d'art & de ſoin, & ayant été
» miſes indifféremment ſur toutes les eſpéces
» courantes; elles peuvent avoir ſervi à indi-
» quer une augmentation de valeur dans le
» Commerce, à la différence des contremar-
» ques des Médailles Romaines, qui n'ont été
» placées que ſur le bronze, & qui ne conſiſ-
» tent le plus ſouvent qu'en trois ou quatre
» lettres, renfermées dans des quarréz très-
» groſſiers, qu'il auroit été très-aiſé de contre-
» faire, ſi la choſe en eût valu la peine.

» Je vous ai dit encore, que l'uſage des con-
» tremarques ſur les Médailles Romaines pa-
» roiſſoit avoir fini avec l'Empire de Trajan,
» & n'avoir repris que ſous Juſtin & Juſtinien.
» Je dois cependant vous dire qu'entre les Mé-
» dailles dont le Cabinet du Roi a été aug-
» menté depuis peu, il y en a une de Caracalle
» qui a une eſpéce de contremarque, & ce qui
» vous ſurprendra bien plus encore, c'eſt que

» ce n'eſt pas une ſimple Médaille , mais un
» Médaillon , & encore un Médaillon Grec.
» Il eſt vrai que ce n'eſt pas auſſi une contre-
» marque ordinaire, c'eſt une petite tête cou-
» ronnée de lauriers , & preſque appuyée ſur
» l'épaule du Prince , de ſorte que je ſoup-
» çonne que c'eſt la tête du jeune Elagabale ,
» que c'eſt l'ouvrage particulier de quelque
» Courtiſan , & qu'il doit d'autant moins ti-
» rer à conſéquence , que c'eſt peut-être une
» Médaille unique quant à cette addition ,
» qui ne ſçauroit être miſe au rang des con-
» tremarques uſitées chéz les Romains.
Je ſuis , &c.

DEBOZE.

P. 244. l. 19. *On a trouvé en pluſieurs endroits de leurs moules , où l'on fondoit quantité
de piéces tout à la fois , & on les réparoit enſuite
ſous le marteau.*] Savot & Fréher étoient per-
ſuadéz , que les Anciens commençoient par
mouler toutes leurs Monnoyes; & les Antiquaires paroiſſoient confirméz dans cette opinion , par les découvertes faites en différens
tems , de moules qui avoient ſervi à jetter des
Médailles en ſable. Mais on eſt revenu aujour-
d'hui de cette erreur , & les Sçavans ſont con-
vaincus , que tous ces moules n'avoient été employéz que par les Faux-Monnoyeurs. Voyéz
l'Extrait d'une Diſſertation ſur ce ſujet , dans
l'Hiſtoire de l'Académie des Belles-Lettres ,
T. III p. 218. & ſuiv.

IX. INSTRUCTION.

*De la connoiſſance des Ornemens,
& des Symboles, dont les Médailles ſe trouvent chargées.*

Rien n'eſt plus capable de rebuter
celui qui commence à amaſſer
des Médailles, que la difficulté qu'il
trouve, non ſeulement à expliquer,
mais encore à connoître ce qui y eſt repréſenté. Les Têtes ſe connoiſſent
d'abord par la Legende, mais les Ornemens qui les accompagnent, & les
Symboles dont les Revers ſont char-
gez, ſont autant d'énigmes, capables
d'embaraſſer par leur obſcurité, ſi l'on
n'a au moins les premieres notions de
la ſcience des Antiquaires. C'eſt à donner ces premieres notions que j'ai deſ-
tiné cette Inſtruction.

Pour la rendre plus methodique,
nous commencerons à parler de ce qui
ſe trouve le plus ordinairement du côté de la Tête, & nous traiterons enſuite des Revers.

Les Têtes qui se voyent sur les Médailles, sont quelquefois de simples Têtes qui finissent avec le col a ; quelquefois ce sont des Bustes avec les épaules & les bras b ; quelquefois des Figu-
à mi-corps c. Chacune de ces positions
reçoit des Ornemens différens.

a Méd. 1.

b Méd. 4.

c Méd. 9.

**Différens ha-
billemens de
Têtes.**

d Méd. 14.

Les simples Têtes sont quelquefois
toutes nuës d, d'autres fois couvertes
en diverses façons.

**Coëffures de
femmes.**

Je ne parle point de celles des Princesses, parce que l'on ne peut donner
de nom propre à leurs différentes coëffures. On les peut mieux connoître à
l'œil, & les exprimer ensuite par des
noms, qui ayent quelque analogie aux
coëffures d'aujourd'hui.

Têtes nuës.

Dans les Médailles Impériales, lorsque la Tête est toute nuë, c'est ordinairement la marque que ce n'est point
une tête d'Empereur, mais de quelqu'un de ses enfans, ou véritables,
ou adoptifs, ou de quelque héritier
présomptif de l'Empire a. Tel est le jeune Néron, Aelius adopté par Hadrien,
Aurélius par Antonin, &c. ou bien ce
sont des Princes qui n'ont jamais regné, comme Drusus, Germanicus,
&c. Cependant on ne peut sur cela
faire de regle générale ; car si l'on vou-

e Méd. 14.

soit dire, que personne n'a porté sur
les Médailles la Couronne avant que
de regner, on feroit voir de simples
Césars couronnéz de Laurier, ou pa-
réz du Diadême, comme Constantin
le jeune, & Constantius dans la famille de Constantin. Et si l'on vouloit
avancer qu'au moins tous les Empereurs régnans ont pris la Couronne,
ou le Diadême; on montreroit avec la
même facilité plusieurs Médailles d'Auguste déja Empereur, de Néron, de
Galba, d'Othon, d'Hadrien, &c. où
leur tête se trouve toute nue.

Les Têtes couvertes le font, ou du Têtes cou-
Diadême, ou d'une Couronne, ou vertes.
d'un Casque, ou d'un Voile, ou de
quelque Ornement Etranger.

Ornement de Tête.

Le Diadême est plus ancien que la Le Diadême
Couronne. C'est le propre ornement des
Rois, qui n'est devenu que dans le bas
Empire celui des Empereurs[a]. Je sçai a Méd. t.
qu'un Sçavant a prétendu que le Diadême étoit un privilege attaché à la qualité d'Auguste. Et Jornandés dit qu'Aurelien est le premier des Empereurs
Romains qui s'en soit paré. Le Diadê-

me, est un tissu tantôt plus & tantôt
moins large, dont les extrémitez
noüées derriere la tête, tombent sur
le col. Ce n'est que depuis Constantin que les Empereurs Romains s'en
sont servis, en le relevant par des
Perles & par des Diamans, ou simples, ou à double rang; & permet-
tant même aux Impératrices de le porter, ce qui ne s'étoit point vû dans le
haut Empire, où jamais tête de femme ne fut couronnée. Je dis dans l'Empire, & dans le haut Empire, parce
que nous trouvons des Reines sur les
Médailles Grecques, & dans le bas-
Empire, qui portent le Diadême, ou
la Couronne, témoin Jotape, Théo-
dora, Galeria Valeria.

Les Couron-
nes.
Les Couronnes des Empereurs, sont
ordinairement de Laurier, le droit de
la porter fut accordé à Jules César
par le Sénat, & ses successeurs ont
continué d'en joüir.

(a Méd. 1.
Justinien est le premier qui a pris
une espece de Couronne fermée [a], qui
tantôt est plus profonde en forme de
Bonnet, & tantôt plus platte, en ap-
prochant du Mortier de nos Présidens,
excepté qu'elle est surmontée d'une
Croix, & souvent bordée de Perles

à

à double rang. C'est ce que Mon- a Méd. 4.
fieur Du Cange nomme *Camelaucium*,
que l'on a confondu ordinairement
avec le Mantelet, qu'on appelle Ca-
mail, à caufe de la reſſemblance du
mot, quoique l'un ſoit fait pour couvrir les épaules, au lieu que l'autre
eſt pour couvrir la tête.

Les Couronnes radiales ſe don- Couronnes
noient aux Princes b, lorſqu'ils étoient Radiales.
mis au rang des Dieux, ſoit devant, b Méd. 19.20.
ſoit après leur mort : cette ſorte de
Couronnes n'étant propre qu'à des
Déitez, comme dit Caſaubon.

Je ne prétends pas néanmoins faire
de cela une maxime conftante ; car je
ſçai combien il y faudroit d'exceptions, particulierement depuis les douze Céſars. Nous ne voyons point
qu'aucun Empereur vivant ait pris la
Couronne radiale avant Néron, qui
la méritoit le moins de tous : Augufte
même n'en ayant eu l'honneur qu'après
ſa mort.

Il ſe trouve ſur les Médailles plu- Couronnes
fieurs autres façons de Couronnes qu'il Roſtrales.
faut diftinguer. Les unes appellées
Roſtrales, ſont compoſées de Prouës
de Vaiſſeaux enlacées les unes dans les
autres, elles ſe donnoient après les

Tome I. Q

a *Méd. 2.* Victoires Navales. Agrippa reçut cette Couronne d'Auguste, après qu'il eut défait les Flottes de Sext. Pompeius & de M. Antoine.

Couronnes Murales. D'autres appellées Murales, font composées de Tours, c'étoit la récompense de ceux qui avoient pris des Villes, comme c'est l'ornement des Genies & des Déitez qui les protegent. C'est pourquoi Cybele la Déesse de la terre, & tous les génies particuliers des Provinces & des Villes, portent

b *Méd. 5.* des Couronnes tourelées b.

Couronnes de Chêne. On en voit de Chêne que l'on donnoit à ceux qui avoient sauvé la vie à un Citoyen; telle est celle qui enferme les Inscriptions, *Ob Cives Servatos,* & qui se voit quelquefois sur la tête

Couronnes Athletiques. même du Prince.

Il y en a de destinées à couronner ceux qui remportoient les prix aux Jeux publics. Ainsi aux Jeux de l'Istme de Corinthe, nommez *Isthmia,* les Victorieux étoient couronnéz d'Ache, qui est une espece de Persil plus fort & plus grand que le nôtre; on en voit la forme sur une Médaille de Néron.

Hadrien en faveur d'Antinoüs, en fit faire une de Lotus, à laquelle donna son nom ANTINOEIA, qui se lit sur ses Médailles.

a Méd. 3.

Les Prêtres pour marquer le Sacerdoce, en faisoient de cranes de Bœufs, enlacéz avec les plats où l'on mettoit les entrailles des victimes, & les rubans dont elles étoient parées, quand on les conduisoit à l'Autel; cette Couronne se trouve sur une Médaille d'Auguste. Celle que Monsieur Patin rapporte avec le mot APXIEPATIKON, est d'une espéce qui m'est inconnuë, mais il est visible que c'est une Couronne Pontificale b : sans qu'il soit nécessaire pour cela de dire que ce mot est adjectif & de sous-entendre ϹΤΕΦΑΝΟΝ. puisque APXIEPATIKON au substantif signifie la dignité de Souverain Pontife, que les peuples d'Antioche déferoient à Auguste. En effet les Villes croyoient faire honneur au Prince, de lui déferer leur Souverain Pontificat, & de lui en donner le titre sur leurs Médailles. Les habitans de Byzance en userent ainsi à l'égard de Caracalla, en lui frappant une Médaille Βυζαντίων επι Αρχιερέως. M. AY. Αντονείνου.

Couronnes Sacerdotales.

Cabinet du Duc d'Arschot Table 14.

b Méd. 6.

Les Déitez ont des Couronnes particulieres. Bacchus est couronné tantôt de Pampres, tantôt de Lierre. Hercule en porte une d'un feuillage semblable au Lierre. Celle de Cerés est d'Epics de Bled. Celle de Flora est de Fleurs.

Les Casques. On peut aisément connoître à l'œil les differentes façons de Casques soit à la Grecque, soit à la Romaine. C'est le plus ancien habillement de tête qui paroisse sur les Médailles, & le plus universel, les Rois, les Empereurs, & les Dieux même s'en sont servis. Le Casque qui couvre la tête de Rome, a d'ordinaire deux ailes, comme le Pétase de Mercure. Celui de quelques Rois est paré des cornes de Jupiter Hammon, ou simplement de cornes de Taureau, ou de Bélier, pour

a Méd. 12. marquer une force extraordinaire [a].

Bonnets Etrangers. Les habillemens Etrangers sont la Mitre des Rois d'Armenie, & de Sy-

b Méd. 10. rie [b], presque semblable à celle de nos Evêques, excepté qu'elle est quelquefois carrée, ou crénelée par le haut. Tel est sur les Médailles l'ornement

c Méd. 7. de tête d'Abgare Roi d'Edesse [c].

La Thiare fort semblable à celle des Papes, servoit aux Rois de Perse & aux Parthes.

On voit aussi le Bonnet Phrygien,

ou Armenien a, sur les Médailles de Mi- a Méd. 8.
das, d'Athys, & sur celle de Zemis-
ces, dont le Revers qui répresente
l'adoration des Mages, fait voir ces
trois Princes avec ce même Bonnet.
Telle est la pensée de Monsieur Du
Cange, que je ne puis approuver :
mais ce n'est pas ici le lieu de décider ce différent.

Plusieurs Rois Grecs ont affecté de
se coëffer de la dépoüille d'un Lion b, b Méd. 4.
à l'imitation d'Hercule, comme Phi-
lippe pere d'Alexandre. A leur éxemple quelques Empereurs Romains s'en
font parez, Commode, Alexandre,
Sévére, &c.

Le Voile qui couvre souvent la tê- Le Voile.
te des Princes & des Princesses, marque, ou les fonctions Sacerdotales qu'ils
éxercent, comme de faire des Sacri-
fices c; ou qu'ils sont mis au rang des c Méd. 12.
Dieux, honneur qui leur a été rendu
par les Payens jusqu'à Constantin,
dont on souffrit l'Apothéose sur la
Monnoye, les Empereurs Chrétiens
ne se croyant pas encore assez maîtres, pour bannir généralement toutes les cérémonies Payennes.Mais bien-
tôt après les Princes & les Princesses
affecterent par dévotion de faire pa-

roître sur leurs Médailles une main
qui sortoit du Ciel, & qui leur mettoit la Couronne sur la tête, recon-
noissant ainsi qu'ils tenoient de Dieu
la Couronne qu'ils portoient. Telles
sont les Médailles d'Eudoxia & de son
mari Arcadius, d'Honorius, de Gal-
la Placidia, &c.

Le Nimbe.

Il me semble que cela suffit pour
prouver que ce n'est pas par impieté
que l'on a souffert dans le bas Empire, un certain cercle qui entoure la
tête de quelques Empereurs, & que
l'on appelle *Nimbus* a, pareil au cercle de lumiere que nous mettons aux
images des Saints. On le voit distinc-
tement sur les Médailles de Maurice,
de Focas, & de quelques autres; cela
me rappelle certaines Médailles du
haut Empire, où l'on voit la tête du
Prince environnée de rayons comme
celle du Soleil. Au contraire la pieté
des Princes qui ont régné depuis Zemisces, & Justinien Rinotmetus, leur
a fait souvent mettre sur leurs Médailles la Tête de Notre Seigneur & de
sa sainte Mere, avec le *Nimbe* dont
nous parlons.

a *Méd.* 9.

Têtes des
Déitéz.

Les têtes des Déitez portent comme les Princes ou la Couronne, ou

le Casque, ou le Voile, ou le Bonnet,
ou quelque autre symbole qui les doit
faire reconnoître.   a Méd. 11.

La Couronne de Laurier distingue
Apollon, & le génie du Senat, ou
du Peuple, appellé ΙΕΡΑ ΣΥΝΚΛΗΤΟC.
ΙΕΡΟC ΔΗΜΟC.

La Couronne d'Epics, est le symbole de Cerés.

La Couronne de Fleurs, fait connoître Flora.

La Couronne de Lierre, ou de
Pampre, marque Bacchus, & les Bac-
chantes.

La Couronne de Rayons, marque
le Soleil, quand les Rayons partent
de la tête, sans être liez par un cer-
cle.   b Méd. 12.

Le Casque, convient à Mars & à
Minerve; mais quand il est surmonté par le Chahuant, c'est indubitablement Minerve.

La Barette avec deux aîles, est le
Chapeau de Mercure, nommé par les
Latins *Petasus*.

Un Bonnet sans bords, comme nos
Bonnets de nuit, marque Vulcain,
les Cyclopes, ou les Cabires & For-
gerons.

Deux semblables Bonnets surmon-

Q iiij

tez chacun d'une Etoile, marquent Caftor & Pollux. On dit que ce font les coques des œufs, dont on prétend qu'ils font fortis.

Le Bonnet recourbé en pointe, fe
a *Méd.* 8. donne au Dieu Lunus .

Le Boiffeau qui fe voit fur la tête
b *Méd.* 12. de Sérapis b, & de tous les Génies, défigne la Providence, qui ne fait rien qu'avec mefure, & qui nourrit les hommes, & les animaux.

Telefphore Dieu de la fanté, porte une Capotte, toute femblable à celle de nos Matelots, ou des Soldats qui font l'hiver en faction.

Junon eft fouvent voilée; mais celle qui préfide aux nôces fous le nom de *Juno Pronuba*, eft enveloppée prefque à mi-corps, d'un grand Voile nom-
c *Méd.* 11. mé *Flammeum* c. Junon, dite *Sofpita*, eft coëffée d'une dépoüille de Chevre avec les deux cornes.

Il y a d'autres Déitez, particuliérement chez les Egyptiens, qui ont la tête nuë avec un fymbole; Apis eft un Taureau qui porte une fleur de Lotus entre les deux cornes, une marque blanche au milieu du front, & le croiffant blanc fur la tête. Ofiris a le même fymbole. Ifis & le Canope por-

tent fur le devant de la tête une efpece de fleur plus large, & plus épa-
noüie que le Lis. On dit que c'eft la
fleur d'Auroëfne, dite par les Grecs
Αἐρότονον. Elle eft commune aux deux
Canopes, pour l'un & l'autre fexe,
comme on le voit fur quelques Médailles; le Dieu retenant le nom de
Canope, & la Déeffe prenant celui
d'Euménythis. L'Efpérance porte la
même fleur, plus approchante du Lis.

Je ne puis me difpenfer de dire un
mot des *Pantheons*, qui font des tê- Les Pan-
tes parées des fymboles de plufieurs théons.
Déitez différentes. Telle eft celle qui a *Méd.* 12.
fe trouve fur la Médaille d'Antonin
Pie, & de la jeune Fauftine, qui eft
tout enfemble Sérapis par le Boiffeau
qu'elle porte : le Soleil par la Couronne de Rayons : Jupiter Hammon
par les deux cornes de Bellier, Pluton par la groffe Barbe, Neptune par
le Trident : Efculape par le ferpent entortillé autour du manche.

Monfieur Baudelot dans la fçavante
Differtation qu'il a faite fur les Dieux
Lares, croit que les Panthéons doivent leur origine à la fuperftition de
ceux, qui ayant pris pour Protecteurs
de leurs Maifons plufieurs Dieux, les

Q v

réüniſſoient tous dans une même Statuë, qu'ils orñoient des différens ſymboles de chacune de ces Déitez. Il en
a fait graver pluſieurs pour ſervir d'é-
xemple, & de preuve.

Ornemens des Buſtes.

Les Buſtes. Les Buſtes qu'on voit ſur les Médailles, ſe trouvent accompagnez de
ſymboles qui leur ſont particuliers,
ſur-tout quand les deux bras paroiſſent, comme il eſt ordinaire dans les
Médaillons, & dans les plus petites
Médailles du bas Empire. Souvent ils
tiennent dans la main un Globe, pour
marquer qu'ils ſont les maîtres du
a Méd. 9. monde a. Ce Globe eſt quelquefois
ſurmonté d'une Victoire aîlée, qui
tient une Couronne, afin de faire connoître que c'eſt à la Victoire que le
Prince doit l'Empire du monde; quelquefois ce Globe eſt ſurmonté d'une
b Méd. 4. Croix b, ſur-tout depuis Conſtantin,
les Princes Chrétiens ont voulu recon-
noitre par-là qu'ils tenoient l'Empire
de Jeſus-Chriſt, qu'ils nomment par
cette raiſon le Roi des Rois.

Le Sceptre. Le Sceptre qu'ils tiennent à la main,
lorſqu'ils ſont en habit Conſulaire, &
c'eſt ainſi que ſont preſque toûjours

les Empereurs de Constantinople; est surmonté d'un Globe chargé d'un Aigle, pour faire connoître par ces marques de la Souveraine puissance, que le Prince gouverne par lui-même. Dès le tems d'Auguste l'on voit sur les Médailles le Sceptre Consulaire, dont nous parlons.

Focas est le premier qui a fait ajoûter une Croix à son Sceptre; ses successeurs quittérent même le Sceptre, pour ne plus tenir à la main que des Croix de différentes formes, & de différentes grandeurs.

Lorsqu'ils sont réprésentez en armes outre le Casque & le Bouclier, ils ont ordinairement un Javelot à la main, ou sur l'épaule.

Quand ils sont en Robe dans le bas *La Ferule.* Empire, le Sceptre est une Férule nommée NAPΘHΞ, qui consiste en une tige assez longue, dont le haut est carré & plat[a]. L'usage en est fort ancien *a Méd. 18.* parmi les Grecs, qui appelloient leurs Princes *Narticophores* Porteférules.

Dans la Famille de Constantin, & dans quelques autres, l'on voit souvent les Princes portant une espece de Guidon nommé *Labarum.* C'est un carré sur lequel étoit figuré le Mono-

gramme du nom de Chrift, dont le
grand Conftantin avoit fait fon Enfei-
gne, depuis qu'il eut embraffé le Chriftianifme, avec A d'un côté & un Ω de
l'autre, ce qui fait connoître la divinité de Jefus, qui dit de lui-même
dans l'Apocalypfe, *Ego fum* A & Ω.
Principium & Finis.

La Foudre.　　La Foudre qui eft quelquefois placée derriére la tête des Princes, comme fur une Médaille d'Augufte, marque la fouveraine autorité, & un pouvoir égal à celui des Dieux.

L'Acacia.　　Depuis Anaftafe, on voit dans la main
des Empereurs une efpece de Sachet,
ou de Rouleau long & étroit, dont
il n'eft pas aifé de pénétrer le myftére.
Les uns difent que ce n'eft qu'un Mou-
choir plié, que celui qui préfidoit aux
Jeux, jettoit de fa loge pour les faire
commencer ; Et que c'eft pour cela
que les Confuls, dont nous avons les
Figures, en tiennent un femblable.
D'autres difent que c'eft ce Sachet,
que l'on préfentoit à l'Empereur à la
cérémonie de fon Sacre : il étoit plein
de cendre & de poufliére, & on le
nommoit AKAKIA, comme qui diroit
un moyen de fe conferver dans l'in-
nocence, par le fouvenir de la mort,

que cette poussière renouvelloit. Peut-
être que ceux qui disent simplement,
que ce n'est qu'un rouleau de Papiers
& de Mémoires, que l'on présentoit
aux Princes & aux Consuls, & qu'ils
tenoient à la main pour les répondre,
sont aussi bien fondez que les autres
dans leurs conjectures ; d'autant plus
que lorsque les Statuës sont entiéres,
l'on voit ordinairement au pied une
petite cassette, ce semble, pour serrer
ces papiers.

Le Croissant est souvent employé Le Croissant.
pour soutenir le Buste des Princesses ;
elles tiennent dans l'Etat, dont le Prince est le Soleil, la place que l'on donne à la Lune dans le Ciel. Le Dieu
Lunus porte le Croissant aux épaules
pour symbole naturel, selon la pensée superstitieuse de certains peuples
qui ont crû que la Lune étoit une Déité mâle, & que ceux qui l'adoroient
comme une Déesse, étoient toujours
malheureux dans leur mariage, & n'é-
toient jamais les maîtres dans leur
maison.

Le buste des Amazones, est ordi- Les Armes.
nairement armé d'une petite hache
d'Armes, qu'elles portent sur l'épaule,
avec un petit bouclier fait en Croiss-

fant, que les Latins nomment *Pelta.*

Les Cabires portent un gros Maillet à deux têtes ; & Vulcain des Tenailles & un Marteau, qui souvent dans le Revers se mettent avec l'Enclume.

Anubis est connu par sa tête de Chien, & par le *Sistre* d'Isis que l'on lui met à la main.

La Massuë & la dépouille de Lion, est le symbole d'Hercule, & des Princes qui prétendoient être de ses descendans, ou les imitateurs de sa valeur, comme les Macédoniens.

Je finis par une espéce de Bustes, qui vont jusqu'à mi-corps, tels qu'il s'en rencontre sur des Médaillons, ou sur le grand bronze. On y voit le Casque, le Bouclier, & un Cheval que l'on tient par la bride, pour marquer les Victoires remportées, ou dans les Combats de la Guerre, ou dans les Jeux.

Il se trouve encore sur les Médailles, principalement sur les Grecques, mille petits symboles, du côté de la tête, qui sont la marque ou des Charges que possédoient ceux qui y sont représentéz, ou des Victoires qu'ils avoient remportées, ou les Mono-

grammes des Villes, ou les symboles
des Déitéz honorées singuliérement
par les Princes, ou par les Villes : ou
des contremarques de la differente valeur des Monnoyes.

Ornemens des Revers des Médailles.

Comme c'est particuliérement sur
les Revers que se placent les symboles, sans la connoissance desquels on
ne peut tirer des Médailles, ni le plaisir, ni l'instruction que les Curieux en
prétendent : il faut en parler avec plus
d'application, & de méthode.

Je remarque donc qu'il y a des Revers où les symboles sont attachez aux
Figures ; d'autres où les Figures mêmes servent de symboles, soit que ce
soient des Figures d'hommes ou d'animaux, ou de choses insensibles.

Des symboles attachéz aux Figures,
les uns sont communs à plusieurs, qui
ne se distinguent que par la Légende :
d'autres sont uniques & tiennent lieu
de Légende, lorsqu'il ne s'y en rencontre point. Car il ne faut point de
Légende pour deviner, par exemple,
qu'une Figure qui tient la Foudre à la

main, & un Aigle à ses pieds, est Ju-
piter; ou qu'une autre qui tient une
Harpe, & une branche de Laurier, est
Apollon.

L'Haste. L'Haste qui est un Javelot sans fer,
ou plûtôt un ancien Sceptre, convient
à toutes les Déitéz, parce qu'il désigne la bonté des Dieux, & la conduite de leur providence, également dou-
ce & efficace. Justin marque expressé-
ment que la coutume d'en donner à
toutes les Déitéz, vient de la super-
stition des Anciens, qui dès le commencement du monde, avoient adoré
le Sceptre comme les Dieux mêmes;
sans doute, parce que les Statuës n'é-
toient point alors si communes qu'elles l'ont été depuis. Car je ne puis pas
me persuader, quoique les paroles le
portent, qu'ils les adorassent comme
de véritables Déitéz.

La Patére. La Patere dont on se servoit pour
les Sacrifices, se met pareillement à la
main de toutes les Déitéz, soit du prémier, soit du second ordre, pour faire
connoître qu'on leur rendoit les honneurs divins, dont le sacrifice est le
principal; & souvent à la main des
Princes, pour marquer la puissance Sacerdotale unie avec l'Impériale, par la

qualité de Souverain Pontife : C'est pourquoi souvent il y a aussi un Autel, sur lequel il semble que l'on verse la Patere.

La Corne d'abondance se donne à toutes les Déitez, aux Génies, & aux Héros, pour marquer les richesses, la félicité, & l'abondance de tous les biens, procurée par la bonté des uns, ou par les soins, & par la valeur des autres. Quelquefois l'on en met deux, pour marquer une abondance extraordinaire. *Corne d'Abondance.*

Le Caducée est encore un symbole commun, quoiqu'attribué à Mercure par préférence. Il signifie la bonne Conduite, la Paix, & la Félicité. Il est composé d'un bâton qui marque le pouvoir, de deux Serpens qui désignent la Prudence, & de deux aîles qui marquent la Diligence, toutes qualitez nécessaires pour réussir dans ses entreprises. *Le Caducée.*

Les symboles que j'appelle uniques sont sans nombre ; il suffit de marquer ici les plus communs.

Le Thyrse, qui est un Javelot entouré de lierre, ou de pampre, est le symbole de Bacchus, & marque la fureur que le vin inspire. *Le Thyrse.*

La Foudre. La Foudre dans la main d'une Figure, & ou à côté, ou au-deſſous du Buſte, lorſque ce n'eſt pas la tête d'un Empereur, marque la tête du *Ve-Jove*; c'eſt-à-dire, de Jupiter foudroyant & irrité, car il y a quelques Empereurs que l'on a flattéz juſqu'à leur mettre la Foudre en main, comme à Jupiter.

Le Laurier. Une branche de Laurier à la main d'un Empereur, fait voir ſes Victoires, ſes Conquêtes & ſon Triomphe; comme la branche d'Olivier, marque la Paix qu'il a donnée, ou conſervée à l'Etat. Les autres Plantes particuliéres déſignent les Pays où elles naiſſent; comme la Roſe, l'Iſle de Rhodes, &c.

Les mains jointes. Deux mains jointes montrent la Concorde des particuliers, ou les Alliances, ou l'Amitié.

L'Enſeigne militaire. L'Enſeigne Militaire placée ſur un Autel, marque une nouvelle Colonie, dont le bonheur doit dépendre de la protection des Dieux; j'entends une Colonie faite de vieux Soldats, car c'eſt ce que l'Enſeigne veut dire, & quand il s'en trouve pluſieurs, cela ſignifie que les Soldats ont été tiréz de différentes Légions. Le nom s'y diſtinque aſſéz ſouvent comme LEG. XXII. dans Sept. Sévére, dans Gallien, &c.

Un Gouvernail poſé ſur un Globe Le Gouver-accompagné de Faiſceaux, marque la nail. Souveraine puiſſance. Dans la Médaille de Jules, où l'on y a joint le Caducée, la Corne d'abondance, & le Bonnet Pontifical, on a voulu marquer, que Céſar gouvernant la République, y faiſoit fleurir la Paix, la Félicité, & la Religion.

Le Bouclier ſignifie des Vœux pu-Les Bou-blics rendus aux Dieux, pour la con-cliers. ſervation des Princes; ou marque que le Prince eſt l'aſſurance & la protection de ſes Sujets. Ces ſortes de Boucliers s'appelloient *Clipei Votivi*. On les pendoit aux Autels, ou aux Colonnes des Temples. L'on en voit deux d'une figure extraordinaire ſur une Médaille d'Antonin Pie, avec ce mot *Ancilia*. C'eſt, par alluſion au Bouclier fatal envoyé du Ciel, une marque que ce bon Prince étoit regardé comme le maître de la deſtinée de l'Empire. On portoit ces Boucliers aux Jeux ſéculaires, & à certaines Proceſſions publiques, qui ſe faiſoient dans les néceſſitéz de l'Etat.

Des boëtes & des urnes miſes ſur Les Jeux. une table, d'où il ſort des Palmes, ou des Couronnes placées à côté avec le *Sympule* a, qui eſt un petit Vaſe dont on faiſoit les Libations, déſignent les Jeux, auſquels on joignoit ordinairement des Sacrifices.

Vaiſſeaux. Un Vaiſſeau en courſe ſignifie la Joye, la Félicité, le bon Succès, l'Aſſurance. Quand on en voit pluſieurs aux pieds d'une Figure tourelée, ils indiquent que c'eſt une Ville maritime, où il y a un Port, & du Commerce. Quand ils ſont aux pieds d'une Victoire aîlée, ils marquent des Combats de mer, où l'on a vaincu la Flote ennemie.

Raiſin. Une grappe de Raiſin, ſignifie l'Abondance, la Joye, & un Pays fertile en bon vin.

Harpe. Une ou deux Harpes marquent les Villes où Apollon étoit adoré, comme Chef des Muſes.

Boiſſeau. Le boiſſeau d'où il ſort des épics de bled, & des Pavots, eſt le ſymbole de l'Abondance, & des Grains que l'on a fait venir pour le ſoulagement du Peuple, dans un tems de famine.

Signes Militaires. Les Signes Militaires qui ſe trouvent quelquefois juſqu'à quatre, ſignifient, ou les Victoires remportées par les Légions, ou le ſerment de fidélité

qu'elles prêtent à l'Empereur, ou les
Colonies qu'elles ont établies ; quelquefois ce font des Drapeaux pris par
les ennemis, & renvoyez, ou repris
par force. L'Aigle est l'Enseigne principale de chaque Légion. Les autres
signes militaires font les Enseignes des
Cohortes ; le Guidon est l'Enseigne de
la Cavalerie.

Un Bâton tourné par en haut en Le Bâton
forme de Crosse, est la marque des Augural.
Augures, on l'appelle en Latin *Lituus*.
Ils s'en servoient pour partager le Ciel,
lorsqu'ils faisoient leurs observations.
On y joint quelquefois des Poulets à
qui l'on donne à manger, ou des Oiseaux en l'air, dont on observe le vol.
Les Augures, croyoient par les uns &
par les autres, pouvoir deviner les
choses à venir.

Un Bonnet surmonté d'une pointe Le Bonnet &
croisée sur le pied, avec deux pen- les Instru-
dans que les Romains nommoient mens Pontifi-
Apex & Filamina, marque la dignité
Sacerdotale & Pontificale, soit que ce
Bonnet se rencontre seul, soit qu'on le
trouve joint aux instrumens dont on
se servoit pour les Sacrifices ; ces ins-
truments étoient un Vase, un Plat-
Bassin, un Asperfoir, une Hache, avec

la tête d'un animal, un Coûteau, un Tranchoir, & un Sympule. La Tête, désigne la Victime. La Hache, sert pour l'assommer. Le Bassin, pour recevoir les entrailles, & les chairs qui devoient être offertes. Le Coûteau, pour les couper. Le Vase, pour mettre l'Eau Lustrale; & l'Aspersoir pour la répandre sur les assistans, afin de les purifier. Le Sympule, pour faire les Libations, & comme l'essai des Liqueurs que l'on répandoit sur la tête des Victimes.

Chaire Curule.

La Chaise Curule, marque la Magistrature, soit des Ediles, soit du Préteur, soit du Consul; car tous avoient droit de s'asseoir dans une Chaise d'ivoire en forme de pliant. Quand elle est traversée par une Haste; c'est le symbole de Junon, qui est en usage pour désigner la Consécration des Princesses.

Quelquefois le Sénat décernoit une Chaise d'or, qu'il faut sçavoir distinguer, aussi-bien que les Statuës de ce Métal.

Un ornement de Vaisseau recourbé, que les Grecs nommoient Ακροτήριον ou Ακροσολιον, marque les Victoires navales, & les Vaisseaux pris ou couléz à fond ; quelquefois les Villes maritimes, comme Sidon, &c. on arrachoit ces ornemens aux Vaisseaux ennemis qu'on avoit pris; & l'on en faisoit comme des Trophées de la Victoire.

Un Char traîné, soit par des Chevaux, soit par des Lions, soit par des Elephans, signifie ou le triomphe, ou l'Apothéose des Princes. Quand au Char couvert traîné par des Mules, il n'est usité que pour les Princesses, dont il marque la consécration, & l'honneur qu'on leur faisoit de porter leurs Images aux Jeux du Cirque. *Un Char.*

Une espece de Porte de Ville, ou de Tour, qui se trouve depuis Constantin, avec ce mot *Providentia Augusti*, désigne des Magasins établis pour le soulagement du Peuple ; ou comme d'autres pensent, la Ville de Constantinople, dont l'Etoile qui paroît au-dessus de la tour est le symbole, aussi - bien que le Croissant. *Une Tour.*

Un Panier de Fleurs & de Fruits, montre la beauté, & la fertilité du Païs. *Panier de Fleurs.*

Une espece de Cheval de Frise fait avec des pieux enlacéz, comme dans la Médaille de Licinius, montre un *Cheval de Frise.*

Camp fortifié & palissadé, pour la sûreté des Troupes.

Le Trépied.   Le Trépied couvert ou non, couvert avec une Corneille, & un Dauphin, est le symbole des XV virs députez pour garder les Oracles des Sybilles, & pour les consulter dans l'occasion. On les conservoit au pied de la Statuë d'Apollon Palatin, à qui la Corneille est consacrée, & à qui le Dauphin servoit d'Enseigne dans les ceremonies des XV virs.

Le Zodiaque.   Le Zodiaque avec tous ses signes, le Soleil & la Lune au milieu, comme dans une Médaille d'Alexandre Sévére, marque l'heureuse Etoile des Princes, & la conservation de tous les membres de l'Etat, que le Prince soûtient, comme le Zodiaque les Astres.

Parazonium.   Un Sçeptre arrondi par les deux bouts, comme un Bâton de Commandement, est appellé par le commun des Antiquaires *Parazonium*, ce qui veut dire un Poignard, ou une courte Epée que l'on porte à la ceinture. Cependant la figure de ce Bâton, & la maniere dont on le tient, ne disent rien moins que cela. Il n'y a qu'à consulter la Médaille *Honor & Virtus* de

Galba,

Galba, où l'honneur tient ce prétendu *Parazonium* en l'air, un bout appuyé fur le genou. Celle de Tite & de Domitien, où l'un & l'autre le tient appuyé fur le flanc, & nullement attaché à la ceinture. Je trouve une Médaille d'Antonin Pie dans Monfieur Patin *, où le *Parazonium*, qu'il appelle en ce lieu-là *Scipio*, eft en travers fur les deux épaules, en forme de Carquois. Dans les Revers même de Vefpafien *, où Rome armée porte le *Parazonium*, il n'eft point placé à la ceinture, ni de figure à pouvoir être attaché. On ne voit pas non plus qu'on le puiffe aifément manier, ni qu'il y ait ce que nous appellons la Garde de l'Epée, & que les Latins nommoient *Capulus*.

* *Page* 228

* *Tab.* 251

D'ailleurs je ne fçai de quel ufage feroit une pareille Arme, s'il eft vrai comme on dit, que c'étoit une petite Epée fans pointe. Car malgré la belle moralité que l'on en tire, fçavoir que le Prince doit être moderé dans fes châtimens, & ne pas punir avec la derniere rigueur ; l'Epée n'eft donnée que pour percer & pour tuer. D'ailleurs, que devient ce beau fentiment, fi on leur met à la main un Javelot très-pointu, & quelquefois même par les deux bouts, comme dans la Médaille d'Antonin Pie, & dans celle d'Elagabale *.

* Cabinet du Duc d'Arschot. Tab. 41. & 45.

Je voudrois bien sçavoir pourquoi les Médailles ne donnent jamais d'Epée, ni aux Empereurs, ni aux Soldats, même lorsqu'il sont représentez en habit Militaire. Car on ne peut pas dire que cette sorte d'Armes fût inconnuë aux Grecs & aux Romains. Je répondrois bien que c'est par la même raison, qu'ils n'ont jamais mis d'Eperons à leurs Statuës équestres. Mais ce n'est qu'éluder la difficulté. Ce qu'il y a de constant, malgré la prévention, c'est que le *Parazonium* est un vrai Bâton de Commandement, tel qu'est parmi nous le Bâton de Maréchal de France.

Symboles qui se trouvent sur les Revers des Médailles, principalement ceux des Déitez.

L'Ancre qui se voit sur plusieurs Médailles des Rois de Syrie, étoit un signe que tous les Séleucides porterent à la cuisse, depuis que Laodice mere de Séleucus s'imagina être grosse d'Apollon, & que ce Dieu lui avoit donné un Anneau, sur lequel une Ancre étoit gravée. Dans son sens naturel, l'ancre marque les Victoires navales.

Un Bouquet d'Epics, est le symbole du soin que le Prince s'étoit donné de faire venir du Bled pour le Peuple, ou simplement de la fertilité du Païs, comme sur la Médaille d'Alexandrie.

La Colonne marque quelquefois l'assûrance, quelquefois la fermeté d'esprit.

Le Char attelé de deux, de quatre, ou de six Chevaux, ne marque pas toûjours la Victoire, ou le Triomphe. Il y a d'autres ceremonies où l'on se servoit de Chars. L'on y portoit les Images des Dieux dans les Supplications; on y mettoit les Images des Familles illustres aux Funerailles, & de ceux dont on faisoit l'apothéose. Enfin on y conduisoit les Consuls qui entroient en Charge, comme nous l'apprenons par les Médaille de Maxence, & de Constantin. L'une & l'autre porte *Felix Processus Consulis Augusti Nostri.*

Les Etoiles marquent quelquefois les enfans des Princes regnans, quelquefois au contraire les enfans morts, & mis dans le Ciel au rang des Dieux.

R ij

La Harpe eſt le ſymbole naturel d'Apollon. Quand elle eſt entre les mains d'un Centaure, c'eſt Chiron le Maître d'Achille. On ſçait que Mercure en fut l'inventeur, & qu'il en fit préſent à Apollon. Quand elle eſt jointe au Laurier, & au Coûteau, elle marque les Jeux Apollinaires.

Le Maſque eſt le ſymbole des Jeux Sceniques qu'on faiſoit répreſenter pour divertir le Peuple, & où les Acteurs étoient ordinairement maſquéz. Il y en a dans la Famille Hirtia.

Des branches de Palme ſignifient les enfans des Princes, ſelon Artemidore.

Un Panier couvert avec du Lierre à l'entour, & une peau de Faon, marque les myſtéres des Bacchanales; on le connoît par la Statuë de Bacchus, qui ſe trouve ſouvent au-deſſus. On ſçait que Semelé, groſſe de Bacchus, fut miſe par Cadmus dans une Corbeille, & jettée dans la Riviere.

Une rouë marque les Chemins publics raccommodéz par ordre du Prince, pour la commodité des Charrois; comme *Via Trajana*, Au pied de la Fortune, elle déſigne l'inconſtance: à ceux de Nemeſis, elle indique les ſupplices des méchans.

Une espéce de Siége sur lequel est assis Apollon, dans le Revers des Médailles des Rois de Syrie, qu'on prendroit pour une petite Montagne percée de plusieurs petits trous : c'est le couvercle qu'on mettoit sur l'ouverture où les Prêtres d'Apollon alloient recevoir les Oracles, ou se remplir de la fureur sacrée, qui les faisoit eux-mêmes répondre en gens inspiréz, à ceux qui les consultoient.

La Toise marquée à chaque pied, *Les Déitéz.* signifie une nouvelle Colonie, dont on avoit toisé l'enceinte, & les Champs qui lui étoient attribuéz. Cette toise se trouve quelquefois accompagnée d'un Boisseau, qui désigne le Bled qu'on avoit donné pour commencer à ensemencer les terres.

Les Déitéz se connoissoient presque toutes par des symboles particuliers, dont je ne marquerai que les principaux.

Jupiter par la Foudre, & par l'Aigle ; Neptune par le Trident, & le Dauphin. Quelques-uns veulent que le Trident marque la troisiéme région que tient l'eau dans le monde, après le feu & l'air.

Les Dieux Marins Melicerte, Pale-

R iij

mon & Portumne, foit qu'il ne faffent que la même Déité, fous trois noms différens; foit qu'on les ait regardéz comme trois Dieux, n'ont que le même fymbole; car ils font répréfentez par un enfant affis fur un Dauphin, & ils défignent les Jeux de l'Ifthme, qui furent inftituéz par Sifyphe, en l'honneur du premier de ces Dieux.

Junon, par le Paon qui devint fon oifeau après qu'elle en eut donné la forme à fon fidele Argus.

Efculape, Hygée & Salus, par le Serpent, qui eft le premier inventeur de ce que la Médecine cherche inutilement, fçavoir le moyen de fe rajeunir.

Bacchus eft couronné de Pampres, marque de la joie que le vin infpire. Le pot à la main, toujours prêt à boire, & à faire boire les autres. Une Panthère à fes pieds, parce que le vin rend furieux. Un Thyrfe à la main, & fon Char tiré par des Tigres. Il eft tantôt barbu, tantôt fans barbe; parce que les jeunes gens boivent par débauche, & les vieillards par néceffité. Quelquefois nud, d'autres fois habillé; parce que l'excès du vin ruine les Buveurs, &

le vin pris modérément entretient la santé, & aide la chaleur naturelle.

Le Canope Dieu d'Egypte, est représenté par un pot de terre, d'où il sort une tête qui porte la fleur d'Isis. Ce pot plein d'eau, percé de tous côtéz, mais dont les trous étoient bouchéz avec de la cire, éteignit le feu des Perses, qui consumoit toutes les autres Déitéz. Ainsi furent confondus les Prêtres de Mithra, qui se vantoient que leur Dieu étoit le plus grand de tous les Dieux.

Le Dieu Lunus est distingué par le Croissant, dont il a les épaules chargées; par le Bonnet Armenien qui lui couvre la tête, & par un Cocq qu'on met auprès de lui; parce que Latone mère de Diane, avoit fait du Cocq son Oiseau favori, depuis qu'il lui avoit été d'un grand secours à ses couches *.

* Æliani Hist. anim.

Astarte la Déesse des Sidoniens, est placée sur un Char à deux roües. C'est ainsi qu'on la portoit par le Païs, pour amasser de l'argent. Quoique l'on ne convienne ni de son nom, ni de sa figure, on croit avec assez d'apparence, que c'est l'Astaroth, dont il est parlé dans l'Ecriture. On la voit quelquefois sur un

R iiij

Lion, portant en main la Foudre, principalement fur les Médailles de Carthage.

Cybele porte la Couronne de Tours, parce que la Terre porte les Villes. Elle a des Lyons à fes pieds, qui marquent fes amours furieufes pour Atys. Le Crotale qui eft une efpece de Tambour de Bafque, eft l'Inftrument dont fes Prêtres fe fervoient, comme ceux d'Ifis du Siftre.

Ifis a pour fymbole une Etoile, c'eft la Canicule : un Siftre qui marque l'harmonie des Cieux dans leur mouvement continuel; une fleur fur la tête, parce que les Immortels ne vieilliffent point *.

Plutar. in Ifid.

Cerés fe reconnoît par la Couronne d'Epics, par le Char que traînent des Serpens, & par les Flambeaux allumez au Mont-Etna, pour chercher Proferpine.

Proferpine a pour fymbole une Grenade; parce que Cerés ayant preffé Jupiter de lui faire rendre fa fille, il le lui promit, pourvû qu'elle n'eût encore rien mangé chez Pluton. Or il fe trouva qu'elle avoit mangé quelques grains de Grenade.

Diane fe fait connoître par le Croif-

fant, par l'Arc, & par le Carquois ;
par l'habit de Chaſſereſſe, & par le
Char où des Cerfs ſont atteléz.

Pour la Diane d'Epheſe, ſon type
eſt très ſingulier ; elle a une infinité de
mammelles, parce qu'on la regarde
comme la mere de toutes choſes. Elle
eſt ſoûtenuë ſur deux appuis, ayant à
ſes pieds tantôt deux Cerfs, tantôt
deux Bœufs, & ſur la tête un panier
de Fruits. Tout cela eſt myſterieux,
& ſe trouve expliqué dans le ſçavant
Ouvrage de Monſieur Meneſtrier, *De
Dianâ Epheſiâ*.

On donne ordinairement à Minerve
le Chahuant, & le Serpent, tous deux
ſymboles de la Sageſſe : l'un, parce
qu'il voit clair au milieu des ténebres :
l'autre, parce qu'il ſçait garder adroitement ſa tête, & expoſer tout ſon
corps pour la couvrir. Il a l'adreſſe de
ſe dépouiller de ſa vieille peau, pour
en prendre une nouvelle : enfin il ſçait
ſe précautioner contre les charmes de
l'enchanteur, en ſe bouchant les oreil-
les.

Venus ſe connoît par la Pomme
que Paris lui adjugea, par ſon fils Cu-
pidon qui eſt ſouvent auprès d'elle ; &
par un Gouvernail que l'on lui donne ;

pour montrer le pouvoir de l'amour ;
quelquefois par le Bouclier & le Caſque, pour marquer la force de cette
paſſion. Dion dit que Jules dans les affaires les plus importantes, ſe ſervoit
d'un Cachet, où étoit gravé *Venus
Victrix* : & qu'à la Bataille de Pharſa-
le, il donna ce mot aux Soldats,
comme Pompée celui d'*Hercules Invictus*.

La Venus adorée à Paphos, n'avoit
point d'autre figure, qu'une pierre taillée en borne, telle qu'on la voit ſur
quelques Médailles de cette Ville, &
ſur celle d'Hadrien frappée avec ces
mots ; ΠΑΦΙΗ ΣΑΡΔΙΑΝΩΝ.

Jupiter étoit auſſi figuré par une
groſſe pierre ronde, coupée par la moitié, tel qu'on le voit ſur les Médailles
avec l'inſcription ΖΕΥϹ ΚΑϹΙΟϹ. La
tête eſt de Trajan, & le revers porte
ϹΕΛΕΥΚΕΩΝ ΠΙΕΡΙΑϹ, où étoit adoré
celui que Ciceron appélle *Juppiter La-
pis* *.

* *Lib. VII.
Epiſt.*

La Paix ſe fait connoître par la
Branche d'Olivier, ou par un Flambeau, avec lequel elle met le feu à
un monceau d'Armes.

La Providence porte une baguette,
dont elle ſemble toucher un Globe,

pour marquer qu'elle gouverne le monde.

L'Abondance tient à la main des Epics; elle a à ses pieds un Boisseau d'où sortent des Epics, & un Pavot, pour marquer l'attention du Prince à entretenir l'abondance dans ses Etats. Quelquefois on y voit un Vaisseau, qui montre que l'on a fait venir du bled des Païs éloignez.

La Piété est ordinairement couverte d'un grand Voile, quelquefois elle a les bras étendus en forme de Suppliante; on la voit aussi tenant en main un Temple, ou une boëte d'Encens, pour jetter sur un Autel; à ses pieds est une Cigogne; & tous ces symboles signifient que la Piété paroît dans les prières publiques, & particuliéres, & dans les devoirs que l'on rend à ses parens. On sçait que les Cigognes nourrissent les leurs, & qu'elles ont été nommées pour cela par les Hébreux & les Latins *Aves Pia.*

La Liberté tient d'une main le Bonnet, parce que les Esclaves étoient toujours tête nuë, & qu'en les affranchissant on leur donnoit un Bonnet. De l'autre une Baguette nommée *Vindicta*, dont le Préteur touchoit aussi les Esclaves

R vj

ves, pour marque qu'il les tiroit de la servitude, & du pouvoir de leur Maître.

La Libéralité tient à la main une Tablette carrée, emmanchée, piquée d'un certain nombre de points, qui marquent ce que le Prince donnoit de bled, ou d'argent. Elle préside à tous les Congiaires.

La Clémence porte le plus souvent une branche d'Olivier, qui marque la douceur; quelquefois une branche de Laurier, parce qu'on s'en servoit pour expier les criminels. *

Pline. L. 15. ch. dernier.

La Noblesse porte une Haste, pour marquer qu'elle nous approche des Dieux, & une petite image, parce qu'on consacroit celle de ses Ancêtres, & que le nombre de ces Images, étoit la preuve de l'antiquité de la Race.

La Pudicité est couverte d'un grand voile, & le doigt sur la bouche, pour regler les habits, les regards, & les paroles.

La Sécurité est assise négligemment sur une Chaise, la tête appuyée sur sa main, pour montrer qu'elle n'a rien à craindre.

La Fortune est tantôt assise, & tantôt debout, tenant un Gouvernail, parce que les Payens croyoient que le hafard gouvernoit tout. On voit une roüe à côté d'elle, pour marque de fon inconftance, & dans fa main une corne d'Abondance, parce qu'elle répand aveuglément tous les biens.

On trouve auffi fur les revers des Médailles des Figures fans bras, & fans pieds, que nous appellons Termes, & fi nous en croyons Polybe, la fuperftition en eft venuë des querelles que les Peuples ont euës pour leurs limites, lefquelles étant appaifées, ils élevoient des Statuës aux Dieux qu'ils croyoient avoir préfidé à leur accord ; de-là vient le *Jupiter Terminalis*, des Crotoniates, & des Sybarites.

L'Equité, & la Monnoye, portent également la Balance. Souvent on met trois Figures pour la Monnoye, qui ont chacune à leurs pieds un fourneau, à caufe de l'or, de l'argent & du cuivre, qui font les trois Métaux fur lefquels on bat la Monnoye. On y voit plus fouvent trois petits tas de Monnoyes.

Deux Figures au milieu defquelles eft ce mot OMONOIA, marquent l'alliance que faifoient certaines Villes

les unes avec les autres, dont elles vouloient que leurs Dieux fuſſent les témoins, & les garans.

Deux Figures qui ont à leurs pieds
une roüe, & qui tiennent le doigt ſur
la bouche, ſont les Déeſſes vengereſ-
ſes des crimes, dites *Nemeſes*. La roüe
marque la ſévérité, & le doigt ſur la
bouche apprend à ne pas ſe plaindre
de la Juſtice de Dieu, comme ſi elle
épargnoit les coupables, pour ne tour-
menter que les gens de bien ; *Lento
enim gradu ad ſui vindiĉtam divina pro-
cedit ira : ſed tarditatem ſupplicii, gravi-
tate compenſat*, dit Val. Maxime.

Trois Figures qui ſe tiennent par la
main, comme pour danſer, ſont les
trois Graces.

Trois Figures, qui tiennent un grand
Voile étendu en Arc ſur leur tête, marquent l'éternité, où les trois différen-
ces du tems paſſé, préſent, & futur,
ſont confonduës dans un ſeul inſtant,
qui eſt incompréhenſible à l'eſprit hu-
main. L'Eternité eſt encore marquée
par une Figure debout, qui tient dans
une de ſes mains la tête du Soleil, &
dans l'autre, celle de la Lune ; parce
que ce ſont les deux Dieux que les
Egyptiens croyoient éternels.

Trois autres Figures armées de Flambeaux, de Poignards & de Serpens, font les Furies nommées autrement Eumenides, & Erinnyes, qui portent la Difcorde, le Fer, & le Feu par-tout.

Quatre petites Figures défignent les quatre Saifons de l'année. La feule qui eft vêtuë, marque l'Hiver; l'Automne fe diftingue par un Liévre, parce que c'eft le tems de la chaffe. Le Printemps porte un panier de fleurs. L'Eté une Faucille pour les Moiffons.

Une efpece de groffe pierre en forme de Montagne, traînée fur un Char, repréfente le Soleil, tel qu'Hélagabale l'adoroit, felon l'opinion de ceux qui croioient que cet Aftre étoit une pierre enflammée. L'Etoile qui paroît au-deffus, eft le Phofphore, qui précede le Soleil, & cette Etoile nous fert à diftinguer les Médailles de ce Prince, d'avec celles de Caracalle.

Quant au Soleil levant, il eft repréfenté par une Figure nuë, couronnée de rayons, avec un fouet à la main, à caufe de la rapidité de fa courfe.

Les Figures couchées & appuyées fur une Urne, marquent les Fleuves. Quelquefois cependant les Riviéres paroiffent comme des Figures à mi-corps, qui nagent dans l'eau.

Monſieur Vaillant aſſure que les Fleuves ne ſont repréſentéz couchéz, que
quand ils en reçoivent d'autres qui les
groſſiſſent, & qu'alors le Fleuve qui
porte ſes eaux dans un autre, eſt repréſenté debout. Je ne ſçai ſi l'on ne trouveroit point d'exemple contraire. On
peut dire avec plus de ſûreté, que ceux
qui tiennent la main à un Gouvernail
de Bateau, marquent par cette attitude qu'ils ſont navigables. Tel eſt
le ΡΟΔΙΟC ΔΑΡΔΑΝΙΩΝ.

Les Fleuves. Les Figures couchées dans des lits,
ſont des exemples d'une cérémonie particuliére aux Payens, nommée *Lectiſ-
ternium*; en effet dans les grandes néceſſitéz, comme pour faire ceſſer les
maladies contagieuſes, ils mettoient
dans des lits magnifiques les Idoles de
certaines Déitéz, comme Apollon,
Diane, Latone, Cérés, la Fortune,
Neptune, Hercule, Mercure. Tite-
Live veut que cette ſuperſtition, qu'Ar-
nobe reproche aux Payens, ait commencé l'an 356. de Rome.

Symboles des Provinces & des Villes.

Les Provin-
ces. Les Provinces ont eu pareillement

des marques qui les font connoître , soit dans leur habillement , soit dans les symboles qui les environnent.

L'Afrique est coëffée d'une tête d'Elephant. Elle a auprès de soi un Scorpion, un Serpent , ou un Lion , tous animaux qui naissent dans ce Pays. On y voit quelquefois des Montagnes , à cause de celles qui se trouvent au nombre de sept dans la Mauritanie Tingitane.

L'Asie est désignée par le Serpent , & par un Gouvernail , pour montrer que c'est un Pays où l'on ne pouvoit aller que par mer. Je ne sçai si les deux Serpens sur la Médaille d'Auguste *Asia subaEt x*, ne signifient point plûtôt, que l'Asie divisée entre lui & M. Antoine, revint en entier à Auguste après la Bataille d'Actium.

L'Europe n'a point de symbole particulier ; car les Médailles où l'on voit Europe enlevée par Jupiter, transformé en Taureau , sont les Médailles de Sidon.

L'Orient est figuré par une tête jeune couronnée de rayons ; souvent le mot *Oriens* y est exprimé.

La Macédoine est vêtuë en Cocher , le fouët à la main , ou parce qu'elle

fournissoit d'excellens Chevaux, ou
parce qu'elle honoroit particuliérement
le Soleil. Les Médailles de ce Pays portent aussi la Massuë d'Hercule, dont les
Rois de Macédoine se vantoient de des-
cendre.

La Mauritanie se marque par un Cheval & par une Houssine, à cause de la
vîtesse de ses Coureurs, à qui l'on ne
donnoit jamais de l'éperon, comme on
ne leur mettoit jamais de mors à la
bouche.

L'Egypte se connoît par le Sistre,
par l'Ibis, & par le Crocodile. Alexandrie prend un bouquet d'Epics, & un
Sep de Vigne.

L'Achaïe se reconnoît par un pot de
Fleurs.

L'Espagne par un Lapin, dont elle
nourrit grande quantité, ce qui l'a fait
nommer par Catulle *Cuniculosa*. On la
voit en habit de Soldat, avec un petit
Bouclier, & deux Javelots, à cause de
la valeur de ses Peuples. Elle tient des
Epics, à cause de sa fertilité.

La Gaule a une espéce de Javelot,
que Virgile nomme *Gæsum*. Elle est vêtuë d'un Saye, assez semblable au jus-
tau-corps qu'on y porte aujourd'hui. Le
Saye étoit un habit militaire.

La Judée est en robe, & se connoît par le Palmier qu'elle porte, ou contre lequel elle est appuyée ; c'est parce qu'elle fait partie de la Phenicie, à qui proprement appartient le Palmier, dont elle a pris le nom ΦOINIKH.

L'Arabie se marque par le Chameau, qui dans ce Pays est plus vite que le Cheval, à ce que dit Aristote ; par la Canne parfumée, & par l'arbre qui porte l'Encens.

La Dace est représentée en habit de femme, portant un Javelot avec une tête d'Asne, marque de sa valeur ; les Anciens ayant fait l'honneur à cet animal de l'appeller ζῶον ἀντίτυπον, & en ayant fait en Orient la monture des Princes. Quelquefois c'est une tête de Bœuf ou de Cheval, à cause des Trompettes Paphlagoniennes, dont le son approchoit fort du cri de ces animaux. Elle est quelquefois assise sur une cotte d'Armes avec une palme & une Enseigne, à cause de la valeur de son Peuple.

La Sicile est représentée par une tête au milieu de trois Cuisses, qui sont ses trois promontoires. Elle a quelquefois une Faucille & des Epics, pour faire connoître sa fertilité.

La Pannonie est marquée par deux figures de femmes vêtuës, à cause de la froideur du climat ; elle tient des Enseignes militaires à la main, pour faire voir la valeur de ses Habitans.

L'Italie comme la Reine du Monde, est représentée assise sur un Globe, la Couronne tourelée sur la tête à cause de la quantité de Villes qu'elle contient. Le Sceptre qu'elle tient d'une main, marque son Empire sur l'Univers ; la Corne d'Abondance qu'elle tient de l'autre désigne sa fertilité.

L'Allemagne est comme une grande femme, avec un Javelot & un Bouclier, plus long & plus étroit que ceux des Romains. Les Grisons & la Ville d'Ausbourg, ont pour symbole la Pomme de Pin, à cause de la quantité de Pins qui se trouvent sur les Alpes voisines du Pays, dit Ortelius.

L'Arménie porte le Bonnet en coqueluche, avec l'Arc & les Fléches.

Le Royaume des Parthes est représenté par une femme habillée à la mode du Pays, avec l'Arc & le Carquois, à cause de l'habileté des Parthes, à tirer des Fléches, même en fuyant.

La Bithynie porte un Cartouche pareil à celui qu'on met à la main de la

Libéralité. Ce symbole pourroit bien être particulier aux Médailles d'Adrien *Restitutori Bithyniæ*, & marquer les largesses que fit ce Prince pour rétablir les Villes de ce Pays, que les tremblemens de terre avoient renversées, principalement Nicomédie, & Nicée.

La Capadoce porte la Couronne tourelée, & un Guidon de Cavalerie, qui marque les troupes que les Romains en tiroient. Elle est aussi ordinairement accompagnée du Mont-Argée, soit qu'elle le tienne à la main, soit qu'on le voye placé à ses pieds. On sçait que les Cappadociens l'adoroient comme une Déité.

La Mesopotamie est représentée entre deux Fleuves, le Tygre & l'Eufrate, avec une espéce de Mitre sur la tête, dit Antoine Augustin; mais si la Médaille de Trajan qu'il cite est, comme il y a apparence, celle sur laquelle nous lisons *Armenia & Mesopotamia in potestatem P. R. redacta*, il y a grande apparence aussi qu'il a pris l'un des deux Fleuves qui représente la Mésopotamie, pour la Province même.

La Grande-Bretagne, qui est une Isle, se reconnoît par le Gouvernail sur lequel elle s'appuye, & par une

Prouë de Navire qui paroît à ſes pieds,
par la forme du Bouclier & du Javelot
plus long que le Romain.

Les Villes particuliéres ont eu auſſi
des ſymboles ſur leſquels je ne m'é-
tends point, parce qu'ordinairement
la Légende ſuffit pour les faire connoître ; outre qu'en parlant des animaux, par où je veux finir cette Inſtruction, je ſerai forcé de faire mention
de la plûpart de ces ſymboles.

Animaux qui ſe trouvent ſur les Médailles.

L'Abeille eſt le ſymbole général des
Colonies, à cauſe qu'elle change de
ruche, quand ſon ouvrage eſt achevé. *
En particulier elle marque la Ville d'E-
pheſe, parce que les Muſes ſous la figure d'Abeilles, y conduiſirent la Flot-
te, quand les Athéniens, ſelon l'Oracle de Delphes, firent en même-tems
treize Colonies. *

L'Aigle eſt le ſymbole naturel des
Légions, dont il étoit la principale enſeigne. Il ſignifie la puiſſance Souveraine, parce que Jupiter s'en ſert pour
porter ſon Foudre ; on le donne auſſi
aux Miniſtres des Princes, dont on

* *Vitruvius,*
l. 4. c. 1.

* *Velleius*
Hiſt. l. 1.

veut qu'il marque les bonnes qualitez,
parce qu'Ælien * a dit que ces Oiseaux
ne mangent point de chair, ne vont jamais à la proye, & ne vivent que de
certaines herbes, ce qui donne lieu à
de belles moralitez.

* Livre 9, de l'Histoire des Animaux, chap. 10.

Le Bœuf ou le Taureau marque cent
choses différentes. Sur les Médailles
d'Egypte, c'est Apis ; on s'en sert aussi
pour marquer la consécration d'Antinoüs, que les Egyptiens mirent au
nombre de leurs Dieux comme un second Apis. Sur d'autres Médailles ils
marquent la Force, la Patience, la
Paix favorable au Laboureur : Enfin
les Sacrifices où ces animaux servoient
de victimes : alors ils ont les cornes
chargées de rubans, & on les appelle
Tauri Vittati, ou *Infulati*, ou *Mithrati*.

Quand ils sont en posture de frapper de la corne, ils signifient la guerre, ou simplement des combats de
Taureaux, qu'on a donnéz pour spec-
tacle. Quand ils sont ou passans, ou
accoupléz, & conduits par un homme
voilé, ils marquent les Colonies,
dont on traçoit l'enceinte avec la char-
ruë.

Il ne faut pas ignorer la cérémonie
qui se pratiquoit pour les Villes qu'on

vouloit bâtir : on atteloit non pas une
paire de Bœufs, mais un Bœuf & une
Vache, & on mettoit le Bœuf en-de-
hors, & la Vache en-dedans. Le myftére eft que le Bœuf marque les hommes, qui doivent aller & venir pour
les affaires, & la Vache marque les
femmes, qui doivent garder le logis,
& prendre foin du domeftique.

Le Cancre marque les Villes maritimes. C'eft encore le fymbole de la
Prudence, & il eft confacré à Minerve Déeffe de la Sageffe, à caufe de l'induftrie qu'il a de fe défaire de fon écail-
le, quand il en eft incommodé. On le
trouve joint à un Papillon, pour marquer le célébre mot d'Augufte *Feftina*
lenté.

Le Capricorne ou fimple, ou double, eft le fymbole d'Augufte. On croit
que c'eft le figne fous lequel ce Prince
étoit né, & qu'il marquoit l'horofco-
pe, qui lui fut faite à Apollonie par
Théogene, lorfqu'il lui prédit l'Empire. Cette opinion cependant fe trouve aujourd'hui combattuë par les Sçavans, qui foutiennent qu'Augufte n'eft
point né fous le Capricorne.

Le Cerf marque Ephefe & les autres
Villes où Diane étoit finguliérement
honorée.   Le

Le Chameau eſt le ſymbole de l'Arabie.

Le Cheval dans les Médailles Puniques, eſt le ſymbole de Carthage, bâtie ſelon l'Oracle dans le lieu où l'on trouva une tête de Cheval. Les Chevaux paiſſans marquent la Paix & la Liberté, ou ſimplement un Pays abondant en pâturages. Le Cheval bondiſſant marque l'Eſpagne, où il ſe trouve d'excellens Chevaux. Quelquefois il déſigne les Victoires remportées dans les Jeux publics, comme ſur les Médailles du Roi Hieron. Quelquefois c'eſt le Bucephale d'Alexandre, ou ſimplement le ſymbole des Rois de Macédoine, où il ſe trouve de très-beaux Chevaux.

Le Chien eſt le ſymbole commun de la Fidélité. Il eſt ſur la Médaille d'Ulyſſe, parce qu'il le fit reconnoître à ſon retour à Ithaque. On le donne à Mercure, à cauſe de ſa vigilance & de ſon Induſtrie à découvrir ce qu'il queſte. Diane a ſes Levriers auprès d'elle. Quand il eſt auprès d'une Coquille, & le muſeau barbouillé de rouge, il marque la Ville de Tyr ; car c'eſt là que le Chien d'Hercule ayant mangé le *Murex*, en revint le néz tout em-

Tome I. S

pourpré, & fit connoître cette belle couleur.

La Cigogne qui nourrit son pére & sa mére durant leur vieillesse, est le symbole de la Piété. Elle se place ordinairement aux pieds de cette Déesse, ou à côté des enfans qui ont singuliérement honoré leurs parens.

Le Cocq est le symbole de la vigilance. On le donne au Dieu Lunus, & à Mercure; quelquefois à Bacchus, parce qu'on le lui sacrifioit pour la conservation des Vignes. Il marque aussi les Combats, & la Victoire.

Politien dans ses Miscell. ch. 67.

La Corneille est le symbole d'Apollon le Dieu des Devins. * Quand elle est perchée, elle marque la foi conjugale.

Le Crocodile est le symbole du Nil & de l'Egypte qu'il arrose, parce qu'il naît dans ce Fleuve. Quelquefois il marque des spectacles, où l'on avoit donné le plaisir au Peuple de voir ces animaux extraordinaires.

Le Dauphin entortillé à un Trident, ou à un Ancre, marque la liberté du Commerce, & l'Empire de la mer. Quand il est joint à un Trépied d'Apollon, il marque le Sacerdoce des XVvirs, qui pour annoncer leurs

Sacrifices solemnels, portoient la veil-
le par la Ville un Dauphin au bout
d'une perche, & qui regardoient ce
Poisson comme étant consacré à Apollon, ainsi que la Corneille parmi les
Oiseaux.

L'Elephant marque l'éternité, parce
qu'il est d'une très-longue vie. Plus souvent néanmoins il marque les Jeux publics, où l'on en exposoit aux yeux du
Peuple.

Dans les Médailles de Jules, du tems
de la République, lorsqu'il n'étoit pas
encore permis de mettre sa tête sur les
Monnoyes, il fit graver à la place cet
animal, parce qu'en Langue Punique
Cæsar signifie un Eléphant. On le plaça ensuite avec un Serpent sous ses
pieds, pour marquer la Victoire qu'il
remporta en Afrique sur Juba.

La Harpie est le symbole de la Valeur.

Le Hibou, qui voit comme le Chat
dans les ténébres, est le symbole de
la Sagesse, il est consacré à Minerve
& placé quelquefois sur son Casque,
quelquefois à ses pieds. Dans une Médaille de Néron, on le voit sur un Autel : il marque alors que ce Prince
avoit célébré les Jeux de Minerve,
appelléz *Quinquatria.*

S ij

L'Hippopotame eſt le ſymbole du Nil, & de l'Egypte qu'il arroſe, parce qu'il naît auſſi dans ce Fleuve.

Le Liévre & le Lapin ſont le ſymbole de l'Eſpagne, où il s'en trouve quantité. On en voit auſſi ſur les Médailles de Sicile, & ils marquent en général l'Abondance, à cauſe de la fécondité de ces animaux.

Le Loup & la Louve ſignifient, ou l'origine de la Ville de Rome, fondée par les deux freres qu'on publioit avoir été allaitéz par une Louve; ou ſimplement la domination Romaine, à laquelle les Peuples étoient ſoumis; peut-être déſignent-ils le Pays où il ſe trouvoit quantité de Loups, comme l'exprimé la Médaille de la Ville de Merida. Souvent on voit les deux freres attachéz aux têtes de la Louve.

Le Paon marque la conſécration des Princeſſes, comme l'Aigle marque celle des Princes. On croyoit que ces Oiſeaux favoris l'un de Junon, & l'autre de Jupiter, portoient les ames au Ciel; c'eſt pourquoi on les voit quelquefois au-deſſus du Bucher.

Le Pegaſe aîlé eſt le ſymbole de Corinthe, où Minerve le donna à Bellerophon, pour combattre la Chimére,

Il se trouve aussi sur les Médailles des Villes d'Afrique, & sur celles de Sicile, depuis que les Carthaginois s'en furent rendus les Maîtres ; parce qu'on tenoit que ce Cheval miraculeux étoit né du sang de Meduse qui étoit Africaine. Syracuse en particulier, qui avoit une étroite alliance avec Corinthe, gravoit un Pegase sur ses Médailles.

Velleius

Le Phénix qui renaît à ce qu'on prétend de ses cendres, signifie tantôt l'espérance d'un plus heureux tems, tantôt l'éternité même & la durée de l'Empire. On le voit quelquefois seul perché sur un Globe. Le plus souvent il est dans la main du Prince.

Les Pigeons sont consacrés à Venus, & se trouvent quelquefois à son Char, & à celui de son fils ; ordinairement sur ses Temples, & à côté de ses Autels.

Les Poissons marquent les Villes maritimes, les Thuns appellés Pelamides, sont le symbole particulier de Byzance, parce qu'on y en pêche quantité.

Le Porc marque la Judée asservie, parce que Vespasien & Hadrien, pour dompter les Juifs, les contraignirent à souffrir sur la porte de Jerusalem la

S iij

figure de cet animal qu'ils avoient en horreur.

Sur les Médailles d'Antonin, il signifie les commencemens de Rome, & le lieu où Lavinium fut bâti, selon l'Oracle, qui avoit ordonné qu'on le plaçât à l'endroit où la Truye se seroit arrêtée, promettant qu'après autant d'années qu'elle auroit de petits Cochons, on se trouveroit en état d'en bâtir une bien plus considérable.

Le Sanglier est le symbole des Jeux séculaires, qui se faisoient en l'honneur de Diane, à qui cet animal est consacré; ou il désigne de certaines Chasses dont on donnoit le plaisir au Peuple.

Le Serpent seul est mis ordinairement pour Esculape, ou pour Glycon le second Esculape; & quand il est ou à l'Autel, ou dans la main d'une Déesse, c'est toujours le symbole d'Hygée, ou de la Santé. Le double Serpent est la marque de l'Asie. Quelquefois il signifie la Guerre & la Discorde, quand il est aux pieds de la Paix; & quand il est aux pieds de Minerve, à qui Plutarque dit qu'il étoit consacré, il marque le soin qu'on doit prendre des filles, qu'il faudroit, s'il étoit possible, garder avec le Dragon des Hesperides.

Quand il sort d'une Corbeille, ou qu'il
accompagne Bacchus, il marque les
Orgies de ce Dieu. Quand il est au-dessus d'un trepied, il marque l'Oracle
de Delphes, qui se rendoit par un
Serpent.

La Sirene, dont l'image se trouve
sur les Médailles de Cumes, est Par-
thenope qui y est enterrée.

Le Sphinx marque la Prudence, &
se donne à Apollon, & au Soleil, à
qui rien n'est caché. On le mettoit à
l'entrée des Temples, pour marquer
la sainteté des mystéres. * Sur les Médailles d'Auguste, il nous représente
le Cachet de ce Prince, qui prétendoit montrer par là que les secrets
des Princes doivent être impénétra-
bles.

La Tortuë est un des symboles de
Venus, qui marque que les femmes
mariées doivent se tenir à la maison.

La Tourterelle est le symbole de la
Concorde entre la femme & le mari.

Certains animaux extraordinaires
qui se rencontrent sur les Revers, avec
ce mot *Munificentia Aug.* ou bien avec
celui-ci, *Seculares Aug.* ne signifient
autre chose, sinon que les Princes dont
la Médaille porte le nom, les ont fait

Lucien.

* *Plut. dans*
Isis.

a *Méd. 15.*
& 17.

S iiij

venir des Pays Etrangers, afin de les donner en fpectacle au Peuple.

On a quelquefois pris le foin de marquer l'ordre dans lequel on les avoit fait voir au Peuple. Ce qui fert à expliquer certains chifres qui fe trouvent fur les Médailles des Philippes. I. II. III. &c. ils fignifient que cet animal parut le prémier, le fecond, &c. On peut en voir la preuve fur nos deux Médailles, dont l'une a VI. l'autre X.

Avec ces notions générales il n'eft perfonne qui ne puiffe fort agréablement s'appliquer à amaffer des Médailles, en attendant que la lecture & l'ufage, lui découvrent les myftéres cachéz de certains Revers finguliers, qui font réfervéz aux gens confomméz dans la fcience des Médailles.

REMARQUES

Sur la neuviéme Inftruction.

P. 359. O*Rnemens de tête.*] Ceux qui voul. 19. dront être parfaitement inftruits, de ce que les Anciens Auteurs nous apprennent fur les Diadêmes, les Courones, & les autres ornemens de tête, des Rois, des Em.

pereurs, des Princesses, des Prêtres, des Athletes , &c. doivent lire le sçavant ouvrage de
Charles Paschal intitulé ; *Caroli Paschalii Coronæ , opus Libris X. distinctum , quibus res
omnis coronaria è priscorum Monumentis eru-
ta continetur.* Paris. 1610. in 4°. & Lugd. Bat.
167 3. 8°. Il faut sur-tout avoir soin de confé-
ter ce que cet Auteur a écrit sur les différentes
espéces de Courones, avec celles qui sont représentées sur les Médailles. Dans le *Valesiana* ,
p. 99—103. on trouve un Article sur les coëffures, qui se voyent sur les Médailles des Impératrices. Ce léger essai auroit dû porter quelque Antiquaire à faire des recherches, sur les
différentes coëffures, qui ont été en usage tant
dans le Haut, que dans le bas-Empire : les
Médailles serviroient beaucoup à nous faire
entendre différens passages des Anciens Auteurs, qu'on ne sçauroit bien expliquer sans
leur secours.

P. 362. l. 12. Après ces mots *du Prince*] il
me paroît à propos de dire ici un mot des Courones d'herbe, ou Graminées, *Coronæ Gra-
mineæ* : c'étoient les Courones qu'une Gar-
nison assiegée dans une Place, ou une Armée
enfermée dans son camp par l'ennemi, avoient
coutume de donner à leur Libérateur ; elles
étoient faites avec des plantes arrachées dans
l'endroit même où l'action s'étoit passée. Pline (1) en a parlé fort au long, & il a nommé tous ceux qui en avoient été honoréz,
jusqu'au tems où il écrivoit. Je ne sçai cependant si on en peut remarquer quelque exemple sur les Médailles. Un sçavant des plus di-
stinguéz, a crû reconnoître une de ces Cou-

(1) *Plin. L. XXII. c. 3. 4. 5. & 6.*

S v

rones fur une Médaille d'argent de la Famille *Fabia*, rapportée par Urfin, Patin, Vaillant, & Morel. On y voit d'un côté la tête de
Jupiter avec une barbe affez épaiffe , & cou-
roné de Laurier. Au revers la figure d'un
homme nû & debout , le Cafque en tête , appuyé de la gauche fur une *hafte* , & préfen-
tant de la droite une Courone , que le fçavant homme dont je parle , a pris pour la Courone *Graminée* , qui fut accordée au célébre
Fabius l'Emule d'Annibal. Sa conjecture eft
fondée fur ce qu'on lit dans le champ de la
Médaille , Q. FAB. & un Monogramme qui
peut défigner le furnom MAXIMVS. Mais
la Courone repréfentée fur ce revers eft trop
petite , pour que le Monétaire ait pû y marquer bien diftinctement la forme des feuil-
les dont elle étoit compofée, & d'ailleurs il
y a eu plus d'un Q. Fabius , & il n'y en eut
jamais qu'un feul honoré de la Courone Graminée.

Ibid. l. 29. *Hadrien en faveur d'Anti-*
noüs en fit faire une de Lotus , à laquelle il
donna fon nom ANTINOEIA.] Tertullien (1)
a fait mention de ces Courones, qu'on donnoit dans les Jeux inftituéz en l'honneur
d'Antinoüs.

P. 364 l. 13. *Il eft vifible que c'eft une Cou-*
rone Pontificale, fans qu'il foit néceffaire pour
cela de faire le mot adjectif, & de fous-en-
tendre CTEΦANON ; *puifqu'en fubftantif il*
fignifie la dignité de Souverain Pontife, qu'ils
déféroient à Augufte.] APXIEPATIKON n'a
jamais été fubftantif, & jamais il n'a fignifié
tout feul, la dignité de Souverain Pontife ; les

(1) *Tert. de Cor. Mil. c. 12.*

Grecs appelloient cette dignité Ἀρχιερωσύνην.
De toutes les explications proposées sur les
mots ΑΡΧΙΕΡΑΤΙΚΟΝ ΑΝΤΙΟΧΕΙΣ , qui
se trouvent au revers de plusieurs Médailles
d'Auguste & de Tibére frappées à Antioche ,
je crois que la plus probable est celle du Card.
Noris. (1) Il croit qu'après l'élection d'Auguste au Souverain Pontificat , les Habitans
d'Antioche joignirent à leurs félicitations une
Courone d'or , & qu'ils continuerent d'en pré-
senter une pareille toutes les années , tant
à Auguste, qu'à Tibére le jour de l'anniver-
saire de leur Souverain Pontificat. Les Médailles dont parle ici le Pere Jobert , étoient
donc frappées à l'occasion de cette cérémonie
annuelle , & le sens de l'Inscription du revers ,
doit être , suivant le Card. Noris ; ΑΡΧΙΕ-
ΡΑΤΙΚΟΝ *Suppl.* (ΣΤΕΦΑΝΟΝ) ΑΝΤΙΟ-
ΧΕΙΣ ἀναποθέασι Καίσαρι Σεβαστῳ Ἀρχιερεῖ ;
*Pontificiam Coronam Antiochenses dicant Cæ-
sari Augusto Pontifici Maximo.*

P. 365. l. 17. *Le voile qui couvre souvent la
tête des Princes & des Princesses , marque ou
les fonctions Sacerdotales qu'ils exercent , . . .
ou qu'ils sont mis au rang des Dieux.*] La tête
des Empereurs ne se trouve guéres voilée, que
quand la Médaille a rapport à leur Apothéose.
Lorsqu'on les voit au revers , debout , la tête
couverte d'un voile , ou pour mieux dire d'un
pan de leur robbe ; il est certain que ce revers désigne ou un sacrifice , ou des Libations ,
& ordinairement il représente l'Acte religieux
pour lequel l'Empereur est voilé.

P. 366. l. 9. *Il me semble que cela suffit pour
prouver , que ce n'est pas par impiété , que l'on*

(1) *Noris. Epoch. Syromac. Diss.* III. c. 7.

S vj

à *souffert dans le Bas-Empire , un certain cercle qui entoure la tête de quelques Empereurs , & que l'on appelle* Nimbus.] La plus ancienne Médaille que nous connoiffions, fur laquelle on voye le Nimbe, eft d'Antonin Pie , & rapportée par Oifelius (1) Ce Prince eft reprefenté fur le revers, debout, en habit militaire, la main droite étenduë , tenant de la gauche une *hafte* fans fer, avec un Nimbe fur la tête. On trouve enfuite le Nimbe fur un Médaillon de Faufta , & fur une Médaille de Conftantin, publiéz par André Morel (2). Le Nimbe devint encore plus commun fous les Succeffeurs de ce Prince, & le Grammairien Servius , qui écrivoit fous les enfans du Grand Théodofe. (3) femble le regarder, comme un ornement de tête, également ufité pour les Dieux, & pour les Empereurs. On peut confulter fur le Nimbe des Divinitéz Payennes, des Empereurs & des Saints , une Differtation intitulée : *Difquifitio de Nimbis Antiquorum , imaginibus Deorum Imperatorum olim, & nunc Chrifti , Apoftolorum , Mariæ capitibus , adpictis ,* &c. à Joanne Nicolaï Jenæ 1699. *in* 12. & les obfervations du Sénateur Bonarotti , fur les verres Antiques trouvéz dans les Cimetiéres de Rome. (4)

P. 369. l. 12. *Je ne puis me difpenfer de dire un mot des* Panthéons.] Voyéz fur ces figures qu'on appelle *Panthées*, la Differtation de l'Abbé Nicaife, *de Nummo Pantheo Hadriani Augufti ; Lugd.* 1694. *in* 4.

[1] *Oifel. Thef. Num. Tab.* LXVII. *n.* 4.
[2] *Morel. Specim. Tab.* IV. *n.* 4. & *Tab.* VII. *n.* I.
[3] *Serv. ad Æneid. L.* III. *n.* 55.
[4] *Offervaz. Sopr. Framm. di vetr. p.* 52.

P. 373. l. 14. Depuis Anaftafe, on voit dans la main des Empereurs une efpéce de fachet ou de rouleau long & étroit, dont il n'eft pas aifé de pénétrer le Myftére.] Les Diptyques Confulaires qui nous reftent, & fur lefquels les Confuls font repréfentéz vêtus à peu près du même habit que portent les Empereurs fur les Médailles du bas-Empire, ne nous permettent pas de douter, que ce qu'on voit dans la main de ces Princes, ne foit une forte de ferviette, que celui qui préfidoit aux Jeux du Cirque, jettoit en l'air, pour faire commencer les courfes. Qu'on examine en particulier le Diptyque de Bafile le jeune publié par M. Bonarotti (1) on diftinguera clairement que ce que le Conful tient en fa main, ne fçauroit être un rouleau de papier. C'eft donc fans raifon que le Pere Jobert paroît vouloir qualifier du nom de rouleau de papier, ce qu'on voit dans la main des Empereurs. Le Sachet nommé *Acacia*, prit enfuite la place cette efpéce de ferviette, & devint un caractére diftinctif des Empereuts de Conftantinople, auffi-tôt qu'ils eurent rendu le Confulat perpétuel en leur perfonne. Il fera utile de confulter fur ce fujet ce qu'ont écrit Meffieurs Ducange (2) & Bonarotti.

P. 376. l. 10. Juftin marque expreffément, que la Coutume d'en donner à toutes les Déitéz, vient de la fuperftition des Anciens, qui dès le commencement du monde avoient adoré le Sceptre, comme les Dieux mêmes.] Juftin Lib. XLIII. C. 3. *Per ea adhuc tempora Reges Haftas pro*

[1] *Ibid. p. 245. Seqq.*
[2] *Ducang. Diff. de Num. Infer. av. n. 12. & 13.*

Diademate habebant, quas Græci Sceptra di-
xere, nam & ab origine rerum, pro Diis im-
mortalibus, veteres haftas coluere ; ob cujus
Religionis memoriam, adhuc Deorum fimula-
chris haftæ adduntur.

P 382. l. 27. *Un ornement de Vaiffeau re-*
courbé, que les Grecs nommoient Α'κροτηιον,
ou Α'κροτόλιον, *marque les victoires Navales.*]
Les Vaiffeaux des Anciens avoient de ces fortes d'ornemens à la proüe, & à la pouppe :
ceux de la proüe étoient appelléz Α'κροτόλια
par les Grecs, & *Roftra* par les Romains : ceux
de la pouppe fe nommoient Α'φλαϛα & *Aplu-*
ftria : mais ces noms ont été fouvent pris l'un
pour l'autre. On peut voir la-deffus le Livre
de Scheffer, *de Militia Navali veterum l.* II.
c. 6. p. 155. & l. IV. *c. 2. p. 267.*

P. 384. l. 21. *Un Sceptre arrondi par les deux*
bouts, comme un bâton de Commandement, eft
appellé par le commun des Antiquaires Parazonium.] Le *Parazonium* ne me paroît pas
pouvoir être pris pour un Sceptre ; car on apperçoit fur les Médailles, & principalement
fur celles qui portent le type de la Vertu, une
efpece de ceinture, qui tient au Parazonium,
ce qui doit faire croire qu'il étoit d'ufage
de l'attacher comme une épée, ou un poignard.

P. 393. l. 11. *Tout cela eft myftérieux, & fe*
trouve expliqué dans le fçavant Ouvrage de
Monfieur Meneftrier, de Diana Ephefia.] Le
véritable titre de cet Ouvrage eft, *Symbolica*
Dianæ Ephefiæ ftatua, à Claudio Menetreio,
Ceimeliothecæ Barberinæ Præfecto expofita,
Rom. 1657. in 4. Il y en a auffi une Édition
in fol.

P. 394. l. 17. *Jupiter étoit aussi figuré par une grosse pierre ronde, coupée par la moitié, tel qu'on le voit sur les Médailles, avec l'Inscription ZEYC KACIOC.*] Jupiter a été honoré sous le nom de Casius ΚΑΣΙΟΣ, en trois différens endroits. Le prémier étoit un cap élevé, qui séparoit l'Egypte de la Palestine, à 37. milles, c'est-à-dire à 12 lieües ou environ, de Péluse. Ce Cap étoit appellé *Mons Casius*, & il n'étoit pas moins célèbre par le Tombeau du Grand Pompée, que par le Temple de Jupiter; (1) mais je ne crois pas que nous ayons de Médailles, où il soit fait mention de ce Mont *Casius*. Le Mont Casius en Syrie, près de Seleucie, étoit le second endroit où Jupiter avoit un Temple sous le nom de ΖΕΥΣ ΚΑΣΙΟΣ; il n'étoit pas fort éloigné d'Antioche, puisque les Habitans de cette Ville alloient y célébrer toutes les années une fête en l'honneur de Triptoléme (2) qu'ils regardoient comme un Héros. Une Montagne située vis-à-vis de ce Mont Casius, se nommoit *Mons Anticasius*. Le Temple bâti à Jupiter en cet endroit, est représenté sur la Médaille de Trajan que le Pere Jobert décrit.

Le culte de Jupiter *Casius*, étoit aussi établi, à Cassiope (3) Ville de l'Isle de Corcyre, aujourd'hui Corfou, située au Cap le plus Occidental de cette Isle, & le plus voisin de la Terre-Ferme. Il n'y a plus à présent qu'un Convent de Caloïers, & un Port qu'on nomme encore, *Porto-Cassopo*. C'est le prémier endroit de la Gréce, où Néron ait abordé, en

[1] *Strab. l.* XVI. *p.* 760. 2. *Ibid. p.* 750.
[2] *Plin. l.* IV. *c.* 12.
[3] *Sueton. Néron. c.* 22.

tenant d'Italie ; *ut primum Cassiopem trajecit,* dit Suétone (1) *Statim ad aram Jovis Casii cantare auspicatus est.* Le type de ce Jupiter *Casius*, se voit sur différentes Médailles des Corcyréens ; il y paroît à demi nud, assis, le Sceptre à la main droite, & la main gauche posée sur ses genoux, avec cette Légende ΖΕΥΣ ΚΑΣΙΟΣ. L'autre côté représente, tantôt la tête de la Nymphe Corcyre, qui avoit donné son nom à l'Isle ; tantôt la tête d'un Empereur, comme d'Antonin Pie, de Septime Sévére, de Caracalle, &c. tantôt enfin une figure d'homme debout, en habit long, sous une voûte soutenuë par deux colonnes avec le mot ΑΓΡΕΥΣ.

Le Pere Jobert a négligé de marquer ici les types de plusieurs grandes Divinitéz, & entr'autres ceux de Vesta & de Mars. Vesta est représentée ordinairement assise, ou debout, tenant d'une main le Palladium, & de l'autre une Patére, où la *Capeduncula* ; on trouve même dans le Livre de M. Vaillant (1) une Médaille de *Julia Pia*, où au lieu d'une patére, Vesta tient une corne d'abondance. D'autres fois elle tient une haste, ou droite, ou transversale. On la voit assise, au revers d'une Médaille de Vitellius, tenant d'une main la Patére, & de l'autre un Flambeau allumé ; elle est debout avec les mêmes symboles sur une Médaille de Salonine ; l'une & l'autre se trouvent dans le sçavant ouvrage de Monsieur Spanheim *de Vestâ & Prytanibus*, (2) & on verra dans le même Livre les différens types de cette Déesse, tant sur les Médailles Gré-

(1) *Vaillant Num. Præf.* T. I. p. 119.
(2) *Spanhem. de Vest. & Pryt.* p. 353.

ques , que fur les Latines. Mars eſt repréſeté ordinairement avec le Caſque & la Cuiraſſen tenant une pique ou *haſte* d'une main , & un Trophée de l'autre.

Ibid. l. 29. *La Providence porte une ba-guette , dont elle ſemble toucher un Globe , &c.*] Elle eſt très-ſouvent auſſi repréſentée , tenant un Globe à la main droite , & de la gauche une longue *haſte* tranſverſale.

P. 397. l. 6. Après ces mots, *parce qu'elle répand aveuglément tous ſes biens.*] On pour-roit ajouter ici la Valeur, *Virtus*, qui eſt re-préſentée ſous la figure d'une femme caſquée, tenant d'une main la *haſte*, & de l'autre le Parazonium ; type aſſez ſemblable à celui de *Rome* :

La Félicité repréſentée par une femme de-bout, vêtuë de la *Stola* , tenant le Caducée d'u-ne main, & la Corne d'Abondance de l'autre :

L'Eſpérance qui préſente de la main droite une poignée d'herbes naiſſantes , ou un bou-quet de fleurs : & qui de la gauche releve ſa robe par derriére.

La Fécondité eſt repréſentée ſur une Mé-daille de *Julia Domna* , par une femme demi-nuë , couchée à terre, appuyant le bras gau-che ſur une corbeille remplie de fruits ; de la main droite , elle touche un Globe autour duquel ſont quatre petits enfans.

La Joye *Hilaritas*, ſous la figure d'une fem-me debout , qui tient de la main droite une Palme , ou une branche d'arbre , & de la gau-che , la Corne d'Abondance.

La Foi , *Fides* , ou *Fides publica*, devoit être le plus ſouvent repréſentée tendant la main à quelqu'un , en ſigne d'aſſurance , ſuivant ce paſſage de Valére Maxime (1) *Venerabile fidei numen , dexteram ſuam , certiſſimum ſalutis humanæ pignus , oſtentat :* Cependant ſur les Médailles d'*Hadrien* , & de pluſieurs autres Empereurs , elle eſt déſignée par une femme debout , qui tient de la droite des Epics , & de la gauche un petit plat plein de Fruits.

On ne finiroit point ſi l'on vouloit décrire tous les types de ces Divinitéz ſubalternes , on apprendra à les connoître par l'uſage même des Médailles.

P. 399. l. 18. *L'Etoile qui paroît au-deſſus eſt le Phoſphore , qui précede le Soleil , & cette Etoile nous ſert à diſtinguer les Médailles de ce Prince (Elagabale.) d'avec celles de Caracalle.*] Si toutes les Médailles d'Elagabale avoient une Etoile , rien ne ſeroit plus aiſé que de les diſtinguer de celles de Caracalle , qui n'en ont point ; mais cette étoile ne s'y trouve pas toujours , & quand elle paroît , elle accompagne le plus ſouvent des types qui ayant un rapport marqué avec le Sacerdoce d'Elagabale , levent par eux-mêmes toute difficulté. Il faut donc néceſſairement , pour éviter de confondre les Médailles de ces deux Princes recourir à quelque autre marque ; mais il ne s'en trouve aucune qui ſoit conſtante , & qui puiſſe s'appliquer indifferemment à toutes les Médailles , ſoit de Caracalle , ſoit d'Elagabale. Car ſi l'on dit que les Médailles de ce dernier ont le titre de *Felix* du côté de la tête ; on peut répondre qu'en effet ce titre y eſt plus commun que ſur les Médailles de Caracalle ; mais d'un côté il y a des Médailles d'Elagabale où on ne voit point ce titre , &

(1) *Val. Max.* L. VI. c. 6. 1.

de l'autre il y en a de Caracalle, à la vérité en
petit nombre, où il se trouve. Si l'on dit encore que Caracalle ne prend point le titre
d'*Imperator*, & qu'Elagabale le prend toujours, on fournira des exceptions contre le
prémier de ces faits, & peut-être même contre le dernier. Il faut donc joindre ensemble
toutes ces observations ; faire usage tantôt de
l'une, & tantôt de l'autre ; sur-tout prendre
garde à l'air des deux visages, qui ne se res-
semblent point, comme aussi aux titres de
Britannicus, *Germanicus*, qu'on trouve dans
Caracalle, & jamais dans Elagabale ; enfin
il faut se souvenir que celui-ci n'a jamais été
simplement *Pontifex*, & que l'autre ne commence à prendre le titre de *Pontifex Maximus*,
que dans sa quatorziéme puissance Tribuni-
tienne.

P. 400. l. 1. *Monsieur Vaillant assure que*
les Fleuves ne sont représentéz couchéz, que
quand ils en reçoivent d'autres qui les grossis-
sent, & qu'alors le Fleuve qui porte ses eaux
dans un autre, est représenté debout.] La remarque de Monsieur Vaillant est détruite par
plusieurs Médailles ; je me contenterai d'en
citer deux. La prémiére, qui est de Gordien
Pie a été frappée par les Saïtténiens dans la
Lydie : on y voit au revers deux figures couchées avec des joncs & des urnes. Ce sont deux
riviéres, dont l'une qui est le Pactole où l'Hyl-
lus, se jette dans l'Hermus. Dans la seconde Médaille qui est d'Apamée, on voit le Méandre
& le Marsyas, tous les deux couchéz, quoique
le Marsyas se jette dans le Méandre. Ces deux
Médailles sont citées par Monsieur Spanheim

dans une de ses Lettres à Morel (1). Le Pere Jobert en donne d'autres exemples dans la onziéme Instruction.

P. 404. l. 6. *L'Italie, comme la Reine du Monde est représentée,* &c.] Le type de l'Italie, tel que le Pere Jobert le décrit ici, se rencontre sur les Médailles de Titus, d'Antonin Pie, de Commode, &c. Dans Hadrien l'Italie est représentée debout s'appuyant de la droite sur une haste sans fer, & tenant de la gauche une Corne d'Abondance. La Légende est *Italia.*

P. 406. l. 14. *L'Abeille est le symbole général des Colonies, à cause qu'elle change de ruche, quand son ouvrage est achevé.*] On ne connoît aucune Médaille de Colonie Romaine, sur laquelle on voye des Abeilles ; & même toutes les Médailles Latines, où l'on trouve des Abeilles représentées, ont été frappées à Rome pendant le tems de la République, & elles entrent dans la suite des Consulaires. Voyéz la Dissertation intitulée : *Jo. Petri Bellorii Notæ in Numismata tùm Ephesia, tùm aliarum Urbium, apibus insignita.* Rom. 1658. in 4.

P. 409. l. 19. *Le Chien est le symbole commun de la Fidélité. Il est sur la Médaille d'Ulysse, parce qu'il le fit reconnoître à son retour à Itaque.*] La maniére dont le Pere Jobert cite ici cette Médaille, pourroit induire en erreur, & faire croire que nous avons des Médailles d'Ulysse. C'est une Médaille d'argent Consulaire, de la Famille *Mamilia,* où l'on voit d'un côté la tête de Mercure couverte du Pétase, & le Caducée derriére ; de l'autre un homme en

[1] *Spanhem. Epist.* IV. *ad Morel.* p. 257. 258.

habit de Voyageur , qui s'appuye de la main
gauche fur un grand bâton , & qui tend la
main droite à un chien , qui femble le reconnoître , & s'approcher pour le careffer. Tout
le monde reconnoît là l'avanture d'Ulyffe ra-
contée dans l'Odyffée d'Homere. La Légende
de ce côté de la Médaille eft C. MAMIL.
LIMEA. Elle a été reftituée par Trajan.

P. 411. l. 26. *Dans une Médaille de Néron ,
on le voit* (le Hibou) *fur un Autel ; il marque
alors que ce Prince avoit célébré les Jeux de
Minerve , appelléz* Quinquatria.] On donnoit
le nom de *Quinquatria* à deux des fêtes de
Minerve. La prémiére fe célébroit le 19. de
Mars , & duroit cinq jours ; le prémier jour
de la folennité étoit exempt de ces combats
où il y avoit du fang répandu , parce qu'on
croyoit que c'étoit le jour de la naiffance de la
Déeffe (1). Pendant les quatre autres jours ,
on donnoit des Combats de Gladiateurs dans
le Cirque ou dans l'Amphithéâtre , pour honorer la Divinité qui préfidoit à la Guerre. La
feconde fête nommée *Quinquatria Minora* , fe
célébroit le 13. du mois de Juin : elle étoit particuliére aux Joueurs de flûte , qui ce jour-là
couroient la Ville mafquéz , & en habit de
femmes ; on trouvera dans Ovide (2) l'origine de cette cérémonie. Mais comme ces fêtes
revenoient tous les ans , j'ai peine à croire
qu'on ait pû en prendre occafion de frapper
une Médaille à Néron. Il eft plus naturel de
penfer , que la Médaille dont parle le Pere Jobert , défigne quelque facrifice particulier ,

[1] *Ovid. Faft. L. III. v. 808. Seqq. & ib. In-
terprett.*
[2] *Id. Faft. L. VI. v. 631. Seqq.*

que Néron fit à Minerve ; pour s'acquitter d'un vœu, dont l'Histoire ne nous a pas conservé le souvenir.

P. 412. l. 21. *Le Paon marque la consécration Princesses, comme l'Aigle marque celle des Princes.*] Cette remarque n'est pas tout-à-fait exacte ; il est vrai que le Paon n'est jamais le symbole de la consécration des Princes ; mais l'Aigle a servi aussi-bien que le Paon à désigner la consécration des Princesses, comme on peut le voir sur des Médailles de Plotine, de Marciana, de Matidie, & de Sabine rapportées par Monsieur Vaillant. (1)

P. 413. l. 27. *Le Porc marque la Judée asservie, &c.*] On seroit fort embarrassé de citer une seule Médaille, sur laquelle on voye un Porc représenté. Jusqu'à présent on n'y a vû qu'une Laye avec ses petits, & ce type n'a aucun rapport avec la **Judée** asservie par Vespasien, & par Hadrien, comme nous le dirons ailleurs.

[1] *Vaill. Num. Præst.* T. I. p. 54. 69. T. II. p. 135. 137. 139. 161.

X. INSTRUCTION,

Des fausses Médailles.
Des différentes manieres de les contrefaire.
Et de la façon d'en découvrir aisément la fausseté.

DE toutes les Inftructions que nous avons données & que nous pouvons donner aux nouveaux curieux, aucune ne leur eft plus néceffaire que celle-ci; car faute d'avoir étudié cette matiére avec attention, il eft très-aifé de les furprendre, principalement lorfqu'ils font dans la prémiére ardeur de leur paffion pour les Médailles, & qu'ils fe trouvent affez opulents pour ne pas appréhender la dépenfe. On les voit tous les jours fe livrer à la mauvaife foi, & à l'avarice des Trafiquants qu'on nomme par mépris *Brocanteurs*, faute d'en connoître les artifices. Ils font trompéz d'autant plus aifément,

que les meilleurs Connoiſſeurs ſe trouvent ſouvent partagez ſur de certaines Médailles, que les uns croyent
antiques, les autres modernes; les
uns mouléés; les autres frappées ; à
peu près comme il arrive par rapport
aux Tableaux, où les yeux les plus
ſçavans ne laiſſent pas de prendre
quelquefois un original pour une copie, & une copie pour l'original. Le
danger eſt devenu encore plus grand
pour les amateurs de Médailles, depuis
que parmi les Médailliſtes il s'eſt trouvé un Padoüan, & un Parmeſan en
Italie ; & un Carteron en Hollande,
qui ont ſçû attraper parfaitement
l'antique ; comme parmi les Peintres,
il s'eſt trouvé un Antoine de la Corne à Rome, & à Paris un Cany, qui
copient avec tant de juſteſſe, & de
verité, que tous les jours on y eſt
trompé.

Médailles fauſſes de pluſieurs maniéres. Pour dévoiler donc tout ce myſ-
tere, il faut commencer par mar-
quer les manieres differentes de falſi-
fier les Médailles, & le moyen de reconnoître la falſification afin que le
mal ne demeure pas ſans remede. La
Médailles faites à plai-ſir, & qui n'ont jamais été. premiére & la plus groſſiere, eſt de
faire des Médailles qui jamais n'ont
été

été, comme celles de Priam, d'Enée, de Ciceron, de Virgile, des Sages de la Grece, & de certaines autres perfonnes illuftres, pour qui le Parmefan, & quelques autres Ouvriers modernes, ont fait des Coins tout exprès, afin de furprendre les Curieux, lorfqu'ils ont un ardent défir d'avoir des Médailles finguliéres.

C'eft avec la même mauvaife foi, & par le même motif d'intérêt, que l'on a fabriqué des Revers extraordinaires, & capables de piquer la curiofité; par exemple un Jules Céfar, avec ces mots, *Veni, Vidi, Vici*; un Augufte avec ces deux-ci, *Feftina lentè*; car quoique ce mot foit effectivement d'Augufte, cependant on ne s'étoit pas avifé d'en conferver la mémoire fur le Métal.

Il eft aifé à ceux qui ne font pas novices dans la connoiffance des Médailles, de reconnoître la Fourt. Car toutes ces Médailles font moulées, ou frappées d'un Coin & d'un Métal qui paroît d'abord ce qu'il eft, c'eft-à-dire Moderne; & qui n'a ni la fierté, ni la tendreffe de l'antique.

La feconde fourbe eft de mouler es Médailles antiques, de les jetter

Médailles moulées.

en fable, & puis de les réparer fi
adroitement, qu'elles paroiffent frappées. On les reconnoît par les grains
de fable, qui s'impriment toûjours
d'une certaine maniere vifible, fur le
Champ de la Médaille; ou par certaines petites enfonçures; ou par les
bords qui ne font pas affez polis, ni
arrondis, ni fi licez que ceux des Médailles frappées; ou par les caraclé-
res qui ne font point francs, mais
pochez & épatez; ou enfin par les
traits qui ne font ni fi vifs, ni fi tran-
chants. On les reconnoît auffi par le
poids qui eft toujours moindre, par
la raifon que le Metal fondu par le
feu fe rarefie, au lieu que lorfqu'il
eft battu, il fe condenfe, & devient
par conféquent plus péfant. Enfin
quand la Médaille eft jettée en moule, il refte ordinairement la marque
du jet, qui ne peut être bien effacée
par la lime, & les bords qui ont
befoin d'être arrondis, laiffent auffi
voir les coups de lime, qui font une
marque effentielle de fauffeté,

J'ai connu un Etranger fort habile
dans la connoiffance des Médailles,
qui s'étoit venu établir à Paris pour
quelques années, afin d'y voir à loi-

fir tous les Cabinets. Il m'a dit plus
d'une fois, qu'il avoit le fecret de
faire des moules d'une certaine compofition, qui prenoient fi bien les
Médailles, & les rendoient fi fidéle-
ment, qu'il étoit impoffible de les
diftinguer des Médailles originales. Il
s'offrit d'en faire l'épreuve chez une
perfonne, qui avoit le foin d'un des
plus riches Cabinets de Paris. On
étoit déja en œuvre, lorfque la femme plus avifée que fon mari, vint
déranger toute la befogne, difant qu'il
y alloit de l'honneur & de la vie.
Qu'un pareil travail, fi on en avoit connoiffance, les feroit paffer pour Faux-
Monnoyeurs : & que le Maître du
Cabinet fe perfuaderoit aifément ,
qu'on auroit moulé toutes fes plus
rares Médailles ; qu'on auroit enlevé
les véritables, & fubftitué à leur place d'autres piéces de cette nouvelle
fabrique. Elle fe fit écouter par voye
de fait, & l'expérience ne s'acheva
point.

Comme les hommes deviennent de Vernis ap-
jour en jour plus raffinez' les uns à pliqué.
tromper, les autres à fe défendre de
la tromperie; on a trouvé le moyen
d'empêcher que l'on apperçût dans le

Champ de la Médaille, les enfonçures que les grains de sable y laissent,
par leur inégalité qui est inévitable.
On les couvre d'un certain Vernis obscur, qui remplit ces petits creux, &
l'on pique les bords pour les rendre
raboteux. Si l'on parvient sans le secours du Vernis, à polir le Champ
avec le Burin, la fourbe n'en est que
plus sçavante. Il faut donc pour s'en
défendre picquer le Vernis, s'il y en
a, & on le trouvera beaucoup plus
tendre que le Vernis antique; & s'il
n'y en a point, il faut étudier avec
attention la Médaille, dont le Champ
paroîtra infailliblement plus enfoncé;
enfin si on a le toucher un peu délicat, on trouvera le Métal trop poli,
au lieu que l'antique a quelque chose de plus fort & de plus rude. Ceux
qui ne sçavent point cette finesse, &
la différence du poids dont nous avons
parlé, admirent que l'on connoisse
quelquefois les Médailles fausses, seument à les manier.

Il ne faut pas néanmoins rejetter
certaines Médailles, qui ayant été
enchassées dans des petites bordures,
ou de Métal, ou de corne, ou de
bois, ont les bords limez, parce qu'il

à fallu les arrondir ; car cela n'empêche pas qu'elles ne soient bonnes
& antiques. C'est pour cela que les
Connoisseurs disent communément ,
que quelquefois les bords justifient le
Champ de la Médaille, & que quelquefois aussi le Champ rend témoignage
aux bords, qui par accident ont reçu
quelque disgrace.

La troisième fourbe , est de répa- Médailles
rer finement les Médailles antiques , réparées.
en sorte que de frustes & effacées
qu'elles étoient, elles paroissent nettes & lisibles. Je connois des gens qui
y réussissent parfaitement, & qui sçavent avec le burin enlever la rouille,
rétablir les lettres, polir le Champ ,
& ressusciter des figures qui ne paroissoient presque plus.

Quand les Figures sont en partie
mangées, il y a une manière de mastic ou de ciment, que l'on attache au
Métal, & que l'on retaille ensuite
fort proprement, & qui étant couvert de Vernis, fait paroître les Figures entieres & bien conservées.
Pour se défendre de cette fourbe, il
faut employer le burin pour en égra-
tigner quelque petit endroit, & si l'on
s'apperçoit qu'il morde plus aisément

ſur une partie que ſur l'autre, c'eſt
la preuve que le morceau eſt ajouté.

Cependant quand l'œil eſt accoû-
tumé aux Médailles, on trouve ſur
celles-ci de certains coups de Burin
trop enfoncez, des bords trop éle-
vez, des traits raboteux & mal polis, par leſquels on devine qu'elles
ont été retouchées. Cela ne dégrade
pas abſolument une Médaille antique: mais le prix en diminuë du tout
au tout.

La quatriéme fourbe, c'eſt de faire des Coins exprès, ſur certaines Médailles antiques les plus rares, que l'on
reſtituë de nouveau, & que l'on fait
paſſer pour véritables, avec d'autant
plus d'apparence, qu'il eſt viſible qu'elles ne ſont ni moulées ni retouchées.

C'eſt en quoi le Padoüian, le Parmeſan & l'Hollandois ont ſi bien réuſ-
ſi, que leurs fauſſes Médailles ſont
devenuës une partie de la curioſité.

Le Padoüian* a plus de force, le Parmeſan* plus de douceur. Les Coins
du premier ſont tombez la plûpart
entre les mains du Pere du Moulinet,
on les garde dans le Cabinet de ſain-
te Geneviéve. Il eſt vrai qu'on ne
peut pas approcher de plus près l'an-

tique, que ces deux Ouvriers l'ont fait. Cependant leur maniere plus finie & plus délicate, ne vaut point cette air fier de l'antique; qui tient beaucoup plus du grand. On les reconnoît encore par le trop de conservation, qui les rend suspectes; par l'œil du Métal, & principalement par le poids, qui est moindre que celui du Métal antique.

La cinquiéme fourbe, consiste à battre sur l'antique même, c'est-à-dire à se servir de Coins modernes, pour réformer de veilles Médailles avec le marteau, afin de leur donner ensuite une nouvelle empreinte, à peu près comme l'on vient de faire à toute nôtre Monnoye.

Médailles battuës sur l'Antique.

Quoique cette tromperie soit fort difficile à découvrir, sur-tout par un Curieux qui commence, parce qu'il n'a aucune des indications communes; cependant s'il veut bien prendre garau relief, il le trouvera pour l'ordinaire ou trop fort, ou trop foible; la coupure trop nette, & trop neuve, & les bords trop peu conservez, à proportion du Champ & des Figures.

La sixiéme fourbe consiste à effa- Revers contrefaits.

T iiij

cer un Revers commun, pour y en mettre un plus rare, ce qui augmente considérablement le prix de la Médaille. Par éxemple, on mettra une Otacille au Revers de Philippe, un Tite au Revers de Vespasien; c'est ainsi que l'on m'a gâté un Helvius Pertinax de grand Bronze, en lui mettant au Revers un Milon Crotoniate chargé de son bœuf; un Domitien, en y mettant une allocution de huit Soldats; & un Médaillon de Dece, en lui gravant une Inscription, *Deciana Cæsarum*, *Devennalia feliciter*.

Revers inféréz ou appliquéz. On fait plus; car afin que rien ne paroisse réparé, on coupe deux Médailles, & puis avec un certain mastic, on colle à la tête de l'une le Revers de l'autre, pour faire des Médailles uniques, & qui n'aient jamais été vûës; l'on a même l'adresse de réparer si bien les bords, que les moins fins y sont ordinairement trompez.

J'ai vû quelque chose de plus adroit dans le Cabinet de Monsieur de Seves, par où l'on avoit imposé à beaucoup de Curieux : un Domitien de grand Bronze d'une conservation merveilleuse, dont on avoit enlevé le Revers, pour insérer à la place le Bel

'Amphitéatre que l'on avoit auſſi enlevé à une Médaille de Tite ce que l'on avoit fait ſi finement par-deſſous le grénetis, que l'on ne s'en appercevoit point, juſqu'à ce qu'un Curieux ayant obtenu permiſſion d'y mettre la pointe du burin, le fit ſauter.

On connoît ces faux Revers, ou par la différence qui ſe trouve immanquablement dans les traits d'une Tête antique, & d'un Revers moderne, quelque bien travaillé qu'il puiſſe être; ou lorſque le Revers eſt antique, & ſimplement appliqué, on le découvre en ſondant les bords de la Médaille, qui ne ſont jamais ſi parfaitement unis, que l'on ne s'apperçoive de quelque choſe, & que les deux marques ne découvrent la jointure, ou la différence du Métal. Tel étoit un Verus, à qui on avoit attaché une Lucille, pour en faire une Médaille rare, ſans faire réfléxion que le Verus étoit de cuivre rouge, & Lucille de cuivre jaune.

La ſeptiéme fourbe ſe fait dans les Légendes, ſoit du côté de la Tête, ſoit du côté du Revers. Il eſt néanmoins plus ordinaire de le tenter du côté de la Tête, par l'intérêt que l'on

Légendes altérées & contrefaites.

T v

a de trouver des Têtes rares, & qui manquent communément dans les suites. Or cela se fait en substituant avec adresse un nom à l'autre, surtout quand il y a peu de lettres à changer, ou à ajoûter. J'ai une Lucille ainsi changée en Domitia de grand Bronze, & un jenune Gordien travesti en Gordien d'Afrique, moyennant l'addition d'un peu de barbe, & le changement des lettres P F en A F R.

C'est ce qui mérite la plus grande attention, sur-tout de ceux qui croyent que les Médailles sont indubitables, quand elles ont été achetées à Rome, ou qu'elles viennent de ce Païs-là, sans cela ils se laisseront très-aisément abuser, particuliérement s'ils n'ont point encore une assez vive impression des visages que les Médailles répréfentent : j'entends celles qui ont été frappées en Italie, qui font les plus ressemblantes ; car c'est sur-tout l'impression des visages qui peut nous précautionner contre cette fausseté. En effet la ressemblance des visages n'est jamais parfaite, & les caracté es qu'on a changez, font toûjours ou moins nets, ou plus enfoncez, ou i légaux.

La huitiéme fourbe, est de contrefaire le Vernis antique, ce qui sert à empêcher que l'on ne reconnoisse les Médailles moulées, & à cacher les défauts des bords, & des caractéres, ainsi que nous l'avons déja dit. Il y en a même qui mettent les Médailles en terre; afin de leur faire contracter, sinon le Vernis, au moins une certaine rouille, qui impose aux Connoisseurs moins habiles. D'autres employent le Sel Armoniac mêlé avec le Vinaigre. D'autres le simple papier brûlé, qui est la maniére la plus aisée.

On se défend aussi plus aisément de cette tromperie, parce que l'on ne peut donner au vernis moderne, ni la couleur, ni l'éclat, ni le poli du Vernis antique, qui dépend de la terre. D'ailleurs on n'a point la patience de laisser une Médaille en terre, asséz long-tems pour qu'elle puisse y prendre cette belle rouille, que l'on estime plus que le plus riche Métal. Il faudroit être assuré d'une longue vie, & pouvoir compter sur un Prince aussi curieux des raretéz antiques que l'étoit le Pape Paul III, pour tenter ce qui réussit à un insigne fourbe Italien. Il fit frapper sur le plomb un Buste de Saint Pierre, avec ces mots

Petrus Apoſtolus Jeſu Chriſti. Au Revers deux Clefs en pal, *Tibi dabo Claves regni Cælorum.* Il enfouit cette Pièce fort avant en terre, il l'y laiſſa quelques années : après quoi faiſant creuſer dans cet endroit, comme par hazard, on y trouva cette Médaille, qu'il fit décraſſer avec grand ſoin, & qu'il montroit à qui la vouloit voir, comme un Monument de la piété des prémiers Chrétiens. Le bruit s'en répandit bien-tôt dans Rome : le Pape la voulut avoir : il la lui demanda, & lui en fit donner mille écus. Si l'on avoit eu connoiſſance de ce que j'ai dit des Plombs antiques, on n'en auroit pas été la duppe. Enfin le Vernis moderne eſt tendre, & ſe pique aiſément; au lieu que l'antique eſt dur comme le Métal même.

Médailles fenduës.

La neuviéme fourbe a pour fondement un accident qui arrive quelquefois aux Médailles que l'on frappe, & qui a fait dire aux Antiquaires, que toute Médaille, dont les bords ont éclaté,eſt infailliblement frappée; pour profiter de cette préoccupation, ceux qui font de fauſſes Médailles, tâchent de les faire éclater, lorſqu'ils les frappent effectivement; ou même de les

fendre tout exprès, quand elles sont
assez-bien moulées.

Pour n'y être pas surpris, il faut examiner ces fentes, avec un peu de soin ;
car quand elles ne sont point assez profondes, ou que la coupure n'en est
pas franche, ou qu'elles ne finissent pas
par certains filamens presque imper-
ceptibles ; c'est une preuve que cela
n'est point arrivé par l'effort du Coin,
mais par artifice.

Finissons par deux principes qui sont
communément reçus, pour connoître
les Médailles fausses. Le prémier est
presque général chéz tous les Antiquaires, qui disent unanimement, que dès
que l'on trouve deux Médailles du même Coin sans aucune différence ; c'est
une preuve certaine que l'une des deux
est fausse, si elles ne le sont pas toutes deux.

J'avouë que cela me révolte beau- Si toutes les
coup ; parce que c'est soutenir que cha- Médailles
que Médaille avoit une Matrice diffé- ont une Ma-
rente, & de différens Coins, ce qui trice diffé-
ne paroît ni probable, ni pratiqua- rente.
ble. Je suis fort aise que Monsieur Baudelot ait commencé à se déclarer contre ce sentiment, qui n'est appuyé que
sur une prétenduë expérience, dont

on ne convient pas, & qu'il combat
par de bonnes raisons, dans l'Ouvrage qu'il a fait de l'utilité des Voyages,
où il donne à la fin une Differtation fur
les Médailles. L'érudition qu'il fait
paroître dans toutes les matiéres qu'il
traite dans ce Livre ; avec le feu & la
netteté, qui eft le caractére de fon fty-
le, comme la douceur, l'honnêteté, &
la délicateffe eft celui de fa converfation ; cette érudition, dis-je, ce feu &
cette netteté, y font un grand agrément : il femble néanmoins qu'il s'eft
tellement abandonné à fon heureux
génie, qu'il n'a pas pris garde, qu'il
détruifoit par fon habileté, ce qu'il
veut prouver au commencement de
fon Ouvrage : car ayant entrepris de
faire voir dans fa prémiére Differtation
l'utilité des grands Voyages, jufqu'à
faire croire, qu'on n'eft jamais parfaitement habile, fans avoir beaucoup
voyagé ; il juftifie par fon érudition,
que fans fortir de fa Patrie, on peut
fçavoir tout ce que l'on va chercher
avec tant de peine dans les Pays Etrangers ; & qu'ainfi les Voyages ne font
pas abfolument néceffaires à un homme d'efprit, qui fçait comme lui, apprendre dans fon Cabinet, ce que de

moindres génies ne rencontreroient jamais, euſſent-ils couru toute leur vie
l'un & l'autre monde.

Le ſecond principe eſt avancé par
Monſieur Patin, dont la ſeule autorité
dans la République des Médailles, fait
une opinion plus que probable. Il
dit que toute Médaille Romaine de
bas or eſt contrefaite. * S'il entend
que toutes les Médailles Impériales,
qui ſont d'or plus bas que le fin, doivent être ſoupçonnées de fauſſeté ; je
ſuis de ſon ſentiment, puiſque même
dans le bas-Empire, il eſt rare de trouver des Antiques dont l'or ſoit altéré,
quoique dès le tems d'Alexandre Sévére l'alliage fut permis. Il ſeroit néanmoins à ſouhaiter, que Monſieur Patin ſe fût expliqué un peu plus diſtin-
ctement ; car il me ſemble que cela ſe
doit entendre des Grecques, auſſi-bien
que des Romaines, qui ſont effectivement toutes d'or Ducat. Pour des Gothiques & des Puniques, j'en ai vû qui
ſont aſſurément antiques, & dont l'or
cependant eſt fort bas, & mêlé de beaucoup d'alliage.

L'on ne peut pas même nier, que
depuis Alexandre Sévére, il ne ſe trouve des Médailles de bas or, qui ſont

Si tout le bas Or eſt moderne.

Patin p. 66. de l'Hiſtoire des Médailles.

véritablement antiques, de sorte que
ce principe avancé comme universel,
souffre dans le vrai beaucoup d'exceptions.

REMARQUES

Sur la dixiéme Instruction.

P. 438. C'Est en quoi le *Padoüan*, le *Par-*
l. 20. *mesan*, le *Hollandois*, ont si bien
réussi, que leurs fausses Médailles sont deve-
nuës une partie de la Curiosité.] Peut-être que
si l'on examinoit avec attention chaque coin
du Padoüan, on trouveroit dequoi les distinguer infailliblement des Coins Antiques. On
sçait, par exemple, que sur le revers de Tibére gravé par le Padoüan, ces mots placéz
dans l'Exergue ROM. ET. AUG. sont ponc-
tuéz de façon, que le T se trouve entre deux
points, ROME. T. AVG. Aussi n'est-il pas possible de s'y méprendre, quand la Médaille est
bien conservée. L'embarras n'existe, que lorsque la ponctuation ne se voit point.

P. 440. 24 *J'ai vû quelque chose de plus adroit.*
Un Domitien de G. B. dont on avoit enlevé le
revers, pour insérer à la place le bel Amphi-
théâtre, que l'on avoit aussi enlevé à une Mé-
daille de Tite.] Morel rapporte un exemple
d'une falsification à peu près pareille. Dans la
prémiére Edition de son *Specimen Rei Num-*
mariæ, il avoit cité une Médaille d'argent de

Gallien, au revers de laquelle on voyoit la tête de Trajan, avec la Légende DIVO TRAIA-
NO. Mais dans la fuite ayant confidéré cette
Médaille plus attentivement, il s'apperçut
que le fauffaire par les mains de qui elle avoit
paffé, s'étoit donné la peine de creufer le revers d'une Médaille de Gallien, & y avoit in-
féré une tête de Trajan, qu'il y avoit foudée
avec tant d'habileté, qu'il étoit très-difficile de
découvrir l'artifice. Morel eut foin d'en avertir le Lecteur dans la feconde Edition de fon
Ouvrage: (1)

P. 442. l. 5. *J'ai une Lucille ainfi changée*
en Domitia de grand Bronze, &c.] C'eft ainfi
que dans le Cabinet de feu Monfieur le Bret,
il y avoit une Cæfonia d'or, qui n'étoit autre
chofe qu'une Agrippine, mère de Caligula,
dont les Lettres avoient été refaites. Cette
Médaille a paffé dans le Cabinet de Monfieur
l'Abbé de Rothelin, qui a fouhaité que cette
Remarque fût inférée dans nos Notes.

P. 445. l. 14. *Le prémier eft prefque général*
chéz tous les Antiquaires, qui difent unani-
mement, que dès que l'on trouve deux Mé-
dailles du même Coin, fans aucune différence,
c'eft une preuve certaine que l'une des deux
eft fauffe, fi elles ne le font pas toutes deux.]
C'eft avec raifon que le Pere Jobert réclame
ici, contre le principe reçû par le commun
des Antiquaires, qu'il ne s'eft jamais trouvé
deux Médailles parfaitement femblables. Car
outre que le fait eft faux, & qu'on a rencontré plus d'une fois des Médailles tellement pareilles, qu'il n'étoit pas poffible de difconvenir qu'elles ne fuffent forties du même Coin;

____

[1] *Morel. Specim. R. Num.* T. 1. *p.* 77.

on peut alléguer de plus deux raisons assez
fortes, pour détruire absolument ce principe,
qui d'ailleurs n'est fondé sur rien. La prémiére, c'est qu'il n'y a point d'apparence qu'on
ait frappé les Médailles autrement qu'on ne
frappoit les Médaillons, & cependant il est
très-certain qu'on a plusieurs Médaillons de
même Coin, comme le Sénateur Bonarotti
l'a remarqué (1) dans ses Observations sur
ceux du Cardinal Carpegna. Assurément la
dépense d'un nouveau Coin pour chaque piéce, auroit été plus convenable à l'égard des
Médaillons, dont on ne frappoit qu'un petit
nombre, que pour les piéces de Monnoye
communes, où la dépense du Coin auroit
toujours excédé la valeur de la Médaille dans le
moyen, & dans le petit bronze. 2°. S'il eût été
d'usage de faire un nouveau Coin pour chaque Médaille, il ne s'en trouveroit point d'incuses. Puisque ces sortes de Médailles, comme on l'a vû dans la VIII. Instruction, n'e-
xisteroient point, si le Monetaire, par hasard
ou par inattention, n'eut oublié de retirer la
Médaille qu'il venoit de frapper, & n'eut re-
mis dans le même Coin une nouvelle piéce de
Métal, laquelle trouvant d'une part le quarré,
& de l'autre la Médaille précédente, a reçû
l'impression de la même tête d'un côté en relief,
& de l'autre en creux. Il est donc évident que
les mêmes quarréz servoient à plus d'une Médaille.

P. 447. l. 20. Car il me semble que cela se
doit entendre des Gréques, aussi-bien que des
Romaines, qui sont effectivement toutes d'or

[1] *Osservaz. Istor. Sopr. Médaglion. Antich. p.* 67,
193. 199.

Ducat.] Parmi les Médailles Gréques, il y en
a plusieurs des Rois du Bosphore, qui ne sont
que d'un or fort bas. On en trouve aussi de
Philippe de Macédoine, dont l'or est mêlé
d'alliage ; mais il est certain que les Empereurs ont communément eu grand soin de
n'employer dans leurs Monnoyes que l'or le
plus pur ; cette attention donnoit aux Peuples
qui commerçoient avec les sujets de l'Empire,
une haute idée du Souverain, dont la Monnoye étoit si belle. Je ne puis m'empêcher de
rapporter ici l'effet que produisit, sur l'esprit
d'un Roi de l'Isle Taprobane, la comparaison de la Monnoye du Roi de Perse, avec
celle de l'Empereur qui régnoit alors à Constantinople ; & je me servirai de la traduction
que Monsieur Thevenot a jointe au fragment
de *Cosmas Indicopleustes* qu'il publia en 1696.
» (1) Un Marchand nommé Sopater, qui
» vivoit encore il n'y a que trente-cinq ans,
» étant arrivé dans l'Isle (Taprobane) sur un
» Vaisseau qui étoit parti du Port d'Adouly ; un
» Ambassadeur du Roi de Perse y arriva en
» même-tems. Ceux qui commandoient dans
» le Port, & qui avoient la Ferme de la Doua-
» ne, les ayant présentéz au Roi, il les reçût
» civilement, les fit seoir, & leur demanda
» quelles nouvelles ils apportoient de leur
» Pays ; ces Etrangers lui répondirent que tout
» alloit bien ; mais comme dans la suite de
» l'Audience, le Roi leur eût demandé lequel
» de leurs Princes étoit le plus puissant, le
» Persan prit la parole, & dit que le Roi son
» Maître étoit le plus riche & le plus puissant,
» que rien ne lui étoit impossible, & qu'enfin

[1] *Theven. Rec. de Voyag.* T. I. n. m. 12.

» c'étoit le Roi des Rois. Sopater cependant
» gardoit le silence ; le Roi se tourna vers lui,
» & vous, Romain, vous ne dites mot ?
» Qu'aurois-je à dire, répondit Sopater, après
» ce qu'a dit cet homme ? Mais si vous vou-
» léz vous éclaircir de la question que vous
» avéz faite, vous avéz ici nos deux Rois,
» considéréz-les, & jugéz lequel des deux est
» le plus riche & le plus puissant. Le Roi fut
» surpris & n'entendoit pas le sens de cette
» réponse ; Sopater continua, voilà les Mon-
» noyes de l'un & de l'autre, & lui présente un
» écu d'or, où étoit l'effigie de son Prince, &
» une petite Monnoye de Perse : l'écu étoit
» d'un bel or, & la figure du Prince y étoit
» gravée avec art, car les Marchands choisis-
» sent toujours la plus belle Monnoye pour la
» porter en ces quartiers. La Monnoye de Per-
» se au contraire étoit d'argent, & ne pou-
» voit pas entrer en comparaison, ni pour
» son coin, ni pour sa matiére avec l'écu d'or.
» Le Roi en connut aussi-tôt la différence, il
» faut avouer, dit-il, que les Romains sont
» magnifiques, & qu'ils excellent en tout. Il
» commanda ensuite qu'on rendît de grands
» honneurs à Sopater, le fit promener par tou-
» te la Ville sur un Eléphant, au son des Tym-
» bales. Je tiens cette relation de Sopater mê-
» me, & de ceux qui étoient avec lui : Les
» gens qui l'avoient accompagné en ce Voya-
» ge, & qui étoient partis avec lui du Port
» d'Adouly, me disoient que le Persan avoit
» eu une grande confusion, de ce qui se passa
» en cette Audience. » Cosmas écrivoit sa To-
pographie Chrétienne, où ce récit est conte-
nu, vers la quinziéme année de Justinien,

ainsi, suivant les apparences, l'avanture de Sopater a dû arriver, sous l'Empire d'Anastase, ou sous celui de Zenon, & c'étoit une piéce d'or frappée au Coin d'un de ces deux Princes, qu'il présenta au Roi de Taprobane.

Fin du Tome I.

ADDITIONS ET CORRECTIONS
Pour le Tome I.

Age 5. l. 22. I faut ; *lisez* , Il faut.
P. 7. l. 15. Le deuxiéme, *lisez* , le second.
P. 21. l. 3. p. 11. l. 4. *lisez* , P. 1. l. 4.
P. 25. l. 15. p. 5. *lisez* , p. 4. l. 20.
Ibid. l. 29. p. 5. & 6. *lisez* , p. 5. l. 7.
P. 28. l. 14. une petite ; *effacez* , petite.
P. 29. l. 7. *Après ces mots* , nos jours , *ajou-tez* ; Cette Remarque étoit déja imprimée , lorsque M. de Cléves m'a montré la Médaille d'or de Démonax , qui du Cabinet de M. le Duc du Maine a passé dans le sien ; après l'a-voir examinée avec beaucoup d'attention , j'ai été convaincu qu'elle n'étoit point aussi an-cienne que le Pere Hardouin l'a prétendu , & qu'elle ne sçauroit avoir été frappée du tems de Démonax le Mantinéen , Régent du Royaume de Cyréne pendant la Minorité de Battus I V. Plusieurs raisons m'ont obligé à changer d'avis sur l'Antiquité de cette Mé-daille , mais je me contenterai d'en rapporter une , qui me paroît sans réplique. Le nom ΔΑΜΩΝΑΚΤΟΣ s'y trouve écrit par un O-méga ; or personne n'ignore que les voyelles longues H & Ω , n'ont été reçuës dans l'Al-phabet Grec , que sous l'Archontat d'Euclide la seconde année de la quatre-vingt-quator-ziéme Olympiade. La Médaille de M. de Cléves est donc postérieure à cette Epoque , & le Démonax dont on y lit le nom , devoit

Tome I.   V

êtré un des Magiſtrats de Cyréne, & non pas
le Tuteur de Battus IVe. qui vivoit plus de
200. ans ayant l'Archontat d'Euclide. Les Médailles d'Amyntas pourroient donc encore paſſer pour les plus anciennes que l'on connoiſ-
ſe, s'il ne ſe trouvoit pas parmi celles que le
Roi vient d'acquérir des héritiers de M. le
Maréchal d'Eſtrées, des Monnoyes d'or &
d'argent de Cyréne, où l'on voit d'un côté
des têtes qui paroiſſent naturelles, & de l'autre le *Sylphium*, ou quelqu'autre Type uſité
ſur les Monnoyes des Cyrenéens, avec ces Légendes APK, BA, ou BAT; & K, ou KYP;
Légendes qui ne peuvent être expliquées
que par APKι*σιλάν*, ou BAT*τ8* KYP*αναίαν*.
Quand même ces Médailles n'appartien-
droient qu'à Battus IV. & à Arcéſilas IV. les
deux derniers Rois de Cyréne de la famille de
Battiades, elles ſeroient cependant du tems
de Cyrus & de Cambyſe, & par conſéquent
plus anciennes que celles d'Amyntas.

P. 34. Entre les lignes 11. & 12. ajoutez,
P. 9. l. 23. *L'Eſperance du gain n'ayant encore
engagé perſonne à les contrefaire.*] On a cependant contrefait le fameux écu d'or de
Louis XII. avec la Légende, *Perdam Babil-
lonis Nomen.* Le coin en eſt au Louvre; l'Ouvrier l'a fait un peu plus grand que le véritable, & lui a donné plus de relief. On a contrefait de même la Médaille du Pape Jules
III. avec la Légende, *Anglia Reſurges* au revers, & pluſieurs autres Médailles Modernes
qu'on pourroit citer.

Ibid. l. 33. icile, *liſez*, icy le,

P. 36. Entre les lignes 24. & 25., *ajoutez*,
p. 18. l. 6, *On en a fait une Edition en petit,*

*pour laquelle on a fait les coins de toutes les Mé-
dailles, qui n'avoient été que gravées en Taille-douce, fur lefquels on a frappé les Médailles dont on a fait une fuite complette des actions de la vie du Roi.*] Cette phrafe eft fi
embarraffée & fi obfcure, qu'il feroit prefque
impoffible de démêler la penfée du Pere Jobert, fi on ne fçavoit d'ailleurs en quoi con-
fifte la différence qu'il y a, entre l'Edition in
fol. & l'Edition in 4. de l'Hiftoire du Roi par
Médailles. Cette différence eft exprimée très-
clairement dans l'Avertiffement qui eft à la
tête de cette derniére Edition. ›› On n'a pas
›› pas jugé à propos, y eft-il dit, de répéter
›› les têtes à chaque revers, & on s'eft con-
›› tenté de les mettre à la prémiére Médaille
›› de chacun des différens âges, qu'on a diftri-
›› buéz en huit. Ce que cette Edition a de
›› plus particulier, c'eft que toutes les Médail-
›› les font gravées de la même grandeur, dont
›› elles ont été nouvellement frappées. ››
P. 44. l. 17. Le troifiéme, *lifez* la ,
P. 49. *ære*, lifez , *æri.*
P. 56. l. 16. treize ans, *lifez* , huit ans.
P. 61. l. 16. ne fait, *lifez* , ne foit.
Ibid. l. 17. fous Conftantin, *lifez* , après.
P. 63. entre les ll. 33. & 34. *ajoutez* , P. 44.
l. 16. *L'autre où l'argent prédomine.*] Cette
feconde efpéce de métal de Corinthe, qui
devoit reffembler à notre Tombac blanc, étoit
appellée *Argent de Corinthe.* On l'employoit à
des vafes tout comme le Cuivre de Corinthe,
& dans deux anciennes Infcriptions rapportées, l'une par (1) Gruter, & l'autre par (2)

(1) *Grut.* XLVIII. 1.
(2) *Gud.* XXXII. 8.

Gudius, il eſt fait mention de deux coupes d'argent de Corinthe, dont on avoit fait préſent à Hercule. CRATERAM ARGYRO-CORINTHIAM CVM BASI SVA ET HY-POBASI MARMOREA.

P. 66. l. 27. de Bronze ; *liſez*, du Bronze.

P. 73. l. 2. *ære*, liſez, *æri*.

P. 100. l. 2. des gens, *liſez*, de gens.

P. 108. l. 5. deuxiéme, *liſez*, ſeconde.

P. 114. l. 24. l'Oſrhoë , *liſez*, l'Oſrhoëne.

P. 115. l. 4. on ne peut , *liſez*, on ne doit pas.

Ibid. l. 7. le Baduela , *liſez*, ce Baduela.

Ibid. l. 24. Théodoric des Oſtrogoths , *liſez*, Théodoric Roi des Oſtrogoths.

P. 116. l. 5. après le mot *Gauloiſe*, effacez le mot *Celles*, & *ajoutez* ; Car le nom d'Ateula étoit uſité dans les Gaules, puiſque dans une Inſcription (3) trouvée à Nas dans le Barrois, a 12 milles de Nancy, on lit, ATEVLA SOL-LI *Filius*. les Médailles qui , &c.

P. 120. l. 16. *Après le mot* François , *ajoutez* ; Il eſt cependant vrai qu'avant cette époque , Ardaric Roi des Gépides , & Alaric Roi des Viſigoths qui fut tué par Clovis à la Bataille de Voüillay, avoient fait frapper des ſols d'or à leur coin : mais la loi des Bourguignons (4) qui nous inſtruit de cette particulité , nous apprend en même-tems que ces ſols étoient fourrez , & elle défend de les recevoir dans le Commerce. Ce qui empêchoit les peuples que les Romains appelloient Barbares , de donner cours chez eux à d'autre Monnoye d'or , qu'à celle qui portoit l'image des Empereurs , c'eſt qu'il paroît que c'étoit la ſeule qui fût battuë

(1) *Reineſ. Cl.* II. 37.
(2) *Ad.* 1. *ad* ll. *Burg. n.* 6.

fur le fin. Car les Médailles d'or des Rois du
Bofphore dont j'ai déja parlé, font d'un or
bas & allié, & ne valent guéres plus que l'argent. Au contraire les Monnoyes d'or Romaines étant toujours frappées fur le fin, elles
étoient extrêmement recherchées par les Barbares, & Arrien affure (1) que dans le Commerce qui fe faifoit à *Barygaza*, les Né-
gocians fujets de l'Empire, trouvoient beaucoup à gagner dans l'échange qu'ils y faifoient, des efpéces Impériales d'or contre la
Monnoye du Pays.

Ibid. l. 34. *Augustorum*, lifez, *Augustarum*.
P. 125. l. 31. après le mot fol. *ajoutez*, car
l'Ouvrage qui parut en 1517. fous le nom
d'André Fulvio, & qu'on attribue communément au Cardinal Sadolet, eft une ébauche
très-imparfaite, qui mérite à peine qu'on en
faffe mention. Cette, &c.

P. 126 l. 22. *Après les mots*, il parut, *ajoutez*, deux Recueils encore plus amples de têtes & de portraits d'Hommes illuftres de l'Antiquité, l'un en Italien, & l'autre en Latin.
Le prémier eft intitulé ; *Iconografia, cioé Di-
fegni d'imagini dé Famofiffimi Monarchi, Regi,
Filofofi, Poëti, ed Oratori dell'Antichità, Cavati
da Angelo Canini da' Frammenti dé Marmi Antichi, è di Gioie, Médaglie d'Argento, d'Oro,
è fimili Metalli*, &c. Rom. 1669. fol. Le fecond a pour titre, *Veterum*, &c.
P. 161. l. 20 Pontifex, *lifez*, Pontife.
P. 177. l. 18. *Primæ Lugduni*, lifez, *prima
Lugdunenfis*.
P. 178. l. 6. & 7. *porete*, lifez, *poteftate*
P. 181. l. 26. M. C. A. V. *lifez*, M. C. A. V.
P. 201. l. 7. effacez, *tre*.

P. 207. l. 14. COKATOYC, *lifez*, COK-PATOYC.

Ibid. entre les lig. 25. & 26. *ajoutez* p. 163. l. 22 *Ce qui m'a fait croire que ce pourroit être la même chofe dans la petite Médaille de Germanus ou Sermanus* INDVT. III. *que perfonne n'a pû encore entendre, & qui pourroit bien fignifier* Indictione VIII. *ou* XIIII.] J'ai vû dans le Cabinet de M. de Cléves fix ou fept Médailles en petit Bronze, femblables à celle que le Pere Jobert cite ici. Elles ont d'un côté une tête ornée d'une efpéce de Diadême; au revers un Bœuf, au-deffus duquel on lit CERMANVS, & au-deffous INDVTILLI. Ces Médailles ne peuvent avoir aucun rapport aux Indictions, puifqu'elles font certainement plus anciennes que le régne de Conftantin, fous lequel les Indictions ont commencé d'être en ufage. Comme la Fabrique en paroît Efpagnole, & que fur la mieux confervée de ces Médailles on apperçoit les traces d'un B, après INDVT LLI; on pourroit conjecturer qu'elles ont été frappées à *Illiberis*, Ville de la Gaule Narbonoife, qu'on croit avoir été fituée dans l'endroit où eft aujourd'hui Collioure. Suivant cette conjecture il faudra féparer ILLI ou ILLIB du mot INDVT, pour en faire le nom d'ILLIB*eris*, & les mots CERMANVS & INDVT*ius*, ou INDVT*iomarus* feront les noms des Magiftrats qui ont fait frapper ces Médailles. Il faudra même fuppofer qu'elles ont été frappées fous Augufte ou fous Tibére pour le plus tard, car Pomponius Mela (1) & Pline (2) parlent d'*Illiberis* comme

(1) *Pomp. Mel. L. II. c. 5.*
(2) *Plin. L. III. c. 4.*

d'une Ville qui étoit ruinée de leur tems.

P. 213. l. 11. ie revers, *lifez*, le revers.

P. 219. l. 16. Acilus, *lifez*, Acilius.

Ibid. l. 23. on n'én, *lifez*, on ne

P. 229. l. 9. *Congiarum*, lifez, *Congiarium*.

P. 232. l. 25. M. AYPHA. *lifez*, M. AYPHA.

P. 240. l. 18. *natalia*, lifez, *natalitia*.

P. 245. l. 26. ΠΟΡΦΥΡΟΤΕΝΝΗΤΟϹ, *lifez*, ΠΟΡΦΥΡΟΓΕΝΝΗΤΟϹ.

P. 251. l. 10 *Après le mot* pére, *ajoutez*, qui a été mis au rang des Dieux, ne, &c.

P. 256. l. 14. 15. Philotor, *lifez*, Philopator.

P. 268. l. 5. *de Confulibus*, lifez, *Confulatibus*;

P. 275. entre les lig. 32. & 33. *ajoutez*, p. 237. l. 24. ΚΟΜΟΔΕΙΑ *ceux que l'on faifoit par l'ordre de Commode.*] &c. Il eût été plus exact de dire, *ceux qu'on célébroit en l'honneur de Commode.* On trouvera un Catalogue des différens jeux, dont le nom fe trouve fur les Médailles, à la fin du Livre de M. Vaillant fur les Médailles des Villes Gréques. Je me contenterai d'y ajouter ici, les jeux qu'on célébroit à Sardis le jour de la fête de Proferpine, & qu'on nommoit ΚΟΡΑΙΑ. Ils ne me font connus que par une Médaille en moyen bronze du Cabinet de M. Pellerin, prémier Commis de la Marine, qui m'a été communiquée par M. Hardion. Cette Médaille repréfente d'un côté la tête de Caracalle couronée de Laurier, ... M. AYP. CE. . . . ANTΩNEINOϹ. au revers Proferpine affife, ayant à droite un pavot, & à gauche un épic pour Legende ΕΠΙ . . . ΑΡΧ. Α ΤΟ Γ. dans le champ ΚΟΡΑΙΑ ΑΚΤΙΑ ϹΑΡΔΙΑΝΩΝ ΔΙϹ ΝΕΩΚΟΡΩΝ. Les fêtes de la même Déeffe font appellées Κοϱϰια dans Hefy-

chius, dans Plutarque, & dans le Scholiaste,
de Pindare, citez par Meursius.

P. 278. Entre les lig. 12. & 13. *ajoutez*,
Ibid. l. 20. *M. Ducange a merveilleusement
bien éclairci tout ce qui regarde ces Médailles votives.*] Outre ce que M. du Cange a dit
dans sa Dissertation sur les Médailles du bas-
âge, au sujet des vœux qu'on faisoit périodi-
quement pour la conservation des Empereurs,
& qui étoient nommez, *Vota Quinquenna-
lia, Decennalia, Vicennalia,* &c. On trouvera
encore bien des choses à apprendre sur cette
matiére, dans l'*Auctarium Chronologicum de
votis Decennalibus Imperatorum & Cæsarum,*
du Card. Noris, imprimé à Padouë en 1676.
à la suite des Dissertations du même Auteur
sur deux Médailles de Diocletien & de Licinius. On pourra aussi consulter la *Dissertatio
Hypatica, sive de Consulatibus Cæsaris,* du
ere Pagi, imprimée à Lyon en 1682. in 4.

P. 279. Entre les lig. 13. & 14. *ajoutez,* P.
242. l. 7. *Aelius le prémier qui se soit appellé
Cæsar, pendant la vie d'un Auguste,* & p. 248.
l. 27. *Il semble qu'Aelius ait été absolument
le prémier dans qui le nom de Cæsar, se soit
trouvé séparé de celui d'Auguste.*] J'ai peine
à comprendre comment le Pere Jobert a pû
tomber deux fois de suite dans une erreur si
palpable. Caïus & Lucius, fils d'Agrippa,
adoptez par Auguste, Agrippa Posthume leur
frére, Germanicus, Drusus fils de Tibére,
Néron & Drusus fils de Germanicus, & Britannicus fils de Claude, ont tous porté le nom
de *Cæsar,* sans avoir jamais été Augustes. Tibére du tems d'Auguste, Néron sous Claude,
Titus sous Vespasien, Domitien sous Vespa-

fien & Titus, Trajan fous Nerva , & Hadrien
fur la fin de la vie de Trajan, avoient fimplement le nom de *Cæfar*. Il eft donc faux
qu'Aelius ait été le prémier , en qui ce nom
fe foit trouvé féparé du titre d'Augufte.

P. 281. l. 13. aucunes fuites , *lifez* , aucune
fuite.

P. 284. l. 13. & 14. fauffe fur , *lifez* , fauffe. Sur

P. 286. L. RVRRI , *lifez* , L. RVBRI.

P. 305. l. 23. Empeteurs , *lifez* , Empereurs.

P. 307. l. 14. de bête , *lifez* , de bêtes.

P. 311. l. 9. de IIVIRS , *lifez* , des IIVIRS.

P. 322. après la lig. 25. *ajoutez.* Cette Remarque étoit déja imprimée , lorfque M. le Préfident de Noinville m'a communiqué une
Médaille d'argent du plus petit module, où
l'on voit la tête de l'Empereur Anaftafe ornée
du Diadême , & pour Légende , DN ANAS-
TASIVS P ; au revers DOMNVS THEIA P
REX dans une Courone. Cette Médaille eft
fi femblable à celles fur lefquelles on lit DN
THELA REX , qu'on ne peut guéres douter,
ou que le même Roi n'ait été appellé THELA
& THEIA , ou que l'I de la Médaille de M.
de Noinville ne foit une L que l'Ouvrier qui
a gravé le coin n'a pas achevé de former. Mais
quand même il faudroit faire de *Thela* , & de
Theïa deux Princes différens , ni l'un , ni l'autre ne peut être le même que Theïas dernier
Roi des Oftrogoths en Italie , par les raifons
que j'ai dites dans une de mes Remarques fur
la quatriéme Inftruction , p. 115

P. 363. l. 1. donna , *lifez* , il donna.

P. 38 . ou non , couvert ; *ôtez la virgule.*

P. 387. Médaille , *lifez* , Médailles.

P. 396. l. 18. celle , *lifez* , celles.

P. 421. l. 22. cette espéce, *lisez*, de cette.
P. 425. l. 2. cuirassen, *lisez*, cuirasse.
P. 430. l. 5. Princesses, *lisez*, des Princesses.
P. 439. l. 4. cette air, *lisez*, cet air.
Ibid. l. 14. veilles, *lisez*, vieilles.
P. 442. l. 8. jenune, *lisez*, jeune.

Fin des Additions & Corrections
du Tome I.

353. de contremarques, quid?

355. diff entre mon. Grecs & Rom...

356. Contre Marq. post. Emp
de Caracalla.

— Medals, treaux, oppositus
...